KB122239

교화와 형벌

조선의 범죄 대책과 『경민편』

저자 **정호훈**

1962년 사천 출생
연세대학교 사학과 졸업
연세대학교 대학원 문학석사
연세대학교 대학원 문학박사
현 서울대학교 규장각한국학연구원 HK부교수

주요 논저

『조선후기 정치사상 연구』(혜안, 2004), 『경민편-교화와 형벌의 이중주로 보는 조선 사회』(아카넷, 2012), 『조선의《소학》-주석과 번역-』(소명출판, 2014), 『朱書百選』(공역, 혜안, 2000), 『朱子封事』(공역, 혜안, 2011), 『선각』(2013, 혜안), 『대학연의』(공역, 서울대출판문화원, 2018), 「『奎章總目』과 18세기 후반 조선의 外來知識 集成」(2012), 「조선후기『花潭集』刊行의 推移와 徐敬德 學問」(2018), 「《누판고(鏤板考)》의 지식 세계와 조선 학술」(2021), 「조선후기 훈민정음 연구의 사상 맥락과 성과」(2021), 「焚書와 毁板의 정치학 : 최석정의 편간과 政爭」(2022) 등

교화와 형벌 조선의 범죄 대책과 『경민편』
정호훈 지음

초판 1쇄 발행 2023년 3월 30일

펴낸이 오일주
펴낸곳 도서출판 혜안

등록번호 제22-471호
등록일자 1993년 7월 30일

주소 ㉾ 04052 서울시 마포구 와우산로 35길 3(서교동) 102호
전화 3141-3711~2
팩스 3141-3710
이메일 hyeanpub@daum.net

ISBN 978-89-8494-697-2 93910
값 32,000 원

교화와 형벌

조선의 범죄 대책과 『경민편』

정 호 훈 지음

혜안

우리 사회에서 『경민편』이란 책자는 그다지 알려지지 않은 편이다. 한국사 교재나 교양서에서도 『경민편』에 대한 언급은 찾기 힘들다. 16세기 초, 한 지방관이 편찬한 이후로 여러 사람들이 증보하며 수백 년 동안 활용했던 사실에 비추어 보면 이는 뜻밖이다. 책의 내용이나 조선에서의 활용 양태를 살펴보면 이 책이 갖는 무게감이 가볍지 않다는 점을 느낄 수 있다. '조선의 역사와 문화를 이해함에 빼놓을 수 없는 자료'라고 생각하게 하는 요소를 『경민편』은 많이 담고 있다.

『경민편』은 지방민의 범죄를 대상으로 삼아 만든 책이었다. 원 편찬자 김정국은 지방민이 범죄 때문에 어려움에 빠지지 않으려면, 범죄 행위가 안고 있는 유교적 윤리와 사리의 문제를 먼저 알아야 함을 내세우며 이 책을 만들었다. 이 점에서 이 책은 유교의 이념, 유교의 가치를 조선의 지방민에게 알려주는 매체였다.

책의 성격으로 보자면, 『경민편』은 조선의 권력이 추구한 유교화(儒敎化)의 최전선에 서 있었다. 유교를 국시(國是)로 표방하며 세워진 조선에서 유교 지식과 도덕은 대체 불가능한 가치의 세계였다. 국왕을 비롯, 권력 참여 계층에게 유교적 소양을 쌓는 일은 절대 명제였다. 이들은 나라를 이끄는 데 필요한 힘을 유교로부터 구하고자 했다. 『경민편』이 편찬되던 무렵, 이들이 상민들에게도 유교적 지식과 도덕을 보급하고 있었지만, 그 수단은 제한적이었다. 『삼강행실도』와 같은 책을 편찬하여 간행하거나, 삼강의 모범 행실자를 표창하고 그들을 사회 모범으로 세우는 일 정도에 머물렀다.

범죄와 형벌을 주제로 삼으면서도, 지방민의 일상에서 실천할 수 있는 유교 지식과 도덕 가치를 풍부하게 담고 있었던『경민편』은 이러한 한계를 뛰어넘음에 중요한 역할을 했다. 유교 경전과 성리서의 보급, 유교적 예제의 실천을 통해 전 국가의 유교화를 기획했던 조선의 권력자들은 기층의 민인들이『경민편』으로 유교 가치를 체화하고 실천하도록 이끌었다.

이 책을 편찬·증보했던 인물들은 유교의 세계를 조선의 지방민에게 알리고 교육함에 한글이 가졌던 힘을 충실히 활용하려고 했다. 이들은 초기에는 한문으로만 본문을 작성했다가 16세기 말 이후로는 한글 번역문 또한 같이 실었다. 18세기가 되면 독자들이 좀 더 이해하기 쉽게 기존 한글 번역문을 다듬었다. 이러한 변화는 이 책의 효율적인 보급을 목표로 한 권력의 의지가 만들어 낸 결과였지만, 이는 또한 한문과 한글의 이중 문자 체계 속 문자 절벽에 갇혀 살았던 조선의 민인들이 자신의 지식 세계를 확장함에 도움을 주는 면이 있었다.

조선의 중앙 권력과 지방관들이『경민편』을 간행하여 보급하려 했던 근본 이유는 지방의 안정과 권력의 유지를 위해서였다. 이들은 사회 내부에 존재하는 숱한 갈등과 일탈, 반권력 행위를 방비하고 가라앉힘에 형벌의 폭력적 징치(懲治)도 중요하거니와 유교적 가치의 내면화(內面化)가 더 효율적이고 의미 있다고 생각하였다. 지방민들이 저지르는 범죄와 그에 대한 형벌을 제시하되 이를 도덕 교화와 연관하여 교육하고 계몽하려고 했던 까닭은 모두 이 때문이었다. 그런 점에서『경민편』은 조선의 지방과 지방민의 유교화에 기여하는 주요한 문헌이었다. 책의 제목을 '교화와 형벌'로 정한 까닭도 여기에 있다.

필자는 이 책을 집필하며, 유교를 '이상사회 건설을 위한 사상'으로 보려는 유혹에 빠지지 않으려고 애썼다. 동시에 이 사상을 근간으로 조선의 권력층이 근대 이전 조선의 현실을 이끌어 나가는 이념과 방법의 실제가 어떠했던가를 확인하려고도 노력했다. 『경민편』을 접한 민인들이 상하 위계로 구성된 사회 질서의 정당성을 받아들여 가면서도 인문 지식의 확대를 통해 스스로 의식의 변화, 주체의 성장을 이루어 낼 계기를 마련할 수 있는 점 또한 염두에 두었다.

그간 학계에서는 여러 전공의 학자들이 『경민편』을 연구해 왔다. 필자도 2000년 초 이 책을 접한 이후 여러 차례 논문을 발표했다. 『경민편』 전문을 번역하고 그 의미를 해설한 작은 단행본을 출판하기도 했다. 그러면서도 『경민편』의 역사를 초기부터 말기 간행본에 이르기까지 일목요연하게 정리하려는 생각을 버리지 않고 있었다. 조선의 정치 사상을 이해함에 이 작은 문헌이 가지는 의미가 적지 않은데도 그 전모는 아직 충실히 드러나지 않았다는 판단 때문이었다. 그러다가 『경민편』의 다양한 간본을 여러 차례 접하게 되면서 미루어두었던 집필을 결심했다.

자료를 모으고 원고를 쓰면서 필자는 근래 빠른 속도로 진행된 고전 전산화 작업의 혜택을 적잖이 누릴 수 있었다. 국내와 해외의 기관에서 소장하고 있는 자료는 웬만하면 검색망에 잡혔다. 이를 통해 조선에서 『경민편』을 이용했던 노력이 현재의 문헌 기록이나 『경민편』의 실물로는 다 드러내지 못할 정도로 광범위하고 또 다양했음을 확인할 수 있었다. 이 책 출간 후에도 미처 다루지 못한 자료가 불쑥 얼굴을 내밀지도 모른다.

박사학위논문을 보완하여 『조선후기 정치사상 연구』를 출간한 이후 필자는 연구 방향을 조금 바꾸었다. 폭넓은 지식과 고도의 논리로 구성된 학자들의 정치사상을 밝히고 정리하는 작업도 필요하지만, 조선에서 유교 사상과 문화가 일상의 생활 속에서 확산되어 나가며 조선인들의 의식과 습속 깊은 곳에 얽히는 양상을 체계적으로 살피는 일도 의미가 있다고 판단했기 때문이었다. 이 생각은 규장각의 풍부한 자료와 연구 환경을 누리며 더 굳어졌다. 10여 년 전, 조선 정부가 『소학(小學)』의 주석서와 번역서를 편찬하고 활용하는 과정을 검토하며 출간한 연구서는 그 첫 번째 노력이었다. 『경민편』의 역사성을 살피는 이 연구는 그러한 작업의 연장선에 있다.

2022년에는 기리고 기억해야 할 일들을 많이 겪었다. 해를 넘겼지만, 사라지지 않을 은혜를 주신 분들을 떠올리며 고마운 마음 담아 이 책을 바친다. 이창숙 원장님 이하 규장각의 여러 선생님은 필자가 긴 시간 연구할 수 있게 힘을 주셨고, 윤석호와 홍해뜸 두 박사는 자료를 구하고 원고를 읽으며 집필을 도와주었다. 길이 기억하고자 한다. 오랫동안 도움을 받던 도서출판 혜안에 이번에도 빚을 지게 되었다. 길고도 지루한 내용을 다듬어 산뜻한 연구서로 만들어주신 오일주 사장님, 김태규·김현숙 두 분 선생께 고맙다는 말씀 전한다.

2023년 2월

정 호 훈

차 례

일러두기

1 필자는 이전에 『경민편』에 관한 글을 여러 편 발표했다. 이 가운데 2006·2007 년에 쓴 두 편은 전면적으로 내용을 바꾸고 근래 집필한 두 편은 몇 가지 사항을 수정하여 이 책에 반영하였다.

2006, 「16·7세기 《警民編》 간행의 추이와 그 성격」, 『韓國思想史學』 26

2007, 「조선후기 《警民編》의 再刊과 그 敎育的 活用」, 『미래교육학연구』 20-2

2020, 「16세기 《警民編》 초기 간본의 검토-상허 기념도서관 소장본의 사례-」 『韓國思想史學』 66

2021, 「1728년의 정치변란에 대한 정부의 대책과 규범서-《삼강행실도》·《이 륜행실도》·《경민편》 간행을 중심으로-」, 『歷史와 實學』 76

2 과거 연구에서 다룬 내용은 본문의 다음 장과 연관이 있다.

제Ⅰ부 2장과 3장 : 「16세기 《警民編》 초기 간본의 검토-상허 기념도서관 소장본의 사례-」

제Ⅱ부 1장과 2장 : 「16·7세기 《警民編》 간행의 추이와 그 성격」

제Ⅲ부 1장 : 「1728년의 정치변란에 대한 정부의 대책과 규범서-《삼강행실 도》·《이륜행실도》·《경민편》 간행을 중심으로-」

제Ⅲ부 3장 : 「조선후기 《警民編》의 再刊과 그 敎育的 活用」

서 론

이 책은 1519년(중종 14) 김정국이 황해도 감사로 재직 중 집필한 『경민편(警民編)』을 조선에서 오랜 시간 활용하는 양상을 정리하고 그 의미를 살핀 연구서이다. 김정국은 황해도 도민들이 범죄를 저지르지 않기를 기대하며 『경민편』을 편찬·간행했는데, 그의 사후에도 지방과 중앙의 관료들은 이 문헌에 지속적으로 관심을 기울여 내용을 늘리거나 다듬어 보급했다. 16세기 후반 경상도 감사 허엽(許曄)의 중간본(重刊本), 17세기 중반 완남 부원군(完南府院君) 이후원(李厚源)의 개간본(改刊本)이 만들어졌으며, 18세기 전반에는 평안도 감사 송인명(宋寅明)과 상주 목사 이정숙(李廷熽)의 증보본이 출현했다. 이후 새로운 편찬본은 다시 나타나지 않고 권력의 관심 또한 많이 줄어들었지만, 『경민편』은 19세기 말까지 400년 가까운 시간 지방관들의 주목을 꾸준히 받으며 긴 생명력을 유지했다.

『경민편』에서 김정국은 지방민이 일상에서 일으키는 범죄를 여러 유형으로 묶고, 각 유형 별로 범죄를 저지르면 안되는 까닭을 인륜(人倫)과 사리(事理)를 들어 설명하는 한편으로 범죄에 따른 형량을 제시했다. 범죄의 종류는 부모·형제자매의 가족 관계부터 살인·강도와 같은 강력 범죄, 향촌에서의 바람직한 삶을 무너뜨리는 생활 방식 등에 이르기까지 지방민의 생활 전반을 포괄했고, 형벌의 처벌 규정은 『경국대전』, 『대명률』 등 시용(時用) 법전에서 가져왔다. 김정국은 지방민이 법에 저촉되는 행위를 하는 까닭은 그들이 법이 담고 있는 의미를 알지 못하는 데서 온다고 보았다. 그러므로 그들에게 인륜과 사리를 들어 범죄 행위가 갖는 문제를 충실히 가르치고 계몽하면 그들이 법 규범을 벗어나는 일탈을 일으키지 않으리라 여겼다. 지방민에게 '범죄 행위의 문제를 가르치지 않고 형벌을 가하는' 일은 권력의 기망(欺罔)[1]이라는 것이 그의 판단이었다.

이런 점에서 보면 『경민편』은 지방민의 범죄를 교화의 측면에서 거론한 문헌이었다. 분량은 그다지 많지 않았지만, 『경민편』에는 계몽과 교육, 범죄와 형벌의 서로 다른 요소가 복합적으로 조합되어 있었다. 그러므로 보기에 따라 책의 성격은 다를 수 있었다. 범죄와 그에 따른 처벌 내용을 담고 있는 점에서 형률서(刑律書)의 면모를 지녔다면 지방민이 범죄를 저지르지 않도록 가르치고 이끄는 점에서 교화서로서의 특성도 지니고 있었다.

권력의 측면에서 볼 때 『경민편』은 지방민의 일탈을 방비하고 사회의 안녕과 질서를 유지함에 도움을 받기 위해 공들인 노력의 결과물이었다. 이 일에 감사(監司)의 지위에 있던 인물이 나선 점이 주목되는데, 김정국은 황해도 지역의 예하 군현 수령들에게 이 책으로 지방민을 가르치고 질서를 잡아갈 수 있도록 요청했다.

허엽, 이후원 등 후대의 편찬·간행자들은 김정국 초간본의 내용은 그대로 유지하면서도, 자신의 관심과 당시의 정치적 필요에 따라 『경민편』의 구성을 조정하고 내용을 더하였으며, 원문의 표기를 한문 전용에서 한글 대역문(對譯文)을 덧붙여 싣는 형태로 바꾸었다. 뒷 시기로 갈수록 『경민편』에는 원래의 모습을 벗어나는 변화가 일어났다. 보급 형태 또한 처음에는 지방관들이 주의를 기울였으나, 이후원 개간본

---

1) 金正國, 『思齋集』권3, 警民篇跋, 1가, "夫制爲刑法, 皆出於先王愛民之仁也. 不有以導之於先, 執法而論囚, 不幾於罔民乎?"

이후로는 중앙정부에서 간행하고 이를 군현에서 이용하도록 독려하는 움직임이 여러 차례 나타났다. 지방에서 편찬된 책을 중앙정부에서 주목하고 간행함에 따라 그 중요성은 크게 부각되었다. 이런 과정을 거치며『경민편』은 조선의 권력이 널리 보급하려고 했던 문헌의 하나로 변모했다.

조선의 역사로 볼 때, 특정 문헌을 공적 공간에서 이처럼 오랫동안 수정하고 보완하며 활용하는 사례는 찾아보기 쉽지 않다. 더욱이 개인의 저술을 권력의 힘으로 공간(公刊)하고 보급하는 일은 매우 드물었다.[2] 이는 아마도 지방민을 범죄와 일탈의 현장에서 벗어나 살게 함에 이 책이 유용하다는 점을 조선의 권력이 확인했기 때문일 것이다. 아니면,『경민편』이 현실적으로 그다지 유효하지 않았다 하더라도, 국가 권력이 추구해야 할 방향을 이 책이 담고 있어 그 자체로 선전 효과가 크다고 굳게 믿었기 때문일 수도 있다. 여부가 어떠하든, 수백 년 지속된 지방에서의『경민편』활용은 조선의 권력이 이 책의 내용과 방법을 인정하고 동조했기에 가능한 일이었다. 이는 김정국의『경민편』기획이 성공적이었고『경민편』의 현실 효용성이 적지 않았음을 시사한다.

『경민편』의 유통 양상이 특별했던 만큼 학계에서는 오랜 시간 많은 주의를 기울여 이 책을 검토해왔다. 대체로 국어사, 사회사, 사상사의 연구자들이 이 일에 참여했음을 확인할 수 있다.『경민편』과 정철(鄭澈) '훈민가(訓民歌)'와의 관계에 대한 고찰[3]을 비롯,『경민편』간본 분석,[4]

---

2) 16세기 말 魚叔權이 편찬하여 간행한『攷事撮要』도 개인의 저술이면서 국가가 널리 활용한 유형의 책에 속한다.『攷事撮要』는 영조 대까지 같은 이름으로 증보되며 계속 활용되었다. 서명응의『攷事新書』는 구성이나 내용에 차이가 있지만『고사촬요』를 이어 편찬되었다.『攷事撮要』에 대한 연구로는 김치우, 2007,『고사촬요 책판 목록과 그 수록 간본 연구』, 아세아문화사 참고.

3) 정익섭, 1965,「《경민편》과 훈민가」,『한국언어문학』3 ; 朴晟義, 1967,「《警民編》과 《訓民歌》小考」,『어문논집』10(안암어문학회).

『경민편』구결·번역문의 성격 이해를 통한 국어사의 여러 문제에 대한 해명,[5] 『경민편』이 담고 있는 사회사적인 개성 및 『경민편』을 지탱하는 정치사상적 요소에 대한 해석[6] 등이 이루어졌다. 『경민편』에 대한 번역과 해설도 다양한 방식으로 진행되었다.[7]

이들 연구를 통하여 우리 학계는 『경민편』의 내용과 구성, 『경민편』을 편찬하고 수용한 조선의 정치와 문화 등을 이해할 수 있는 성과를 적잖게 확보했다. 특히 이 책의 편찬과 출현을 사회사와 사상사의 측면에서 살핀 연구자들은 『경민편』을 15~16세기 조선의 사회 변화에 대한 이념적·유교 윤리적 대응의 산물로 이해함으로써 『경민편』이 갖는 역사적 의미를 깊이 있게 평가할 수 있는 길을 열었다. 물론 그 역사성에 대한 이해는 일치하지 않아, 15세기 이래 '농민(農民)'의 성장에 대응하여 사림파(士林派)가 농민·향촌 지배를 위한 교화서(敎化書)로서 『경민편』을 편찬했다고 파악하기도 하고,[8] 지치주의를 내세우

---

4) 安秉禧, 1978, 「解題」, 『二倫行實圖·警民編』, 단국대학교부설 東洋學硏究所 ; 정호훈, 2020, 「16세기 《警民編》 초기 간본의 검토-상허 기념도서관 소장본의 사례-」, 『韓國思想史學』 66 ; 정호훈, 2021, 「1728년의 정치변란에 대한 정부의 대책과 규범서-《삼강행실도》·《이륜행실도》·《경민편》 간행을 중심으로-」, 『歷史와 實學』 76.

5) 김태곤, 1983, 「《警民編》 重刊本과 改刊本의 비교연구」, 『中央語文硏究』 1 ; 리득춘, 1992, 「경민편 원문 구결에 대하여」, 『中國朝鮮語文』 59 ; 김해정, 1993, 「《경민편》 언해 연구」, 『한국언어문학』 31 ; 여찬영, 2005, 「《경민편(언해)》 동경교대본과 규장각본 연구-한문 원문 및 구결의 차이-」, 『우리말글』 33 ; 이은규, 2005, 「《경민편 (언해)》의 어휘 연구」, 『언어과학연구』 35 ; 이은규, 2007, 「《경민편(언해)》 이본의 번역 내용 비교」, 『언어과학연구』 43.

6) 김훈식, 1992, 「《경민편》 편찬의 사회적 의미」, 『이재룡박사환력기념 韓國史學論叢』, 한울 ; 정호훈, 2006, 「16·7세기 《警民編》 간행의 추이와 그 성격」, 『韓國思想史學』 26 ; 정호훈, 2007, 「조선후기 《警民編》의 再刊과 그 敎育的 活用」, 『미래교육학연구』 20-2 ; 김호, 2017, 「權道의 성리학자 金正國, 『警民編』의 역사적 의의」, 『東國史學』 63.

7) 윤석민, 2006, 『쉽게 읽는 『경민편언해』』, 박이정 ; 김문웅, 2010, 『역주 정속언해·경민편』, 세종대왕기념사업회 ; 정호훈, 2012, 『경민편-교화와 형벌의 이중주로 보는 조선 사회』, 아카넷.

는 조광조 등과는 달리 김정국이 '교화와 형벌의 조화'를 도모하며 지방통치를 이루려는 의도에서 『경민편』을 간행했다고 이해하기도 했다.[9] 전자의 연구가 교화 대상으로서의 '농민의 성장'을 전제하며 유교 윤리의 변화가 이루어짐을 중시하였다면, 후자에서는 『경민편』이 '경고와 엄형을 불사하는 향촌 통치의 방법을 지니면서도 16세기 이후 교화 중심으로의 전환'을 보이는 점을 주목하였다.

연구는 이 지점에서 출발한다. 『경민편』이 15~16세기 새로운 사회 변화의 산물로서 성립했음을 보여주는 기존 연구는 많은 장점을 갖는다. 그럼에도 『경민편』이 지방민의 범죄와 형벌을 다루되 교화와 계몽의 측면에서 접근한 책이라는 사실, 16세기 초 공권력의 체계 위에서 만들어지고 유통된 점, 김정국의 초간(初刊) 이후로도 오랫동안 중앙과 지방의 권력이 주목하고 활용했던 양상 등은 그다지 유의하지 않았던 것으로 여겨진다. 해명해야 할 사안은 여전히 많이 있다고 할 수 있다. 권력의 대민 관계와 연관하여 『경민편』에는 15세기 조선에서 찾기 힘든 요소가 나타나고 그것이 다시 후대에도 지속되며 생명력을 유지했다. 그런 점에서 『경민편』은 범죄 혹은 사회적 일탈을 둘러싼 국가권력이 대응하는 방식의 변화를 살필 수 있는 문헌이다. 범죄와 형벌을 교화와 계몽과 연관하여 다룬 『경민편』의 개성은 이런 여러 요소를 역사적 흐름 위에서 일관되게 설명할 때 잘 드러날 것이다.

이를 위해서는 『경민편』에서 시도하는 방식이 15세기 조선의 대책과 비교하여 어떤 차이를 보이는지, 그리고 그러한 변화가 16세기 초에 일어났던 정치·사상의 변동과 어떠한 상관성을 갖는지를 충실히 확인할 필요가 있다. 나아가서는 그러한 사고를 만들어낸 사회적 힘은 무엇이었던가도 검토해야 할 것이다. 앞선 시기에는 미약했던 요소를

---

8) 김훈식, 1992, 앞의 글.
9) 김호, 2017, 앞의 글.

『경민편』은 풍부하게 지니었고, 이를 후대의 권력은 긍정하며 지속적으로 활용했다. 그러므로 15세기 건국 당시부터 『경민편』 편찬 때까지 이루어지는 권력 운영의 변화에 대한 이해는 이 책의 역사성을 파악함에 중요한 의미를 갖는다.

조선의 국가 권력이 백성을 사로잡고 국가 질서를 유지하기 위해 집중했던 주된 방법은 유교 이념에 기반한 교화(敎化, 이하 교화라 함)의 국정 운영이었다. 조선의 위정자들은 유교가 발원한 삼대(三代) 이래 백성을 사로잡는 정치의 성공은 교화로부터 비롯된다고 여기고 조선 또한 그 역사를 본받아 이를 실현해야 함을 최고의 가치로 설정하고 추구했다.[10] 이들은 교화가 실행되는 고대 성인의 정치를 '문명(文明)'의 시간[11]으로 받아들였다. 교화의 구현은 그러므로 문명의 세계로 들어가는 대사건을 만드는 일이었다.

유교 전통에서 교화는 국가 구성원에게 그 국가가 필요로 하는 규범을 교육과 계몽(啓蒙)을 통하여 익히게 하고 이를 바탕으로 구성원들의

---

10) 현실에서 유교의 교화는 불교의 교화와 길항하는 관계에 있었다. 삼국기 이래 축적된 불교의 교화론이 갖는 힘은 막강했다. 그러므로 이 시기 '교화'의 세계는 유교에만 한정하여 논의할 수 없다. '崇儒抑佛'의 방침으로 교화를 추진했던 조선의 정치를 입체적으로 살피기 위해서는 이 점을 염두에 두어야 한다. 이 책에서는 불교의 교화에 대해서는 별도로 다루지 않았다. 불교의 교화에 대해서는 다음 연구 참조. 이철헌, 2008, 「懶翁 惠勤의 민중 교화」, 『불교문화연구』 9 ; 소현숙, 2016, 「梁 武帝와 隋 文帝의 塔像儀禮와 佛敎的 '敎化' 政治=懺悔와 受戒, 그리고 感應과 滅罪의 과정을 중심으로」, 『美術史學硏究』 290 ; 손성필, 2016, 「16세기 조선의 정치·사회와 불교계」, 『東國史學』 61.

11) 『太宗實錄』 권3, 태종 2년 4월 1일[癸丑], "內書舍人李之直·左正言田可植上疏論事……恭惟殿下, 以聰明之資, 博覽經史, 凡所施爲, 動法古先, 不敢違寧, 臣民咸望三代文明之治, 此誠千載一時也." ;『世宗實錄』 권40, 세종 10년 5월 6일[丁巳], "咸吉道監司崔蠲啓, 本道地極北鄙, 前此不設學校, 識字者蓋寡. 今文明之化廣被, 大小州縣, 各置敎官, 生徒之額, 不減他道, 登科第者, 比比有之, 人皆觀感, 漸抛馳馬試劍, 咸願叩篋橫經." 이 책에서 인용하는 실록 기사는 국사편찬위원회 제공 자료(https://sillok.history.go.kr)를 이용했으며, 년·월·일의 표기 또한 이를 따랐다. 이 사실은 앞으로 별도로 표기하지 않는다.

18

변화를 이끄는 방식으로 진행되었다. 여기에는 인간은 악한 행동 혹은 규범을 벗어난 행위를 설령 저지른다고 하더라도 교정(矯正)할 수 있는 가능성을 가지고 있다는 믿음이 전제 되어 있었다.12) 권력이 오랜 시간, 지속적인 교육을 통하여 구성원의 의식과 행동을 변화시키고 질서를 준행하게 하려는 점에서 이 방식은 외재적이고 또 강제적인 성격을 지녔지만, 구성원의 도덕적 자각과 변화를 이끌어 내려는 측면으로 본다면 직접적인 폭력의 압박과는 거리가 멀었다.13)

강력한 형벌(刑罰)의 시행을 통한 사회 구성원의 규제 또한 질서의 유지와 밀접한 연관을 갖는 수단이었다. 형벌은 그들이 규범을 벗어난 악한 행동을 할 경우, 폭력과 강압으로 실행되는 징치(懲治)를 행사하여 그 행위를 징벌하고, 그럼으로써 그들을 규범의 틀 속으로 되돌아오게 하는 방식이었다. 범죄에 대한 징벌은 유교 전통과 상관이 없는 듯 보이지만 실제로는 일찍이 순(舜) 임금 시절부터 거론되며 강력한 지지를 받았다. 순 임금은 고요(皐陶)에게 형벌을 집행하는 일을 맡기며, '형벌을 시행하여 형벌이 없기를 기약하고, 다섯 가지 형[五刑]을 밝혀서 다섯 가지 가르침[五敎]을 도우도록' 명령했다.14) 『서경(書經)』에 제시된 이 서사는 형벌이 정치를 펼침에 필수 불가결하면서도 동시에 교화를 보조하는 성격을 지니고 있음을 드러낸 선언이었다, 그리고 이 명령에 들어있는 관념은 유교 정치사상의 기저에서 늘 영향을 미쳤다. 적극적

---

12) 『書經』, 虞書·舜典, "帝曰: "契, 百姓不親, 五品不遜. 汝作司徒, 敬敷五敎, 在寬.""

13) 교화의 정치는 교화의 주체와 교화 대상으로 구성된다. 주체는 군주로 대표되는 국가 권력, 대상은 백성이다. 주체의 측면에서 교화는 德으로 정치를 시행함을 의미했다. 政·刑과 德·禮를 대비하여 정치를 설명하는 『論語』「爲政」편의 논리("道 之以政, 齊之以刑, 民免而無恥. 道之以德, 齊之以禮, 有恥且格")는 이를 잘 보여준다. 이 시기 교화에 대한 기존의 연구로는 이석규, 1998, 「조선초기 교화의 성격」, 『韓國思想史學』 11 ; 이석규, 2011, 「16세기 조선의 民本 이념과 民의 성장」, 『韓國思 想史學』 39 참조.

14) 『書經』, 夏書·大禹謨. "帝曰: "皐陶, 惟兹臣庶, 罔或干予正, 汝作士, 明于五刑, 以弼五 敎, 期于予治. 刑期于無刑, 民協于中, 時乃功, 懋哉.""

인 의미에서 형벌은 보치(補治)의 방편이었다.15) 그런 까닭에 형벌은 형태상 교화와 상반되면서도 넓게 보면 교화의 한 범주에 속하는 이중성을 지니고 있었다.16)

15세기 조선 정부는 교화의 기반을 쌓기 위해 학교를 세우고 유교 사상을 교육하며 이를 이용하여 국가에 필요한 인재를 양성했다.17) 도덕 규범으로는 삼강(三綱)의 모범 실천자를 표창하고 장려하며18) 『삼강행실도(三綱行實圖)』를 보급하는 등19) 삼강의 도덕을 널리 강조했

---

15) 조선 초의 관료들은 이 관념을 매우 의미 있게 받아들이고 있었다. 『朝鮮經國典』 憲典의 總序(『三峯集』 권8, 朝鮮經國典 下, 憲典, 8나, "憲典, 聖人之制刑也, 非欲恃此 以爲治, 惟以輔治而已. 辟以止辟, 刑期無刑. 苟吾治之已成, 則刑可措而不用矣.") 세종 대 신료들의 상소문(『世宗實錄』 권40, 세종 10년 5월 26일[丁丑], "左司諫金孝貞等上 疏曰……夫貴以臨賤, 賤以承貴, 上以使下, 下以事上, 乃天理民彝之當然, 而治道之根 本也. 是故帝舜, 使契爲司徒, 教以人倫, 又慮教之或不率也, 命皐陶作士, 明刑以弼教, 期于無刑.")에서 이를 살필 수 있다.

16) 이와 같은 맥락에서 보자면 교화의 개념은 이중적이다. 형벌을 포괄하는 보다 넓은 개념으로 이해할 수 있음과 동시에 형벌에 상반되는, 형과 대응하는 의미로 한정해서 쓸 수도 있다. 조선에서 넓은 범위에서 교화를 사용하기도 하고, 어떤 경우에는 제한적으로 쓰기도 했는데, 이는 모두 이런 사정에 연유한다 할 것이다. 현실에서는 교화와 형벌이 상반되는 성격으로 활용되는 양상이 지배적이었다. 이 글에서는 넓은 범위의 교화를 염두에 두면서도 양자를 상호 대비하며 논의를 펼치고자 한다.

17) 학교의 의미에 대한 당대인들의 발언은 다음 자료가 참고된다. 『太祖實錄』 권2, 태조 1년 9월 24일[壬寅], "都評議使司裵克廉·趙浚等上言二十二條. 一, 學校, 風化之 源, 農桑, 衣食之本. 興學校以養人才, 課農桑以厚民生." ; 『世宗實錄』 권2, 세종 즉위 년 11월 3일[己酉], "學校, 風化之源, 內設成均·五部學堂, 外設鄉校, 勸勉訓誨, 無所不 至."
정도전 역시 학교를 교화의 근본으로 중시했다.(『三峯集』 권7, 朝鮮經國典 上, 禮典, 學校, 30가, "學校, 教化之本也. 于以明人倫, 于以成人才. 三代以上, 其法大備. 秦漢以下, 雖不能純, 然莫不以學校爲重. 而一時政治之得失, 係於學校之興廢, 已然之 迹, 今皆可見矣."

18) 『太祖實錄』 권1, 태조 1년 7월 28일[丁末], "一, 忠臣·孝子·義夫·節婦, 關係風俗, 在所獎勸. 令所在官司, 詢訪申聞, 優加擢用, 旌表門閭." 정도전의 『朝鮮經國典』에서 도 이 생각은 확인된다.(『三峯集』 권7, 朝鮮經國典 上, 禮典, 旌表, "秉彝好德之良心, 人皆有焉. 然在上者不先倡之, 下之人無所觀感而興起矣. 故國家立法, 其有忠於君, 孝於親, 全夫婦之道者, 皆爲之旌而表之, 礪行義而厚風俗也. 臣故著篇名, 苟有其事, 續而書之可也.")

다. 정부에서는 이때 특별한 행동을 한 이들을 책으로 묶어 보급하면 많은 사람들이 보고 감동하며 도덕성을 일으켜 세울 수 있으리라 기대했다.[20]

형벌은『대명률(大明律)』을 기반으로 마련했다. 이 법전은 고려 말부터 기준 형서로 영향을 미치고 있었거니와[21] 조선은 1395년(태조 4)에 이두(吏讀)로 내용을 직해(直解)하여 형벌 실무자들이 쉽게 이용할 수 있게 하고,[22]『경국대전』을 완성하면서는 '형률은『대명률』을 이용한다.'는 원칙을 명기,『대명률』활용의 근거를 국전(國典)에 분명히 규정하였다.[23] 조선 정부가『대명률』에 포괄되지 않는 조선 고유의 형률도 만들어 활용했지만 그 지위는『대명률』에 비하면 부차적이었다.『대명률』을 기초로 형률을 운용하고자 했던 조선의 모습은 고려에서 당률, 원의『지정조격(至正條格)』을 참조하고 활용하던 상황에 대비된다.[24]

---

19) 『經國大典』, 禮典·獎勸, "三綱行實, 飜以諺文, 令京外士族家長·父老或其教授·訓導等, 教誨婦女·小子, 使之曉解. 若能通大義, 有操行卓異者, 京漢城府, 外觀察使, 啓聞行賞."

20) 교화의 정치는 교화의 주체와 교화 대상으로 구성된다. 주체는 군주로 대표되는 국가 권력, 대상은 백성이다. 주체의 측면에서 교화는 德으로 정치를 시행함을 의미했다. 政·刑과 德·禮를 대비하여 정치를 설명하는『論語』「爲政」편의 논리("道之以政, 齊之以刑, 民免而無恥. 道之以德, 齊之以禮, 有恥且格")는 이를 잘 보여준다. 이 시기 교화에 대한 기존의 연구로는 김훈식, 1996,「朝鮮初期『三綱行實圖』보급의 대상」,『仁濟論叢』12 ; 김훈식, 1998,「『三網行實圖』보급의 社會史的 고찰」,『진단학보』85 ; 이석규, 1998,「조선초기 교화의 성격」,『韓國思想史學』11 ; 이석규, 2011,「16세기 조선의 民本 이념과 民의 성장」,『韓國思想史學』39 참조.

21) 윤훈표, 2022,「고려말기 형정의 상황과 개편 방향」,『學林』50, 37~40쪽.

22) 金祗,「後識」,『大明律直解』.

23) 『經國大典』, 刑典·用律, "用大明律."『대명률』에 대해서는 법제사, 국어사 등 여러 영역에서 많은 연구가 축적되었다. 연구서로는 강영, 1998,『대명률직해 이두의 어미 어말 연구』, 국학자료원 ; 박철주, 2006,『대명률직해의 국어학적 연구』, 일지사, 2006 ; 조지만, 2007,『조선시대의 형사법-대명률과 국전』, 경인문화사 등을 참고할 수 있다. 근래에는『대명률』의 번역이 마무리 되었다.(한상권 외, 2018,『대명률직해』1~4, 한국고전번역원)

24) 고려의 형률에 대해서는 辛虎雄, 1995,『高麗法制史研究』, 국학자료원 ; 김인호,

『대명률』에서는 국가에 대한 모반·반란의 범죄에서부터 강상(綱常)의 질서를 어기는 범죄, 국가가 정한 예(禮) 질서를 어기는 범죄, 관공서를 대상으로 한 범죄, 살인·강도·도둑과 같은 강력 범죄에 이르기까지 다양한 층위의 범죄를 설정하고, 처벌 또한 참형(斬刑) 이래 다섯 등급의 형으로 규정했다.[25] 범죄의 범위는 국가를 대상으로 한 것으로부터 개인에 이르기까지 포괄적으로 구획되었고 처벌의 수위 또한 엄격하며 가혹했다.[26] 한편 『대명률』에서는 강상을 중시하여 삼강·오륜이나 신분 위계와 연관된 범죄자는 최고 수준으로 처벌하도록 규정했다.[27] 이와 같이 형률을 마련한 정부에서는 독법령(讀法令)을 시행, 『대명률』을 비롯한 여러 법 규정을 국가 구성원들에게 알리려는 정책을 펼쳤다.[28] 그들이 율문의 엄중함을 알게 되면 범죄를 저지르지 않을 거라는

2002, 「고려의 元律 수용과 高麗律의 변화」, 『고려시대의 형법과 형정』, 국사편찬위원회. 고려 후기인들의 형법에 대한 고민의 일단은 李穀, 『稼亭集』(1662년, 제4간본) 권1, 策問의 '형법'에 관한 질문에서 확인할 수 있다. "위로 원나라의 條格을 위배하지도 않고 아래로 본국의 옛 憲章을 잃지도 않으면서 형법을 귀일시켜 사람들이 구차하게 피하는 일이 없게 하려면, 그 요체는 무엇인가?"라는 질문은 그 한 사례이다.

25) 凌遲處死, 車裂刑은 5형에 들어있지 않았다. 하지만 『대명률』에서는 부모 살해와 같은 범죄 등에 凌遲處死의 형벌을 내렸다. 조선에서는 凌遲處死刑을 車裂刑으로 대체했다. 『대명률직해』에서 원문이 '凌遲處死'이면 모두 '車裂處死'로 바꾸어 직해했음을 볼 수 있는데, 실제 행형도 그러했다.

26) 이와 연관하여 두 가지 점을 생각해 볼 수 있다. 첫째, 조선 형벌의 잔인함 혹은 폭력성이 어느 정도였는지, 전대의 형률과 비교하여 그 경중을 따지는 일은 쉽지 않다. 고려 형률에서도 轘刑, 梟首刑과 같이 잔인하고 폭력적인 형벌을 시행했음을 살필 수 있다.[신호웅, 앞의 책 참조] 둘째, 법 규정대로 범죄자를 직접 처벌하지 않고 돈으로 처벌을 대신하는 贖刑 제도, 형율을 관대하게 시행하는 寬刑 제도가 있어, 폭력적 형벌이 일상에서 자행되었다고 말할 수는 없다. 그렇다고 하여 이 시기 형률의 폭력성이 사라진 것은 아니었다.

27) 예를 들어 『大明律直解』권19, 刑律·人命, 第307條의 謀殺祖父母·父母 조항은 이를 잘 보여준다. "凡謀殺祖父母·父母及期親尊長·外祖父母·夫·夫之祖父母·父母, 已行者皆斬, 已殺者皆凌遲處死. 謀殺緦麻以上尊長, 已行者杖一百流二千里, 已傷者絞, 已殺者斬."(『大明律直解』권19, 刑律, 人命, 第307條 謀殺祖父母·父母). 사노가 그 주인의 혈친과 간음하고 죽이려 한 사건이 일어나자 凌遲處死不待時律로 처벌하는 일도 확인할 수 있다.(『世祖實錄』권12, 세조 4년 3월 10일[丁酉])

기대에서였다.

15세기 국정 운영에 동원된 유교적 교화, 엄격한 형벌의 방책은 몇 가지 뚜렷한 특성을 지니고 있었다. 교화를 위해 중시된 도덕률이 군신, 부자, 부부의 세 관계와 연관하여 충·효·열(忠孝烈)의 삼강(三綱)으로 설정된 점을 먼저 꼽을 수 있다. 삼강은 다양한 인간 관계를 이 셋으로만 축소하여 규정한 점이 특색이었다. 여기에는 국가나 가내(家內)에 적용할 수 있는 도덕이 논의되었지만, 향촌이나 가문과 같은 특정 영역·특정 공간에 필요한 규범은 강조되지 않았다. 나아가 충·효·열의 몇 가지 특별한 행위에만 초점을 맞추었기에 전체 일상을 규율하는 도덕률이 되기에 부족한 점도 삼강의 규범이 가지는 특성이었다.[29] 그렇기에 삼강에 기초한 교화가 포괄하는 범위는 극히 제한적이었다.

교화와 형벌의 영역을 분리하여 접근하고 정책을 펼치려는 점도 이 시기에 나타나는 특징이었다. 이는 교화와 형벌을 정반대의 개념으로 대비하여 이해하는 관념[30]과 연관이 있었는데, 정부에서는 사회구성

---

28) 『太宗實錄』 권29, 15년 5월 8일[壬寅]. 여기에 대해서는 김호, 2016, 앞의 글, 75~76쪽 ; 이상민, 2022, 「15세기 초 율문 교육과 형률적 교화 모색」, 『歷史學報』 23, 153~154쪽 참조.

29) 삼강을 중심에 두는 교화론이 가진 개성은 중종 대 『小學』 교육의 중요성을 강조한 기묘사림의 발언에서 확인할 수 있다.(『中宗實錄』 권28, 중종 12년 6월 27일[辛未], "三綱行實所載, 率皆遭變, 故艱危之際, 孤特激越之行, 非日用動靜常行之道, 固不可人人而責之. 小學之書, 迺切於日用.")

30) 정도전과 권근은 조선 건국기 주요 인물들의 教化에 대한 관념을 여실히 보여준다. 정도전은 교화를 法律과 대비하여, 권근은 '事功'과 대비하여 이해했다.(鄭道傳, 『三峯集』 권3, 送楊廣按廉庚正郎詩序, 32나~33가, "嘗論儒吏之說. 道德蘊之於身心, 斯謂之儒. 教化施之於政事, 斯謂之吏. 然其所蘊者卽所施之本, 而所施者自其所蘊者而推之, 儒與吏爲一人, 道德與教化非二理也. 自世道之降, 道德變爲詞章, 教化易爲法律, 而儒吏於是乎判矣. 此斥彼爲俗, 彼訾此爲腐, 世之言道德教化者, 皆爲無用之長物. 其間或有以儒術緣飾吏理者, 亦不過自濟其私利已."; 鄭道傳, 『三峯集』 권5, 經濟文鑑 上, 3나~4가, "(權)近按. 六典, 六卿之職也.……又按舜之宅百揆, 所先者徽五典. 周之建六典, 所先者亦教典, 莫不以教化爲急務. 此虞周之治所以盛. 後世急事功而以教化爲餘事, 故教典廢而合於理, 事典分而爲戶工. 後世之治不古若, 良由教化之不明也. 有志於善治者, 可不以教化爲先哉.")

원들이 삼강의 윤리를 익히고 실천하는 한편 형률의 무서움을 알아 위법 행위를 벌이지 않게 되면, 풍속이 변화하고 법 질서의 파괴가 일어나지 않으리라고 기대했다. 이 맥락에서 권력은 삼강의 윤리를 널리 퍼뜨리는 일에 치중했고 또 범죄자들을 형률에 따라 엄격히 처벌하였다.

교화보다 형벌이 더 강한 힘을 발휘하는 점 또한 한 특징이었다. 교화의 이념과 정책을 중시하고 이의 실현을 표방했지만 실제 현실에서 영향력을 행사하는 요소는 형벌이었다. 교화책은 기획한 만큼 성과를 거두기 어려웠고 형벌과 교화의 현실 위상은 역전되어 있었다. 이 시기, 민인의 범죄를 예방하고 질서를 유지함에 교화와 형벌이 발휘하는 힘은 균질적이지 않았다.

이런 현실은 폭력과 압박, 강제력에 바탕하여 개인의 행동을 통제하고 이끄는 전근대 형벌의 특징을 전면에 노출했다. 강력한 처벌은 범죄를 가라앉히고 사회질서를 유지함에 적지 않은 도움이 되었다. 하지만 그것이 능사는 아니었다. 징벌만으로 범죄자의 변화를 기대하기도, 또 범죄의 발생을 낮추기도 힘든 면이 있었다. 이는 교화를 통한 정치운영이라는 유교 사상 본래의 목적과도 배치되는 점이 있었다.

조선 정부에서 이 점을 얼마나 심각하게 고민했는지는 분명하지 않다. 이와 연관하여 이 시기 정부가 시도했던 가장 뚜렷한 노력의 하나를 1432년(세종 14)의 조치에서 확인할 수 있다. 세종은 백성들이 율문(律文)을 익히게 되면 범죄를 피할 수 있으리라고 여기고 형율의 조문을 초록(抄錄)한 뒤 이문(吏文)으로 번역하게 했다.[31] 당시 이조판서

---

31) 『世宗實錄』 권58, 세종 14년 11월 7일[壬戌], "上謂左右曰: '雖識理之人, 必待按律, 然後知罪之輕重, 況愚民何知所犯之大小, 而自改乎? 雖不能使民盡知律文, 別抄大罪條科, 譯以吏文, 頒示民間, 使愚夫愚婦知避何如?' 吏曹判書許稠啓: '臣恐弊生也. 姦惡之民, 苟知律文, 則知罪之大小, 而無所畏忌, 弄法之徒, 從此而起.' 上曰: '然則使民不知, 而犯之可乎? 民不知法, 而罪其犯者, 則不幾於罔民? 況祖宗立讀律之法,

였던 허조(許稠)는 세종의 뜻과는 다르게, 백성들이 간악해서 율문을 알게 되면 법을 피해 죄를 저지르게 되리라 하여 이를 반대했지만,[32] 세종은 형벌로 금지하는 내용을 백성들이 깨우치면 처벌의 두려움을 알아 범법 행위가 줄어들 것이라 보았다. 지방에 보급했던 '육전율문(六典律文)[33]은 이때의 성과로 보인다. 이 시기, 교화와 형벌 양자의 영역은 명확하게 구분되었고 서로 넘나들지 않았다.

일상의 범죄에 대해 교육과 계몽의 차원에서 접근한 『경민편』의 방식은 15세기 조선의 범죄 대응책과 비교하면 크게 달랐다. 형률로 규율하는 범죄 행위에 대해 지방민들이 인륜과 사리의 측면에서 문제를 파악하게 되면 범죄를 저지르지 않게 되므로, 권력은 그들에게 이 점을 먼저 알려주도록 노력해야 한다는 것이 『경민편』의 방침이었다. 김정국은 그렇게 하지 않고 처벌하면 그것은 권력의 '기망'[34]이라고 극단으로 표현할 정도로 이 문제를 강조했다.

『경민편』에서 취한 이러한 방법은 사회 구성원의 변화 가능성을, 삼강의 윤리와 형률로만 파악하는 것보다 훨씬 더 복잡하게 또 전방위적

欲人皆知之也. 卿等稽諸古典, 擬議以聞.' 稠出, 上曰: '許稠之意以爲民知律文, 則爭訟不息, 而有凌上之漸. 然須令細民, 知禁而畏避也.' 遂命集賢殿, 稽古使民習法之事以啓."

32) 율문의 초록을 간행하자는 세종 대의 논의와 결론은 형률의 시행을 중심으로 범죄에 대처해 나가는 15세기 조선의 수준을 극명하게 보여준다. 특히 율문을 알게 되면 범법이 더 많이 행할 것이라는 허조의 발언에서는 이 시기 인간 이해가 어떠했는지도 살필 수 있다. 형률의 시각으로 보면, 인간은 잠재적 범죄자, 죄를 저지르는 존재의 성격이 강했다. 중앙정부의 논의 수준이 이러했던 만큼, 지방에서의 사정 역시 이와 별다르지 않았던 것으로 판단된다.

33) 세종이 지시한 대로 이두로 번역된 율문의 초록이 出刊되었는지의 여부는 분명하지 않다. 실물이 확인되지 않기 때문이다. 다만, 1439년에 정부에서 咸吉道 富居縣에 『삼강행실도』와 더불어 내려보낸 '六典律文'이 그 책일 가능성이 높다.(『世宗實錄』 권84, 세종 21년 3월 9일[丁巳]. "禮曹據咸吉道觀察使關啓, 請於富居縣送朝服及'六典律文'·農蠶書·三綱行實. 從之.") '六典律文'은 '육전의 율문을 정리한 책'을 뜻하기도 하고 '六典律文'이란 서명을 지닌 刑書일 수도 있다.

34) 金正國, 『思齋集』 권3, 警民篇跋.

으로 모색하는 의미를 지니고 있었다. 삼강과 형률을 중시하는 측면에서 보자면 인간의 도덕 경계는 폭이 매우 좁았다. 인간이 실행할 수 있는 긍정적 선행(善行) 덕목은 삼강에 불과했다. 더불어 그 삼강의 확산과 실천도 탁월한 행위자에 대한 '감정의 흥기(興起)'[35]를 매개로 하는 방식이었다. 지속성을 가지고 광범위하게 이루어지는 힘을 발휘하기에는 제한적이었다. 실천 당사자의 변화를 염두에 둔다면 고려해야 할 점이 적지 않았지만, 삼강에만 치중하는 교육을 통해서는 제외되는 요소가 너무 많았다.[36]

　이에 비해 형벌이 범죄자를 징치하는 범위는 매우 넓었다. 이 경우 삼강에서 다루는 영역보다 형벌의 범위가 더 넓어지는 도덕과 형벌의 불일치 현상은 피할 수 없었다. 그런 만큼 삼강이 만들 수 있는 변화의 여지는 제한되었다. 위정자의 입장에서 보자면, 교육과 계몽의 힘보다는 형벌의 효용이 더 강력하고 실제적이었다. 형벌이 범죄자를 징치(懲治)하고 두려움을 안길 수는 있었지만, 그들을 도덕적 존재로 변화시키기에는 폭이 좁았다. 도덕 교화를 강조하면서도 형벌에의 의존이 커지고 남형(濫刑)의 문제가 제기될 수밖에 없는 데에는 이러한 요인도 크게 작용했으리라 여겨진다.

　반면 범죄의 문제를 도리·사리의 차원에서 알게 하여 지방민의 마음과 행동을 바꾸려 했던 김정국은 교화 대상의 변화 가능성을 다층적·다면적으로 긍정하고 이를 위한 교육 자료를 적극 제공하고자 했다.

---

35) 權採, 「三綱行實圖序」, 『三綱行實圖』, "我主上殿下, 命近臣若曰: 三代之治, 皆所以明人倫也. 後世敎化陵夷, 百姓不親, 君臣父子夫婦之大倫, 率皆昧於所性, 而常失於薄. 間有卓行高節, 不爲習俗所移, 而聳人觀聽者, 亦多. 予欲使取其特異者, 作爲圖贊, 頒諸中外, 庶幾愚夫愚婦, 皆得易以觀感而興起, 則亦化民成俗之一道也."

36) 기묘사림이 본격 활동하기 전 정부에서는 『三綱行實圖』를 數千秩 간행하여 반포하고(『中宗實錄』 권14, 중종 6월 10월 20일[丁酉]) 『續三綱行實圖』도 편찬하여 간행했다.(『中宗實錄』 권20, 중종 9년 6월 27일[戊午]) 기묘사림은 『小學』 보급의 필요성을 『삼강행실도』의 非日常性과도 연관지어 논의했다.

26

『경민편』에서 지방민은 학습과 변화를 기대할 수 있는 능력을 지닌 존재였다.

이와 더불어 여러 범주의 범죄를 인륜과 사리를 알게 하여 피하게 하려는 『경민편』의 방법에서 교화의 대상과 범죄의 범위가 서로 맞물리며 거의 부합했다. 『경민편』에서 범죄를 강력하게 징치한다는 방침을 부정하지 않았지만, 범죄는 교육과 계몽의 영역 내에서 통제 가능하다고 인식되었다. 이 측면에서 보자면 교육과 계몽을 통해 범죄를 막을 수 있다는 『경민편』의 전망은 대단히 낙관적이었다.

『경민편』에서 교화와 형벌은 그 다루는 대상이 서로 분리되어 있지 않았고, 범죄 행위는 교화의 측면에서 파악되었다. 교화가 포괄하는 범위는 전 일상으로 확장되었다. 『경민편』 최고의 개성은 이 점에 있었다. 삼강의 윤리 규범이 일상의 행위를 담아내지 못하고, 삼강의 도덕이 일상의 범죄를 막아내지 못하는 것에 비하면 그 차이는 엄청났다. 『경민편』은 종래 '삼강'의 윤리까지 포괄하면서 그 경계를 더 넓혔다.

김정국은 범죄의 문제를 인륜과 사리를 헤아려서 알게 되면, 누구나 범죄를 저지르지 않게 된다는 믿음으로 이 책을 저술했다. 이 믿음은 사회 구성원으로 하여금 사회 규범을 내면화하여 따르게 함이 정치의 최고의 방법이라고 판단하고 이를 현실화할 수 있는 적절한 수단을 찾으려 했던 위정자로서의 지향에서 왔지만, 한편으로 그것은 교육받고 계몽되는 민인의 주체(主體) 역량을 긍정하는 생각과 결부된 측면이 있었다.[37] 『경민편』에서 범죄와 형벌, 그에 대한 도덕률을 단순하고 평이한 언어로 제시한 측면이 있으나 실제 다루는 내용은 간단하지 않았다. 『경민편』을 직접 읽어서 이해하거나 아니면 간접적으로 들어서

---

[37] 이 시기 인성론과 교화·형벌의 문제를 다룬 연구로는 김정신, 2008, 『朝鮮前期 勳舊·士林의 政治思想 比較』, 연세대 대학원 사학과 박사학위논문을 주목할 수 있다.

익히건, 독자의 처지에서는 이를 수용할 준비를 갖추고 있어야 했다. 김정국은『경민편』의 독자 혹은 교육의 대상인 지방민들이 이를 배우고 받아들일 수 있는 지력(智力)과 도덕성을 가진 존재임을 적극 인정했다.[38]

이와 같이『경민편』은 15세기 정부의 범죄 대책에서는 찾기 힘든 새로운 요소를 지니고 있었다. 그 달라진 점이 가지는 의미는『경민편』에서 주목했던 범죄의 성격, 범죄를 저지르는 인간의 변화 가능성에 대한 낙관적인 믿음과 연관되어 있었기에 단순하지 않았다. 김정국은 범죄에 대한 강력한 처벌을 부정하지 않으면서도 그것이 범죄 대책의 중심이 되어서는 안된다고 생각했다. 이 지점에서『경민편』에서 확인되는 새로움은 어디에서 왔을까를 생각하게 된다. 그 새로움은 아마도 15세기 조선에서 중시되던 것과는 다른 성격의 관념, 학문에서 공급되었을 가능성이 크다.

『경민편』의 주제와 문제의식이 기묘사림의 사상, 기묘사림의 정치활동과 깊은 관계를 맺고 있었던 사실은 이러한 점을 넓혀 이해함에 도움이 된다. 기묘사림은 조광조(趙光祖)를 중심으로 활동하다가 1519년(중종 14)의 정변(政變)으로 정계에서 축출된 일군의 정치·학문 세력으로,『경민편』의 저자인 김정국 또한 여기에 속하는 유력 인물이었다.[39] 정치적 변화를 만드는 방법을 둘러싸고 급진파에 일부 동조하지

---

38) 김정국이『경민편』을 편찬하면서 계몽 대상으로 삼았던 지방민을 특정 신분, 특정 직역으로 한정하기는 어렵다.『경민편』에서 다루는 내용은 상층 양반에서 하층 천민에 이르기까지 지방에 사는 모든 사람에게 해당되었다. 17세기 후반이 되면 박세채가『경민편』을 士와 대비되는 常民의 교육에 이용하자고 논의한 이후 주된 독서층은 하층민으로 한정되는 양상이 나타나는 변화가 일기도 했다. 이 점은 제Ⅱ부에서 다룬다.

39) 조광조와 그의 동료들은 통상 '사림파'란 개념 위에서 '훈구파'와 대비하며 파악해 왔지만, '기묘사림'으로 한정하여 부르기도 한다. 필자 또한 '기묘사림'이란 용어로 이들을 설명할 것이다. '기묘년의 정변에 연루되어 정치적 탄압과 고초를 겪었던 인물들'의 의미를 지닌다. 15~16세기 다양한 성격을 보이는 양반층

않은 면이 있지만, 김정국은 그들과 이념을 공유했다.[40] 『경민편』을 만들어 낸 사상 동력은 김정국 개인뿐만 아니라 그를 둘러싼 공간 너머에도 자리 잡고 있었다.

기묘사림의 정치·사상 활동은 1519년의 정변이 일어나기 전 몇 년 동안 주자학(朱子學)의 경세책(經世策)과 정치론을 국가 정책으로 실현하고자 했던 노력으로 집약할 수 있다. 이들이 정몽주·김굉필을 조선 학술의 정통으로 높이고,[41] 『소학』의 보급[42]과 향약의 실행[43]에 주력하며, 『주자가례』식 종법(宗法)을 실천하려[44] 했던 것은 모두 그러한 지향

가운데 주자학의 정치론을 중시하고 이를 바탕으로 정치를 시행하고자 했던 인물들이 여기에 속한다. 필자는 15~16세기 양반 정치세력을 훈구파와 사림파로 나누고 양 세력의 특성을 국가 및 향촌과 연관하여 선명하게 나누는 방식은 지양할 것이다. 사림·사림파를 둘러싼 연구 경향을 검토한 근래의 논고로는 김정신, 2020, 「조선전기 사림(士林)·사림정치(士林政治) 연구의 쟁점과 전망」, 『韓國思想史學』 64 참조.

40) 김정국의 정치적 성향에 대해 학계에서는 대체로 급진적인 조광조 등과는 성향을 달리한다고 이해해 왔다. 주요 연구로는 다음 참조. 이병휴, 1999, 「사재(思齋) 김정국(金正國)의 改革論과 그 性格」, 『歷史敎育論集』 23·24 ; 이병휴, 「조선전기 疎外 官人의 隱居生活-金安國·金正國의 경우」, 『歷史敎育論集』 31, 2003 ; 송웅섭, 2017, 「사재 김정국의 교유관계와 기묘사림 내에서의 위치」, 『동국사학』 63.

41) 중종 12년 8월, 두 사람을 文廟에 從祀하자는 문제를 두고 조정의 논의가 시작되고 (『中宗實錄』 권29, 중종 12년 8월 8일[辛亥]) 한 달 뒤에는 정몽주 從祀가 결정되었다.(『中宗實錄』 권29, 중종 12년 9월 17일[庚寅])

42) 『소학』의 시대가 펼쳐졌다고 해도 과언이 아닐 정도로 기묘사림이 이 책에 기울인 공력은 특별했다. 군주에게 소학을 교육하는 한편으로 『小學集說』을 보급하고 『飜譯小學』을 간행하며 『소학』의 대중적 확산을 시도했다. 여기에 대해서는 정호훈, 2014, 『조선의 《소학》-주석과 번역』, 소명출판 ; 윤인숙, 2016, 『조선 전기의 사림과 소학』, 역사비평사 참조.

43) 향약 시행의 저본으로 삼은 자료는 『朱子增損呂氏鄕約諺解』였다. 여씨 형제가 편찬한 향약을 주자가 손질하여 보완한 책이다. 이때 간행한 향약 원간본은 일본 손케이문고본(尊經閣文庫本)으로 추정된다.(안병희, 1975, 「여씨향약언해 (呂氏鄕約諺解)의 원간본(原刊本)에 대하여」, 『학술원논문집』 14-인문사회과학편)

44) 조선에서는 관료와 庶民에게 최대 3대 奉祀를 지낼 수 있도록 인정하고 이를 법으로 규정했다.(『經國大典』, 禮典·奉祀) 이는 4대 봉사를 긍정하는 『朱子家禮』의 주장과는 달랐는데, 기묘사림은 4대 봉사를 실현하고자 많은 노력을 기울였다.

속의 움직임이었다. 기묘사림은 이를 통해 사가(私家)와 향촌(鄉村), 국가를 관통하는 규범을 마련하고 실천하려고 했다. 이 과정에서 기묘 사림은 사회 전 구성원의 도덕적 자각과 이로 인한 변화를 신뢰하고 교화가 지니는 힘을 강조하며 국가 운영방식을 획기적으로 바꾸어 나갔다. 이들은 교화와 형벌을 근본과 말단, 중심과 보완의 관계에서 파악하며 남형을 자행하는 현실을 바꾸려 노력했다.45) 기묘사림이 이해하고 실천한 주자학의 세계는 폭이 넓지 않았지만 이들이 주로 활동했던 10여 년간 주자학과 연관하여 이루어진 조선의 변모는 이루 말할 수 없이 강렬했다.

조선에서 건국 후 주자학을 주목했고, 주자학과 연관이 있는 정책들을 여러 형태로 시행했으므로 이들의 활동을 특별하게 볼 필요는 없을 수도 있다. 그러나 15세기 조선에서 주자학이 사회적으로나 정치적으로 미치는 영향은 제한적이었다. 기묘사림이 이 사상을 경세(經世)의 차원

중종 14년 시점에 집중해서 이 문제를 논의하는 사실을 볼 수 있다.(『中宗實錄』 권35, 중종 14년 2월 15일[己卯], "達源曰, 今之士大夫, 不祭高祖者, 不知其由焉. 安國曰, 我國之制, 六品以上, 祀曾祖以下, 而七品以下, 只祭二代, 故不祭高祖耳. 此乃 大事, 宜詳議處之. 領事安瑭曰, 果家禮則如彼, 而國有祭三代之法, 故未祭高祖.") 이후 이 해 7월에 중종이 이 문제를 거론하면서 논의가 본격화 되었다.(『中宗實錄』 권36, 중종 14년 7월 7일[戊戌] ; 『中宗實錄』 권36, 중종 14년 7월 8일[己亥] ; 『中宗實 錄』 권36, 중종 14년 7월 12일[癸卯] ; 『中宗實錄』 권36, 중종 14년 7월 14일[乙巳] ; 『中 宗實錄』 권36, 중종 14년 7월 17일[戊申])

45) 중종 11년, 奇遵 등이 참여한 書講에서 濫刑의 문제가 중심 주제로 거론되었는데, 중종은 형벌이 전적으로 행해지는 현실을 다음과 같이 진단했다. 교화와 형벌에 대한 기묘사림의 의견을 종합하며 수긍한 발언이라 할 수 있다.("刑者, 特是輔治之 具, 而教化, 乃其主也. 其不率教化者, 始可刑之. 今則專以刑罰爲主, 此不知本末而然 耳.", 『中宗實錄』 권25, 중종 11년 6월 3일[癸丑])

기묘사림의 교화·형벌관은 『中庸』 首章의 "修道之謂敎"에 대한 주희 해석과도 연관이 있다. 주희는 '敎'를 '禮·樂·刑·政'으로 규정, 형벌을 교화의 범위에 포괄했 다. 이는 전통적 교화론과는 크게 달랐는데, 주희의 이 해석은 '敎'가 '氣質之性'을 가진 현실의 인간을 규율하는 행위라는 관념 위에서 나왔다. 여기에 대해서는 한상인, 2014, 「《중용(中庸)》 수도지교(修道之敎)에 대한 주희(朱熹)의 이해 변화 연구」, 『한국교육사학』 36-4 ; 馬小紅 主編, 1995, 『中國法律思想發展簡史』, 中國政 法大學出版社, 222~225쪽 참조.

에서 본격 구현하고자 노력했던 점은 이제 조선이 새로운 변화의 길목에 들어섰음을 보여주는 징표였다.[46]

『경민편』에서 형벌의 일방적 징치를 대신하여 교육과 계몽을 강조하고 이를 통한 인간의 변화 가능성을 믿는 태도는 주자학을 신뢰했던 16세기 초 조선의 학술 분위기와 풍토를 반영하고 있었다. 주자학의 명제를 적극 긍정했던 김정국이 『경민편』을 편찬하고 보급하게 된 데에는 이러한 요소가 작동하고 있었음을 배제할 수 없다.

김정국이 지방 정치의 현장에서 『경민편』을 편찬·간행한 사정 또한 기묘사림의 정치활동과 맥락을 같이 했다. 기묘사림은 1519년(중종 14) 감사구임(監司久任)의 신법(新法)[47]을 제정, 감사의 임기를 늘리고 역할을 확장하며 그들이 지향하는 정치를 구현하고자 했다. 이들은

---

46) 16세기 초반, 주자학 경세책에 대해 기묘사림이 관심을 기울이고 적극 활용하려 했던 요인은 여러 측면에서 살필 수 있겠지만, 넓혀 보면 收租權分給制가 약화되고 지주전호제가 본격 발전하며 士族의 역할이 확장되는 상황에 대한 사상 영역에서 의 적극적 대응의 하나로 볼 수 있다. 여말선초 科田法으로 정비되었던 수조권 분급제는 세조 대를 거치면서 職田法으로 바뀌었고, 이에 따라 조선의 권력 운용은 근본적인 변화에 직면했다. 체제 내의 분권적 요소가 힘을 잃고 집권성이 강화되는 양상이 지속되었고, 지방의 士族 가운데 다수는 국가 권력의 직접적이 며 제도적인 지원 없이도 사회정치적 입지를 구축하고 경제력을 유지하며 지배력 을 행사할 수 있는 길을 모색하지 않으면 안 되었다. 이 과정에서 이들은 사가, 지방[향촌], 국가를 일관하여 규율할 수 있는 규범을 마련했다. 주자학의 정치론 에는 그러한 욕구를 충족할 수 있는 요소가 풍부했으므로 기묘사림은 이를 활용, 새로운 법과 정책을 세웠다. 주자학은 국가 권력의 분권적 운영을 비판하고 지방과 士 계층의 힘을 중시했다. 기묘사림은 주자학의 이러한 요소에 큰 매력을 느끼고 이를 적극 활용하고자 했다.

조선 초 수조권 분급제에 대해서는 다음 연구 참조. 김태영, 1983, 『조선전기 토지제도사 연구』, 지식산업사 ; 이경식, 1986, 『조선전기 토지제도 연구』, 일조 각 ; 이경식, 1998, 『조선전기 토지제도 연구2』, 지식산업사.

47) 기묘사림은 1519년 여름부터 가을 사이, 감사구임법을 제정하여 시행에 들어갔 다가 그해 겨울 沈貞·南袞 등이 주도한 정치변란으로 말미암아 중지했다. 이를 집약하여 보여주는 자료는 중종 14년 10월에 나온 중종의 교서이다.(『中宗實錄』 권37, 중종 14년 11월 30일[庚申]) 종래 학계에서는 이 문제를 거의 주목하지 않았다. 이 책에서는 기묘사림의 감사구임법이 갖는 정치적 의미를 제Ⅰ부에서 살폈다.

도(道)-군현(郡縣)으로 구성된 지방 제도에서 감사가 차지하는 비중이 높으므로 감사를 충분히 활용하면 주자학의 이념 확산에 큰 도움을 받을 수 있다고 판단하고 이를 위해 감사제 운영 방식을 바꾸었다. 이 신법은 정변이 일어나면서 곧 폐지되었지만 그 끼친 영향은 적지 않았다. 이 법제가 논의되고 제정되는 시점에 김정국은 황해도 감사로 근무하면서 『경민편』을 편찬했다. 『경민편』 또한 그러한 사정을 반영한 산물이었다.

요컨대 『경민편』은 16세기 초 주자학의 정치론이 본격 확산되는 시점에 지방의 정치 현장에서 만들어졌다. 김정국은 『경민편』을 읽고 이해할 수 있는 지방민의 능력을 인정하고 그들의 도덕적인 변화 가능성을 전망한 위에서 이 책을 편찬하였다. 이 지점에서 살피면 지방은 주자학의 정치사상이 구현되어야 할 공간으로 그 성격이 뚜렷이 부각되었다. 김정국은 그 공간의 미래를 담은, 그 공간에 걸맞는 경세(經世) 문헌으로 『경민편』을 기획했다. 김정국은 이 책에서 형벌을 포기하거나 부정하지 않았다. 이를 인정하면서도 방법을 달리하여, 지방민들이 범죄 자체를 인륜·사리의 측면에서 인식하고 이를 피해 가도록 하는 길을 제시하려 하였다. 이는 범죄에 대한 도덕적(道德的) 내면화(內面化)를 통해 범법 행위를 줄이려는 노력이었는데, 그 바탕에는 형벌이 가지는 폭력성에만 의존하지 않으려는 의식이 가로 놓여 있었다. 권력의 측면에서 보자면 이럴 경우, 권력을 유지하고 질서를 세우는 일이 유연해지면서 훨씬 촘촘해지고 효율적으로 진행될 수 있으리라 기대할 수 있었다.

『경민편』이 조선 말기까지 지속하여 통용될 수 있던 주된 요인도 여기서 구할 수 있을 것이다. 기묘사림이 일시 정치적으로 패퇴했지만 그들이 구현하고자 했던 이념과 국가 운영 방식은 뒷 시기로 갈수록 지지를 받았다.[48] 기묘사림의 새로운 지향과 방법을 담은 이 책의 사회적 효용성 또한 강렬해졌다. 16세기 초 김정국이 『경민편』 초간본을 간행한 이래 후대의 권력층이 이 문헌을 주목한 까닭은 이런 사정과 맞닿아 있었다. 이 책을 필요로 하는 급박한 사정이 생기면 중앙 혹은 지방의 관료들은 내남없이 기존 판본을 수정·보완하여 지방민들의 마음과 행동을 사로잡고 규제하려 하였다.

필자는 조선 건국 후 틀 잡힌 범죄에 대한 관념과 대책이 15세기 말 이래의 정치사상적 움직임과 연동하여 전환되는 상황을 『경민편』이 반영했고 이는 이후에도 강력하게 영향을 미쳤다고 판단했다. 이에 『경민편』이 출현하고 활용되는 양상을 이 책이 밟았던 역사적 노정 위에서 살펴보고자 한다.[49] 조선의 국가 권력이 지방과 지방민을 사로잡아 그 힘을 유지해 나가려 했던 방법의 일단에 대한 검토이다. 집필하며 유의한 점은 다음 몇 가지이다.

『경민편』 판본의 성립과 변화의 전 과정에 대한 이해를 분명히 하고자 했다. 기존의 연구에서는 대체로 특정한 시점의 간본으로 『경민편』의 특성을 파악하는 경향성을 보였다. 시기를 달리하며 나타나는 간본마다 담기는 내용이 바뀌므로 『경민편』을 일률적으로 이해하게 되면 이 책이 가진 다양한 요소를 놓칠 수 있다. 조선 역사 속 『경민편』의 모습을 파악하기 위해서는 무엇보다 먼저 여러 간본의 특성을 정리해야 한다.

---

48) 金堉의 '己卯錄' 편찬은 상징적인 사건이다. 정치적 편향성도 찾을 수 있지만, 이 책에는 '기묘사화' 이래 기묘사림에 대한 조선 학계의 지속적인 평가와 반성, 그리고 계승 의지가 집약되어 있다고 할 수 있다. 기묘사림에 대한 후대의 정리 작업에 대해서는 송웅섭, 2017, 「『己卯錄補遺』의 板本과 書名에 대한 검토-규장각 소장 『大東野乘』 所收本을 중심으로-」, 『규장각』 50 참조.

49) 필자는 이전 연구에서 교화와 형벌을 대비하며 『경민편』의 성격을 살폈다.(정호훈, 2012, 앞의 책) 하지만 그 연구는 『경민편』을 지탱하는 교화와 형벌의 두 방식이 15세기의 그것과 비교하여 어떻게 달라지는지 검토하지 못했다. 단선적이며 비역사적인 이해였다. 이 연구에서는 15세기 초 이래, 교화와 형벌을 둘러싸고 일어나는 변화를 유의하고자 한다.

『경민편』의 출현과 변화에 정치사상계의 움직임은 어떠한 영향을 주었던가 하는 점도 검토할 사항이다. 『경민편』여러 간본의 출현은 동·서인 당파의 형성, 당쟁(黨爭)의 격화, 대규모의 반국가적 반란과 같은 정치 상황과 밀접하게 연관되어 있었다. 새로운 간본의 편찬자들은 그들의 정치적 성향, 편찬 당시의 제반 상황에 영향받으며 내용을 보완하였다. 초간본 이래 『경민편』여러 간본의 편찬과 정치사상계의 움직임은 불가분의 관계에 있었다. 이들 여러 요소에 대한 충실한 이해를 통하여 『경민편』의 역사성을 폭넓게 살필 수 있을 것이다.

『경민편』의 간행과 보급에 국가 혹은 지방 권력이 개입하는 양상 또한 중요하게 살펴야 할 요소이다. 『경민편』의 다양한 활용은 지방관 단독으로 혹은 중앙정부의 힘을 빌려 이루어졌다. 주자학 이념에 기초한 책의 출현이 '현재의 권력 기반' 위에서 이루어짐을 보이는 모습이다. 이는 또한 유교화의 진전에 지방 제도, 지방의 권력이 주요한 경로가 됨을 알려주기도 한다. 국가 혹은 지방 권력이 지방민의 유교화에 적극 개입하며 만드는 변화는 민간에서 사족(士族)이 주축이 되어 주자학을 익히고 보급하며 그 예제(禮制)와 생활 문화를 실천하는 양상과 대비되면서도 분리되어 있지 않았다. 이러한 사정은 주자학의 보급과 확산에 군현제(郡縣制)의 공적 기구가 차지하는 역할이 컸음을 보여준다.

『경민편』의 원 간행자 김정국과 후대의 편찬자들이 한문과 한글을 활용하던 방식에 대해서도 주목했다. 『경민편』의 표기 형태, 표기의 수준은 이 책이 처음 출현한 이후 계속 바뀌었다. 간본 별로 한문의 원문, 구결(口訣), 한글 대역문이 조금씩 달라지는 점을 볼 수 있다. 이 연구에서는 이러한 움직임이 독자가 『경민편』을 이해함에 어떤 영향을 줄 수 있었을까 하는 점을 염두에 두고 검토해 보았다. 이는 이중(二重) 문자 체계 속에서 조선의 권력이 그 유지를 위하여 문자를 어떻게 활용했는지, 그 수준은 어떠했을까 하는 점에 대한 해명이기도

하다.[50] 어찌 보면 『경민편』은 조선의 지방관이 마련한 문헌이었지만, 이 책을 접한 지방민이 자신이 익힌 지식과 규범을 통해 세계를 넓게 이해할 수 있는 인문능력(人文能力)을 키워나갈 힘을 지니게 하는 매체일 수도 있었다. 그들이 야만의 폭력성으로 점철되는 문화를 벗어날 수 있는 힘을 키움에 이러한 요소 또한 조금이나마 도움이 되었을 가능성을 생각해 볼 수 있다.

본문은 『경민편』을 편찬·간행하는 흐름에 따라 3부로 구성했다. 제Ⅰ부에서는 16세기 초, 김정국의 초간본이 간행되는 사정, 그리고 책의 전 구성과 특성을 다루었다. 이 책을 편찬하여 보급하는 시점의 정치적 여건에 대해서는, 김정국의 생애에서 황해도 감사 경험이 갖는 의미, 감사구임법의 신법 제정과 연관하여 살폈다. 김정국의 초간본은 현재로서는 실물을 확인할 수 없는데, 필자는 Ⅰ부 분석의 저본으로 초간본과 시간상 그리 멀지 않은 시점에 간행되었을 것으로 판단되는 건국대학교 상허기념도서관 소장본[51]을 활용했다. 이 간본은 한글 번역문이 실려 있지 않은 점이 가장 돋보인다. 필자는 김정국 초간본 또한 상허본과 유사했을 것으로 추정했다.

제Ⅱ부에서는 16세기 후반에 경상도 감사 허엽이 간행한 중간본(重刊本)과 17세기 중반 이후원이 간행한 개간본(改刊本)을 다루었다. 두 책 모두 당쟁이 본격화되는 시점에 간행되고 한글 대역문을 수록한 점에서 유사했다. 그러나 두 책에는 일치하지 않는 점도 적지 않았다.

---

50) 조선의 이중 문자 체계 속에서의 문자 생활에 대해서는, 안대회, 2007, 「조선 후기 이중 언어 텍스트와 그에 관한 논의들」, 『大東漢文學』 26 ; 이종묵, 2007, 「조선시대 여성과 아동의 한시 향유와 이중언어 체계(Diaglosia)」, 『震檀學報』 104 ; 이영경, 2014, 「다중 문자 사용의 양상」, 『근대 한국어 시기의 언어관·문자관 연구』, 소명출판 참조.

51) 김정국, 『警民編』, 건국대학교 상허기념도서관, 고173-김73ㄱ. 이 간본에 대해서는 정호훈, 2020, 「16세기 《警民編》 초기 간본의 검토-상허 기념도서관 소장본의 사례-」, 『韓國思想史學』 66 참조.

두 책의 차이는 두 책의 편찬자가 가진 정치이념을 반영한 결과로 이야기 할 수 있다.

허엽 간본이 경상도 지역에 한정되어 보급되었다면 이후원 간본은 국왕의 허락 하에 전국의 군현에서 이용하는 책으로 바뀌었다. 지방관 개인의 관심과 국가 차원에서 책을 간행할 경우, 두 방식이 만들어내는 결과는 크게 달랐으리라 예상할 수 있다. 내용은 차치하더라도, 책의 편집과 내용 전달 방식에서 나타나는 서로 다른 모습을 확인할 수 있다.

제Ⅲ부에서는 영조 대『경민편』의 활용 양상을, 평안도 평양과 경상도 상주의 지방관들이『경민편』을 새롭게 증보하여 간행하는 모습 그리고 이들 간본 및 이후원 간본 등을 변형하며 보급하는 움직임을 중심으로 살폈다. 이 시기 국가 권력이 그 어느 때보다 급박하게 또 다양하게 『경민편』을 이용했음을 알 수 있다.

평안도 감사 송인명과 상주 목사 이정숙이 각기 평양과 상주에서 간행한『경민편』은 1728년에 일어난 '정치변란'[52]의 수습을 위한 노력과 밀접한 관련이 있었다. 이들은 영조와 중앙정부가 추진했던 변란의 수습책과 보조를 같이하며,『경민편』을 활용하여 정치변란이 던진 문제를 해결하고자 했다. 이때 간행했던『경민편』은 저본이었던 이후원 간본의 틀에 평안도와 상주의 지역적 특성을 첨보하는 특성을 지니었다.

평양과 상주의 증보본이 나온 이후『경민편』의 간본은 다양해졌는데, 『속대전(續大典)』을 편찬하는 영조 21년 이후 정부에서는 이정숙의 상주본을 전국의 면리(面里)에 보급하여 상민(常民) 교육의 교재로 쓰려

---

52) 1728년에 일어난 이 사건은 흔히 '이인좌란', '무신란'으로 부른다. 필자는 남인과 소론의 반(反) 영조 세력이 주축이 되어 영조 정부 타도를 목적으로 군사적 반란을 일으켰다는 점에서 이를 '정치변란'으로 부르고자 한다. 이 사건의 성격에 대해서는 정석종, 1983,『조선후기 사회변동연구』, 일조각 ; 이종범, 1985,「1728년 戊申亂의 性格」,『조선시대 정치사의 재조명: 사화·당쟁편』, 범조사 참조.

고 했다. 이때가 『경민편』에 대한 권력의 수요가 가장 왕성했던 시점이었다고 할 수 있다.

『경민편』에 대해 정부와 지방관이 가졌던 관심은 정조 대 이후로 줄어들었다. 이는 이 책의 사회적 생명력이 약화된 데서 오는 현상으로 볼 수 있다. 이 같은 일이 생기는 원인에 대해서는 많은 분석이 필요하겠지만, 조선의 지방 사회, 조선 민인들의 생활이 『경민편』의 방법으로는 규율할 수 없을 정도로 크게 바뀌었고, 국가의 권력 운용 능력과 방식이 예전과 비교하여 많이 달라졌기 때문으로 판단된다. 어찌 보면 이 시기는 시대적 대전환이 이루어지는 시점으로 거기에 걸맞는 새로운 이념과 방법이 요청되었다고 할 수 있는데, 『경민편』은 이를 충족하기에 역부족이었던 것으로 여겨진다.

16세기 초 황해도 지역에서 처음 출현했다가 이후 주목받으며 다양한 형태로 편찬된 『경민편』의 역사적 면모에 대한 이해는 『경민편』이란 한 책자가 시대 상황에 따라 변화해 나가는 이력을 조감할 수 있는 점에서 그 자체로 가치가 있다. 조선에서의 책의 역사와 문화를 살피고자 할 때 적절한 사례가 된다. 이와 동시에 『경민편』의 역사는 조선의 권력이 지방의 정치 현장에서 지방민을 어떻게 장악하는지, 그 이념과 방법을 보여줄 뿐 아니라 나아가 지방의 권력을 매개로 주자학의 정치이념이 지방민의 일상과 문화에 어떻게 접맥되는지도 잘 드러내 보인다. 『경민편』은 규모는 작지만, 가진 내용은 풍부하여 이해하기가 무척 까다롭다. 필자는 조선의 정치사, 사상사, 지방제도사에 관한 기존 연구 성과를 최대한 빌리며 『경민편』의 세계를 탐색하고자 한다.

I.
16세기 초, 『경민편』의 간행과 감사의 계몽정치

16세기 초, 기묘사림이 활동했던 시기는 정치적으로 매우 불안정했다. 조선에서는 일찍이 겪어 보지 못했던 연산군 대의 두 차례 '사화(士禍)', 연산군의 폭정을 거치며 형성된 갈등과 대립 요소가 '중종 반정(反正)' 후에 어느 정도 해소되었지만, 그렇다고 해서 '반정'을 통해 정치적 안정을 이루려는 목적이 무리 없이 실현될 수 있는 여건은 아니었다. 상황 변화에 따라 언제든지 파국이 일어날 수 있는 상태였다. 이러한 기미는 실제 기묘사림의 활동이 본격화되면서 기묘사림과 이들을 비판하고 배격하는 세력 간의 긴장으로 나타났고, 결국 기묘사림은 반대세력이 일으킨 정변(政變)으로 말미암아 정계로부터 축출되기에 이르렀다.

기묘사림이 정부의 요직에 포진하며 본격 활동한 기간은 '중종 반정' 이후 약 10여 년이었다. 그렇게 길지 않은 시간이었는데, 특히 이들이 집중적으로 힘을 쏟았던 때는 1515년(중종 10)부터 1519년(중종 14)까지였다.[1] 이 동안 기묘사림은 자신들이 세워둔 정치적 기획을 전력투구하

---

1) 陰崖 李耔의 발언은 이러한 상황에 대한 한 증언이다. 이자는 조광조가 뜻을 같이 하는 김정·김식 등과 함께 조정에 포열하여 '士에게는 修己治人의 도를, 民에는 孝親敬兄의 윤리'를 가르친 4-5년 동안 풍속이 크게 바뀌었다고 했다.(『陰崖集』 권4, 附錄, 言行摭錄, 23가, "趙靜庵. 學問醇正, 志行高潔, 爲斯文領袖, 爲吾道寄托. 遭遇中廟, 信任不搖, 自以爲千載一時, 於吾身可以親見堯舜. 旁招野賢, 同志彙征, 如金淨, 金湜, 尹自任, 奇遵, 朴世熹, 李耔, 金安國, 金正國之徒, 布列朝廷. 昵侍經幄, 知無不言, 言無不盡, 痛杜私逕, 廓開公道. 教士以修己治人之道, 教民以孝親敬兄之倫. 激濁揚淸, 革染遷善, 四五年間, 風俗丕變矣.") 이 해에 성균관 유생 조광조, 김식, 박훈 등이 성균관의 천거로 宜務郞의 계품을 받았다.(『中宗實錄』 권22, 중종 10년 6월 8일[癸亥])

며 빠른 속도로 실현하고자 했고, 실제 많은 성과를 거두었다. 이전에는 볼 수 없던 정책이 시행되고,『경국대전』의 규정과 다른 신법(新法)이 제정되었으며, 주자학의 학문론·정치론을 담은 문헌들이 한글로 번역되어 보급되었다.

기묘사림에게서 그들과 계통을 같이하는 김종직(金宗直)-김굉필(金宏弼) 세력의 정치적 시련과 실패는 중요한 자산이었다. 이들은 앞선 시기 선배들을 반면교사로 삼아 활동의 방향을 설정하고 변화를 추구하였다. 이들의 정치 활동에 드러나는 속도와 급진성은, 후대에 많은 사람들이 아쉬워하고 또 비판하는 요소이기도 했지만, 선배 세대들의 정치에 대한 반성 위에서 나타난 결과의 하나로 이해할 수 있다.

기묘사림은 조선이 주자학의 규범, 주자학의 이념을 적극 활용하는 국가로 만들기를 기대했다. 이 과정에서 이들은 중앙과 지방의 권력을 최대한 활용하고자 하였다. 민간에서 자율적으로 주자학을 익히고 실천해왔고 또 당시에도 그것을 지속하고 있었지만, 기묘사림은 여기에 더하여 중앙정부 혹은 지방관의 힘을 적극 빌리려 하였다. 조선 전역에서의 향약(鄕約)의 조직화를 국왕의 명령으로 실행하고, 4대 봉사제를 법제화하려고 했으며,『소학(小學)』이나『정속언해(正俗諺解)』,『이륜행실도(二倫行實圖)』와 같은 책자를 간행하여 보급하고, 향교에서의『소학』교육을 독려하였다. 그리하여 불과 몇 년 사이, 조선에는 전에 볼 수 없던 현상이 두드러지게 나타났다. 사회 내부 전반의 심대한 질적 변화를 당장 기대할 수는 없다고 하더라도 기묘사림의 활동이 미친 영향은 적지 않았다.

1519년(중종 14) 김정국이 황해도 감사로 재직 중에 제작한『경민편』은 기묘사림의 정치적 지향이 지방의 정치공간에서 어떻게 구체화되는지를 잘 보여주는 자료이다. 김정국은 이 책에서 지방민들이 일상에서 저지르는 범죄를 여러 주제로 분류했다. 각각의 주제는 범죄를 저지르면 안되는 이유를 간략하게 설명하고 이어 그 범죄에 해당하는 형벌과 형량을 일목요연하게 제시했다. 규모는 작았지만, 『경민편』은 겉으로 보기에 일종의 형률 편람이었다. 하지만 형률을 통한 범죄의 방지보다는, 지방민들이 본래 가진 도덕심의 흥기를 앞세워 범죄를 피하길 기대하는 『경민편』의 의도와 방식은 권력의 대민 관계에서 형률을 부차적인 요소로 돌리고 나아가 형률을 집행하는 국가 권력의 폭력성을 유연하게 만드는 의미를 담고 있었다. 『경민편』은 사회 구성원들이 도덕성을 자각하고 이로부터 사회 질서를 자발적으로 지키기를 기대하는 책이었다.

『경민편』의 최종 목표는 지방민들의 범죄 방비에 있었다. 『경민편』의 의도대로, 지방민이 범죄를 저지르지 않게 되면 본인들이나 국가 모두 얻는 이익이 적지 않았다. 조선의 법 체계에서 중대하다고 규정한 범죄를 저지르게 되면, 이들 범죄자들은 엄하게 처벌을 받았으므로 신체 혹은 생명을 보존하고 일상의 생활을 유지하는 일이 거의 불가능했다. 가족·향촌 사회를 이루는 구성원들의 일상도 일탈 행위자로 말미암아 파괴되고 위태로워지게 되어 있었다. 공권의 처지에서 보더라도 범죄 행위가 자주 일어나면 사회 질서가 흔들리고, 국가가 부여하는 제반 역(役)을 부담하고 농업 생산을 담당하는 주된 노동력의 손실이 생겨나며, 평화롭고 정상적인 지방 행정이 무너지는 형편이었다. 사회 불안이 조성되고 확대되는 현상 또한 피하기 어려웠다.

『경민편』은 이러한 일들이 일어나는 것을 미연에 방지하고 계도(啓導)하고자 하는 책이었다. 형벌을 배제하거나 부정하지 않은 상태에서, 이를 피할 수 있는 방법을 지방민에게 알려주고자 함이 『경민편』의 주된 특징이었다. 그런 점에서 이 책자는 체제의 원활한 온존과 운영을 위한 지방관의 의지, 확대하면 국가 권력의 지향이 들어있었다고 할 것이다.

1. 김정국의 『경민편』 간행과 정치 환경

『경민편』은 김정국(金正國, 1485~1541)이 황해도 감사 시절, 편찬·간행하여 보급했다. 제작된 시점은 현재 초간본이 남아 있지 않아 정확하게 알 수 없다. 김정국이 감사로 재직한 시간이 1518년(중종 13) 11월 중순부터 1519년 11월 중순까지였으므로[2] 이 기간 어느 쯤에 만들어져 유통되었다고 이야기할 수 있다. 하지만 그 이상의 탐색은 쉽지 않다. 후대에 간행된 여러 간본에 김정국이 최초 『경민편』을 간행한 때를 확인할 수 있는 실마리가 실려 있어 이를 활용하면 어느 정도 유추는 가능하나, 이 또한 간본마다 기록이 엇갈려 쉽지 않다.[3]

김정국은 '인간의 도리와 연관이 매우 깊으면서도 백성들이 저지르기 쉬운 범죄 사항을 정리, 어리석은 백성들이 늘 마음으로 익혀 악(惡)을 멀리하고 선(善)을 좇음에 만분의 일이라도 도움'[4]이 되고자 하는 의식으로 이 책을 만들고 예하 군현의 수령들이 활용하기를 기대했다. 『경민편』은, 감사의 처지에서, 백성들이 범죄를 저지르지 않고 살 수 있게 하는 방법이 무엇인가를 모색하며 그 나름의 해답을 담아 펴낸 책이었다. '백성을 경계한다'는 이름 그대로 『경민편』은 국가 기관 곧 감사와 지방민의 관계 속에서 나왔다. 그런 측면에서 이 책은 지방관이 지방 정치의 일선에서 활용하는 정치 문헌이었다.

---

2) 『中宗實錄』 권34, 중종 13년 11월 19일[乙卯] ; 『中宗實錄』 권37, 중종 14년 12월 25일[乙酉].

3) 『경민편』의 편찬 시점은 선조와 효종 대에 허엽과 이후원이 각기 수정·증보한 간본에서 확인할 수 있다. 허엽 간본에서는 1519년 겨울 10월[正德己卯冬十月], 이후원 간본에서는 1519년 봄[正德己卯春]이라고 했다. 『思齋集』(초간 후쇄본)의 「警民編跋」에서는 이 대목이 빠져 있다. 간행 시기에 대해서는 II부 2장에서 별도로 검토한다. 『思齋集』은 1591년의 초간본은 현존하지 않으며, 1603년 永柔縣 수 尹孝先이 초간본의 잘못된 곳과 혹은 遺失된 부분을 교정·補板하여 後刷한 초간 후쇄본이 전한다.

4) 金正國, 『思齋集』 권3, 警民篇跋.

조선에서 이런 성격의 책은 처음이었다. 정부에서『경국대전』이나 『대명률(大明律)』과 같이 형률을 담은 법전류를 간행하여 활용하고는 있었지만 지방관이 지방민을 대상으로 삼아 범죄와 형벌을 거론한 문헌은 아직 출현한 적이 없었다. 수령을 위한 목민서로『부현관잠(府縣 官箴)』,[5]『목민심감(牧民心鑑)』이나『목민충고(牧民忠告)』와 같은 원·명 대의 책자가 간행되어 활용되기도 했으나[6] 이 책들은 지방민을 대상으 로 한『경민편』과는 달랐다.『경민편』의 간행이 가지는 의미는 이 사실만 으로도 돋보인다고 할 수 있다. 더군다나 한 도의 정치를 관장·감독하는 감사가 중앙정부와는 무관하게 개인의 정치 신념 위에서 이런 종류의 책을 만들어 지방 정치에 활용하도록 한 일 또한 특별했다.『경민편』은 김정국의 학술과 정치적 지향이 밑받침하지 않았다면 나올 수 없는 책, 감사의 직책을 수행하던 지방관 김정국 개인의 저술이었다.

이처럼 독특한 개성을 갖는『경민편』을 1519년(중종 14) 무렵 김정국 이 황해도 감사를 지내면서 편찬하여 간행한 사정은, 이 책으로 감사의 업무 추진에 도움을 받기 위해서라는 점만으로는 설명할 수 없다. 1519년(중종 14)이라는 시간, 황해도의 여러 군현 수령을 감독하는 황해도 감사라는 직책이 김정국의 삶과 얽히는 양상을 이해해야『경민 편』이 등장하는 조건과 상황을 어느 정도 조감할 수 있다. 김정국의 황해도 감사직 수행과 이 시기 기묘사림의 정치적 움직임은 반드시

---

5)『世祖實錄』권16, 세조 5년 4월 20일[辛未], "前知中樞院事鄭陟上書曰: 臣竊惟元朝中 丞劉意採宋儒西山眞德秀諭同僚四事十害, 載其舊文, 附以時事, 逐節議論, 兼錄矓軒王 邁四事箴, 名曰府縣官箴, 誠爲守令者之懿範也. 然西山之下聯附中丞之說, 糅雜難辨, 且字多訛謬. 臣參考居家必用全書, 分析校正, 謄寫以進. 伏乞睿覽, 下鑄字所, 印頒中 外, 令大小臣寮習讀勉勵, 各盡修己治人之方, 則庶幾廉恥興而風俗美, 敎化行而治道隆 矣.'"

6) 조선 초기 수령정치를 위한 목민서에 대해서는 다음 연구 참조. 김성준, 1990, 『牧民心鑑 연구』, 고려대 민족문화연구소 ; 정호훈, 2007, 「眉庵 柳希春의 학문 활동과 治縣須知」,『韓國思想史學』29 ; 정호훈, 2010, 「15~16세기 목민서의 전개 와 牧民學」,『韓國思想史學』36.

검토해야 할 일이다.

김정국의 황해도 감사직 수행은 여러 면에서 특기할 만한 상황 위에서 이루어졌다. 우선, 황해도 감사는 김정국이 생애 처음으로 맡은 외관직(外官職)이었음을 거론할 수 있다. 1509년(중종 4) 문과에 합격하며[7] 관직 생활을 시작한 이래 김정국은 이조정랑(吏曹正郞), 사간원 사간(司諫), 승지(承旨) 등 중앙의 요직을 두루 거쳤지만 외관으로 나간 적은 없었다. 그런 그에게 중종은 1518년(중종 13) 11월, 종(從) 2품으로 직급을 한 계급 더 올려 황해도 감사로 내보냈다.[8] 이곳 감사로의 전보는 겉으로는 승진이었지만, 중앙의 요직에서 외직으로의 전직인 점에서 한직(閑職)을 맡아 밖으로 나간 측면도 있었다.

황해도 감사직을 제수 받은 일 자체도 갑자기 일어났다. 이곳으로 발령 나기 직전 그는 승지로 재직하던 중이었다.[9] 정(正) 3품의 관품으로나 시종신(侍從臣)으로서의 역할로 보아 김정국의 정치적 지위는 낮은 편이 아니었다. 그런데 1518년(중종 13) 11월 중순, 중종이 승지들이 일을 제대로 하지 않는다고 하여 도승지 권벌(權橃)을 제외하고는 다섯 승지를 한꺼번에 체직(遞職)하면서 김정국 또한 파직 당했다.[10] 이 사건은 당시 '사간원의 탄핵을 받은 권신(權臣)[11]'을 승정원에서 비호한

---

7) 『中宗實錄』 권8, 중종 4년 4월 6일[丁卯], "行文·武科殿試. 文取生員金正國等十八人, 武取申胤衡等十六人."

8) 『中宗實錄』 권34, 중종 13년 11월 19일[乙卯].

9) 『中宗實錄』 권33, 중종 13년 5월 15일[癸丑] ; 『中宗實錄』 권34, 중종 13년 11월 2일[戊戌].

10) 『中宗實錄』 권34, 중종 13년 11월 16일[壬子]. 이때 파직당한 승지는 左承旨 金正國, 右承旨 鄭忠樑, 左副承旨 柳仁淑, 右副承旨 朴英, 同副承旨 崔命昌이었다.(『中宗實錄』 권34, 중종 13년 11월 17일[癸丑])

11) 權臣은 李希雍을 가리킨다. 중종 '반정' 당시 注書로 재직하고 있었던 이희옹은 중종 1년 공신 3등의 상을 받았다.(『中宗實錄』 권1, 중종 1년 9월 8일[甲申]) 중종 13년 3월 말, 사간원에서는 공신이었던 尹璋 등을 삭적한 것과 마찬가지로 이희옹 또한 삭적해야 한다고 주장했다.(『中宗實錄』 권32, 중종 13년 3월 26일[乙丑) 尹璋이 삭적 당한 까닭은 금원에서 숙직하다가 임금을 버리고 자신만 도망쳤

다는 이유'로 사간원에서 승지들의 교체를 청하자 이에 승지들이 맞서면서 불화가 생긴 와중에 일어났다.[12]

사간원의 '권신' 탄핵에 대해 승정원에서 왜 맞섰는지 그 이유는 뚜렷하지 않다. 동부승지(同副承旨)·좌승지(左承旨)를 거치며 평탄한 관료 생활을 유지하던 김정국으로서는 이로 인해 중대한 고비를 맞게 되었다. 승지는 지근거리에서 왕을 보좌하며 왕명의 출납(出納)을 맡았기 때문에 원래 정치적 비중이 높은 자리였거니와, 이즈음 들어 기묘사림들은 대간과 더불어 이 직책을 대단히 중시하고 주의를 기울였다.[13] 그런 상황에서 사간원과 승정원 사이에 갈등이 일고 이 때문에 주요 인물들이 해직당한 일은 조정에 큰 파문과 충격을 안겼다. 이때 조광조까지 나서 중종의 결정을 재고해달라고 강청했지만 별다른 결과를 얻지 못했다.[14]

기묘사림의 주요 구성원이었던 김정국이 이곳을 떠나 외방으로 나가는 일은 의외였다.[15] 김정국이 황해도 감사에 임명된 뒤 유인숙(柳仁淑), 김정(金淨) 등 기묘사림의 인물들은 김정국을 다시 승지에 의망(擬望)했으나 중종은 당시 황해도의 대기근을 처리하는 데에는 김정국과 같은

다는 이유였다. 이희옹에 대해서도 대간은 임금을 버리고 먼저 도망친 사실을 문제 삼았다.(『中宗實錄』 권32, 중종 13년 4월 25일[癸巳]) 이 움직임이 11월까지 지속되었고, 그 와중에 전 승지를 교체하는 사건이 일어났다.(『中宗實錄』 권34, 중종 13년 11월 19일[乙卯])

12) 『中宗實錄』 권34, 중종 13년 11월 17일[癸丑], "弘文館副提學趙光祖等啓曰: ……'臺諫若論權臣之事, 而承旨等中間庇護, 則臺諫雖如此啓之, 亦可也. 且臣等啓之如此者, 非以臺諫之啓爲非, 自上處之, 宜得其中而安靜之. 今雖已遞, 還收成命, 亦爲無妨.' ……光祖等凡三啓, 承旨權橃亦啓以不可遞之意, 不從."

13) 『中宗實錄』 권43, 중종 16년 10월 23일[辛丑], "光祖·金淨·金湜·柳雲·李耔·金安國·崔淑生·金絿·韓忠·柳仁淑·朴世熹·金正國·申光漢·奇遵·鄭譍·李若冰·崔山斗·李忠楗·李希閔·梁彭孫·鄭浣·李淸之徒, 分據淸要, 出入臺諫·侍從, 完執樞機, 朋黨周比."

14) 『中宗實錄』 권34, 중종 13년 11월 17일[癸丑].

15) 기묘사림으로서의 김정국의 모습은 『中宗實錄』 기사, 그가 정리한 「己卯黨籍」(『思齋集』 권4)에서 확인할 수 있다.

인물이 절대 필요하다는 점을 내세워 끝내 고집을 꺾지 않았다.[16]
김정국이 이곳을 맡기 전의 감사는 관리로서 일을 처리하는 재능이
뛰어나다는 평을 듣던 윤은보(尹殷輔)였다.[17]

　　김정국은 평소 강명(剛明)하고 유학에 밝은 인물로 인정받고 있었다.
유학에 관한 소양을 그는 어릴 적부터 갖추었다. 초기에는 이모부
조유형(趙有亨)의 영향이 컸다.[18] 성리학에 조예가 깊었던 조유형은
일찍 부모를 잃은 김정국에게 보호자와 같은 역할을 했다. 7살 위인
형 김안국(金安國, 1478~1543)도 예서와 경사(經史)를 깨우치도록 도왔
다.[19] 자라면서는 성균관에서의 학습[20]이 큰 도움이 되었던 것으로
보인다. 이 시절 성균관은 다양한 능력의 인재들이 모여들고 새로운
학풍을 접할 수 있던 공간이었기에 이곳에서의 생활은 그의 성장에

---

16) 『中宗實錄』권35, 중종 13년 12월 17일[壬午] ; 朴世采, 『南溪正集』권72, 禮曹參判思
　　齋金公神道碑銘 辛未三月二日.

17) 윤은보가 황해도 감사였다는 정보는 『中宗實錄』권35, 중종 13년 12월 19일[甲申]
　　기사 참조. 윤은보는 중종 대 말, 영의정으로 재직하다가 세상을 뜨는데, 실록에서
　　는 "爲人慈祥恭謹, 無妓害之心, 才長於吏幹, 到處頗有聲績"하다고 높게 평가했다.(『
　　中宗實錄』권104, 중종 39년 7월 5일[壬寅])

18) 이 사정은 김안국이 작성한 김정국의 묘지명에서 살필 수 있다.(『思齋集』, 思齋先
　　生墓誌[金安國], 1가, "十歲, 先考棄養. 十二, 先姊繼不幸. 先考臨終, 托吾弟於友壻禮賓
　　寺正趙先生有亨. 先生取鞠, 撫愛甚厚. 及先姊歿, 隨我廬墓. 性絶穎, 香火之餘, 訓以禮
　　書經史, 無不透悟迎節而解, 服闋僅志學.")
　　趙有亨은 『啓蒙圖書節要』를 편찬하여 이를 김안국과 김정국에게 전할 정도로
　　학식이 깊었다. 훗날 이황은 이 책을 김정국의 아들 金繼趙에게서 얻어 보았다.
　　김정국의 문인 鄭之雲은 김안국과 김정국 두 사람이 조유형에게서 이 책을
　　전해 받았다고 증언했다.(李滉, 『退溪集』권43, 書啓蒙圖書節要後 ; 鄭逑, 『寒岡集』
　　권9, 書啓蒙圖書節要後)

19) 『思齋集』, 思齋先生墓誌[金安國] 1나.

20) 김정국이 성균관에서 공부했던 때는 1508년(중종 3) 무렵이었다.(『思齋集』권4,
　　摭言, 27가, "余於戊辰年, 以生員居頖宮. 聞妖尼惠明潛出入禁中, 勸慈殿修創諸寺刹,
　　與蔡仲孚忱, 柳士平墩, 倡議上疏. 屬余系疏, 疏中有貼髮變服, 出入宮禁之語, 皆途聽無
　　根之語. 疏上, 上覽之大怒. 命招上疏儒生, 問言根出處, 事在不測.") 1509년(중종
　　4)에는 문과에 합격(『中宗實錄』권8, 중종 4년 4월 6일[丁卯])하며 관로에 진출했다.
　　조광조, 김식, 박훈 등과는 시간상 5~6년 앞선다.

큰 도움이 되었다. 이 시절 김정국이 사귄 인물은 채침(蔡忱), 유돈(柳墩) 등 젊은 인재들이었다.[21]

김정국의 실력은 1518년,『번역소학(飜譯小學)』간행에 참여한 사실에서 뚜렷이 드러난다.『소학』의 번역과 간행은『소학』보급에 열을 올리던 기묘사림 득의의 사업으로 홍문관에서 주관했다.[22] 조선에서 주자학의 핵심 교재를 한글로 번역한 적이 없던 상황에서 이 일이 가지는 의의는 획기적이었다.『소학』번역을 책임진 이는 직책상 남곤(南袞)이었지만 실무는 직제학 조광조를 비롯, 공서린(孔瑞麟), 김정국, 유인숙(柳仁淑) 등 젊은 학자들이 담당했다.『소학』의 번역은 주자학에 대한 풍부한 소양을 필요로 하는 사업이었으므로 이 일을 감당하기 위해서는 탄탄한 실력을 갖추어야 했다.『번역소학』의 간행은 이 무렵 기묘사림의 개성을 드러내는 성과의 하나였고, 김정국이 이 작업에 참여한 점은 그 개인의 처지로도 실력을 인정받는 의미를 지니었다.

1518년 11월, 홍문관에서 주관하는『성리대전(性理大全)』강독 대상자로 선발된 일도 그의 학문 수준과 역량을 보여준다.『성리대전』강독은 조광조 등 기묘사림 주도자들의 야심찬 기획이었다. 이들은 송대 학술의 확산을 위해서는『성리대전』을 읽고 이해할 수 있는 능력을 가진 인물을 다수 배양하는 일이 반드시 필요하다는 견지에서 이를 추진,[23]

---

21) 채침, 유돈이 관료가 된 시기는 명확하지 않으나 중종 5년 11월 16일의 실록 기사는 이들을 경연관으로 기록하고 있다.(『中宗實錄』권12, 중종 5년 11월 16일[戊辰])

22) 중종 12년 6월 말, 홍문관에서『소학』을 번역하여 보급하자는 의견을 내고 작업에 들어가, 이듬해 7월 초에 간행을 마무리했다.(『飜譯小學』권10, 跋文)『번역소학』에 대한 연구는 李崇寧, 1973,「小學諺解의 戊寅本과 校正廳本의 比較研究」,『震檀學報』36 ; 이현희, 1988,「小學의 諺解에 대한 比較研究」,『한신대학교논문집』5 ; 정재영, 2000,「《번역소학》권3·4에 대하여」,『서지학보』24 참조. 성종~중종대『소학』을 기반으로 한 학문 활동에 대해서는 윤인숙의 연구(2016,『조선 전기의 사림과 소학』, 역사비평사)에 잘 정리되어 있어 참고할 수 있다.

23)『中宗實錄』권34, 중종 13년 11월 4일[庚子]. 조광조는 중종에게『性理大全』강독의

강독에 참여할 젊은 관료들을 가려 뽑고 또 강독을 진행할 절목(節目)을 정하였다.[24] 모두 26명이 선정되었는데 김정국도 그 가운데 포함되었다. 강도 높게 진행하기로 했던 이 모임에는 조광조를 비롯하여 김안국(金安國), 이자(李耔), 김정(金淨) 등도 사장(師長)의 자격으로 참석할 예정이었다.

『성리대전』은 송대 성리학의 핵심 명제를 담은 주요 문헌을 망라하고 있었기에 이 사상의 폭넓은 이해를 위해서는 반드시 살피고 익힐 필요가 있었다. 조선에서는 이미 세종 대에 이 책을 들여온 뒤 간행하여 보급하거나 경연 자료로 활용했지만,[25] 전 사회 차원에서 보자면 이를 이해하는 수준이 그렇게 높은 편이 아니었다. 중종 대 관료를 대상으로 한 『성리대전』 강독 사업은 이러한 분위기를 크게 바꿀 수 있는 중요한 기획이었다. 이 일이 계획대로 실행된다면 송대 사상과 학문의 확산을 이끄는 무리들이 중종 조정에서 큰 힘을 얻을 수 있을 터였다.

김정국의 황해도 감사직 제수는 요컨대 기묘사림의 핵심 세력이 기획하고 추진하던 주요 학술 사업에 그가 참여하고 있던 와중에 일어났다. 이제까지 김정국이 걸어왔던 생활로 볼 때, 이곳 감사로의 전직(轉職)

의미를 다음과 같이 거론하며 중종의 허가를 얻었다. "性理大全之爲書, 體用該備, 本末畢具, 天文地理·禮樂法制·性命道德之理·歷代君臣賢否, 靡不備具, 苟明乎此, 則治世之方不待乎外, 而元氣於是乎立矣. 頃者欲進講此書, 無講解者, 故不果矣. 今若擇性近文官, 使勤於講讀, 則必有其效矣."

24) 『中宗實錄』 권34, 중종 13년 11월 6일[壬寅], "政院選啓可講性理大全二十六員. 其節目則講讀人, 每一日覽二三張, 若易解處, 則不拘張限. 至旬末, 會于弘文館, 質問辨正, 至月季, 弘文館掌務官, 本朔三旬所質正張數書啓. 且每於季月, 書講讀人員之名, 而入啓, 四五人受點, 所讀處講論. 講論之日, 則臨時取稟. 且弘文館大提學·提學及金安國·李耔·金淨·趙光祖等於質辨之日, 每來論難. 且雖不與於此選者, 今後入弘文館者, 亦參於講讀. 其與選者, 孔瑞麟·金正國·申光漢·金絿·閔壽元·奇遵·鄭譍·權雲·具壽福·尹衢·李認·鄭順朋·閔壽千·柳敦·韓忠·尹自任·崔山斗·丁玉亨·朴世熹·黃孝獻·李若冰·張玉·李忠健·李希閔·曺彥卿·金湜也."

25) 『世宗實錄』 권6, 세종 1년 12월 7일[丁丑] ; 『世宗實錄』 권34, 세종 8년 11월 24일[癸丑]. 세종 8년에는 『性理大全』과 함께 『五經大全』, 『四書大全』, 『資治通鑑網目』을 들여왔다. 이 책들은 도입 직후 경상도 전라도에서 간행하였다.

은 정치와 학술의 중심 권역에서 벗어나는 일이었다.[26] 단적으로 김정국은 이 때문에『성리대전』강독 작업에 참가하지 못하게 되었다.[27] 뒷날 전라도 감사를 지내며『성리대전서절요(性理大全書節要)』를 간행까지 할 정도로 이 책에 대한 김정국의 관심은 깊었지만,[28] 젊은 시절 여러 사람들과 어울려 더 깊이 공부할 수 있는 기회가 사라진 점은 분명했다. 하지만 다른 측면에서 보자면 황해도 감사직은 김정국의 생애에서 새로운 경험 세계로 진입하는 주요한 계기이기도 했다. 그간 배우고 익힌 포부를 지방의 정치 현장에서 구체적으로 펼칠 기회가 이 시간을 통해 만들어질 수 있었기 때문이다.[29]

---

26) 중앙의 청요직에서 지방관으로 나가는 일은 큰 변화였다. 이를 두고 권력의 중추에서 밀려났다고 평가할 수도 있다. 김정국의 감사직 제수를 두고 이렇게 보았다는 자료는 확인되지 않지만, 경상도와 전라도 감사를 역임했던 김안국의 경우, 허엽은 그가 여론 주도세력에 밀려 두 차례나 감사직을 역임했다고 평가했다.(金安國,『慕齋集』跋, 15나, "先生在己卯士類中, 宅心忠信, 持論平正, 不務矯亢. 時議不以爲快, 再出爲監司.") 유희춘 또한 그러한 생각을 갖고 있었다.(柳希春, 『眉巖集』권17, 經筵日記, 10나, 甲戌二月初一日, "安國在戊寅己卯間, 爲士林所許, 多欲有所匡建. 議論持平, 士類不甚快之, 出爲全羅, 慶尙監司.")

27) 김정국이 황해도 감사로 재직 중인 시점에 경연에서『性理大全』을 강의하게 되면서, 김정국은 진강할 사람 21인에 뽑혔다.(『中宗實錄』권36, 중종 14년 5월 17일[己酉]) 그러나 황해도 감사직을 옮기지 않은 것으로 보아 김정국은 실제 경연에 참가하지는 않았던 것으로 보인다. 이때 뽑힌 21인은 南袞·金安國·李耔·金淨·趙光祖·金世弼·申光漢·金正國·金絿·洪彦弼·金湜·韓忠·朴世熹·奇遵·鄭臡·張玉·趙佑·李希閔·黃孝獻·權雲·李忠健이었다. 당시 전라도 감사로 재직 중이던 김안국은 교화를 위해 감사직을 그대로 수행하기로 했다.(『中宗實錄』권36, 중종 14년 5월 19일[辛亥])

28) 김정국은 1519년 황해도 감사에서 파직당한 뒤 향리에 퇴거하며『性理大全』의 내용을 간추린『性理大全書節要』를 편찬했다. 1538년 전라도 감사로 복직한 뒤, 김정국은 이를 나주의 목활자를 이용하여 간행했다. 이 사정은 김정국이 지은「性理大全書節要序」에 자세히 나온다. 당시의 간본은 현재 국립중앙박물관, 청주 고인쇄박물관 등에서 소장하고 있다.
『性理大全書節要』에 대해서는 우정임, 2012,「조선전기《性理大全》의 이해과정-節要書의 編纂·刊行을 중심으로-」,『지역과 역사』31 ; 강문식, 2022,「金正國의 性理書 편찬과 그 특징-『性理大全書節要』를 중심으로-」,『朝鮮時代史學報』100 ; 최민규, 2022,「김정국(金正國)의『성리대전서절요』편찬과 대체군주론(大體君主論)」,『韓國思想史學』70 참조.

김정국은 황해도 감사에 임명되기 전에도, 실제 체험은 못해 보았지만, 지방을 다스림에 유의해야 할 점이 무엇인지에 대해서는 나름대로 원칙을 세워두고 있었다. 이는 일상의 공부와 견문, 주위 동료들과의 논의를 통해서 자연스럽게 형성되었을 것이고, 가까이로는 경상도와 전라도 감사를 역임하며 감사의 전형을 개척했던 형님 김안국(金安國)의 영향도 컸을 것이다.[30] 김정국이 감사로 나가기 전, 삼강·오륜을 흥기시킬 방도를 구하는 책제(策題)를 출제하며 『삼강행실도』, 『속삼강행실도(續三綱行實圖)』와 함께 『이륜행실도』를 거론하던 모습을 살핀다면, 그는 김안국의 작업을 익히 알고 있었다고 할 수 있다.[31]

김정국이 1517년(중종 12), 영남의 밀양 수령으로 임명된 김광철(金光

29) 김정국은 승지로 지내는 동안 조정에서 논의되는 정책 현안을 익히 알고 있었으므로, 지방 사정에 어두웠다고 보기 어려운 점이 있다. 황해도 載寧郡의 읍을 옮겨야 하는 사정에 대해서 알고 있다가 감사가 되면서 실제 이 일이 실행되도록 돕기도 했다.(金正國, 『思齋集』권3, 載寧郡遷邑記)

30) 김안국은 중종 12년 봄에 경상도 감사에 임명되어(『中宗實錄』권27, 중종 12년 2월 3일[己酉]) 1년 동안 근무했다.(『中宗實錄』권32, 중종 13년 2월 22일[辛卯], 同知中樞府事로 전보) 그의 임기가 끝나기 전 기묘사림들은 그를 유임하는 문제를 두고 여러 차례 논의하였는데, 이후 감사구임제가 본격 추진되었다.(『中宗實錄』권30, 중종 12년 11월 9일[辛巳] ; 『中宗實錄』권30, 중종 12년 11월 23일[乙未] ; 『中宗實錄』권30, 중종 12년 11월 25일[丁酉] ; 『中宗實錄』권31, 중종 13년 1월 14일[甲寅]) 김안국은 감사 시절에 『朱子增損呂氏鄕約諺解』등 많은 서책을 편찬 간행하여 보급하였으며, 감사 임기를 마친 후 중앙에서 이 책들을 다시 간행하여 반포하기를 청하여 중종의 허락을 받았다.(『中宗實錄』권32, 중종 13년 4월 1일[己巳]) 김안국은 중종 14년 4월 28일에 전라도 감사로 재차 임명되었다가(『中宗實錄』권35, 중종 14년 4월 28일[辛卯]) 이해 12월 초에 교체되었다.(『中宗實錄』권37, 중종 14년 12월 6일[丙寅]) 교체되기 직전, 그는 감사구임제에 따라 전라도 관찰사 겸 전주부윤에 새로 임명된 상태였다.(『中宗實錄』권37, 중종 14년 11월 5일[乙未])

31) 金正國, 『思齋集』권3, 扶植綱常. 이 책문에서는 조정에서 『三綱行實圖』를 이어 『續三綱行實圖』『二倫行實圖』를 편찬, 3강 5상을 널리 권면하였는데, 근래 변방의 장수가 '西虜'에게 죽음을 당해도 휘하 사졸들이 이를 구하려 하지 않은 사실을 거론하며, 5륜의 윤리를 돈독하게 할 수 있는 방법은 무엇인가를 물었다. 김정국이 우승지 시절인 중종 13년 8월 3일, 咸鏡北道兵使가 住張哈의 반역을 보고했고, 이에 따라 조정의 의논이 있었는데, 이 策題는 아마도 이 무렵에 작성한 것으로 보인다.(『中宗實錄』권34, 중종 13년 8월 3일[庚午])

轍)32)에게 보낸 시는 그가 평소 지방관이 해야 할 일을 어떻게 생각하고 있었는지를 어느 정도 보여준다. 당시 김광철은 병조좌랑으로 근무하고 있었는데, 밀양에 살았던 박군효(朴君孝)가 자신의 아버지를 살해하자,33) 정부에서 이 사건 수습을 위해 그를 밀양의 수령으로 내려보냈고34) 김정국은 이에 시를 지어 그를 전송했다.

그동안 밀양에 부임했던 수령들은
모두 백성 어루만지고 다스리는 방도를 잃어
흉악한 무리들이 멋대로 못되게 굴었으니
그의 허물은 효도(孝道)를 가르치지 않은데 있다네
낭성[낭관(郎官)의 별칭]을 잠시 자리에서 거두어
현감으로 뽑은 것, 뭇 사람 의견과 일치하니
중대한 임무를 부여한 것 깊이 생각하여
부임해선 새롭게 재건하길 기약하시게

아전과 백성들이 감옥에서 곤욕치르며
곁눈질로 흘겨보고 서로 보호하지 않네
번다한 형벌로 일탈을 멈추게 하려 하면
도리어 인정(人情)을 어지럽게 만든다네

32) 金光轍(1493~1550)은 강릉 김씨로 예조참판, 전라도 감사 등을 지냈다. 허엽의 장인이자 허균의 외조부이다. 김광철에 대해서는 다음 자료 참조. 『國朝人物考』 권19, 許曄碑銘 ;『惺所覆瓿藁』 권24, 說部3, 惺翁識小錄下.

33) 사건이 일어난 시점은 1515년(중종 11년 12월 24일), 경상도 감사 김안국이 이를 보고한 때는 중종 12년 12월 13일이었다.(『中宗實錄』 권31, 중종 12년 12월 13일[甲寅] 이 일로 인해 緣坐로 全家徙邊의 벌을 받은 자가 7인, 流三千里의 벌을 받은 자가 18인이었다.(『中宗實錄』 권34, 중종 13년 7월 21일[戊午]) 밀양은 府에서 縣으로 강등되었다가 1522년에 회복되었다.(『中宗實錄』 권44, 중종 17년 2월 3일[庚辰])

34) 『中宗實錄』 권31, 중종 12년 윤12월 17일[戊子].

백성을 교화하고 이끎에 지극한 방도 있으니
잘 깨우쳐주고 진심으로 타이르는 것
하늘이 내린 본성은 참으로 없어지지 않아
자연스럽게 우리의 가르침을 에워싸리라[35]

잦은 형벌에 기대면 오히려 인심을 들끓게 하므로, 밀양의 주민을 진심으로 깨우치고 타이르면 그들의 교화가 이루어지리라는 당부였다. 김정국은 현감이 하늘이 내린 민인의 본성에 기대어 그들을 가르치면 그들은 이를 따르리라고 전망했다. 김광철에게 준 충고에 담긴 김정국의 생각은 훗날 『경민편』을 저술함에 중요하게 작용했다. 이 점은 뒤에서 살핀다.

기묘사림이 기대하던 젊고 유망한 김정국의 감사 생활은 공교롭게도 이 시기에 추진된 지방 행정의 격변과 맞물리며 전개되었다. 그가 황해도 감사로 나가기 몇 해 전부터 논의되던 감사구임제를 둘러싼 제도개혁이 그의 재직 기간 동안 계속 추진되고 1519년(중종 14) 가을, 감사의 임기를 1년에서 2년으로 늘리는 신법(新法)이 제정되었기 때문이다.[36] 이 법이 시행되면서 김정국은 황해도 감사에 연임되었다가[37] 1519년 말, 정국이 변동되면서 파직되었다. 감사구임의 신법 또한 폐지

---

35) 金正國, 『思齋集』 권1, 送金子由倅密陽. 〈府民朴君孝弑父, 降號爲縣. 子由由兵曹佐郎, 選補爲監, 下敎罪己〉, 2가. 이 시는 김병헌·성당제·임재완이 번역한 『사재집(思齋集)』(2016, 아담앤달리)의 번역을 참조했다. 이하 『思齋集』의 시 번역 또한 이 번역서를 참고했다.

36) 오랜 논의 끝에 감사 구임안이 마련된 시점은 중종 14년 8월 10일이었다.(『中宗實錄』 권36, 중종 14년 8월 10일[辛未], 감사와 부윤을 겸하는 문제에 대한 논의는 이해 8월(『中宗實錄』 권36, 중종 14년 8월 10일[辛未] ;『中宗實錄』 권36, 중종 14년 8월 11일[壬申]), 충청도 등 5개도 감사를 兼府尹 혹은 兼牧使로 임명하는 정사는 이해 11월 5일에 진행되었다.(『中宗實錄』 권37, 중종 14년 11월 5일[乙未]) 이로써 감사구임제는 8월에 결정하고 차후 보완하며 시행했다고 할 수 있다.

37) 『中宗實錄』 권37, 중종 14년 11월 5일[乙未].

되며 없던 일이 되었다. 김정국이 감사구임제 제정에 직접 간여한 적은 없었지만, 그의 감사 생활은 이 제도와 떼려야 뗄 수 없는 관계에 있었다.

중종 대 기묘사림이 일으킨 정치적 변화는 적지 않았다. 지방 제도의 운영 방식을 바꾸기 위해 추진된 감사구임제는 이 가운데서도 첫손으로 꼽을 수 있을 정도의 비중을 지닌다. 조선에서는 본래 감사의 임기를 1년으로 하고, 이 기간 동안 군현을 순력(巡歷)하며 감사 업무를 수행하도록 법으로 규정하고 있었다.[38] 군현 수령의 고과를 평가하는 일, 사송(詞訟) 업무와 관련하여 군현의 상위 장관으로서 재결을 처리하는 일 등이 이들의 주된 임무였다. 이 점은 특정 지역에 머무르며 직접 지방민을 대상으로 목민관의 직무를 수행하여 근민관(近民官)·친민관(親民官)의 별칭을 가진 수령과는 대비되는 모습이었다.

감사구임제는 부윤(府尹)이나 목사(牧使)가 다스리는 고을에 감영을 설치하여 감사를 그곳에 머물게 하는 한편으로[留營化] 그 지역의 목민관 업무를 겸하게 하고[兼牧官] 또 1년의 재직 연한을 2년 혹은 3년으로 늘려 오래 근무하게 하자는[久任化] 점을 주된 내용으로 했다. 감사구임제를 실행하게 되면 지금까지의 군현 운영과는 전혀 다른 모습이 전개될 터였다.

감사구임을 위한 기묘사림의 움직임은 1516년(중종 11) 말에 처음 나타나는데,[39] 1518년(중종 13) 여름[40]을 거쳐 1519년 초반에 본격

---

38) 『經國大典』권1, 吏典·外官職, "階及遷官·加階·行守, 並同京官. 觀察使·都事仕滿三百六十, 守令仕滿一千八百, 堂上官及未挈家守令·訓導仕滿九百, 乃遞." 平安道와 永安道 두 도의 감사는 평양 부윤, 영흥 부윤이 관찰사를 겸하였다.(『經國大典』권1, 吏典·外官職, 永安道·平安道) 이 시기 감사제 운영에 대해서는 張炳仁, 1982, 앞의 글 참조.

39) 『中宗實錄』권27, 중종 11년 12월 4일[庚戌]. 이전에 제기되었던 문제에 대한 의견을 鄭光弼, 金應箕, 申用漑, 朴說, 李繼孟, 南袞 등이 의논하여 중종에게 보고했는데, 이때 거론된 문제는 인재 천거, 토지 면적에 따른 貢案改定, 감사구임법

추진되었던 것으로 확인된다.[41] 논의가 진행되는 과정에서 김안국의 경상도에서의 감사 연임 문제가 이 일의 기폭제 역할을 했다. 1517년(중종 12) 봄부터 1518년 초까지 경상도 감사를 지냈던 김안국은 재임 중 '구결소학', 『주자증손여씨향약(朱子增損呂氏鄕約)』·『이륜행실도』, 『정속언해』, 농서(農書)·잠서(蠶書), 『언해창진방(諺解瘡疹方)』·『언해벽온방(諺解辟瘟方)』 등 유교 교화서·농서·의서 등을 간행하며[42] 지방에서의 유교적 교화를 확대하고 백성들의 농업 생산력을 높이며 의료 지식을 널리 제고하려 했다. 송사 처결과 같은 일 또한 빠르게 처리하려고 했다. 기존에는 볼 수 없던 새로운 형태의 감사직 수행이었다. 기묘사림은 김안국이 펼친 변화가 1년의 짧은 임기로는 성과를 거두기가 어려웠기에 김안국의 감사 임기를 늘리려고 노력함과 동시에 이를 계기로 진작에 제기되어 논의되던 감사구임제를 확정하려고 했다.[43]

이들이 주장한 구임제는 실제 감사가 그 정해진 직무를 제대로 수행함에 매우 유용했다. 그러나 이는 수령이 중심이 되어 운영되는 기존의 지방 운영 방식을 크게 바꾸지 않는다면 실현하기 어려웠다.[44] 더군다

등 세 가지였다. 감사구임에 대해서 이들은 다음 이유로 반대했다. "各道監司, 期年而遞, 道內弊瘼, 未及周知, 果如所啓之言. 然若依兩界例, 挈家赴任, 再期而遞, 則非惟供億煩費, 亦有裁決停滯之患, 其弊反有甚於今日. 況祖宗成憲, 輕改實難, 仍舊爲便."

40) 『中宗實錄』 권33, 중종 13년 5월 28일[丙寅].

41) 『中宗實錄』 권32, 중종 13년 1월 14일[甲寅] ; 『中宗實錄』 권32, 중종 13년 4월 17일[乙酉] 참조. 조광조 등이 참가한 중종 14년 8월 10일 朝講(『中宗實錄』 권36, 중종 14년 8월 10일[辛未) 이후 감사구임법을 실행하라는 국왕의 명령이 나오는 것으로 보아, 이때의 모임이 監司久任法 제정에 결정적인 시간이었다고 할 수 있다. 이 직후 조광조 세력에 대한 전면적인 공격이 반대파로부터 쏟아지고, 결국 조광조 세력은 실각하게 된다.

42) 이 내용은 姜渾이 작성한 「二倫行實圖序」에 자세하다.(姜渾, 『木溪逸稿』 권1, 二倫行實圖序)

43) 『中宗實錄』 권30, 중종 12년 11월 9일[辛巳], "予聞慶尙道監司金安國, 盡心於任者也. 若有別賢能之人, 則予意亦欲議于大臣, 以圖久任也." ; 『中宗實錄』 권31, 중종 13년 1월 14일[甲寅].

나 감사의 1년 임기는『경국대전』에 규정되어 있으므로 법 개정은 조종(朝宗)의 법제를 손대는 일이었다. 국왕 중종으로서는 이 제도가 선대 국왕의 법제와 전통을 부정하는 일이었기에 큰 부담을 안을 수밖에 없었고 그러므로 극히 신중하게 대처했다.[45]

감사 구임을 위한 논의는 처음부터 반발과 저항, 새로운 의견 제시와 이에 대한 비판으로 점철되며 쉽게 진전되지 않았다. 정광필(鄭光弼), 신용개(申用漑) 등 대신이 주된 반대론자였는데, 이들은 신법 개정의 부당성을, 이념적으로는 조종성헌(祖宗成憲)의 준수라는 명분에서, 현실 여건으로는 구임제가 가져올 여러 어려움에서 구하였다.[46] 긴 시간의 임기에서 오는 현실적인 어려움이란 감사의 가족을 임지로 데려가야 하는 일, 유영화가 필연이므로 영리(營吏)를 두어야 하는 점, 소송 처리를

---

44) 이는 이 시기 國王-監司-守令 및 京在所-留鄕所의 이중적 형태로 이루어지던 지방 운영 방식을 벗어나려던 노력이라고도 할 수 있다. 경재소-유향소로 이루어진 권력 계통은 중앙의 지방 지배를 원활하게 하는 요소를 가지고 있는 면도 있었지만, 실상은 지방의 정치세력들이 지방적 근거를 온존하는 가운데 公權力을 장악하고 활용하는 방식이기도 했다. 그런 면에서 이 체제는 권력 일원화에 배치되는 요소를 강하게 가지고 있었는데, 감사구임제론과 권력의 도덕화론은 이러한 체제를 해체하려는 의미를 지니고 있었다. 이 시기 경재소-유향소 체제에 대해서는, 金龍德, 1983,『韓國制度史研究』, 一潮閣 ; 裵基憲, 1988,「16世紀 鄕村支配 秩序와 留鄕所의 性格」,『大邱史學』35 참조.

45) 중종은 신중하게 대응하면서도, 중종 14년 초에는 구임 의견에 거의 쏠렸다.("監司 宜勉施敎化, 以敦本·善俗, 而果於一期之內, 僅察詞訟之不給, 何暇及此? 再期而遞, 似得矣. 夫祖宗之法, 改之似難, 然久任, 然後可以вар化也.",『中宗實錄』권35, 중종 14년 2월 13일[丁丑]) 조종 법제의 수정을 어려워하는 의견에 대한 반대론은 조광조의 발언에서 볼 수 있다.(趙光祖,『靜菴集』권3, 經筵陳啓〈檢討官時啓四〉, "祖宗舊章, 雖不可猝改, 若有不合於今者, 則亦可變而通之.")

46) 중종 11년 12월 4일, 인재 천거, 토지 면적에 따른 貢案改正, 감사구임법 등에 대한 의견을 鄭光弼, 金應箕, 申用漑, 朴說, 李繼孟, 南袞 등이 의논하여 중종에게 보고했다. 참석자들은 감사구임에 대해 반대하며 "祖宗成憲, 輕改實難, 仍舊爲便" (『中宗實錄』권27, 중종 11년 12월 4일[庚戌])이라고 했다. 이후 논의에서도 반대론자들은 조종성헌의 준수를 내세웠다.(『中宗實錄』권33, 중종 13년 5월 28일[丙寅] ;『中宗實錄』권36, 중종 14년 5월 21일[癸丑] ;『中宗實錄』권36, 중종 14년 5월 20일[壬子])

위해 군현의 수령이 감사를 찾아가야 하는 점 등이었다.[47] 재정 부담 또한 부각되었다. 반대론자들은 구임제를 시행하게 되면 각 도의 재정 지출이 늘어나는 현상을 피할 수 없음을 강조했다. 이들은 조선 초 구임제를 논의하다가 1년 임기제로 결정한 것도 이러한 현실적 어려움 을 감안한 조치였음을 거론했다.

기묘사림의 노력은 1519년(중종 14) 5월 경상도의 좌우(左右) 분도(分 道) 결정을 거친 뒤,[48] 이 해 8월과 11월 사이 감사의 임기를 늘리고 감사가 목사를 겸임하게 하는 결정이 이루어지면서 일차적으로 성공을 거두었다.[49] 정부에서는 경상도의 경주, 전라도의 전주, 충청도의 청주, 황해도의 해주에 겸목관(兼牧官)을 두도록 조처하였다. 어찌 보면 조광 조 세력이 정치 방면에서 가장 뚜렷하게 이루어낸 성과가 감사구임법의 실행이라고 해도 좋을 정도로 신법이 가진 비중은 컸다. 하지만 이 법제 개정은 조광조 세력이 실각하는 정변[50]이 일어나면서 끝내 수포로

---

47) 『中宗實錄』 권35, 중종 14년 2월 14일[戊寅].

48) 큰 도의 分道 문제는 애초 감사구임의 대안으로 중종 14년 2월에 처음 나왔다.(『中 宗實錄』 권35, 중종 14년 2월 14일[戊寅]), 같은 해 5월 초 경상도·전라도의 분도를 논의했으며(『中宗實錄』 권36, 중종 14년 5월 8일[庚子]), 5월 19일에는 경상도 분도론과 경상도 분도·6도 2년 구임론으로 의견이 갈렸다.(『中宗實錄』 권36, 중종 14년 5월 8일[庚子]) 경상도 분도론은 申用漑·南袞·李繼孟·高荊山·申鏛, 후자 는 安瑭·李長坤·李惟淸·李耔가 주장했다. 5월 20일 조강에서 경상도의 분도가 결정되고(『中宗實錄』 권36, 중종 14년 5월 20일[壬子]) 6월 9일에는 경상 좌·우도 감사가 임명되었다.(『中宗實錄』 권36, 중종 14년 6월 9일[辛未]) 경상좌도는 李沆, 경상우도는 文瑾이 맡았다.

49) 중종 14년 8월 10일에 관찰사 구임안을 마련하고(『中宗實錄』 권36, 중종 14년 8월 10일[辛未], "大司憲趙光祖曰: '今申明久任之法, 此甚美政也.' 上曰: '久任則不可徑 遞. 此意已敎吏曹矣.'") 관찰사와 부윤을 겸하는 문제를 두고 논의하였으나 의견이 통일되지 않았다.(『中宗實錄』 권36, 중종 14년 8월 10일[辛未], "政院啓曰: '觀察使久 任事, 已磨鍊. 觀察使, 二品職, 皆兼府尹, 何如.' 上曰: '可問于大臣.'" ; 『中宗實錄』 권36, 중종 14년 8월 11일[壬申]). 이해 11월 5일에 충청도 등 5개도 관찰사를 兼府尹 혹은 兼牧使로 임명하는(『中宗實錄』 권37, 중종 14년 11월 5일[乙未] 정사를 행했던 일로 보아 감사구임제는 8월 초부터 11월 초 사이에 결정되었다고 할 수 있다.

돌아갔다. 중종은 조광조 일파를 처벌한 뒤, 감사 구임의 결정이 잘못되었으므로 폐기한다고 선언,[51] 이를 없던 일로 만들었다.

　당시 승정원을 통하여 전국에 내린 유지(有旨)는 중종이 직면했던 당혹감과 구차함을 잘 드러낸다. 오랜 논의의 끝에 자신이 동의하여 시행했던 법을 그 스스로 부정해야 하는 자가당착에서 오는 감정이었다. 애초 중종은 감사를 구임하기로 한 지난 결정을 번복하면서 갈팡질팡했다.[52] 그러나 정광필 등이 감사 구임의 폐단을 거론하며 그 폐지를 극구 주장하자 중종은 이를 빌미로 옛 제도로의 복원 결정을 내렸다.

　논의하는 자들이 '감사를 자주 교체하는 잘못 때문에 선화(宣化)가 충분하지 못하다. 경상도는 인물이 많고 지역이 넓어서 한 명의 감사로는 다스릴 수 없다.'고 하므로, 나도 그 말을 미덥게 여겨 감사 임기를 2년으로 정하거나 혹 한 도를 둘로 나누기도 하였는데, 이토록 민폐를 끼칠 줄 알았겠는가! 더불어 낙성(樂成)하기를 바랐는데 도리어 시끄럽게만 되었다. 혼미하여 되돌리지 않으면 폐해가 더욱 늘어날 것이다. 일은 마땅함을 얻는 것이 귀하니, 여러 번 바꾸어도 상관없다. 그러므로 대신·대간·시종들과 반복하여 얼굴을 마주하여 논하면서 기왕에 경솔히 변경한 잘못을 깊이 뉘우쳤다. 6도의 감사는 도로 1년을 임기로 교체하게 하고 경상도는 다시 한 도로 합하여, 조종에서 오래 행해온

---

50) 이 사건은 통상 '己卯士禍'로 부른다. '士'임을 부각하는 이 용어에서 '士' 아닌 존재를 염두에 두는 의식을 읽을 수 있다. 이 글에서는 좀 더 중립적인 용어로 '정치적 급변' 혹은 '정변'으로 표현했다.

51) 『中宗實錄』 권37, 중종 14년 11월 29일[己未] ; 『中宗實錄』 권37, 중종 14년 11월 30일[庚申].

52) 『中宗實錄』 권37, 중종 14년 11월 14일(甲辰). 參贊官 朴薰이 "우리 나라의 습속이 경솔하고 조급하므로, 좋은 법의 아름다운 뜻이 있더라도 遵行하지 않습니다. 관리가 자주 갈리므로 법이 있다는 것을 모르며 구차한 계책을 많이 행하니, 久任하는 법을 폐지해서는 안 됩니다."고 하자, 중종도 "구임하는 법은 과연 廢毁할 수 없다."고 하며 동의하였다.

제도를 준수한다.[53]

감사의 구임 및 겸목관 정책은 성종 대와 연산군 대에도 장령 김미(金楣),[54] 충청도 도사 김일손(金馹孫)[55] 등이 제기한 적이 있었다. 『경국대전』의 규정대로 1년 기간만으로는 군현의 폐단을 개혁하기 힘들므로 감사가 오랜 시간 머물며 그 일을 주관해야 한다는 것이 이들의 주장이었다. 하지만 이때는 의견 제시에 그쳤을 뿐 현실화하지 못했다. 아직까지 그 변화를 만들어내기에 충분한 여건이 조성되지 않았던 것이다.

그런 점에서 2년 임기의 감사구임법은 조광조 세력이 『경국대전』의 규정을 넘어서는 기존 여러 주장을 계승하며 구체화했다고 할 수 있다. 비판론자들의 말대로 조종의 법제를 넘어서는 신법(新法)의 제정을 이들은 관철했던 셈이다. 기묘사림은 자신들의 정치적 야망을 구현하는 데는 감사가 절대적으로 중요한 위치에 있음을 확인하고 이들의 힘을 활용하는 방법을 감사구임제에서 찾았다. 지방은 새로운 변화를 이끄는 정치의 현장이었다. 1519년의 감사구임법 제정은 이 법의 시행을 바라는 사람들의 오랜 여망이 실현되는 빛나는 성과였다.

신법 제정 이후, 김정국은 구임되는 감사의 첫 주인공이 되었다. 1519년(중종 14) 11월 초, 정부에서는 새로운 법에 따라 그를 황해도 감사 겸 해주 목사에 다시 임명하였다.[56] 그 후 얼마 지나지 않아 정변이 일어나고 감사구임의 신법이 폐기되면서[57] 김정국의 연장 근무

53) 『中宗實錄』 권37, 중종 14년 11월 30일[庚申].
54) 『成宗實錄』 권214, 성종 19년 3월 2일[丙寅].
55) 『燕山君日記』 권5, 연산군 1년 5월 28일[庚戌], "其十曰: '久任監司, 時遣御史.' 夫以聖人, 過化存神, 必曰, 三年有成. 然則今之監司, 安能有成於期月之間? 臣願六道監司, 並如兩界, 皆兼州牧, 以成三年之任, 則賦政得治矣. 此亦祖宗之法也."
56) 『中宗實錄』 권37, 중종 14년 11월 5일[乙未].
57) 정국이 급변하는 사정은 『中宗實錄』 권37, 14년 11월 15일[乙巳] 기사에 자세하다.

는 끝이 났다.[58] 조광조 세력의 정치 개혁이 원점으로 돌아가지 않았더라면 김정국은 황해도 감사 생활을 적어도 1년은 더 했을 것이다.

이와 같이 1518년(중종 13) 말부터 1년간 이어진 김정국의 황해도 감사직 업무는 그 개인의 이력으로서나 조선의 지방 제도 운영의 측면에서나 특별한 상황 위에서 수행되었다. 김정국에게 객관적인 여건은, 통상적인 의미에서 본다면, 감사직을 수행하기에 그렇게 좋은 편은 아니었던 것으로 보인다. 외관직은 한 번도 겪어 보지 못했었고, 재임 중에 2년 임기의 감사구임제 시행이 결정되었다. 거칠고 낯선 황해도 땅에서 이곳의 수령과 지방민들을 대상으로 삼아 감사에게 부여된 소기의 성과를 거두기 위해서는 특별한 노력이 필요했다. 거기에 감사 구임법은 감사 역할의 확대 및 그것의 능률적 수행을 목적으로 격한 논쟁을 거치며 제정되었으므로, 여기에도 적절히 대응해야 했다.

김정국이 겪은 1년여 감사의 시간은 아마도 감사의 업무와 연관하여 끊임없이 문제를 접하고 또 답을 구하는 과정이었을 것이다. 이를테면 감사의 직무에서 핵심 사안은 무엇인지, 감사의 지방 정치는 어떤 방식으로 이루어져야 할지, 그동안 배운 가치를 어떻게 실현할 수 있을지 등등의 과제를 떠올려 볼 수 있다. 김정국으로서는 이 같은 사안에 대해 누구보다도 예민하게 반응하고 또 고민했던 것으로 보인다. 현존하는 자료는 대체로 그가 이 기간 동안 도민들의 교육에 많은 정열을 쏟았음을 알려준다. 해주 유생(儒生)들에게 24개 조의 약조(約條)를 내려 교육을 독려하기도 하고,[59] 관내 군현의 교생(校生)들에게 부지런히 공부하기를 권하기도 했다.[60]

『경민편』은 이러한 환경에서 태어났다. 변방의 한 방면(方面)을 맡았

---

58) 『中宗實錄』 권37, 중종 14년 12월 10일[庚午].
59) 金正國, 『思齋集』 권3, 海州都會儒生約條.
60) 金正國, 『思齋集』 권1, 勸列邑諸校生.

던 김정국은 감사가 수행해야 할 지방 정치의 주요 내용을 『경민편』으로 정리하여 제시했다. 그 바탕에는 주자학을 깊이 익힌 관인으로서 실현하고자 했던 그 자신의 정치의식과 기묘사림의 일원으로 기묘사림이 구현하고자 했던 정치적 변화를 공유하는 의식이 서로 얽혀 있었다. 과격한 복귀를 염두에 두지는 않았지만, 김정국은 정치의 길은 선왕(先王)이 제시한 원리를 따름에 있다고 생각했다.[61]

지방민이 범죄와 일탈을 저지르지 않고 살 수 있게 하는 정치의 방법을 담은 『경민편』과 같은 책이 조선 역사에서 아직 출현한 적은 없었으므로 이 책의 존재는 독보적이었다. 『경민편』의 내용과 성격에 대한 분석은 김정국과 기묘사림이 생각했던 지방 정치의 성격, 그리고 이들이 새롭게 세우고자 했던 권력 운영의 방식을 이해하는 기초작업이 될 것이다.

2. 『경민편』의 초기 모습 : '상허본(常虛本)'을 통한 검토

1) 상허본과 『경민편』의 초기 모습

김정국이 황해도 감사로 재직하던 당시에 간행된 책자임을 누가 보아도 알 수 있는 『경민편』의 실물은 여태까지 확인되지 않는다. 그래서 초기 간행본의 모습을 뚜렷하게 인지하는 일은 여러모로 한계를 가진다. 『경민편』 연구자들은 대체로 16세기 후반 경상도 감사 허엽이 간행한 중간본(이하 허엽 간본),[62] 17세기 중반 이후원이 간행한 개간본

---

61) 金正國, 『思齋集』 권3, 政貴時宜論, 32가, "爲治之道, 在於順民心, 而能合乎先王之道也."
62) 『警民編』(허엽 간본). 간행 사정은 「重刊警民編序」에 자세하다. 이 간본은 현재

(이하 이후원 간본)63) 두 자료를 이용하여 초기 간행본의 모습을 이해하고 연구를 진행해왔다.64) 간행 시점이 뚜렷한 두 책은 서로 다른 점이 많지만, 김정국의 발문을 실었고, 원문과 한글 대역문을 동시에 수록하고 있는 공통점을 가지고 있다.65) 김정국 당시의 간본 또한 이러한 형태였을 것으로 추정해왔다.

하지만 허엽 간본이나 이후원 간본과 비교하여 책의 체재나 형태에서 크게 차이가 나는 다른 간본을 가지고 살피면 『경민편』에 관한 지식과 판단은 달라질 수 있다. 건국대학교 상허기념도서관 소장 자료(이하 상허본)66)는 여러 측면에서 김정국의 『경민편』 초간본 혹은 그 초간본과 시간상 멀리 떨어져 있지 않은 초기 간본에 대한 정보를 제공해준

국내에서는 발견되지 않았으며, 현재 안병희가 발굴하여 소개한 일본의 筑波大學 소장본이 유일하게 알려져 있다. 筑波大學 소장본은 1978년 단국대 동양학연구소에서 동양학총서 제6집 영인본으로 간행했다.(단국대학교 출판부, 1978)

63) 『警民編』(이후원 간본). 효종 말년에 간행을 청원하여 허락을 받은 뒤 효종 사후에 간행했다. 이 사정은 이후원 간본의 부록으로 실린 「請刊警民編廣布諸路箚」에서 확인할 수 있다. 필자가 이 책에서 저본으로 활용한 이후원 간본 『警民編』은 일본 東京大學 小倉文庫 소장 도서(청구번호: L174600)이다. 이 소장본은 1661년 (현종 2) 5월 초9일 廣州府尹 李泰淵에게 내린 內賜記가 있어 이후원 간본의 초기 모습을 확인할 수 있다.

64) 허엽과 이후원 간본에 대한 본격적인 분석은 Ⅱ부 참조. Ⅰ부에서는 논의에 필요한 수준에서 두 책을 참고하고 활용했다.

65) 허엽 간본에는 번역과 관련된 언급이 없으나, 이후원 간본은 海西에서 구한 필사본을 저본으로 했는데, 그 사본에는 한글 번역이 없어서 교정을 보고 번역을 했다고 한다.(『警民編』, 이후원 간본, 「請刊警民編廣布諸路箚」, "完南府院君臣李厚源伏以臣於丙申秋……而第其原本, 遍求不得, 久乃得之於海西卽寫本也, 又無諺解. 無諺解, 則窮鄕氓隷, 難於通曉, 故遂用其本, 校證翻譯.") 하지만 필사본에 한글 번역이 실려 있지 않았다는 발언은 그다지 주목받지 못했다. 안병희는 이후원의 언급에 대해 원간본에 언해가 없었다는 의미가 아니라고 했다.(안병희, 1978, 앞의 글, 398쪽)

66) 『警民編』, 건국대학교 상허기념도서관, 고173-김73ㄱ. 필자는 이 소장본을 토대로 『경민편』의 초기 모습을 살펴보았다.(2020, 「16세기 《警民編》 초기 간본의 검토-상허 기념도서관 소장본의 사례-」, 『韓國思想史學』 66) 이 책의 존재는 이미 알려져 있었지만 필자나 다른 연구자들은 이 책을 분석하고 검토하며 『경민편』의 성격을 살피지 못했다. 매우 허술한 연구였음을 자인할 수밖에 없다.

다.[67] 이 절에서는 상허본이 출현한 시점을 추정하면서 『경민편』 초기 간본의 모습을 그려보고자 한다.

상허본에는 서문이나 발문이 없다. 『경민편』의 서·발문은 허엽 간본과 이후원 간본에 실려 있고 또 김정국의 문집 『사재집(思齋集)』에서도 확인된다.[68] 김정국이 『경민편』을 간행하면서 서·발문 역시 같이 수록했다고 볼 수 있는데, 이 책에는 빠져 있다. 간행 주체, 간행 시기를 판정할 수 있는 주요한 근거를 싣지 않은 셈이다. 하지만 책의 구성, 본문의 원문과 구결 등을 검토하면 간행을 주도한 사람, 간행 시간은 어느 정도 가늠할 수 있다.

상허본은 책이 시작되는 첫 머리에 '警民編[경민편]'이라고 권수제(卷首題)를 쓰고 책의 말미에는 '警民編終[경민편종]'이라고 표기하였다. 책의 시작과 끝이 분명하다. 물론 제3장 '형제자매' 편의 한 면이 결락되어 있지만 이는 인출하여 제책할 때의 오류일 뿐, 책은 전체적으로 온전한 편이다.

본문을 구성하는 편목은 모두 13개 장이다. 제1장 부모(父母)를 비롯하여 부처(夫妻), 형제자매(兄弟姉妹), 족친(族親), 인리(鄰里), 투구(鬪毆), 근업(勤業), 저적(儲積), 사위(詐僞), 범간(犯姦), 도적(盜賊), 살인(殺人), 노주(奴主) 순으로 배치되어 있다.

각 편장은 주제별로 죄를 지어서는 안되는 이유를 먼저 설명하고

---

67) 지금까지 연구자들은 김정국 『경민편』 초간본을 확인하지 못한 상태에서 이 간본과 후대 『경민편』 사이에는 별다른 차이가 없으리라 여기고 연구를 진행해왔다. 그런 까닭에 상호 간에 존재할 수 있는 차이에 대해서는 거의 생각하지 않았다. 그중에서도 핵심이 되는 사안은 『경민편』이 애초에 한글 번역문을 싣고 있었던가 하는 점이었다. 허엽 간본을 바탕으로 많은 연구자들은 초간본에도 한글 번역문이 실려 있었다고 판단했다.(여기에 대해서는 안병희, 1978, 앞의 글, 398쪽 참조) 필자 또한 지난 연구에서 초기 간행본에 한글 번역문이 실려 있었을 것으로 추정한 적이 있다.(정호훈, 앞의 글, 2006) 섣부른 판단이었으므로 이를 철회하고, 본문에서와 같이 고친다.

68) 金正國, 『思齋集』 권3, 警民編跋.

이어 범죄에 따른 형벌 규정을 실어 두었다. 서로 다른 두 성격의 내용이 장마다 실려 있는 셈이다. 13개 주제에서 이 방식의 구성은 동일하게 반복된다. 본문은 한문으로 서술되어 있고, 문장 중간 중간에 차자(借字) 구결(口訣)을 두어 독자들의 이해를 도왔다. 원문을 한글로는 번역하지 않아, 한문 독해력이 떨어지는 사람은 읽기가 매우 힘든 구성이다.

앞서 설명한 내용을 제1장의 일부를 예로 들어 보이면 다음과 같다. '五', '尼', '爲時古', '爲時尼', '時尼羅', '爲面' 등은 '오', '니', '하시고', '하시니', '시니라', '하면'으로 읽는 구결의 차자 표기이다. 한자의 음과 소리를 활용하여 우리말 구결을 표기했음을 알 수 있다. 인용문의 띄어쓰기는 필자가 내용에 맞추어 임의로 시도했고, ○는 결락(缺落)하여 보이지 않는 글자를 표시한다.

父如天五 母如地尼 劬勞生我爲時古 辛勤乳哺爲時古 艱難養育爲時尼 父母恩德○ 昊天罔極是尼羅 祖父母隱 生我父母爲時尼 與父母奴 無異爲尼羅 是故善事父母爲也 孝順無違爲面 鄕里稱善爲旀 國有褒賞爲尼[69]

法祖父母乙 謀殺則隱 陵遲處死五 毆打則斬○○ ○罵則絞爲古 不聽敎令爲旀 不勤奉○○○ ○皆杖一百是五 父母乙 告訴爲面 ○其罪○重爲尼 守信繼母是 與母奴 同爲尼羅[70]

한문 본문에 차자 구결을 붙여 원문을 작성하되 한글 번역을 덧붙이지

---

69) 이 문장을 구결에 유의하여 번역하면 다음과 같다.
　　"아버지는 하늘이오 어머니는 땅이니, 힘들게 나를 낳으시고, 고생하며 젖을 먹이시고, 온갖 어려움 이겨내며 양육하시니, 부모 은덕은 호천망극이니라. 조부모는 나의 부모를 낳으시니 부모와 다름이 없느니라. 그러기에 부모를 잘 모시고 효도하고 순종하며 어기지 않으면 향리에서 착하다고 칭찬하며 나라에서는 포상하니(라)"
70) 『警民編』(상허본) 父母 第一.

않은 점은 후대에 간행된 허엽 간본이나 이후원 간본과 비교할 때, 상허본의 특징을 가장 잘 드러내는 요소이다.[71] 이는 상허본이 한글 번역문을 싣고 있는 허엽 간본이나 이후원 간본보다 앞서 간행되었음을 유추케 하는 결정적인 증거가 된다. 한문 원문을 한글로 번역하여 덧붙인 점은 한문본에 비해 한층 진화된 결과이다. 당연히 시간상 선후 관계가 성립한다. 『경민편』 초기 간본에는 애초 한글 번역이 존재하지 않았음을 이로부터 알 수 있다. 물론 상허본을 간행하면서 원래 존재하던 한글 번역은 빼버리고 인쇄를 했을 수도 있지만 많은 이들이 이 책을 읽기를 희망했던 김정국의 의도를 생각해보면 그럴 가능성은 거의 없다. 한글 대역이 있는 것과 없는 것의 차이는 엄청나다.

상허본에서 원문을 쉽게 읽을 수 있도록 하는 장치는 차자 구결이었다. 본래 한문으로 작성된 문장의 독해는 독자가 한자를 이해하고 한문을 해석할 수 있는 능력을 갖추었을 때 가능했다. 많은 학습과 지식이 축적되지 않으면 이는 불가능한 일이었다. 한글 번역은 그 어려움을 어느 정도 해소하게 도울 수 있었지만, 독자들은 한글 번역이 없는 상태에서는 구결을 이용하여 본문을 이해해야 했다. 차자 구결은 상허본의 원문 독해를 위해 활용하는 사다리와 같은 수단이었다.

구결(口訣)은 한문 문장 이해에 큰 도움을 주는 전근대 시기의 주요 창안이었다. 한문 이해력이 그다지 높지 않은 사람에게는 특히 그러했다.[72] 조선인 가운데 한문 자료를 편하게 독해할 수 있는 사람이 그렇게

---

71) 상허본은 허엽·이후원 간본과 달리, 한글 번역문이 실려 있지 않다. 한글 번역이 상허본 이후에 이루어졌다고 본다면, 시간 상으로 상허본이 허엽과 이후원 간본보다 앞서 간행되었다고 판단할 수 있다. 물론 상허본을 간행할 때, 어떤 사정에서인지는 몰라도 간행자가 본래 있던 한글 번역문을 제외했을 수도 있다. 세 책의 관계를 속단하기에 어려운 점이 있는 셈이다.

72) 구결과 한문 이해에 대해서는 심경호, 1999, 「최립과 윤근수의 한문 토석」, 『조선시대 한문학과 詩經論』, 일지사 ; 이상화, 2006, 「한문 학습 및 번역에 있어서 吐釋과 그 의미」, 『民族文化』 29 ; 진재교, 2012, 「한문고전 讀解와 標點」, 『韓國實學

많지 않았으므로 구결을 드러내 보이는 이러한 기획은 독자를 위한 매우 배려 깊은 행위였다 하겠다. 하지만 구결을 활용하여 한문을 이해하도록 하는 장치는 독자들의 접근을 무제한으로 열어 놓지는 않았다. 한문을 읽고 그 내용을 이해하는 일이 쉽지 않기 때문이었다. 김정국이 『경민편』을 편찬하면서 백성들의 독해 능력을 고민하고 고려했다면 한글 번역문을 마련하여 실었을 수도 있다. 상허본에서는 그 흔적을 찾을 수 없다. 김정국이 한글로 번역했다는 이야기를 어떤 글에서도 하지 않았던 것으로 본다면, 『경민편』에는 본래부터 한글 번역이 실리지 않았을 가능성이 크다.

차자 구결을 붙여 원문을 편하게 읽을 수 있도록 만든 상허본의 편집 형식은 15~16세기에 흔히 쓰이던 책의 제작 전통과 맞물려 있었다. 이 시기 국가 기관에서 백성들을 대상으로 하여 만든 유학 학습서, 교화서, 농서와 같은 실용서 등의 본문 구성은 대체로 세 가지 형태가 확인된다. 한문 원문에 차자 구결을 다는 방식,[73] 한문 원문에 차자 구결을 다는 한편으로 한글 번역문을 덧붙이는 방식,[74] 한문 원문에 한글 구결을 달고 한글 번역문을 더하는 방식[75]이 그것이다. 상허본은

研究』23, 참조.

73) 대표적인 책으로는 『小學集說』을 들 수 있다. 이 책은 1492년 金馹孫이 중국에서 들여온 뒤 조선에서 주목받기 시작했는데 김안국이 경상도 감사로 내려가면서 이 지역에 널리 보급하고자 했다. 김안국이 보급한 책에서는 『소학』의 본문과 주석에 모두 차자 구결을 달아 두었다. 여기에 대해서는 정호훈, 2014, 앞의 책 참조.

74) 이 형태의 책으로는 김안국이 경상도 감사 시절 간행한 『正俗諺解』를 들 수 있다. 『正俗』을 한글로 번역하여 간행한 이 책은 차자 구결문과 한글 번역문을 대조하여 읽을 수 있게 편집되어 있어 한문 독해력이 떨어지는 사람도 쉬이 접근할 수 있는 장점이 있었다. 『正俗諺解』 연구로는 다음 참조. 여찬영, 2007, 「《正俗諺解》의 번역언어학적 연구」, 『우리말글』40 ; 백두현, 2009, 「훈민정음을 활용한 조선시대의 인민 통치」, 『진단학보』108.

75) 한문 본문과 한글 구결, 한글 번역문을 동시에 실어 간행한 책으로는 성종 대의 『內訓』, 성종 대에 새롭게 편찬한 『삼강행실도』, 1518년 경 김안국이 경상도

첫 번째 유형에 속하는 사례이다.

첫 번째 유형, 곧 한문 본문과 차자 구결의 형식을 갖춘 상허본은 두 번째, 세 번째 유형의 책들에 비한다면 독자들이 책을 읽고 이해할 수 있게 돕는 힘은 상대적으로 약했다. 하지만 책을 편집하고 간행하는 과정은 비교적 쉬웠을 것으로 여겨진다.

그렇다면 상허본의 구결 수준은 어떠할까. 구결은 대체로 한문 문장에서 주어, 목적어, 서술어에 해당하는 단어나 구절에 그것의 성격을 알려주는 조사나 연결어를 붙여서 만들었다. 상허본의 구결은 그렇게 세련되거나 고도화된 모습을 보이지는 않는다. 이는 허엽 간본, 이후원 간본과 비교하면 확연히 드러난다. 단어나 구절의 성격을 알려주는 구결이 생략된 경우도 흔히 보인다. 아래 인용한 문장은 그 사례이다. 밑줄 친 곳을 유의하자. 본문은 원래 띄어쓰기가 없으나, 구결이 달린 곳에서 필자가 임의로 띄어쓰기를 했다.

부처(夫妻) (상=상허본, 허=허엽 간본, 이=이후원 간본. 이하 동일)

(상) <u>法妻謀殺其夫則陵遲處死毆打則杖</u>一百五 重傷則絞五 致死則斬五

(허) <u>法匡 妻是</u> 謀殺其夫則陵遲處死五 毆打則杖一百五 重傷則絞五 致死則斬五

(이) <u>法에 妻ㅣ</u> 謀殺其夫則陵遲處死ᄒ고 毆打則杖一百ᄒ고 重傷則絞ᄒ고 致死則斬ᄒ고

족친(族親)

(상) <u>其餘族親互相毆鬪不睦</u>爲面 親疎分揀爲也 差等治罪乎代

(허) <u>其餘族親是 互相毆鬪不睦</u>爲面 親疎分揀爲也 差等治罪乎代

(이) <u>其餘族親이 互相毆鬪不睦</u>ᄒ면 親疎分揀ᄒ야 差等治罪호되

감사로 재직하며 간행한 『呂氏鄕約諺解』, 1518년 조광조 등이 중심이 되어 간행한 『飜譯小學』 등이 있다.

위 두 문장의 경우, 상허본은 주어를 구별하지 않았다. 구결의 법식을 따르자면 '처'와 '족친'은 주격을 나타내는 '이[是]' 구결이 달려야 정상이다. 허엽 간본, 이후원 간본은 이를 충족했다.

형제자매(兄弟姉妹)

(상) 兄弟姉妹_隱 與我_奴 同出於父母_{爲也} 同氣而異體_羅

(허) 兄弟_臥 姉妹_隱 與我_奴 同出於父母_{爲也} 同氣而異體_羅

(이) 兄弟_와 姉妹_ᄂ 與我_로 同出於父母_{ᄒ야} 同氣而異體_니

형제자매(兄弟姉妹)는 형제와 자매 두 주체를 가리킨다. '와'를 넣어 구별할 수 있는데 상허본은 이를 생략했다. 후대의 인본(印本)인 허엽 간본과 이후원 간본에서는 '와'를 두어 형제와 자매를 분명히 나누었다.

족친(族親)

(상) 三寸叔父母與我父母同出於一人_{爲時尼} 父母如等_{爲尼}

(허) 三寸叔父母_隱 與我父母_奴 同出於一人_{爲時尼} 父母如等_{爲古}

(이) 三寸叔父母_ᄂ 與我父母_로 同出於一人_{ᄒ시니} 父母如等_{ᄒ고}

인리(隣里)

(상) 隣里與我同住一處_{爲也} 有無相資_{爲旀} 患難相救_{爲也} 義同親戚_{爲羅}

(허) 隣里_隱 與我_奴 同住一處_{爲也} 有無相資_{爲旀} 患難相救_{爲也} 義同親戚_{爲尼}

(이) 隣里_ᄂ 與我_로 同住一處_{ᄒ야} 有無相資_{ᄒ며} 患難相救_{ᄒ니} 義同親戚_{이라}

상허본에서 주어와 비교 대상을 뚜렷하게 구분하지 않았으나, 허엽 간본과 이후원 간본은 '은'과 '로'를 넣어 주어와 비교 대상이 서로 다름을 명확히 했다. 독자로서는 구결 '奴'가 한자 '與'와 대응하는 성질을 가지고 있음도 확인할 수 있을 것이다.

저적(儲積)

(상) 濫用殆盡故奴 春夏農務之時㢤 <u>必苦飢窘未得力業爲飛尼</u> 一瓶之酒數器之餅
伊 可活一朔伊羅

(허) 濫用殆盡故奴 春夏農務之時㢤 <u>必苦飢窘爲也 未得力業爲飛尼</u> 一瓶之酒臥 數
器之餅是 可活一朔羅

(이) 濫用殆盡故로 春夏農務之時에 <u>必苦飢窘ᄒ야 未得力業ᄒᄂ니</u> 一瓶之酒와 數器
之餅이 可活一朔이라

상허본에서 '必苦飢窘未得力業'을 하나의 구절로 보고 구결을 달았으
나, 허엽 간본과 이후원 간본에서는 두 구절로 나누었다. 두 구절을
나눌 때 문장의 의미가 더 뚜렷하게 드러남을 알 수 있다.

이상 몇 사례를 들어 살펴보았지만, 상허본의 구결은 한문의 이해를
돕는 장치로서 충실하다고 평가할 정도가 되지 못했다. 후대에 나온
허엽·이후원 간본의 편찬자들은 상허본의 미진한 구결을 비교적 충실
히 보완하여 한문 문장 이해를 더 핍진하게, 그리고 뚜렷하게 하도록
도우는 구결 본래의 기능을 되살렸다.[76] 상허본의 구결은 지속적으로
수정하고 보완할 요소를 많이 가진 상태였다고 할 수 있다.

상허본은 분량도 그렇게 많지 않아, 한 면에 8행 14자로 글자를
새겼으며, 모두 22면으로 제책했다. 각기 10행 17자, 10행 20자로 판각된
허엽과 이후원 간본 등 후대의 여러 책에 비하면 한 면당 글자 수가
적다. 서체는 매우 조악하여 세련된 목판본이라는 느낌을 받을 수
없다. 시간에 쫓기어 책을 만들었거나 아니면 책을 만든 기술자들의

---

76) 이에 대해서는 제Ⅱ부에서 살핀다.

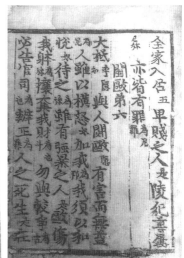

경민편(건국대학교 상허기념도서관)

솜씨가 그다지 뛰어나지 않았던 것은 아닌가 생각하게 된다.

상허본의 허술함은 충실하지 않은 교정에서도 볼 수 있다. 각 편장은 제목을 쓰고 그 다음 행에 본문을 시작하는데, 다섯 번째의 인리(隣里)장은 제목 아래에 '古人不古'라는 글자가 의미 없이 새겨져 있다.[다음 경민편 사진 참고] 각 편장마다 말미에 관련 '법' 규정을 서술함에, 그 표기 방식이 장마다 다른 점도 이 책이 충실한 교정 없이 만들어졌음을 보여준다. 어떤 장에서는 '法'이라 쓴 뒤 규정을 설명하고, 어떤 장에서는 한자와 차자 구결을 사용하여 '法厓'[법에]라고 한 뒤 규정을 설명하였다. '法厓'[법에]는 '法衣'[법에]로 표기한 장도 있어 그 표기 방식도 일률적이지 않았다.77)

겉으로 보기에 상허본은 그다지 수준 높게 제작된 간본은 아니었다. 문장의 검토와 교정 등 책을 만드는 전 과정이 부실했다는 느낌을

---

77) 상허본에서 각 장별로 형벌 규정이 시작됨을 알리는 '法'의 표기 방식은 다음과 같다. '儲積'은 '第八章'인데 장 표기가 빠져 있다.

지울 수 없다. 그러나 첫 면에서 마지막 면까지 형태가 온전하게 보존되어 있어 책의 전모를 살피기에 충분하다. 서·발문이 없는 점은 이 책의 한 특징일 뿐, 형태로나 내용상 책의 핵심을 파악하는 데는 아무런 결함이 없다. 상허본은 다른 조건 없이 그 자체만으로『경민편』의 의미와 성격을 충분히 분석할 수 있게 하는 자료이다.

이상의 서술을 정리해 보면, 상허본은 16세기 후반 이래 제작된 허엽 간본, 이후원 간본 이전에 간행했다고 할 수 있다. 허엽 간본이 1579년(선조 12) 무렵에 세상에 나왔으므로 상허본의 출현 시점은 그 이전이 되는 셈이다. 상허본이 김정국의 초간본과 동일한 책인지는 다시 살펴봐야 하겠지만, 이 책은 현존 간본 가운데 시간상으로 김정국 초간본에 가장 가까운 시점에 간행되었다고 할 수 있다.

2) 상허본과 김정국 초간본(初刊本)과의 관계

여러 정황으로 보아 상허본이 간행된 시간은 김정국의 초간본과 그렇게 멀지 않다. 그렇다면 상허본은 김정국 초간본과는 어떤 관계일까. 상허본은 김정국 간본과 비슷한 시기에 비슷한 지역에서 간행되었을 수도 있고, 아니면 간행 시기나 지역이 김정국 간본과 무관할 수도 있다. 이를 확인하기 위해서는 김정국이 황해도에서 처음 간행한 이후 허엽이 중간할 때까지,『경민편』이 실제 황해도 이외 지역에서 인간(印

장	표기	장	표기
父母 第一	法	儲積 第	法匡
夫妻 第二	法	詐僞 第九	法衣
兄弟姉妹 第三	불명(결락)	犯姦 第十	法衣
族親 第四	法	盜賊 第十一	法衣
隣里 第五	法	殺人 第十二	法衣
鬪毆 第六	法	勞酒 第十三	法
勤業 第七	法匡		

刊)되어 사용되고 있었는지를 먼저 검토해 봐야 한다. 만일에 그런 흔적이 없다면, 상허본은 김정국 초간본과 비슷한 지역에서 비슷한 시기에 인출(印出)되었을 가능성이 매우 크다.

허엽 간본 이전에 『경민편』을 간행한 적이 있었는지를 알려주는 자료는 많지 않다. 문헌 기록으로는 1568년(선조 1)에 간행한 『고사촬요(攷事撮要)』에서 전라도의 남원군(南原郡)과 무장현(茂長縣) 두 지역에서 『경민편』 책판(冊板)을 소장하고 있었던 사실을 확인할 수 있다.[78] 『고사촬요』는 1554년(명종 9) 어숙권(魚叔權)이 처음 간행한 뒤 영조 대까지 여러 차례 증보된 책으로, 관료들이 행정에 도움 받을 수 있는 잡다한 사항을 담고 있다.[79] 어숙권이 간행한 초간본은 현존하지 않으며 지금으로서는 1569년의 간본부터 그 실물을 볼 수 있다. 흥미롭게도 1569년 간행 이래의 몇 간본에서는 이 시기 8도의 군현에서 소장하고 있는 책판을 일일이 기록해두어 후대인들로서는 당대 서책의 출판과 보급 문화 이해에 큰 도움을 받을 수 있다. 초기의 『고사촬요』에, 그 어떤 문헌 자료에서도 찾을 수 없는 이 시기 『경민편』의 유통 사실을 유추할 수 있는 귀한 정보가 실려 있는 셈이다.[80]

『고사촬요』에서 『경민편』의 책판 소장 여부를 황해도나 경상도 지역에서는 찾을 수 없는 반면 전라도 군현에서 확인하게 되는 점은 뜻밖이다.[81] 이곳에 기록된 책판은 1519년 김정국이 초간할 당시가 아니라

78) 김치우, 2008, 『고사촬요 책판 목록과 그 수록 간본 연구』, 아세아문화사, 460~461쪽 ; 『攷事撮要』(선조 18년 刊) 卷下, 八道程途, 全羅道, 茂長·南原條.

79) 정호훈, 2013, 「조선 관료에게 필요한 모든 지식을 담다」, 『실용서로 읽는 조선』, 글항아리.

80) 김치우, 앞의 책, 30쪽. 수록된 전라도의 책판은 31개 지방에서 166종이었다. 무장은 『簡齋集』, 『四字千字』, 『警民編』, 『蘭亭記』, 『赤壁賦』 등 5종이고, 남원은 『白字千字』, 『王羲之草書』, 『草書大板』, 『集註論語』, 『救急簡易方』, 『朝鮮賦』, 『韓文』, 『博物志』, 『無冤錄』, 『村家救急方』, 『警民編』, 『淵源錄』, 『理學類編』, 『諺解正俗』, 『海東名跡』, 『眞草書千字文』, 『張汝弼草書』, 『圓鑑集』 등 18종이다.

81) 1569년 이후 간행된 『고사촬요』의 여러 판본에서 황해도 어느 군현에도 『경민편』

그 이후에 제작했다고 보아야 좋다. 황해도 소재 책판을 이곳으로 옮겨왔을 리가 없기 때문이다. 그렇다면 언제 누가 이들 지역에서 『경민편』을 간행했을까. 이 책의 존재를 알았던 누군가가 이곳에서 책판을 제작하여 책을 인쇄했을 수도 있고, 아니면 김정국이 이곳에서 직접 간행했을 수도 있다.

여러 변수가 있지만, 『경민편』에 쉽게 접근할 수 있는 사람을 중심으로 꼽아보면 적어도 두 가지 가능성을 유추할 수 있다. 하나는 김안국(金安國)에 의한 간행이다. 1518년 경상도 감사를 마치고 동지중추부사로 임명되었던[82] 김안국은 1519년 4월 28일에 전라도 감사로 특배(特拜)되었다가[83] 그해 12월 초에 파직되었다.[84] 11월에 일어난 정변의 여파가 그에게 미쳤기 때문이다. 김안국은 교체되기 직전, 새로 시행되는 감사 구임제에 따라 전주 부윤까지 겸임하고 있었다.[85] 1519년에 반년 이상을 전라도 감사로 생활한 셈이었는데, 이 기간은 김정국이 황해도에서 감사 생활을 했던 시간과 겹친다. 김안국은 김정국의 『경민편』 편찬과 간행 사실을 알고 있었을 여지가 많은데, 그럴 경우 그가 마음만 먹는다면 전라도에서 이 책을 간행하는 일은 그렇게 어렵지 않았을 것이다.[86]

책판을 소장하고 있었다는 사실을 확인할 수 없다. 이는 『경민편』의 판목이 김정국이 파직된 이후 모두 파기되었기 때문이거나 아니면 『고사촬요』의 정보 취합이 불충실했기 때문에 나타나는 모습일 수 있다.

82) 『中宗實錄』 권32, 중종 13년 2월 22일[辛卯].
83) 『中宗實錄』 권35, 중종 14년 4월 28일[辛卯].
84) 『中宗實錄』 권37, 중종 14년 12월 6일[丙寅].
85) 『中宗實錄』 권37, 중종 14년 11월 5일[乙未].
86) 이후원 간본의 언급대로 『경민편』이 1519년 봄에 간행되었으면 김안국은 이미 이 사실을 알고 전라도 감사로 부임했을 것이다. 이 경우, 시간상으로 전라도에서의 『경민편』 제작은 여유가 있다. 허엽 간본의 기록처럼 1519년 10월에 간행했다면, 전라도에서의 판각과 인쇄는 시간상 빠듯하다. 김안국이 『경민편』의 존재를 알고 전라도에서 다시 간행했을 수도 있지만, 갓 인쇄된 책을 구해서 다시 남원이나 무장에서 판각하여 제작하려고 했다면 시간이 허락하지 않았을 것이다. 그렇다 하더라도 그 가능성을 완전히 배제할 수는 없다.

남원이나 무장에서의 간본은 그 흔적으로 볼 수 있는 측면이 있다.

김정국의 주도 하에 만들어졌을 가능성 또한 생각해 볼 수 있다. 김정국은 1519년 말 파직되었다가 20여 년의 세월이 흐른 뒤 복직하여[87] 전라도 감사, 경상도 감사 등을 역임했다. 전라도 감사로 재직했던 기간은 1538년(중종 33)부터 1년간,[88] 경상도 감사는 1539년(중종 34)부터 반년간이었다.[89] 뒤늦은 관료 생활이었지만, 김정국은 복귀한 이후 열정적으로 업무에 임했던 것으로 보인다.[90] 실록 찬자가 이때 김정국이 많은 일을 하며 능력을 발휘했다고 높게 평가할 정도였다. 반면 경상도 감사는 신병 때문에 임기를 제대로 마치지 못했다. 그 어디에도 기록이 남아 있지 않아 확언하기 어렵지만, 남원과 무장의 『경민편』 책판은 김정국의 전라도 감사 재임과 연관하여 생각해 볼 수도 있다.

이와 같이 남원과 무장에서 『경민편』을 간행한 주역이 김안국이나 김정국 두 형제임을 추정해 볼 수 있는데, 김정국이 전라도 감사로 부임하며 남원에서 『촌가구급방(村家救急方)』을 간행한 사실은 남원에 소장되어 있던 『경민편』 책판이 『촌가구급방』과 비슷한 시기에, 김정국에 의해 제작되었을 가능성을 더 높여 준다.

---

87) 중종 32년 12월에 職牒을 還給하고(『中宗實錄』 권86, 중종 32년 12월 15일[庚申]) 이듬해 2월에 敍用 조치를 내렸다.(『中宗實錄』 권87, 중종 33년 2월 21일[乙丑])

88) 김정국은 1538년 4월에 전라도 감사에 임명되어 39년 5월 초까지 1년 동안 이를 역임했다.(『中宗實錄』 권87, 중종 33년 4월 12일[乙卯] ;『中宗實錄』 권90, 중종 34년 5월 17일[甲申]). 전라도 감사로 재직할 때 『警民編』을 간행했다는 기록은 현재 확인되지 않는다.

89) 『中宗實錄』 권91, 중종 34년 7월 14일[己卯] ;『中宗實錄』 권92, 중종 35년 1월 18일[辛亥]. 임기를 채우지 못하고 경상도 감사를 마친 이유는 勞症[폐결핵] 때문이었다.(『中宗實錄』 권93, 중종 35년 6월 22일[壬午])

90) 김정국의 전라도 감사 활동에 대해 실록의 기록자는 '수령들이 백성들의 고통을 구휼하지 않고 착취만을 일삼으며 권력자에게 아부하는 일이 오래되었음에도 감사가 黜陟의 권한을 제대로 행사하지 못하는 현실에서 김정국은 이를 바로잡는 장계를 올렸다.'고 하여 김정국을 正直한 사람이라고 극찬했다.(『中宗實錄』 권88, 중종 33년 10월 7일[丁未])

『촌가구급방』은 김정국이 해직되어 경기도 고양의 시골집에 머무르는 동안 편찬해두었던 의서(醫書)이다. 김정국은 전라도 감사로 임명되자 이를 곧바로 남원에서 간행했다.[91] 자신의 지식을 최대한 활용, 여러 사람들의 생명을 돕고자 하는 의식을 행동으로 옮긴 결과였다.[92] 1538년 6월에 있었던 일이다. 언제 빛을 볼지도 모르는 채 작성해두었던 원고를 부임하자마자 책으로 만들어 보급한 사실에서 오랫동안 묶여 있던 꿈을 실현해보고자 하는 김정국의 열망이 얼마나 강했던지를 짐작할 수 있다. 당시 남원은 전라도 지역에서 서책 간행을 담당하는 주요 거점 중의 하나였다.[93] 김정국이 이곳에서 『촌가구급방』을 간행하도록 한 것은 이 지역의 장점을 익히 알고 있었기에 가능했을 것이다. 김정국의 『촌가구급방』 책판은 1569년(선조 1)에 간행한 『고사촬요』의 전라도 남원군 조항에도 실려 있다.[94]

이와 같이 『고사촬요』의 책판 기록으로부터, 1569년 이전에 황해도 바깥 지역인 남원·무장에서 『경민편』이 책으로 유통되고 있었음을 알 수 있다. 이때 남원·무장에서 제작된 『경민편』을 누가 간행했는지, 또 이 책이 김정국의 서·발문을 같이 실었는지, 한글 번역문을 달았는지

---

91) 『村家救急方』(한독의약박물관 한-94, 2391), "嘉靖戊戌春, 被召還朝. 同年夏, 承湖南之命, 入界信宿, 而到南原, 首以是編, 付通判李君希平, 使之更加讎校, 鋟諸梓, 以廣其布云. 嘉靖戊戌夏六月日, 聞韶金正國國弼識." 이 자료는 연세대 이경록 교수의 도움을 받아 확인할 수 있었다.
通判 李君希平은 李麟을 말한다. 李麟은 본관은 固城, 자가 希平이다. 1516년(中宗 11)의 丙子式年試에 생원으로 급제했다.
[G002+AKS-KHF_12C774B9B0FFFFU9999X1]

92) 이 시기 지방 사족 혹은 지방관의 의료에 대한 관심은 김성수, 2001, 「16세기 향촌의료 실태와 사족의 대응」, 『韓國史研究』 113 ; 김호, 2018, 「15세기 초 박흥생의 목민론-《居官箴戒》를 중심으로」, 『朝鮮時代史學報』 85 ; 김호, 2019, 「16세기 지방의 의서 편찬과 患難相恤의 實踐知」, 『朝鮮時代史學報』 89 참조.

93) 이 사실은 이곳에서 다수의 책판을 보관하고 있었던 사정으로 확인할 수 있다. 16세기 남원 지역에서 간행한 책의 종류는 주)80 참조.

94) 김치우, 2008, 앞의 책, 450쪽.

분명히 알 수 없지만,『경민편』이 김정국의 초간 이후 황해도를 벗어난 지역에서 별도로 목판본으로 유통되었던 것만은 사실이다.

이런 사실들로 판단한다면 상허본은 김정국이 황해도에서 간행했던 간본 혹은 그 후쇄본이거나, 아니면 김정국의 초간 이후부터 1569년 사이 황해도 바깥 지역에서 인쇄한 책들 곧 남원이나 무장에서의 간본과 관계가 있을 수 있다. 두 가능성 모두 배제할 수는 없다. 다만, 김안국이나 김정국이 전라도 감사를 역임하고 또 김정국이 남원에서『촌가구급방』을 간행한 사실로 미루어 볼 때,『경민편』또한 이 지역에서 재간행되었을 가능성이 크고, 상허본 역시 이 지역 간본과 연관이 있다고 할 수 있다.

상허본과 유사한 형태의 간본은 현재 쉽게 확인되지 않는다. 그러나 일제 강점기에 이인영(李寅榮)이 작성한『청분실서목(淸芬室書目)』에서 그 비슷한 책이 존재했음을 발견할 수 있다. 이인영은 이 서목에서 자신이 소장했던『경민편』이 서·발문은 없고 차자(借字) 구결을 달았으며 한 면의 글자 수는 7행 16자로 구성되었다고 적어두었다.[95] 상허본과는 한 면에 실린 글자 수가 다른 점을 빼고는 형태가 동일하다. 이인영은 이 책의 간행 시기에 대해 중종–선조 연간이라 보았다. 서지 사정에 밝았던 이 학자는『청분실서목』에 소개한『경민편』을 김정국의 초간본이라 여기지 않았던 셈이다.

이상 앞의 두 절에서 살핀 내용을 정리해 보면, 상허본은 허엽 간본 및 이후원 간본과 비교할 때 이 책들이 나오기 전에 간행된 것으로

---

95) 李寅榮,『淸芬室書目』권1, 警民編一卷一冊, "中宗宣祖間刻本. 金正國撰. 四周單邊有界. 每半葉七行, 行十六字. 廣廓長十八.0糎, 廣一二.五糎. 無序跋, 用漢字懸吐. 按許篈續撰本故事撮要茂長南原尙州晉州泗川冊板有是書."
이인영은『淸芬室書目』에 언급하는 고서에 서·발문이 실려 있으면 충실히 소개했다. 이 서목에 실린『경민편』에는 이에 대한 내용이 없어 이 책에는 서·발문이 실리지 않았다고 할 수 있다.『淸芬室書目』에서 소개한『경민편』의 소재를 현재로는 확인할 수 없다.

판단되며, 또 김정국 간행본에 시간상으로 가장 가까운 책이 된다.[96] 간행 지역은 황해도가 아닌 전라도일 가능성이 높다. 이와 같다면 상허본은 김정국 초간본 이후 허엽 간본이 나오기까지의 중간 어느 시점에, 비(非) 황해도 지역에서 간행된 책이라고 할 수 있다.

이제 다른 사안으로 넘어가자. 김정국의 초간본 또한 상허본처럼 한글 번역문을 싣지 않았을까. 그럴 가능성이 농후하다. 16세기에 간행되는 교화서나 『번역소학』, 『소학언해』, 허엽의 『경민편』 중간본과 같은 대부분의 책에 한문 원문과 한글 대역문이 동시에 수록되어 있는 양상으로 미루어 본다면, 김정국이 책을 간행하며 한글 번역문을 실었을 가능성이 크다. 앞의 여러 책들과 마찬가지로 『경민편』 또한 백성들에게 널리 읽힐 것을 목표로 삼았기 때문이다. 하지만 상허본에는 한글 번역문이 없다. 상허본이 가진 비밀이다.

생각을 돌려보면, 애초 김정국의 초간본은 원문을 한글로 번역하지 않았을 수도 있다. 『경민편』 발문에서 김정국은 지식이 낮은 사람들이 이 책을 쉽게 읽을 수 있도록 구성을 단순하게 하고 비근한 일상어로 문장을 작성했다고 했다.[97] 독자를 고려하며 문장을 지었다는 이야기이다. 그런데 한글로 내용을 번역했다는 언급은 없다. 독자를 염두에

---

96) 실물로 존재하는 세 간본의 간행 시점은 상허본 → 허엽 간본 → 이후원 간본 순으로 정리할 수 있다. 물론 이 사실이 세 간본이 일직선상의 계통성을 가짐을 가리키지는 않는다. 이후원 간본은 황해도에서 구한 필사본을 저본으로 간행했으므로 허엽 간본과는 직접 연결되는 관계가 없다고 할 수 있다. 김정국 초간본과 상허본을 초기 간본으로 본다면, 각 간본의 시계열적 관계는 다음 도표와 같이 정리할 수 있다.

97) 金正國, 『思齋集』 권3, 警民編跋, 2가, "語簡而辭俚者, 欲民之有所不學而易曉也."

두며 책을 만들었음을 내세웠던 김정국의 처지에서 보자면, 한글 번역은 특기할만한 사항이었을 것이다. 이에 대해 거론하지 않았다는 점은 그가 한글 번역 없이 이 책을 편찬하고 간행했기 때문일 수 있다.

17세기 중반, 원문을 한글로 번역하여 『경민편』을 간행했다는 이후원의 발언은 이 점에서 중요한 시사를 준다. 김정국이 황해도 감사 시절 『경민편』을 간행했던 사실을 알고 있었던 이후원은 효종 대 이 책을 전국적으로 보급할 계획을 세우고 원본을 널리 구했다. 그러나 그 일은 쉽지 않아, 겨우 황해도에서 사본(寫本)만을 얻을 수 있었다. 목판본으로 간행되어 유통되던 『경민편』을 누군가 필사해서 보관하고 있던 책자를 구한 셈인데, 이 사본은 한문으로 작성되었을 뿐 한글 번역문은 실려 있지 않았다. 대중적으로 이용할 책으로는 한계가 컸다고 하겠는데, 이후원은 이를 보완하여 이 책을 교정하고 한글 번역문을 붙인 뒤 간행했다.[98] 이후원 간행본은 사본으로 구해본 『경민편』의 면모를 일신하여 만든 책이었다. 뒷날 이후원의 아들 이선(李選)은 이후원이 『경민편』을 교정하고 한글로 번역하여 간행한 사실을 두고 이후원 생애의 중요한 일이라 여겨 이를 이후원의 행장에 특별히 기록하기도 했다.[99]

이후원이 구해본 사본에 한글 번역문이 없었던 까닭은 필사의 대상이 되었던 책에 애초 한글 번역문이 실리지 않았거나, 아니면 필사자가

<hr>

98) 『孝宗實錄』 권20, 효종 9년 12월 25일[丁亥].

99) 李選, 『芝湖集』 권8, 先考右議政完南府院君家狀, 44가~44나, "(戊戌)十二月, 章十二, 上始勉許, 移封完南府院君. 乃校訂故儒臣金正國所著警民編, 譯以方言, 且附陳古靈, 眞西山諭俗諸篇. 上箚請遞刊諸道, 惓惓以敎孝悌興禮讓, 爲化民成俗之本. 上褒諭, 卽命刊行."
이후원의 언급대로라면, 이후원은 한글 번역문을 싣고 있던 허엽 간본에 대해서는 그 실체를 몰랐거나, 알았더라도 참고하지 않았을 가능성이 크다. 여기에 대해서는 Ⅲ부에서 다시 거론한다.

한글 번역문은 빼버리고 한문 원문만 그대로 옮겨 적었기 때문일 수 있다. 두 가능성 모두를 생각할 수 있다. 하지만 필사자가 한문만 남겨두고 한글 번역문은 제외할 상황은 쉽게 떠오르지 않는다. 상허본 같은 한문으로만 작성된 간본이 존재하는 사실을 염두에 둔다면, 사본에 한글 번역문이 없었던 점은 자연스러운 측면이 있다. 이로부터 김정국이 『경민편』을 처음 간행했을 때는 한문으로만 원문을 작성하였지만, 그 뒤 시간이 지나 다른 사람들이 이 책을 다시 편찬하면서 한글 번역문을 싣게 되는 진화의 과정을 생각해 볼 수 있다.

『촌가구급방(村家救急方)』의 사례 또한 이러한 추정에 참고가 된다. 『촌가구급방』은 현재 초간본은 확인되지 않지만,[100] 초간본과 비슷한 시기의 간본을 필사한 자료를 비롯,[101] 16세기 후반 함흥에서 간행된 간본 등 여러 이본(異本)이 남아 있다.[102] 그런데 이들 이본은 약재의 향명(鄕名)을 한자와 차자 두 가지로 표기하고 있는 계통(A)과 한자와 차자, 한글 세 가지로 표기하고 있는 계통(B)으로 나뉜다.

---

100) 『村家救急方』에 대한 일부 연구에서는 한독박물관 소장본(한-94, 2391)을 초간본으로 소개하고 200여 종의 鄕藥名을 싣고 있다고 했다. 하지만 실물을 확인한 결과, 이 간본은 零本으로 '향명'이 실려 있지 않아, '향명'이 어떤 방식으로 표기되어 있는지 판단할 수 없다. 한독박물관 소장본이 초간본이라는 이해는 일단 유보해야 할 것이다.

101) 이은규, 1994, 「《촌가구급방》 異本의 借字表記 비교 연구」, 『韓國傳統文化硏究』 9. 이은규는 '홍재휴 소장본'으로 연구를 진행했다. 그에 따르면 '홍재휴 소장본'은 초간본과 멀지 않은 시기에 간행된 목판본을 필사한 책으로, 128개의 향명을 차자 표기하는 특징을 보인다. 이를테면 黃芩은 '內朽草', 天南星은 '豆也麻造作'으로 표기되어 있다.

102) 안병희, 1978, 「村家救急方의 鄕名에 대하여」, 『언어학』 3. 안병희는 성암문고 소장본을 저본으로 이 글을 작성했다. 성암문고 소장본은 1571년 3월에 임명되어 2년간 함경도 감사를 지낸 李友閔이 간행한 중간본이다. 안병희의 연구에 따르면 이 책에서는 '鄕名'이란 제목 아래, 약재 128종의 이름을 차자와 한글로 표기해 두었다고 한다. 이를테면 苦蔞는 '天叱他里/하늘 타리', 百合根은 '犬伊日根/개나리 불휘' 등으로 적혀 있다. 안병희는 이 책의 한글 표기는 함경도 방언에 기초하였다고 하는데, 이 책이 함경도에서 처음으로 중간되었음을 시사하는 내용이라 하겠다.

계통	중국식 약재명	차자 표기	한글 표기	비고
(A)	黃芩	內朽草	×	초간본과 비슷한 시기
	天南星	豆也麻造作	×	
(B)	苦蔞	天叱他里	하늘타리	1571년~1573년 간행
	百合根	犬伊日根	개나리불히	

(A)계통 간본의 간행 시기는 명확하지 않으나 (B)계통 간본은 1571
년~1573년 사이이다. 형태상으로 (A)계통이 (B)계통보다 먼저 간행되
었다는 점을 알 수 있다. 이는 곧 초기 간본에서는 차자 표기만 하다가
뒷 시기 간본에서 한글로 약재명을 표기하였음을 보여준다. 이 사실은
김정국이 처음『촌가구급방』을 간행했을 당시에는 한글을 사용하지
않다가 뒷 시기 다른 사람이 이 책을 중간하면서 한글을 추가했음을
의미한다. 이를 본다면 김정국은 황해도에서『경민편』을 초간하면서도
『촌가구급방』과 마찬가지로 한글 번역을 싣지 않았을 수 있다.

『경민편』이전에 나온 책 중에도 실제 그러한 사례가 있었다.『삼강행
실도』의 경우, 세종 대 초간할 때에는 한문으로 작성했다가 성종 대에
재간하면서 한글 번역문을 붙여서 간행했다.[103] 원문이 한문으로만
작성된 형태에서 한문 원문에 한글 번역문을 더한 형식으로 진화했다
하겠다. 16세기 전반에 간행된 많은 책들이 한문과 한글 번역본을
동시에 싣고 있었다고 해서『경민편』또한 반드시 그와 같은 형태를
취했다고 볼 필요는 없을 것이다.

허엽 중간본이나 이후원 개간본과 많은 차이를 보이는 상허본은
『경민편』이란 책을 이해하기에 매우 귀한 자료이다. 하지만 상허본은

---

103) 물론 1434년(세종 16)『삼강행실도』를 초간할 때에는 아직 훈민정음이 창제되기
전이어서 한글 대역이 불가능했다. 훈민정음이 창제된 이후에도 세종은 대역
작업을 진행하지 못했다. 근래 이루어진 국어학, 서지학 차원의 연구로는 이상훈,
『《삼강행실도》언해본의 서지학적·국어학적 연구』, 서울대학교 국어국문과
박사학위논문, 2018 참조.

간행 시기나 간행 주체, 김정국 간행본과의 관계 등을 단정적으로 판단하기가 쉽지 않다. 상허본의 한계이다. 다만 이 책은 김정국 간행본과 가까운 시기에 만들어졌으며 초기 출현 시기의 모습을 충분히 담고 있다고 할 수 있다. 상허본을 통해 김정국 간행 당시 『경민편』의 특징을 살펴도 무방하다 하겠다. 현재의 판단으로는 김정국 간행본은 13개 항목으로 편제되어 있고, 한문 원문에 차자 구결을 표기하였으며, 반면 한글 번역문은 싣지 않았을 가능성이 높다.

3. 『경민편』 초기 간본의 구성과 범죄의 현실

1) 계몽과 형벌의 이중 구성 방식 : 개별 항목의 경우

『경민편』의 초기 간본에 실린 편장은 모두 13개 항목이다. 김정국 사후 간행된 『사재집(思齋集)』에는 12개 항목이라고 기록하고 있으나 상허본이나 허엽 간본, 이후원 간본으로 판단하자면 13개 항목이 맞다.[104] 상허본과 이후원 간본은 13개 장으로 구성되었고, 허엽 간본의 서문과 이후원 간본의 김정국 발문에는 13개 장이라고 했다. 상허본의 구성은 다음과 같다.

제1장 부모(父母)   제2장 부처(夫妻)   제3장 형제자매(兄弟姉妹)

---

104) 金正國이 작성한 「警民編跋」, 그리고 金安國이 지은 김정국의 「墓誌」에는 『警民編』이 애초 12조로 구성되어 있다고 했다.(金正國, 『思齋集』 권3, 警民編跋, 2가, "民之所易犯者爲十二條, 編曰警民." ; 金正國, 『思齋集』, 思齋墓誌, 2나, "取民所易從而易犯者, 爲十二條, 編曰警民.") 반면, 허엽 중간본과 이후원 개간본에 실린 「警民編跋」에는 모두 13조로 구성되어 있었음을 밝히고 있다. 『思齋集』 기록의 오류가 분명하다.

제4장 족친(族親)　　　제5장 인리(鄰里)　　　제6장 투구(鬪毆)

제7장 근업(勤業)　　　제8장 저적(儲積)　　　제9장 사위(詐僞)

제10장 범간(犯奸)　　　제11장 도적(盜賊)　　　제12장 살인(殺人)

제13장 노주(奴主)

　이들 항목에는 지방민이 일상에서 저지를 수 있는 범죄를 형태와
내용에 맞추어 정리해 두었다. '부모'는 자식이 부모에 대해 저지르는
범죄, '부처'는 부부와 관련된 범죄를 다루고 있다. '근업(勤業)', '저적(儲
積)'과 같은 항목은 생업을 게을리하고 식량을 낭비하는 데서 볼 수
있는 '게으름'과 '낭비'와 같은 부정적인 행동을 다루었다. 범죄와는
거리가 있다. 하지만 『경민편』에서는 이에 대해 한결같이 처벌하고
징계해야 할 행위로 간주했다.

　『경민편』에서 거론한 13개 항목 외에도 지방민이 실제 저지르는
범죄는 다양하게 꼽을 수 있다. 이를테면 국가에 대한 반란 혹은 국왕에
대한 비판과 같은 행위, 국가에서 부과하는 신역(身役)이나 공납 납부를
피하는 행위, 개인과 개인 간에 일어나는 사기 혹은 경제 분쟁 등을
생각할 수 있다. 김정국은 이런 내용은 제외하였다.

　『경민편』은 개별 항목의 구성 방식에서나 혹은 항목 전체의 성격으로
볼 때 독특한 개성을 지니고 있다. 먼저 개별 항목의 구성 방식부터
살피도록 한다. 13개 장의 각 항목은 일률적으로 성격을 달리하는
두 내용을 선후로 배치하는 형태를 취하였다. 김정국은 주제와 관련하
여 범죄를 저지르면 안되는 사유를 먼저 거론하고, 이어 죄를 지을
경우 국가로부터 받게 되는 처벌 내용을 제시하였다.

　전자의 범죄를 저지르면 안되는 이유에 대한 설명은 경전과 같은
문헌에서의 구절[105]을 근거로 삼기도 하고 또 당대인 특유의 관념을
동원하기도 하지만,[106] 대체로 도리(道理)·사리(事理)에 맞추어 웬만하

면 납득할 수 있는 근거를 거론하는 모습을 보인다. 때로는 조선에서 널리 알려진 일화나 격언을 들어, 항목에서 거론하는 주제의 의미를 풀기도 하였다.[107] 범죄를 저지르면 안되는 까닭에 대한 설명은 전반적으로 내용이 그렇게 어렵지 않은 편이어서 독자가 편하게 접근할 수 있는 느낌을 준다.

죄를 지을 경우 받게 되는 처벌은, 범죄의 성격에 따라 형량은 다양했지만, 능지처참형(凌遲處斬刑),[108] 참형(斬刑), 교형(絞刑)과 같은 생명형부터 태형(笞刑), 장형(杖刑), 도형(徒刑) 혹은 전가사변형(全家徙邊刑)에 이르기까지 다양했다. 태형과 같이 비교적 가벼운 벌도 있었지만, 대체로 처벌 내용이 무겁고 엄혹했다.[109] 조선의 형벌이 경우에 따라 잔혹하

---

105) 제1장 父母章의 "父如天五 母如地尼 劬勞生我爲時古 辛勤乳哺爲時古 艱難養育爲時尼 父母恩德 昊天罔極是尼羅" 구절은 『詩經』「蓼莪」篇의 "아버지는 나를 낳으시고, 어머니는 나를 기르셨다. 나를 다독이시고 나를 기르시며, 나를 자라게 하고 나를 키우시며, 나를 돌아보시고 나를 다시 살피시며, 출입할 땐 나를 배에 안으셨다. 이 은혜를 갚으려면 하늘이라 한량이 없도다.[父兮生我, 母兮鞠我. 拊我畜我, 長我育我, 顧我復我, 出入腹我. 欲報之德, 昊天罔極.]"를 활용했다.

106) 이를테면 제12장 殺人章에서, "살인하면 上天이 굽어보고 귀신이 옆에서 지켜보아, 조만간 탄로가 나 반드시 혹독한 재앙을 당할 것이다.(上天伊, 臨下孔昭爲時古, 鬼神在傍伊羅, 早晚發露爲也, 必蒙殘孼爲飛尼.)"라 하여 살인을 하면 안되는 이유를 설명하는 내용은 당대인들이 지니고 있던 초이성적인 관념을 반영하고 있다.

107) 제9장 儲積章에서는 '安東人이 절약하고 北道人이 낭비하는' 습속을 예로 들어, 추수 후 곡식을 잘 보관하여 農糧을 준비하도록 해야 한다고 했다. 안동인의 절약하는 생활은 성종 대 국왕의 전지에 등장할 정도로 유명했다.(『成宗實錄』 권21, 성종 3년 8월 23일[丁亥])『경민편』을 편찬할 당시 조선에서 널리 알려져 있던 이야기를 활용한 설명이라 하겠다.

108) 陵遲處死刑은 『경민편』 내 최고의 형벌이었다. 이 형벌은 『大明律』의 五刑에는 포함되지 않으나, 『大明律』의 「刑律」편에 관련 규정이 실려 있다. 『경민편』에서는 아들이나 손자가 祖父母·父母를 謀殺하거나(父母章), 아내가 남편을 모살하거나(夫妻章), 노비가 家長을 모살하는(奴主章) 세 사례에 대해 능지처사형을 내린다고 했다. 그런데 조선에서 능지처사는 '車裂處死'로 실행했다. 『대명률직해』에서 능지처사를 거열처사로 직해하고 있음을 볼 수 있다. 예를 들면, 『대명률직해』 권20, 刑律, 鬪毆의 337條 '奴婢毆家長'에서 "凡奴婢毆家長者, 皆斬. 殺者, 皆凌遲處死."란 구절은 "凡奴婢亦, 家長乙 犯打爲在乙良, 竝只, 斬齊. 致殺爲在乙良, 竝只, 車裂處死齊."로 직해했다.

게 시행되었음을『경민편』의 처벌 규정은 알려준다. 권력이 범죄에 대해 행사하는 강한 폭력성 또한 느낄 수 있다.『경민편』에서 주제로 삼은 범죄는 일상 속에서 저지르게 되는 경우가 많지는 않았겠지만, 법에 저촉되어 처벌을 받게 되면 그 수위는 매우 높고 강했다고 할 수 있다.

『경민편』에 실린 처벌 규정과 형량은 대체로『경국대전』과『대명률』에서 해당 규정을 가져왔다. 인용하고 활용하는 비중으로 보자면『대명률』이 압도적이다. 김정국은『대명률』에 실려 있는 여러 규정에서 공통된 요소를 모아 하나의 주제로 묶고 이를 간추려 실었다. 제1 부모(父母)장의 경우,『대명률』의 인명(人命)·투구(鬪毆)·소송(訴訟) 항목에 실려 있는 부모 관련 규정을 모아서 엮었다. 제1 부모 장에 실린 내용을 살피면 다음〈표 2〉와 같다.

조선에서『대명률』을 기본 형률로 채택하여 활용했던 사정을 반영하는 모습이다. 조선 정부는 이미 건국 초기에 이 형률에 대한 이해도를 높이고 접근성을 강화하기 위해 원문을 이두로 직해(直解)하여 편찬했고,[110]『경국대전』에서는『대명률』을 바탕으로 죄를 처리한다고 규정해 두기까지 했다.[111]

---

109) 처벌 내용에 따라 금전으로 보상하는 贖刑制를 시행하고, 생명형에 대한 처벌은 엄격하게 심의했으므로, 모든 범죄자가 법 규정 그대로 처벌을 받았다고 할 수는 없다. 그렇다고 해도 생명형을 비롯한 처벌이 가지는 가혹함을 부정할 수 없다. 속형 규정은 이를테면『經國大典』권5, 刑典·推斷條의 "喪前所犯徒·流以下之罪發於喪後者, 除十惡外, 收贖. 自願受罪者, 百日後決罰." 등에서 볼 수 있다.

110) 통칭『大明律直解』라 부른다. 본래 책명은『大明律』이었다. 이두로 내용을 풀었다고 하여 20세기에 들어와 이렇게 부르기 시작했다. 근래 한글 번역이 완료되었다. (한상권 외, 2018,『대명률직해』1~4, 한국고전번역원)『大明律直解』에 대한 연구서로는 강영, 1998,『대명률직해 이두의 어미어말 연구』, 국학자료원 ; 박철주, 2006,『대명률직해의 국어학적 연구』, 일지사, 2006 ; 조지만, 2007,『조선시대의 형사법-대명률과 국전』, 경인문화사 등을 참고할 수 있다.

111)『經國大典』권5, 刑典·用律, "用大明律."

<표 2> 『경민편』 제1장[父母]의 범죄와 형벌 규정

* 밑줄 친 내용은 『경민편』에 반영됨

처벌 대상 犯禁 내용			『대명률』 규정	비고(원문)
주체·대상	범죄	형벌		
祖父母·父母에 대해	謀殺	凌遲處死	가. 『大明律』 권19, 刑律, 人命○謀殺祖父母·父母 "조부모나 부모 및 기친 존장(期親尊長)·외조부모·남편·남편의 조부모나 부모를 죽이려고 모의하여, 실행하면 모두 참형이며, 죽이면 모두 능지처사(陵遲處死)이다.	가. "凡謀殺祖父母·父母及期親尊長·外祖父母·夫·夫之祖父母·父母, 已行者皆斬, 已殺者皆凌遲處死."
	毆打	斬		
	詈罵	絞		
	不聽敎令, 不勤奉養	杖一百	나. 『大明律』 권20, 刑律, 鬪毆○毆祖父母父母 "아들이나 손자가 조부모나 부모를 때리거나, 처나 첩이 남편의 조부모나 부모를 때리면 모두 참형이고, 죽이면 모두 능지처사이다."	나. "凡子孫毆祖父母·父母, 及妻妾毆夫之祖父母·父母者, 皆斬;殺者, 皆凌遲處死."
父母에 대해	告訴	罪, 至重	다. 『大明律』 권21, 刑律, 罵詈○罵祖父母父母 "조부모나 부모를 욕하고, 처나 첩이 남편의 조부모나 부모를 욕하면 모두 교형이다."	다. "凡罵祖父母·父母, 及妻妾罵夫之祖父母·父母者, 竝絞."
			라. 『大明律』 권22, 刑律, 訴訟○子孫違犯敎令 "자손이 조부모나 부모의 명령을 어기거나 봉양에 결함이 있으면 장 100이다."	라. "凡子孫違犯祖父母·父母敎令, 及奉養有缺者, 杖一百."
			마. 『大明律』 권22, 형률, 訴訟○干名犯義 "아들이나 손자가 조부모나 부모를 고발하거나, 처나 첩이 남편이나 남편의 조부모나 부모를 고발하면 장 100 도(徒) 3년이다. 무고(誣告)하면 교형이다."	마. "凡子孫告祖父母·父母, 妻妾告夫及夫之祖父母·父母者, 杖一百徒三年. 但誣告者, 絞."

『경민편』에 실려 있는 법 규정 가운데 『대명률』에 없는 조선 고유의 형벌은 종류가 그렇게 많지 않다. 대표적으로는 '전가입거(全家入居)'의

벌을 거론할 수 있다. 제3장 형제,[112] 제4장 족친,[113] 제6장 인리[114]에서 이 규정을 볼 수 있다. '전가사변형(全家徙邊刑)'이라고도 하는 이 형벌은 가호의 책임자[戶首]가 범죄를 저지르게 되면 가족을 모두 평안도, 함경도, 황해도 등 북쪽의 변방으로 옮기게 하여 그곳에서 살게 했다. 이 처벌은 건국 초부터 시행되었으며, 변원충군형(邊遠充軍刑)·위노형(爲奴刑)·속잔역리형(屬殘驛吏刑)과 함께 『경국대전』에 실려 있다.[115] 온 가족이 살던 터전을 버리고 척박한 땅으로 옮겨 가도록 강제하는 점에서 이 법은 대단히 가혹했고 비인간적이었다.[116]

이와 같이 내용상 두 부분으로 나뉘어 서술된 개별 항목의 전체 분량은 그렇게 많다고는 볼 수 없는데, 김정국은 죄를 지어서는 안되는 의미를 설명하다가 법 규정으로 내용이 옮겨가게 되면 중간에 '법(法)'으로 표기해 두었다. 독자의 처지에서 보자면, 개별 주제와 연관하여 범죄를 저지르면 안되는 이유를, 그리고 범죄에 따른 법적 처벌을 분명하게 알 수 있는 서술 방식이라고 할 수 있다. 네 번째 족친 장의 구성을 사례로 들면 다음과 같다.

---

112) 『警民編』(상허본), 兄弟 第三, "法: 兄弟據執合執, 則杖一百徒役, 不和則杖八十. 弟妹兄姉罵詈, 則杖一百, 毆打, 則杖九十徒役. 重傷, 則杖一百全家入居, 篤疾 則絞, 告訴 則杖一百."

113) 『警民編』(상허본), 族親 第四, "法: 三寸叔父母, 罵詈則杖六十徒役. 毆打則杖一百徒役, 重傷則杖一百全家入居. 篤疾則絞, 故殺則陵遲處死, 告訴則杖一百. 其餘族親, 互相毆鬪不睦, 親疏分揀, 差等治罪. 尊者減等, 卑幼加等."

114) 『警民編(상허본)』, 隣里 第六, "**法: 豪强之人, 侵損於民, 全家入居.** 卑賤之人, 凌犯尊屬, 亦皆有罪."

115) 조선의 全家徙邊刑은 『大明律』에 규정된 五刑의 '杖一百流三千里'刑과 맞먹었다. (『經國大典』 권5, 刑典·罪犯准計, "犯充軍者, 准杖一百徒三年. 邊遠充軍者·爲奴者·全家徙邊者·屬殘驛吏者, 竝准杖一百流三千里.")

116) 기묘사림은 이 법을 완화하거나 폐지하자는 의견을 지니고 있었다. 『警民編』에서 이 법을 수록한 사실과 기묘사림이 이 법을 완화하고자 노력했던 점은 구별해야 할 것이다. 김정국은 당시 조선의 형률 체계에서 시행되던 처벌 규정을 『경민편』을 통해 사실 그대로 소개했다. 全家徙邊律에 대한 기묘사림의 태도는 김정신, 2018, 「16세기 朝鮮의 官 주도 鄕政과 豪强律」, 『朝鮮時代史學報』 87 참조.

族親 第四

三寸叔父母與我父母同出於一人爲時尼 父母如等爲尼 三寸姪及女隱 皆我同氣之所出與吾親子奴 與無間爲尼羅 自四五寸至七八寸屎 雖有親疎遠近之異爲那 皆是一人之子孫羅 比如木去隱大隱 同根而異枝爲古 比如水去隱大隱 同源而異派羅 須愛敬尊長爲旀 撫恤卑幼爲也 毌相鬪爭爲羅

法 三寸叔父母乙 罵詈則杖一百五 毆打則杖一百徒役五 傷則杖一百全家入居五 篤疾則絞五 故殺則陵遲處死五 告訴則杖一百五 其餘族親互相毆鬪不穆[117] 爲面 親疎分揀爲也 差等治罪乎代 尊者隱 減等爲古 卑幼隱 加等爲飛尼羅

현대역

나와 삼촌 관계인 숙부모는 내 부모와 함께 한 사람에게서 같이 태어났으니 부모와 마찬가지이고, 삼촌 관계인 조카와 조카딸은 모두 나와 기(氣)를 같이 한 사람이 낳았으므로 나의 친 자식과 다름없다. 4~5촌에서 7~8촌에 이르기까지, 비록 친함과 소원함, 가까움과 멂에서 차이가 있다 할지라도 모두 한 사람의 자손이다. 나무에 비유하자면 뿌리가 같고 가지는 다르며, 물에 비유하자면 근원이 같고 물줄기는 다르다. 모름지기 존장(尊長)을 아끼고 공경하며, 나이가 어리고 촌수가 낮은 사람은 보살펴 서로 싸우지 말아야 한다.

법: 삼촌인 숙부모에게 꾸짖고 욕설하면 장 60대를 치고 도역(徒役)의 벌을 내린다. 구타를 하면 장 100대에 도역의 벌을 내리고, 중상을 입히면 장 100대에 전 가족을 입거(入居)시킨다. 구타로 인해 중한 병을 앓게 되면 목을 매달아 죽인다. 고의로 살해하면 능지처사에 처하며, 고소하면 장 100대를 친다. 그 나머지 족친이 서로 치고 싸우며 화목하게 지내지 않으면 친함과 소원함을 헤아려 등급을 다르게 하여 죄를 다스리되, 촌수가 높은 어른은 벌의 등급을 덜고 촌수가 어린 사람은 등급을 더한다.

이와 같이 두 형태로 드러내는 설명 방식을 두고 김정국은 '근본을 미루어 도리를 거론하고[推本而擧理]', '법을 인용하여 참증(參證)한다[引法而參證]'고 했다.[118] 근본과 법을 대비하는 의식 위에서『경민편』을 구성했음을 알 수 있다. 여기서 근본에 대한 개념을 김정국은 자세히 설명하고 있지 않지만, 주제가 지니는 본래의 도덕적 의미와 가치라 할 수 있다. 이런 면에서 이 설명 방식은 근본을 먼저하고 형벌을 뒤로 돌리는 '선본후형(先本後刑)'의 구도였다.

근본과 법, 이 두 요소를 대비하여 서술한 점에 대해, 김정국은 근본을 먼저 거론한 까닭은 지방민이 13개 주제의 의미를 마음으로 느껴 도덕심을 일으키기를 바라서이고 법을 제시한 이유는 이들이 두려워하는 마음을 가지고 악행을 행하지 않기를 기대해서였다고 했다.[119] 김정국의 이러한 태도는, 현실의 독자가 각 주제 별 규범의 의미를 깨닫고 형벌의 무거움을 안 뒤, 거기에 맞추어 일상의 생활을 영위하기를 바라는 계몽(啓蒙)의 마음가짐과 연결된다고 할 수 있다.

『경민편』의 개성은 일단 이 점에서 구할 수 있다. 13개 항목을 주제로 설정, 조선인이 흔히 범하는 범죄를 거론하고 그 범죄에 대한 처벌을 제시하는 내용으로 본다면『경민편』은 형서로 이해하기 쉽다. 그러나 김정국은 근본과 법, 이 두 요소를 대비하여『경민편』을 구성함으로써 이 책이 단순히 형서에 머무르게 하지 않았다. 김정국은 형벌에 앞서

---

117) '穆'은 허엽 간본에서는 동일하며 이후원 간본에서는 '睦'으로 바뀌었다.

118) 金正國, 『思齋集』, 「警民編跋」, 2가, "爲編, 必推本而擧理者, 欲民之有所感發而興起也. 引法而參證者, 欲民有所畏懼而知避也." '參證'에 대한 표기는 문헌마다 다르다. 허엽 간본에서는 '參證'으로 표기했고, 1603년에 간행된 『思齋集』에 실린 「警民編跋」과 이후원 간본에서는 '參訂'이라고 했다. '參訂'은 '바로 잡다'의 의미가 있어, '參證'과는 약간 차이가 난다.

119) 金正國, 『思齋集』, 「警民編跋」, 2가, "爲編, 必推本而擧理者, 欲民之有所感發而興起也, 引法而參證者, 欲民之有所畏懼而知避也, 語簡而辭俚者, 欲民之有所不學而易曉也."

지방민들이 인륜의 근본 혹은 인간의 도리를 지적으로 자각하고 도덕심을 절로 일으키는 과정을 중시하였다.

김정국은 향촌민들이 죄를 저지르면 안되는 이유를 도덕과 사리의 측면에서 먼저 알고, 이와 더불어 범죄를 지으면 받는 처벌이 얼마나 무섭고 참혹한지를 깨닫게 되면 일상에서 범죄를 덜 저지르게 된다고 보았다. 말하자면 『경민편』은 범죄 예방, 민속의 변화는 범죄에 대한 지방민들의 지적·도덕적인 자각에서 이루어진다는 관념 위에서 만들어진 책이었다.

법보다 앞서는 '근본'을 설정하는 『경민편』의 방식은 『논어』 「위정(爲政)」 편에서 '덕·례(德禮)'와 '정·형(政刑)'을 대비하여 권력이 국민을 이끄는 방법을 논했던 점120)에 비견된다. 『논어』에서는 정·형보다 덕·례를 앞세우고 또 중시했다. 김정국 또한 형벌에 앞서 도덕적 계몽을 제시하여 형벌보다 지적 교육이 더 중요함을 내세웠다.

개인 혹은 집단이 행사하는 어떤 행위를 범죄로 규정하고 그 범죄를 처벌하는 국가 권력의 움직임은 강한 위력(威力)을 전제했다. 그 위력을 생명형, 신체형, 유배형과 같은 엄청난 강도의 처벌로 구현하는 『대명률』 혹은 『경국대전』의 법 체계는 상상할 수 없는 폭력성을 전제하고 있었다. 그 폭력성 앞에 노출되는 존재는, 도피하고 저항하거나 혹 자기를 변호하려고 한다고 하더라도, 궁극에서는 무력해질 수밖에 없었다. 권력 행사의 주체는 폭력을 매개로 권력 앞의 대상을 장악하고 질서를 유지하는 힘을 확보하게 된다. 지적·도덕적인 자각을 바탕으로 사회구성원들이 형벌을 피하기를 바라는 『경민편』의 태도는, 형벌의 폭력성만을 전면적으로 내세워 범죄자를 처벌하려는 방식과 비교하면

---

120) 『論語』 爲政, "子曰: '道【猶引導, 謂先之也】之以政【謂法制·禁令】, 齊【所以一之也】之以刑, 民免而無恥【謂苟免刑罰, 無所羞愧】, 道之以德, 齊之以禮【謂制度·品節】, 有恥且格'【格, 致也, 謂民恥於不善而又有以至於善】." 【 】은 주희가 정리한 주석이다.

형벌의 행사를 대하는 방식에서 많은 차이가 났다. 『경민편』 그리고 『경민편』을 편찬한 황해도 감사 김정국에게서 주목해야 할 점은 여기에 있을 것이다.

이와 같이 『경민편』은 지방민들이 일상에서 저지를 수 있는 범죄·일탈을 예방하기 하기 위해, 근본적인 가치와 연결 지워지는 합당한 도리, 그리고 법적인 처벌 규정 이 두 요소를 독자들에게 제시했다. 서로 다른 성격의 내용을 동시에 설명하는 방식이라 하겠는데, 전자의 설명을 통해 독자가 도덕심을 자각하기를 기대했다면 후자의 처벌 규정으로는 그들이 형률에 대한 지식 혹은 경계심을 갖도록 의도했다고 할 수 있다. 김정국의 처지에서 보자면, 양 요소는 어느 것 하나 제외할 수 없는 절실함을 지니고 있었지만, 선후 관계와 가치 비중으로 따지자면, 김정국은 독자들이 도덕적으로 깨닫기를 바라는 계몽적 내용을 더 중시했다. 도덕적 계몽이 근본[本]에 해당한다면 형률을 통한 처벌과 교정은 말단[末]의 일이었다. 이 관념은 조광조가 교화와 형벌을 근본과 말단의 관념으로 양자를 위계화하던 방식과 유사하다.[121]

김정국은 이러한 구성을 통해 궁극으로는 조선의 구성원들이 범죄를 피하여 생명과 재산을 보존하기를 기대했다. 그것은 본인뿐만 아니라 그들의 가족, 그들이 살고 있던 공동체, 나아가 조선을 지킬 수 있는 중요한 방법이기 때문이었다. 조선에서 범죄자에게 시행하는 형벌은 무겁고 가혹했다. 이를 일목요연하게 드러내는 『경민편』은 조선 사람들에게 일상에서 죄를 저지르면 감내해야 할 처벌이 얼마나 무거운지를 알려주는 책이었다.

여기서 유의할 점 하나는 『경민편』이 겨냥한 주 독자층의 성격이다.

---

121) 존재, 사유, 사건을 '本'과 '末'로 나누어 살피는 본말론은 성리학의 기본 사유 체계이기도 하다. 농업과 상업을 두고는 '農本商末', '務本抑末'의 관념으로 양자를 위계화하였다.

『경민편』의 본문을 한문으로만 구성한 사실로 본다면, 한문을 독해할
수 있는 사람이 일차적인 대상이 된다. 이런 능력을 가진 사람은 당시의
여건에서 보자면 상천민이 아닌 사족(士族)이었을 것이다.[122] 상천민이
이 내용을 확인하려면 이 내용을 알고 있는 사람을 통하여 간접적으로
전달 받는 일 외는 달리 방법이 없었다. 추측건대 김정국은 황해도의
전 도민을 대상으로 하면서도 사족이 중심이 되어 이 책을 읽고 그
문화를 널리 퍼트리기를 기대했을 것이다.[123]

『경민편』에 실린 형벌 규정은 김정국이 『대명률』 등 조선에서 통용되
는 법전의 원 규정을 단순화하거나 변형시켜 제시했지만, 이 책을
읽는 독자로서는 이를 통해 죄를 지으면 어떤 처벌을 받게 되는지
구체적으로 알 수 있었다. 어찌 보면 『경민편』은 조선 사람들이 일상에
서 저지를 수 있는 죄와 그 죄에 대한 처벌 규정을 간단히 정리한
편람(便覽), 그런 점에서 그 책을 보는 사람으로서는 범죄와 처벌에
관한 지식을 어느 정도 확인할 수 있는 책이었다.

이상 살핀 대로, 겉으로 보기에 『경민편』은 조선에서 행용하는 형벌의
실체를 간략하게 정리하여 황해도 도민에게 알린 책이었다. 『경민편』을

---

122) 이는 『삼강행실도』의 사례로 유추해 볼 수 있다. 한문본 『삼강행실도』를 간행한
이후 정부에서 당면한 문제는 이 책 독자의 독해 능력이었다. 한글 대역문을
실어도 내용을 이해하기가 쉽지 않은 상태였기에 한문본의 난점은 이루 말할
수 없었다. 정부에서는 『경국대전』에서 이 책을 한글로 번역하여 사족의 家長·父
老, 향교의 교수·훈도가 부녀와 小子를 가르치도록 규정하기도 했다.(『經國大典』
권3, 禮典·獎勸, "三綱行實, 飜以諺文, 令京外士族家長·父老或其敎授·訓導等, 敎誨婦
女·小子, 使之曉解. 若能通大義, 有操行卓異者, 京漢城府, 外觀察使, 啓聞行賞.")
123) 조선에서 이 책을 주목했던 사람들은 보급 대상을 두고 많은 고민을 했던
것으로 보인다. 제Ⅱ부 2장에서 살피겠지만, 17세기 후반 박세채는 이 책의
교육대상으로 常民을 분명히 지칭했다. 士와 常民의 교육을 분리, 상민은 『경민편
』을 익히고 사류는 『격몽요결』을 배우면 된다는 것이 그의 생각이다. 그는
지방민들 특히 常民의 문해력이 『경민편』을 감당할 수 있다고 보았던 것으로
판단된다. 김훈식은 『경민편』의 보급 대상을 '농민'으로 보고, 이는 관료 및
관료 예비군을 대상으로 한 『三綱行實圖』와는 비교된다고 했다.(김훈식, 1990,
452~453쪽)

보는 이라면 누구라도 굳이『대명률』이나 조선의 법전을 살피지 않아도 범죄를 저지르면 어느 정도로 처벌받게 되는지 알 수 있을 정도였다. 하지만 이 책의 본래 의도는 거기에 있지 않았다. 김정국은『경민편』을 통해 지방민들이 범죄를 저지르면 안되는 이유를 깨닫고 형벌을 받는 상태에서 벗어날 수 있기를 기대했다. 그러한 희망은 지방민들이 범죄를 저지르지 않아야 사회의 안녕, 질서의 유지가 무리 없이 이루어질 수 있다는 지방관의 책임 의식과 연결되어 있기도 했지만, 한편으로 그것은 지방민들이 참혹한 형벌의 위험, 형률의 폭력성에서 벗어날 수 있기를 바라는 안타까운 마음에서 온 것이기도 했다.124) 이 시기 조선의 범죄 규정은 대단히 촘촘했고 그에 따른 형벌은 상상 이상으로 가혹했다.

2)『경민편』의 범죄 현실과 가족질서 중시 의식 : 13개 편장의 성격

『경민편』13개 편장은 범죄의 성격에 따라 몇 가지 주제로 분류할 수 있다. 가족·친족 관계에서 벌어지는 범죄, 향촌(鄕村) 내 구성원들 사이에서 일어나는 갈등과 범죄, 농업 생산과 절약·저축과 관련한 농민의 '잘못', 관공서 혹은 공권을 빙자하여 벌이는 범죄, 남녀 간의 성범죄와 도둑질, 그리고 노비 조항 등을 염두에 두게 된다.125) 범죄의 대상과

---

124) 이 구성은 형률로 백성들을 이끌기에 앞서 백성들의 도덕적 자각이 먼저라는 점을 내세운다. 국가가 질서를 유지하는 방법을 두고 살핀다면 이는 권력 운영의 성격 변화와도 연관이 있다. 이 점은 3절에서 별도로 다룬다.

125) 초간본『경민편』에서 다루는 항목이 어떻게 배치되어 있었던가는 이때의 판본이 남아 있지 않아 정확히 알 수 없다. 17세기 중반의 이후원 간행본과 목차가 비슷했을 것으로 추측하는 연구가 있기도 하지만(安秉禧, 1978,「解題」,『(東洋學叢書第六輯) 二倫行實圖·警民編』, 단국대학교출판부, 400쪽 ; 김훈식, 1990,「中宗代《警民編》보급의 고찰」,『(李載龒博士還曆紀念) 韓國史學論叢』, 한울, 463쪽), 이

범위는 가족과 향촌, 그리고 일상생활로 폭넓게 걸쳐 있었다. 이 가운데 부모 이래 족친(族親)까지의 가족-친족 관계 범죄를 1장~4장으로 책의 앞 부분에 배치한 점은 김정국이 이들 범죄, 그리고 그 범죄를 둘러싸고 일어나는 문제를 극히 중시하고 있었기 때문이었다. 『경민편』의 여러 범죄 항목은 무작위로 배치된 듯 싶지만 사실은 그렇지 않았다. 이 점은 김정국의 의식 세계, 나아가 『경민편』의 지향을 이해하고자 할 때 유의해야 할 대목이다.

가족·친족 관계와 연관한 범죄는 부모와 자식, 남편과 아내, 형제자매, 족친 등 모두 4개 항목이 여기에 속한다. 부모로부터 족친의 혈연관계에 대해 『경민편』에서는 한 핏줄, 한 뿌리, 한 근원임을 강조하였다.[126] 흥미로운 사실은 족친을 3촌에서 8촌까지 곧 동고조(同高祖) 8촌의 범위에 드는 혈족으로 설명하고 있는 점이다.

'동고조 8촌'의 혈족은, 『경민편』에서 족친의 의미를 설명하며 같은 뿌리[同根], 동일한 수원[同源]의 논리를 활용하는 점으로 보아 종법의 4대 봉사(奉祀)와 연관이 있는 것으로 판단된다. 이 논리는 북송대 학자 정이(程頤)가 종자법(宗子法)을 천리(天理)라고 설명하며 내세웠던 나무와 물의 비유와 연결되는데, 송대 이후로 종법을 거론할 때는 항용 상투적으로 쓰였다.[127]

가족·친족 관계의 4개 항목에서 거론하는 범죄의 종류는 다양하다. 각 구성원들 사이에 일어나는 상해나 치사와 같은 폭력 행위, 간통(姦通)

책에서는 앞서 살핀 상허본의 편목을 중심으로 논의를 전개한다.

126) 『警民編』(상허본), 族親 第四, "自四五寸至七八寸尿. 雖有親疎遠近之異爲那, 皆是一人之子孫羅. 比如木去隱大隱, 同根而異枝爲古, 比如水去隱大隱, 同源而異派羅. 須愛敬尊長爲旀, 無恤卑幼爲也, 毋相鬪爭爲羅."

127) 『二程遺書』 권18, 伊川先生語, "立宗子法, 亦是天理. 譬如木, 必從根直上一條, 亦必有旁枝. 又如水, 雖遠必有正源, 亦必有分派處, 自然之勢也." ; 『近思錄集解』 권9, 治法, "且立宗子法, 亦是天理. 譬如木必有從根直上一幹, 亦必有旁枝, 又如水雖遠, 必有正源, 亦必有分派處, 自然之勢也. 直幹正源, 猶大宗也, 旁枝分派, 猶小宗也."

〈표 3〉『경민편』의 가족·친족 관계와 연관된 편장

편장	근본과 도리	처벌 대상 犯禁 내용
父母	부모의 은혜는 昊天罔極, 잘 섬기고 孝順無違해야 함.	· 조부모와 부모의 살해·구타·罵詈·不聽敎令·不勤奉養 · 부모 告訴
夫妻	부부간에 불협하더라도 남편이 노여움을 참고 아내가 더욱 순종하면, 家道가 무너지지 않고 부부가 화락하게 지내게 됨.	· 처의 남편에 대한 謀殺·구타·重傷·치사·背夫·改嫁 · 처의 남편의 조부와 부모에 대한 구타·罵詈·고소 · 처의 남편의 族親尊丈에 대한 구타·罵詈 · 처의 다른 남자와의 潛奸·背夫改嫁 · 남편의 아내에 대한 毆打致死·重傷 · 남편의 처부모에 대한 구타·折傷·篤疾
兄弟姉妹	지친 간에 작은 이해로 다투고 불화해서 원수가 되면 금수만도 못하게 됨. 노비 토지의 재산 분쟁은 일시적이지만, 원수가 되면 평생을 감. 형제간의 싸움은 향리에서 모두 배척하고 나라의 법을 위반하는 일.	· 형제·자매 상호 간에 擧執·合執, 不和할 경우 · 弟妹의 兄姉에 대한 罵詈·구타·중상·篤疾·告訴
族親	친족은 친소원근의 차이가 있다 하더라도 一人의 자손. 尊長을 애경하고 卑幼를 무휼하며 서로 싸우지 말 것.	· 三寸叔父母를 罵詈·毆打·重傷·篤疾·故殺·告訴할 경우 · 族親 사이에 싸우며 반목할 경우

과 같은 성적 일탈, 토지와 노비를 둘러싼 형제자매 간의 분쟁, 삼촌
등 친족에 대한 폭력과 분쟁 등을 주로 다루고 있다. 이 가운데서도
자식이 부모를 고소하는 행동에 대해 처벌하는 조항, 아내의 남편에
대한 복종을 중시하는 규정, 아내와 시집 식구들과의 관계 규정, 아내의
성적 일탈에 대하여 가혹하게 징벌하는 점 등이 두드러져 주목을 끈다.
가족 관계와 관련한 범죄는 대체로 강상죄(綱常罪)에 속했는데, 조선에
서는 여기에 해당하는 죄는 무겁게 처벌하였다.[128] 실제 『경민편』에서

---

128) 『經國大典』 권5, 刑典·恤囚, "隆寒·極熱時〈自十一月初一日至正月晦日, 自五月初一
日至七月晦日〉, 事干綱常·贓盜男人杖六十以上·女人杖一百以上外, 其餘杖一百以下,
竝收贖. 自願受杖者, 聽."

〈표 4〉 향촌 내 구성원들의 일반 범죄

편장	근본과 도리	처벌 대상 犯禁 내용
鄰里	鄰里는 나와 같은 지역에 거주하며 '有無相資, 患難相救'하여 친척과 같은 의리가 있으니, 잔약한 사람을 침폭하지 말고 尊老를 능욕하지 말아야 함. 이웃끼리 서로 불화하면 환난을 서로 구하지 못하며 사망 시에도 서로 도와주지 못함.	· 豪强의 民 侵損 · 卑賤人의 尊屬 凌犯
鬪毆	사람들과 싸우지 말 것. 다른 사람이 싸움을 걸어도 참을 것. 강포한 사람이 나를 때리고 내 재산을 뺏으면 官司에 신고할 것.	· 毆打, 致傷, 拔髮, 出血 · 折一齒一指·眇一目·毀耳鼻·以穢物灌口中鼻內 · 折二齒以上·墮胎·刃傷人 · 싸움으로 인한 篤疾 · 싸운 결과로 致死
盜賊	도적이 되는 것은 飢寒 때문이며, 구걸할지언정 偷竊, 强奪하지 말 것.	· 竊盜, 贓多, 初犯, 再犯, 三犯, · 官物의 절도 · 强盜
犯姦	남녀 간 相姦하는 일을 주의해야 함.	· 和姦, 남편 있는 여자와의 和姦, 强姦, 12세 이하 幼女와의 通姦, 親屬 相姦 · 강간 외 기타 姦事
殺人	살인하면 上天이 굽어보고 귀신이 옆에서 지켜보아 반드시 탄로가 남.	· 계획된 殺人 · 저주의 殺人 · 독약을 이용한 殺人 · 독사와 독충을 이용한 殺人 · 朽橋·廢船·深水·泥濘에 사람을 속여 건너가게 하다가 죽게 함

거론하고 있는 처벌 규정을 보면 매우 엄혹했음을 확인할 수 있다.

향촌 공동체 내에서 구성원들 사이에 벌어지는 범죄로는 '투구(鬪毆)', '범간(犯姦)', '도적(盜賊)', '살인(殺人)', '인리(鄰里)' 등 다섯 항목이 해당한다. '투구', '범간', '도적', '살인' 장에서 다루는 범죄는 일상적으로 일어날 수 있는 일반적인 유형들이다. 이들 범죄는 생활 공동체의 평온과 안전을 깨트리는 주 요인이 되므로 권력의 처지에서는 늘 신경을 쓸 수밖에 없었다. '도적', '살인'과 같은 강력 사건은 특히 그러했다.

향촌 공동체에 대한 『경민편』의 시각을 잘 보이는 항목은 인리 장이다. 이 장에서는 지역 내 강자[豪强]의 약자 침탈, 신분이 비천(卑賤)한 자의 상위 신분 능욕 행위[犯上]와 연관된 내용을 담고 있다. 신분제 혹은 지주제의 경제적 구조 위에서 강자와 약자, 상위 신분과 하위 신분이 얽혀 있던 사회 질서를 어떻게 하면 갈등없이 화목하게 유지할 것인가 하는 점을 주요한 문제로 설정했음을 알 수 있다. 여기에 "있는 것과 없는 것을 서로 돕고, 환난은 서로 구조한다."[有無相資, 患難相救]와 같은 향약(鄕約)의 요소는 이 장을 돋보이게 하는 내용이다. 처벌 대상이 되는 범금(犯禁) 사항으로는 호강자(豪强者)의 대민 침해, 비천자의 범상 (犯上) 행위 두 가지를 들었다.

인리 장에서는 기묘사림이 향약을 시행하고자 했던 의식이 들어와 있음을 어느 정도 읽을 수 있다. 기묘사림의 향약 시행 노력은 1517년(중종 12)부터 본격화되는데,[129] 이 움직임은 정부의 명령으로 경외(京外) 를 막론하고 조선 전역에 걸쳐 한꺼번에 이를 시행하고자 했던 점이 주된 특징이었다. 여기에는 본래 한 고을에서 민간이 자율적으로 시행 하는 규약을 국가 차원에서 행함으로써 향약의 조직에 강한 힘을 실어주 고자 했던 의도가 작동했다.[130] 이 시기 기묘사림이 향약을 시행하려

---

129) 실록의 기록으로 보자면 향약 시행에 대한 논의는 함양 유생 金仁範의 상소로부터 본격화된 것으로 여겨진다.(『中宗實錄』 권28, 중종 12년 7월 26일[庚子], "先是, 咸陽布衣金仁範上疏, 請以藍田 呂氏鄕約, 化民成俗, 啓于禮曹. 禮曹報政府云, 小學·正俗, 已令多數印出, 廣布中外. 呂氏鄕約, 是小學中一事, 不別令擧行, 請勿擧行云. 政府啓目乃曰: '呂氏鄕約, 雖載小學, 若不曉諭, 別令擧行, 則視爲尋常, 徒爲文具, 令各 道監司, 廣布何如?' 上允之.")
金仁範은 賢良科를 시행할 때 천거된 120인에 속하였다. 그에 관한 정보는 『己卯錄 續集』(『大東野乘』 권11. 奎3654)에서 확인할 수 있는데, 편찬자는 그를 "有氣節, 有才."라고 평가했다.

130) 弘文館 應敎 韓忠의 언급을 통해 당시 향약 시행의 한 면모를 볼 수 있다. 한충은 충청도 감사로 재직 중에 김안국의 『여씨향약언해』를 간행하여 鄕中의 연소한 士들에게 가르치고 또 실제 향약을 조직하여 운영했는데, "善俗作民之道"에 이를 능가하는 것은 없다고 하였고, 8도에 『여씨향약언해』를 간인하여 반포하자고 했다.(『中宗實錄』 권33, 중종 13년 6월 19일[丁亥])

했던 목적은 조광조 등 향약 시행론자들의 말을 통하여 확인할 수 있는바, 이들은 "향약을 행하는 고을에서는 양민(良民)을 강압하여 천인(賤人)으로 만들고 관채(官債)의 납부를 거부하고 막는 일들은 모두 보지 못하였다."[131]고 하여, 향약의 시행이 공권의 정상적 작동에 도움을 준다고 보고 있었다. 이들의 지향은 향약 때문에 오히려 수령권이 약해지지 않는가 하고 향약의 시행에 의구심을 표하며 반대하던 사람들의 말에서 역으로 확인할 수 있다.[132] 『경민편』에서 지역의 '호강(豪强)'을 통제하고 제어하고자 하는 점을 향약의 요소와 연관하여 설명하는 점은 이러한 사정을 반영하고 있다 할 것이다.

농사일을 부지런히 돌보지 않고, 식량을 낭비하여 저축하지 않는 점을 징계하는 내용도 있다. 근업(勤業)과 저적(儲積) 장이 여기에 속한다. 근업 장에서는 굶주림과 구걸은 농사일을 제대로 하지 않은 데서 오는 현상이므로 한 조각의 황무지라도 힘써 기경(起耕)하여 농사를 지어야 함을 강조하고, 저적 장에서는 추수 후 얻은 곡식을 낭비하지 말고 절약하여 다음 해 종자로 사용할 수 있도록 해야 한다고 했다.

두 편장의 요지는 농사일에 힘쓰고 수확물을 아껴 쓸 때 민의 생업이 보장되며 또 그들이 굶주림에서 오는 범죄를 저지르지 않게 된다는 내용이다. 이들 조항에서 거론하는 문제는 처벌하고 징계해야 할 사안이라기보다는 권장해야 할 특성을 지니고 있다. 그런 점에서 이들 항목은 다른 11개 항목에서 다루는 범죄와는 성격이 많이 다르다.

---

131) 『中宗實錄』 권34, 중종 13년 9월 5일[壬寅], "行鄕約之邑, 如壓良爲賤, 拒扞官債之納, 如此等事, 皆已未見."

132) 『中宗實錄』 권34, 中宗 13년 9월 5일[壬寅], "參贊官趙光祖曰: '臣聞溫陽郡人, 善行鄕約. 若善行鄕約, 則固美矣.' 領事鄭光弼曰: '鄕約, 好則好矣. 然聚徒而所爲不善, 則邑宰之勢, 反爲弱矣. 所當審戒也.'"
여기서 향약 시행으로 이루어지는 공권 강화의 문제는 이 시기 지방 정치구조의 대체와 연관되므로 쉽게 다룰 수 없는 사안이지만, 壓良爲賤 등의 문제를 향약을 통하여 풀어간다는 의식을 통해서 그 대체적인 성격을 이와 같이 볼 수 있다.

〈표 5〉 농사와 저축에 관한 편장

편장	근본과 이치	처벌 대상 犯禁 내용
勤業	굶주리고 빌어먹는 자는 勤業하지 않는 사람. 耕種 除草에 힘쓰고, 한 조각 묵혀 둔 땅이라도 힘써 起耕할 것. 열심히 일하면 남들보다 높은 수확을 올리게 되고 흉년에도 걱정 없을 것.	·陳地는 모두 세금을 거두고, 수령은 이를 살펴 죄를 논함.
儲積	추수 후 곡식을 낭비하기 때문에 농사일을 해야 하는 시기에 기근으로 고생. 추수 후 절약하고 저축하여 農糧으로 준비할 것. 안동 사람의 절약, 북도인의 낭비.133)	·모여 먹고 마시며 낭비하면 죄를 줌.

그럼에도 김정국은 이들 주제를 범죄의 일종으로 여기고 『경민편』에 편제했다. 그런 까닭에 처벌 내용은 그다지 구체적이지 않았다. 묵정밭(陳地·陳田)이 생길 경우 토지 주인에게 세금을 거두며,134) 먹고 마시고 놀면서 낭비하면 벌을 내린다는 정도이다. 그렇다 할지라도 농사를 제대로 짓지 않는 생활을 범죄와 연관하여 이해하고 이를 처벌한다는 발상이 의미 있게 들어온다. 농업이 주 산업인 사회에서 사회구성원들이 자연조건에 영향 받지 않고 삶을 재생산할 수 있도록 각자 열심히 노력해

---

133) 안동인과 북도인의 절약과 낭비 풍속은 이 무렵 조선에서 널리 회자되던 사실로 보인다. 안동인의 절약 습속은 성종 대 국왕의 傳旨에 등장할 정도로 유명했다.(『成宗實錄』권21, 성종 3년 8월 23일[丁亥]) 북도인의 곡식 낭비벽은 중종 11년 6월 1일 朝講에서 鄭光弼이 거론하기도 했다.(『中宗實錄』권25, 중종 11년 6월 1일[辛亥], "光弼曰: '北道之民, 常不節用, 平居飮食, 費用甚多. 一遇凶荒, 便至飢死, 須當貿穀, 以補軍資, 或以此救荒, 可也.'")

134) 『經國大典』에는 3년 묵은 진전은 타인에게 경작을 허락한다고 규정할 뿐(『經國大典』권2, 戶典·田宅, "過三年陳田, 許人告耕. 海澤, 則限十年.") 진전 수세에 대해서는 별도로 언급하지 않았다. 중종 대 실록에 진전 수세와 관련된 기록이 자주 등장하는 모습을 볼 수 있다. '惰農을 방지한다'는 이유로 평지의 진전에 대해서는 수세하고(『中宗實錄』권25, 중종 11년 6월 1일[辛亥], "夫平地陳田收稅之法, 爲惰農而立也.") 흉년이 들면 진전의 면세를 거론하거나(『中宗實錄』권26, 중종 11년 10월 11일[己未], "三公議啓曰: '租稅蠲減, 帝王美德, 然國用有數, 不可一切減之. 若平地陳田, 則可以免稅, 平安·黃海道別失農尤甚, 如有全災之邑, 免稅亦當.'") 혹은 면세 조치를 취했다.(『中宗實錄』권42, 중종 16년 9월 27일[乙亥], "傳曰: '京畿·平安·黃海等道陳田免稅, 可也.'")

야 한다는 소리를 공권력이 역설함을 확인할 수 있는 항목이다.[135]

한편 지방민이 관공서 혹은 공권과 관련하여 저지르는 범죄로 '사위 (詐僞)'를 설정했다. 이 장에서는 관(官)의 힘을 빙자하여 저지르는 사기형 범죄를 포괄하여 다루었다. 문기(文記) 또는 인신(印信)을 위조하는 행위, 관차(官差)를 사칭하거나 혹은 현 수령의 자제(子弟)나 노복(奴僕)을 사칭하여 작폐하는 범죄, 무고(誣告)하는 경우 등을 거론했다. 구성원들이 관아와 연관하여 저지르는 범죄이기에, 가족 관계 혹은 공동체의 일상에서 일어나는 일탈과는 성격이 다르다. 공권의 권위를 악용하거나 혹은 공권을 도전하는 데서 온 범죄였다.

〈표 6〉 관공서 혹은 공권과 관련한 범죄

편장	근본과 이치	처벌 대상 犯禁 내용
詐僞	모든 일을 성실히 하고 거짓된 행동을 하지 말 것.	· 官文書의 거짓 위조(輕, 重) · 文記 僞造, 印信 僞造 · 官差 詐稱 · 時任官의 子弟·奴屬을 사칭하여 作弊하고, 誣告

노비 항목에서는 노비와 노비 주인의 관계를 군신(君臣) 관계로 설명했다. 조선 사람들이 노비와 노비 주인 간의 관계를 어떻게 인식하고 있었는지 보여주는 점에서 흥미로운 내용이다. 조선에서 노비는 국가의 공민(公民)으로 파악하지 않았기에 철저히 사적인 영역의 존재였다고 할 수 있는데, 그 상황에서 노비와 노비 주인을 군-신 관계로 파악하는 점은 그 자체 사적 권력이 형성되어 있었음을 드러낸다. 이 같은 관념은

---

135) 이 점은 『經國大典』에서 '守令七事'의 하나로 '勸農桑'을 두었던 사실과 대비된다. 『경국대전』의 규정이 수령의 업무와 연관되었다면, 『경민편』의 내용은 향촌 사회의 농민들을 대상으로 했다. 『경민편』에서는 농사일과 근검절약이 하나의 의무로서 농민들에게 부과되었다. 김훈식은 이를 두고 농민들에게 '小農 經理의 안정과 공동체적 유대'를 강조하는 사림파의 사상과 연관하여 이해했다.(김훈식, 1990, 앞의 글, 466~470쪽)

일찍부터 형성되어 있었거니와 15세기 자료에서도 그 편린을 확인할
수 있다.[136] 노-주 관계는 군신 관계로 파악되었기에 이 관계를 규정하
는 덕목은 충(忠)이었다. 1514년(중종 9)에 간행된 『속삼강행실도(續三
綱行實圖)』[137]의 충신도에는 조선의 종실 강녕부정(江寧副正) 이기(李禥)
의 노(奴) 금동(金同)이 연산군 때 주인을 위하여 목숨을 바친 사례가
실려 있다.[138]

　처벌과 관련해서는 노비 주인과 그 가족들에 대한 노비의 범죄 행위를
'가장(家長)'에 대한 범죄로 지칭하고 있다. 노비에 대한 인신 지배의
관념이 가부장제적 질서와 관련 맺고 있음을 볼 수 있다. 노-주를
군-신 관계로 파악하면서도 형률은 '가장'에 대한 내용으로 적용하는
점은 명실(名實)이 일치하지 않는 측면이 있다. 이는 『대명률』과 연관이
있는 것으로 보인다. 『대명률』에서 노비의 범죄는 가장과의 관계 속에서
형량을 정했다.[139]

〈표 7〉 노비(奴婢) 관련 범죄

편장	교화 내용	처벌 대상 犯禁 내용
奴主	奴와 主는 君臣의 分을 가지므로 奴는 성의를 다하여 主를 섬길 것.	· 家長을 謀殺·毆打·罵詈·告訴할 경우 · 家長의 族親을 毆打·罵詈할 경우

---

136) 『世宗實錄』 권1, 세종 13년 3월 25일[己丑], "蓋主奴與君臣一也. 爲臣不忠之念一萌,
　　便是謀叛, 卽是不赦之罪. 爲奴者訴良之心一萌, 便是背主, 亦是不赦之罪."; 『成宗實
　　錄』 권33, 성종 4년 8월 4일[癸亥], "吾東方, 自箕子受封以來, 士族之家, 皆有奴婢,
　　世守契券, 奴之於主, 有君臣之分, 上下尊卑之別, 整然不紊."; 『成宗實錄』 권88, 성종
　　9년 1월 23일[丙戌], "司諫慶俊啓曰: '以棄屍事, 許奴婢告其主, 君臣奴主, 其義一也,
　　若奴婢告家長, 則是綱常毁矣'."

137) 『中宗實錄』 권20, 중종 9년 6월 27일[戊午].

138) 『續三綱行實圖』, 忠臣圖, 金同活主〈本國〉.

139) 『大明律直解』 권19, 刑律·謀殺祖父母·父母, "凡謀殺祖父母·父母及期親尊長·外祖父
　　母·夫·夫之祖父母·父母, 已行者 皆斬, 已殺者 皆凌遲 註處死. 謀殺緦麻以上尊長,
　　已行者 杖一百流二千里, 已傷者 絞, 已殺者, 皆斬.……若奴婢及雇工人, 謀殺家長及家
　　長之期親·外祖父母若緦麻以上親者, 罪與子孫同."; 『大明律直解』 권22, 刑律·干名
　　犯義, "若奴婢告家長及家長緦麻以上親者, 與子孫卑幼罪同. 若雇工人告家長及家長之

이상 살핀 대로, 『경민편』은 13개 편장에 걸쳐 조선의 백성들이 일으
킬 수 있는 여러 범죄를 거론하고 그들이 죄를 저지르지 않도록 하는
방법을 제시했다. 대체로 부모를 비롯한 친족 관계나 향촌 내에서
일어날 수 있는 범죄, 공권[官]에 저항하거나 혹은 공권을 빙자하여
일어날 수 있는 범죄, 농사일에 힘쓰지 않고 낭비하는 행위, 노비와
노비 주인 간의 관계에서 일어나는 범죄 등으로 이루어져 있다. 지방민
이 일상에서 저지를 수 있는 범죄는 대부분 포괄하고 있다고 할 수
있다.

이 가운데 가족과 친족 관계에 관한 내용이 제일 많다. 자리잡은
위치도 책의 첫 머리이다. 이 배치는 우연히 이루어졌다기보다는 편자
김정국의 의식이 반영된 결과로 봐야 할 것이다. 김정국은 지방 사회에
서 풍속을 해치고 질서를 어지럽히는 최고의 문제로 혈연의 가족 관계를
둘러싼 갈등과 분쟁을 중시했고 이를 『경민편』의 구성에서 드러내었
다.140)

親者, 各減奴婢罪一等, 誣告者, 不減."

140) 물론 이러한 의식은 특별하게 김정국에게서만 찾을 수 있지 않다. 김안국이
경상도 감사 시절 편찬했던 『正俗諺解』는 전체 18장 중에 앞의 6장이 혈연을
다루었다. 제1장 '孝父母', 제2장 '友兄弟', 제3장 '和室家', 제4장 '訓子孫', 제5장
'睦宗族', 제6장 '厚親誼'이다.
내용도 유사한 점이 많았다. 제1장에서 김안국은 부모에게 효도를 해야 하는
이유를 『시경』의 시를 들어 설명하는데, 이는 『경민편』의 설명과 유사하다.
구결문을 제시하면 다음과 같다.
"父母者隱 子之天地尼 孔子曰子生三年然後匡沙 免於父母之懷伊羅爲時古 詩曰哀哀
父母亦 生我劬勞舍叱多 又曰父兮生我爲時古 母兮鞠我爲時尼 欲報之德伊隱大 昊天
罔極伊舍多爲尼 故孝子之事親也隱 冬溫夏淸爲旀 昏定晨省爲旀 出必告反必面爲旀
問衣燠寒爲旀 問何飮食爲旀 有疾伊於等 飮藥先嘗爲旀 有過於時等 柔聲以諫爲也
撻之流血伊舍豆 不敢疾怨乎里尼 此皆職分之所當爲也伊羅"
어버신 조셕긔 하늘와 짜 ᄀᆞᄐᆞ니 공지 니르샤디【공주ᄂᆞᆫ 큰 셩인니신 어딘 아비라】
조식기 난 세 ᄒᆡ 후에ᅀᅡ 어버싀 품믈 떠나ᄂᆞ니 모시예 닐우디【모시ᄂᆞᆫ 글 일홈미라】
슬프고 슬퍼셔 어버싀 나를 슈구로이 나ᄒᆞ시샷다 또 닐오디 아비 날 나ᄒᆞ시고
어미 날 쳐 내시니 덕분늘 갑포려ᄒᆞ면 하늘ᄀᆞ티 ᄀᆞᆺ 업도다 그런 줄로 효조의
어버이 셤교믄 겨스렌 덥게 ᄒᆞ고 녀름멘 서늘리 ᄒᆞ며 어스름에 가 보아 줌재숩고

102

『경민편』의 범죄 구성에서 보이는 이러한 특징은 『경민편』이 일상에서 접할 수 있는 주요 범죄를 거론하면서도, 한편으로는 특정한 가치를 중심에 두어 범죄를 판단하고 재구성했음을 보여준다. 김정국은 부자, 부부, 형제자매, 족친으로 이루어진 가족 관계-혈족 관계의 윤리와 규범을 가장 중시하고 또 그 관계가 이루는 질서가 잘 유지되길 기대하고 있었다. 이것은 달리 말하면, 김정국이 가장(家長)이 이끄는 가족(家族) 그리고 그것이 확장된 가문(家門)을 중요하게 여기는 태도를 지니고 있었다는 의미가 된다.

김정국이 『경민편』에서 특히 강조한 가족 관계의 규범은 16세기 초반, 기묘사림이 관심을 집중하고 법적으로 구현하고자 했던 양반 사대부의 가문 구축 노력과 연관이 있었던 것으로 판단된다. 예제(禮制)로는 4대 봉사의 종법제와 연결된다.

4대 봉사제는 이미 『주자가례(朱子家禮)』, 『성리대전(性理大全)』을 통해서도 조선에 알려져 있었거니와, 기묘사림은 1519년 4대 봉사를 시행하지 않는 점을 문제 삼아, 이를 법제 개정을 통해 실현하려 하였다. 『경국대전』에 실린 3대 봉사의 법 규정[141]을 바꾸려는 점에서 이 작업 또한 조종성헌(祖宗成憲)을 변개하는 사안에 해당했다.[142] 이 일은 3대

___

새배가 널리시든 뵈ᅀᆞ오며 나갈 제 숣고 가고 도라와 의식 뵈ᅀᆞ오며 옷 더우신가 치우신가 묻ᄌᆞ오며 므스거슬 자실고 묻ᄌᆞ오며 병ᄒᆞ시거든 약글 맛보아 바ᄌᆞ오며 허믈리 겨시거든 유화로이 간ᄒᆞ요ᄃᆡ 외오 너기셔 피 흐르게 티샤도 원탄티 마로리니 이 다 ᄌᆞ식긔 직분네 ᄒᆞᆯ욜 이리라

141) 『經國大典』 권3, 禮典·奉祀, "文·武官六品以上, 祭三代, 七品以下, 祭二代, 庶人, 則只祭考妣."

142) 기묘사림이 시행했던 賢良科 또한 과거제의 조종성헌을 변개하는 행위의 하나였다. 金湜을 특채하는 일에 대해 정광필 등이 내놓은 비판은 모두 이 논리를 바탕으로 했다. 『中宗實錄』 권41, 중종 15년 11월 5일[己未], "領事鄭光弼曰: '臣, 識見不高, 不圖頃者之事, 至於如彼其極也. 然於議論之際, 每與彼輩相戾, 常遭罵詈. 祖宗之法, 不可變也, 科擧之法, 其來已久, 不可廢也. 弘文館必以出身者除授者, 祖宗朝舊制也, 而彼輩乃欲以金湜補之, 變亂舊章, 無所不至. 及其權勢已熾, 臣亦知其非, 而無能爲也'……上曰: '遵先王之法, 而過者, 未之有也. 祖宗舊法, 若不得已而當變者, 變而

봉사제가 가진 정치적 함의를 바꾸는 혁신적 사안이었기에 사회적 파장이 클 수밖에 없었다. 저항 또한 적지 않았다. 이를 위한 논의는 1519년 봄부터 여름 사이 지속되다가[143] 더 진전되지 못하던 차에 정변이 일어나면서 흐지부지해졌다.[144]

당시 4대 봉사제 시행을 주도적으로 이끈 기관은 홍문관이었다. 반면 남곤(南袞)이 판서로 있던 주무 부서인 예조(禮曹)에서는 이에 소극적으로 대응했다.[145] 기묘사림은 종법이 삼대(三代)의 법이며 백성들이 선(善)을 행함에 이보다 앞서는 것이 없다고 강조, 4대 봉사의 당위를 삼대의 법제에서 구했다.[146] 4대 봉사제 시행이 법으로 정해진다면 이 법제가 미치는 파장은 정치적으로나 사회적으로 엄청났을 것이다.

이 시기 4대 봉사제는 일차적으로 수조권 분급제가 작동하던 시기에 만들어진 3대 봉사제를 법적으로 대체하는 의미를 가졌다. 이와 동시에 이 예제는 실질적으로 양반 관료들이 국가로부터 받는 정치적 권한과

通之, 可也, 不然, 遵而守之, 甚可也.'"

143) 중종 14년 2월의 논의에서 기묘사림은 3대 奉祀의 법 규정을 확인하면서 4대 봉사제 개변의 물꼬를 직접 열었다.(『中宗實錄』 권35, 중종 14년 2월 15일[己卯], "達源曰: '今之士大夫, 不祭高祖者, 不知其由焉.' 安國曰: '我國之制, 六品以上, 祀曾祖以下, 而七品以下, 只祭二代, 故不祭高祖耳. 此乃大事, 宜詳議處之.' 領事安瑭曰: '果家禮則如彼, 而國有祭三代之法, 故未祭高祖.") 이후 이해 7월에 중종이 이 문제를 거론하면서 논의가 본격화 되었다.(『中宗實錄』 권36, 중종 14년 7월 7일[戊戌] ; 『中宗實錄』 권36, 중종 14년 7월 8일[己亥] ; 『中宗實錄』 권36, 중종 14년 7월 12일[癸卯] ; 『中宗實錄』 권36, 중종 14년 7월 14일[乙巳] ; 『中宗實錄』 권36, 중종 14년 7월 17일[戊申])

144) 『中宗實錄』 권36, 중종 14년 7월 18일[己酉], "傳曰: '宗子法, 更令政府·弘文館·禮曹, 博考古文, 議而參定之. 五禮儀有未盡者, 與家禮參而用之, 可也.'"

145) 『中宗實錄』 권41, 중종 15년 11월 5일[己未], "瓚曰: '頃者, 弘文館欲復宗子法, 歸咎禮曹之不復古制. 南袞時爲禮曹判書以爲, 考之典文, 不見其制. 不知古制, 當何如也. 令弘文館, 博採古文, 以定其制度, 而弘文館不能採出古文, 徒以禮曹不復古道爲咎. 故袞亦見忤於彼輩, 而有退休之志. 當其時, 老成之人, 皆欲引退, 誰肯斥言其非也?'"

146) 『中宗實錄』 권36, 중종 14년 7월 14일[乙巳], "(金)湜曰: 臣聞命攷宗法事, 臣不勝喜幸. 宗法乃三代之法也. 厚倫成俗, 使民知本而爲善者, 莫先於此. 然此事不可一一督行之, 自貴戚大臣, 先自行之, 則下人自爲之矣.'"

무관하게 자신들의 정치와 사회적 입지를 마련하는 예법 장치였다. 이 점은 과거의 제도와 비교하면 선명하게 드러난다.

이전의 법제 하에서 양반 계층은 국가에서 수조권의 특권을 부여받는 존재였다. 국가에서는 이들에게 수조(收租)의 권한을 제공하여 이들로부터 충성을 이끌어 내었고, 양반은 국가로부터 자신의 정치와 경제 사회상의 특권과 지위를 보장받았다. 수조권 분급은 군주가 가진 고유한 권한이 줄어드는 점에서 군주의 권력을 약화시키는 제도적 근거였지만, 한편으로는 그가 가진 권한을 양반 신료들에게 나누어줌으로써 군신 관계를 '은혜'를 제공하는 자와 제공 받는 자 사이의 질서로 만드는 기제이기도 했다. 이런 관계는 양반과 군주와의 예법상 위계(位階)도 차등 지워 설정하게 만들었다. 군주가 시조인 태조(太祖) 봉사 및 4대의 선대(先代) 왕 봉사를 시행할 수 있는 존재였다면, 양반들은 최대 3대까지만 봉사할 수 있었다.[147] 군신 상호 간에 예격(禮格)의 차이는 현저했다.

하지만 수조권 분급제의 기능이 약화되면서[148] 양반 계층 일부는 자신들의 사회적 위상을 수조권의 특권과는 무관하게 마련하고자 했다. 4대 봉사를 실현하는 종법을 통하여 사회적으로 유력한 가문의 위상을 마련하고 지주의 경제력을 구축하여 국가 권력에 구애받지 않는 경제 기반을 갖고자 하는 행위는 그러한 작업의 일환이었다. 양반층의 4대 봉사는 이들의 사회적 위격(位格)을 높이는 기반으로 작용할 수 있었지만, 한편으로 이 예제는 조선의 군주가 실행하는 4대 봉사와 거의 동격인 점에서 군주와 양반층과의 예법상 위계를 허물 위험성을 지니고

---

147) 조선에서 군주의 奉祀禮는 諸侯國의 位格에 맞추어 마련하여, 태조와 2昭·2穆의 4대를 제사 지내도록 규정했다. 양반 관료와 서민의 奉祀禮는 그 하위의 위계에 따라 차등 있게 설정되었다. 양반과 서민에 대한 봉사 규정은 『經國大典』 권3, 禮典·奉祀條 참조.

148) 1466년의 職田 시행(『世祖實錄』 권39, 세조 12년 8월 25일[甲子]), 1470년의 官收官給制 시행(『成宗實錄』 권4, 성종 1년 4월 21일[己巳])에서 이를 확인할 수 있다.

있었다.[149]

『경민편』에서 종법적 가족 질서를 앞세워 관련 편장을 4개 장이나 설정하고 그 위에 동고조 8촌의 친족 관념을 내세운 점은 기묘사림들이 사회적으로 실현하고자 했던 요소를 『경민편』 또한 적극 반영하고 구현하려는 의식을 지니고 있었음을 보여준다. 『경민편』은 조선에서 일어나는 범죄 현실, 그리고 그 범죄에 대한 처벌 규정에 대해 종법의 가족 질서를 중심에 두고 정리하여 지방민에게 제시했다. 이는 『경민편』이 가지는 사회사적, 정치사적 의미의 하나라 할 수 있다. 『경민편』의 성격을 해명할 때 이 점은 앞 절에서 검토한 계몽과 형벌의 이원 구성과 더불어 주목해야 할 요소가 된다.

4. 『경민편』의 이념과 정치적 성격 : 계몽의 정치와 감사(監司)의 선화(宣化) 책무

1) 범죄 행위의 근본 문제를 일깨우는 계몽의 정치

16세기 전반, 궁벽한 황해도 지역에서 출현한 『경민편』은 당시로서는 이에 버금가는 사례를 찾을 수 없는 새로움을 지니고 있었다. 그 새로움은 15세기 조선에 구축되어 있던 정치문화, 정치이념이 변화하는 과정에서 형성된 여러 요소를 아우르며 집약한 데서 오는 것이었기에, 겉으로 보기에는 잘 드러나지 않았지만 실제로 매우 역동적이었다. 『경민편』이

---

149) 실제 16세기 조선에서 편찬된 여러 문헌, 이를테면 이언적의 『奉先雜儀』, 이이의 『擊蒙要訣』에서는 3대 봉사까지만 거론했다.(『奉先雜儀』上, 5나, "或問禮大夫三廟, 今士庶人家, 亦祭三代, 却是違禮. 朱子曰, 雖祭三代, 却無廟, 亦不可謂之僭";『擊蒙要訣』祠堂圖 神主-曾祖考·曾祖妣) 편자들이 國法의 규정을 준수하고자 하는 의식을 강하게 지니고 있었다고 판단된다.

가진 역동성에 대한 해명은 단순한 구성과 화려하지 않은 문장을 갖춘 이 작은 책자의 역사적 의미를 살핌에 대단히 중요한 과제가 된다.

『경민편』의 역사적 위상에 대한 해명은 일차적으로 이 책이 정치 문헌이라는 사실에서 출발해야 한다. 지방민이 범죄와 일탈의 늪에 빠지지 않고 정상적으로 살아가도록 하는 일은 지방 정치를 책임진 감사와 수령의 고유한 책무였다. 지방관에게 범죄자를 줄이고 궁극에는 사라지게 하는 일은 국가를 위해서나 사회구성원들의 삶을 위해 반드시 필요했다. 『경민편』은 그러한 책무를 수행할 수 있는 방법을 담아 지방 민에게 실행하고자 지은 책이었다.

『경민편』에서 택한 전략은 지방민에 대한 교육·계몽을 통한 풍속의 변화였다. 범죄와 사회적 일탈 행위에 대해 법으로 처벌하는 것이 능사가 아니며, 범죄 행위가 지닌 근본 문제를 지방민들이 먼저 깨닫고 이를 피하도록 지방의 권력이 이끌어야 한다 함이었다. 교육과 형벌 두 요소를 모두 긍정하면서도 교육을 더 중시하는 점, 교육을 통하여 범죄를 방비할 수 있다고 내세우는 점이 『경민편』에서 찾을 수 있는 개성이었다.

지방민의 범죄에 형벌로만 대응하는 방식에 대한 김정국의 문제의식 은 뚜렷했다. 그는 교육과 계몽을 통해 그들이 범죄를 피하도록 하지 아니하고, 범죄를 처벌하는 것에 대해 공권이 그들을 '그물질' 하는 일로 통렬히 비판했다. 제대로 된 정치는 형벌로 죄를 처벌하기 전에 그들이 죄를 짓지 말도록 덕으로 인도하는 일이었다.[150] 지방민이 범죄 행위의 문제를 파악하고, 형벌이 만드는 파국을 알게 되면, 그들은

---

150) 백성에 대해 '그물질 하는' 일은 『맹자』의 '罔民'의 논리와 연결된다. 맹자는 백성들이 범죄를 저지르는 까닭은 그들이 굶주리기 때문이며, 井田法의 仁政을 시행하여 백성들이 굶주리지 않게 하지 않고 법으로만 처벌하면 이는 '망민'이라 고 했다.(『孟子』, 梁惠王)

강제적으로 형벌을 가하지 않더라도 자발적으로 선행을 일삼고 악행을
피할 수 있게 된다는 것이 김정국의 판단이었다. 조선에서 행용하는
형벌은 대단히 가혹했고, 폭력적이었다. 김정국은 형벌이 지배하는
정치에 큰 문제를 느꼈고, 지방관에게는 이를 벗어나도록 노력해야
한다고 생각했다.

형벌과 법을 만든 것은 모두 옛 임금이 백성을 사랑하는 어진 마음에서
나온 것이니 그들을 먼저 인도하지 아니하고 법으로 구금 여부를 논한다
면, 이 어찌 '백성에게 그물질하는 행위'에 가깝지 않겠는가? 내 외람되이
임금의 근심을 나누어 맡아 지역을 안찰(按察)하고 민간의 풍속을 살피는
자리에 앉게 되었는데, 매번 옥사(獄事)를 처리할 때마다 이 때문에
깊이 탄식하지 않은 적이 없었다. 벌레처럼 어리석은 백성이 인륜(人倫)
이 중요한 줄 모르거니와, 어찌 법을 만든 깊은 속내를 알겠는가? 어리석
어 벙어리나 귀머거리와 같고, 미련하여 오직 옷과 밥에만 달려드는
백성이 스스로 법 규정을 범하는 것을 깨닫지 못하고 죄를 짓게 되면,
담당 관리가 이에 법을 살펴 오랏줄로 묶기를, 그물을 풀어 참새를
잡고 기함(機檻–맹수 잡는 덫)을 설치하여 맹수를 잡는 것과 같이 하니,
어떻게 백성으로 하여금 착한 일을 하고 악을 멀리하게 할 수 있겠는
가?151)

지방관이라면 지방민들이 법을 범하기 전에 먼저 이를 피하도록
이끌어야 한다는 『경민편』의 관념은 김정국이 오랫동안 익혀온 학습의
결과물이거니와 의식 깊숙이 지니던 지론이기도 했다. 황해도 감사로
부임하기 전, 아버지를 살해한 박군효(朴君孝) 사건을 처리하기 위해

---

151) 『警民編』(이후원 간본), 警民篇序.

밀양 현감으로 내려가던 김광철(金光轍)을 전송하며, '형벌을 번거로이 실행하는 것보다 현민(縣民)들의 천성을 믿고 잘 깨우치는 것이 중요하다'고 했던 조언은 평소 그가 지방 정치의 방향을 어떻게 설정하고 있었던가를 잘 보여준다.[152] 김정국은 재직 중에도 이 생각을 늘 견지했다. 감사 시절을 뒤돌아보며 정리한 아래 글에서도 그가 구현하고자 했던 감사 정치의 성격이 구체적으로 드러난다.

내가 황해 감사 시절, 연안에 이동(李同)이라는 자가 있었다. 밥을 먹던 중 아버지와 다투다가 사발을 들어 아버지를 쳤다. 유향소에서 검거하여 본부[연안 도호부]에 보고하니, 본부에서는 공사(供辭)를 갖추어 나에게 보고했다. 나는 사안이 강상(綱常)의 대죄에 관련되기에 동추관(同推官)을 정하여 그를 심문하고 무거운 벌을 내리려 하였다.……이동에게 내가 말하였다. "부자 관계는 천지·군신의 분한(分限)과 같다. 아버지가 없으면 네 몸이 어찌 생길 수 있었는가. 그러므로 부모를 잘 모시면 효자가 되고 구타하고 욕설하면 악역자(惡逆者)가 된다. 너는 사발을 가지고 아버지를 때렸다. 땅이로되 하늘을 범하고 신하로되 임금을 범했으니, 법으로는 죽을 죄에 해당한다. 그러므로 나는 결안(結案)하여 너를 사형에 처할 것이다."……가르치지 않고 형벌을 가하는 처분은 망민(罔民)이다. 이것은 바로 가르침이 없어서 그런 것이다. '어버이를 친애하고 연장자를 공경함(愛親敬長)'이 비록 천성의 양능(良能)이라 하더라도 어리석은 백성이 어찌 스스로 이를 흥기시킬 수 있겠는가. 옛날에 '덕으로서 인도하고 형으로서 제어하며 독성단(讀城旦)하며 백성을 가르쳤던 것'은 진실로 이 때문이었다.[153]

---

152) 金正國, 『思齋集』 권1, 送金子由倅密陽.〈府民朴君孝弒父, 降號爲縣. 子由由兵曹佐郎, 選補爲監, 下敎罪己.〉, 2가. 자세한 내용은 주)35 참조.

153) 金正國, 『思齋集』 권4, 摭言 15가~15나.

무지(無知)에 대한 문제의식 그리고 무지에 대한 계몽의 필요성이 여기에 담겨 있는 생각의 핵심이다. 『경민편』의 서문에서 김정국이 했던 발언, 『경민편』의 구도와 거의 비슷한 내용이다. 이동은 김정국의 말을 듣고 부자 관계의 중요함과 부모에 대한 범죄가 죽을 죄에 해당함을 깨우치며 자신의 잘못을 뉘우쳤다고 한다.[154) 추측건대, 김정국의 『경민편』 집필은 감사 시절의 이러한 경험이 크게 작용했을 것이다. 간본에 따라 출판 시점을 다르게 표기하여 『경민편』 이해를 곤란하게 하는 문제[155)도 이 점을 고려하여 살피면 손쉽게 해결할 수 있지 않을까 싶다.

『경민편』의 방식은 조선의 지방 정치 현장에서는 최초로 시도되었는데, 이 기획은 15세기 지방 권력의 운용과 연관되면서도 그것과는 구별되는 성격을 지니고 있었다. 『경민편』이 가지는 실질적인 의미는 여기서 찾을 수 있다.

15세기 조선의 위정자들은 교화와 형벌 두 요소를 축으로 사회구성원들을 장악하며 권력을 운영하는 방식을 마련했다. 교화의 측면에서는 향교 교육 및 삼강(三綱) 규범의 보급과 전파와 같은 전국적·대중적 계몽을 시도했고, 형벌은 『대명률』, 『경국대전』을 마련하고 그 규정을 활용했다.[156) 전자가 인간의 덕성에 따른 자발성을 강조했다면 후자는 강제와 폭력의 외적 압박으로 실행되었다. 이러한 권력의 운용은 유교적 사유에서 계승되던 교화와 형벌의 전통[157)을 당시의 현실 여건에

---

154) 金正國, 『思齋集』 권4, 摭言 15나.

155) 『경민편』이 작성된 시기에 대해, 허엽 간본에서는 "正德己卯冬十月觀察使聞詔金正國謹識"라 했고, 이후원 간본에서는 "正德己卯春觀察使義城金正國書"라 했다. 『思齋集』의 「警民編跋」에서는 이 대목이 빠져 있다. 기묘년 봄이면 감사 부임 직후이고, 기묘년 겨울 10월이면 감사가 끝나는 시점이다. 감사의 경험 위에서 『경민편』이 만들어졌다면 기묘년 10월 겨울의 기록이 사실에 더 부합한다고 할 수 있다.

156) 자세한 내용은 이 책의 서론 참고.

157) 舜 임금 시절, 형벌은 정치를 펼침에 필수 불가결하며 교화를 보조하는 성격을 지니고 있다는 관념이 형성되었으며 이는 이후 유교 정치사상의 기저에서 늘

맞추어 구체화하려는 움직임이었다.

교화와 형벌의 두 방식으로 민인을 장악하고 권력을 운영하려는 조선의 방침은 형벌에만 집중하던 앞선 시기 여러 국가에 비교하면 큰 변화였다. 폭력성에만 의존하지 않고 권력을 운용할 수 있게 되었고, 그런 점에서 권력이 유연해지고 권력과 민인의 접촉면은 훨씬 부드러워졌다. 군주를 비롯한 위정자들이 덕성을 갖추어야 하는 점 또한 동시에 강조되었다. 교화의 가치가 크게 부각되고 또 실현될 수 있다는 기대가 제고되었다.

하지만 이 시기 권력이 범죄에 대응하는 과정에서 교화의 위력은 제한적이었고 형벌은 상대적으로 강력한 힘을 발휘했다. 교화가 형벌보다 높은 가치를 지니고 있음을 이 시기 위정자들은 늘 인식했지만, 실제 교화의 실행 영역은 그렇게 넓지 않았다. 형벌만이 능사가 아님을 표방하면서도 형벌에 크게 의존하는 상황을 벗어날 수 없었다.[158]

범죄에 대해 교육·계몽의 차원에서 접근한 『경민편』의 방식은 그러한 점에서 획기적이었다. 범죄는 교육과 계몽의 영역에서 배제되지 않고 포섭되며 직접 그 대상이 되었다. 이에 따라 권력이 행사할 수 있는 교육·계몽의 범위가 넓어지게 되고, 권력은 범죄를 통제할 수 있는 힘을 더 강하게 지닐 여지를 갖게 되었다. 지방민들 또한 이러한 방식에 따라 권력이 만든 질서 속으로 합류할 가능성이 확대되었다.

영향을 미쳤다. 조선에서도 그 관념을 그대로 수용했다.(『書經』, 夏書·大禹謨. "帝曰: '皐陶, 惟玆臣庶, 罔或干予正, 汝作士, 明于五刑, 以弼五教, 期于予治. 刑期于無刑, 民協于中, 時乃功, 懋哉.'" ;『世宗實錄』권52, 세종 13년 6월 2일[甲午], "刑者, 輔治之具, 雖古之盛世, 固不得而廢也. 舜爲天子, 惟刑之恤, 皐陶爲士, 明五刑, 以弼五教, 克底雍熙之治, 吁盛矣哉! 降至于秦 始皇, 尙殘暴, 而趙高之徒, 務刻酷急法, 無仁恩, 二世而亡, 可不戒歟!")

158) 15세기 3강 중심의 교화는 일상성의 요소가 적었다. 그런 까닭에 이런 방식의 교화는 민인의 일상을 규율하기에 힘이 부족했다. 범죄를 포함한 인간의 모든 행동을 교화의 대상으로 삼으면, 이론상 범죄 행위를 상당수 차단할 수 있었다. 16세기 초 기묘사림의 정치는 이런 내용을 추구하며 출현했다.

『경민편』이 펼치는 새로운 사고의 지평은 건국 초기의 핵심적인 정치 문헌인 정도전의『조선경국전(朝鮮經國典)』과 대비해도 분명하게 드러난다. 필자가 보기에, 정도전의『조선경국전』은 15세기의 전형적인 법 관념을 담고 있어 이를 잘 살피면『경민편』의 역사적 성격을 이해함에 큰 도움을 받을 수 있다. 정도전은 이 책을 통하여, 좋은 정치[善治]는 반드시 규정된 법[成法]을 두고 이를 활용할 때 가능하다고 보아, 국가의 운영에서 법이 차지하는 의미를 크게 강조했다. 여기서 법은 범죄 행위의 규정인 '형법'과 그 처벌로서의 '형벌'의 의미가 강했다. '국맥(國脈)을 기르고 인심을 착하게 하며 하늘이 내리는 나라의 복된 체계[福祚]를 후대에 전하는 근거가 모두 여기에서 말미암는다.'는 것이 그의 생각이었다.159)

법이 가지는 의미를 정도전은 여러 차원으로 이야기했지만, 그 중에서도 그는 이것이 사회 구성원들 사이에 일어나는 온갖 욕망(慾望)의 충돌과 그로 인해 제기되는 다양한 형태의 갈등을 해결함에 근본이 되는 수단이라고 인식하고 있었다.

백성들이 서로 모여 살게 되면, 음식과 의복에 대한 물욕(物慾)이 밖에서 공격하고 남녀에 관한 정욕(情慾)은 안에서 공격하여, 동류(同類)일 경우에는 서로 다투게 되고 힘이 대등할 경우에는 싸우게 되어 서로 죽이기까지 한다. 통치자는 법을 세워 그들을 다스려서 다투는 자와 싸우는 자를 평화롭게 해 주어야만 백성의 삶이 편안해진다.160)

사람과 사람은 다 같은 동류(同類)이며, 다 같은 우리 동포(同胞)이다. 그런 까닭에 서로 친해야 하고 서로 해쳐서는 안 된다. 서로 해치는

---

159) 鄭道傳,『三峯集』권4, 會試策, 38가.
160) 鄭道傳,『三峯集』권7, 朝鮮經國典, 賦稅, 16가.

것을 금하지 않는다면 인류는 멸망하고 말 것이다. 그러므로 남을 죽인 자는 사형에 처하고, 남을 다치고 하고 해친 자는 죄의 경중에 따라서 그에 해당하는 형벌을 주는 것이니, 한(漢)나라의 법이 좋은 이유는 이 때문이다.……대개 형벌을 시행해서 형벌이 없어지게 하는 것은 함께 생존하고자 하는 것이니, 아, 어진[仁] 일이구나![161]

정도전에게서 개인과 개인 사이에 일어나는 갈등 혹은 싸움에 대해 형법을 세우고 이를 근거로 해소하는 일은 곧 갈등을 종식시키고 사회를 화평하게 하는 권력 행사였다. 정도전은 형벌이 이를 성취하게 하는 도구가 된다고 생각했다. 이때 그가 강조한 사안은 '형벌을 시행해서 형벌을 없앨 수 있다'는 점이었다. 그는 이를 어진 일이라고 했다. '형벌로 서 형벌이 없는 사회를 기약한다[刑期于無刑]'는 『서경』의 관념[162]에 충실했던 생각임을 알 수 있다. 하지만, 그에게서 형벌에 앞서 교화를 실현, 범죄를 예방한다고 사고하는 모습은 아직 나타나지 않았다.

실상 정도전은 유교에서 제시하는 '교화와 형벌의 정치론'에 깊은 영향을 받고 있었다. 정치가 교화에 말미암아야 한다는 사실을 그는 받아들이고 있었고, 형벌의 불가피성 혹은 그 현실적 효용성을 긍정했다.[163] 그러면서도 그는 범죄의 행위를 형벌로 처벌함에 주목하되, 이를 교화의 영역에서 처리하는 문제에 대해서는 깊이 고민하지 않고 있었다. 『경민편』과의 차이였다. 교화와 형벌을 둘러싼 두 책 사이의

---

161) 鄭道傳, 『三峯集』 권8, 朝鮮經國典, 憲典, 人命鬪毆, 15나.

162) 『書經』 「大禹謨」.

163) 鄭道傳, 『三峯集』 권3, 送楊廣按廉庚正郎詩序, 32나~33가, "嘗論儒史之說. 道德蘊之 於身心, 斯謂之儒. 敎化施之於政事, 斯謂之吏. 然其所蘊者卽所施之本, 而所施者自其 所蘊者而推之, 儒與吏爲一人, 道德與敎化非二理也. 自世道之降, 道德變爲詞章, 敎化 易爲法律, 而儒吏於是乎判矣. 此斥彼爲俗, 彼訾此爲腐, 世之言道德敎化者, 皆爲無用 之長物. 其間或有以儒術緣飾吏理者, 亦不過自濟其私而已."

거리, 두 사람 사이의 인식 차이는 적지 아니 멀었다.

『경민편』의 방식은 형벌을 앞세워 질서를 유지하고 권력을 운용하려는 정도전과는 정반대의 지점에 서 있었다. 김정국은 형벌을 인정하고 그 존재를 부정하지는 않되, 그에 앞서 지방민의 지적·도덕적 자각과 변화를 통해 범죄에 대처한다는 원칙을 모색하였다.

황해도의 감사로 재임하며, 지방민을 가르쳐 범죄의 잘못을 일깨우고 이를 통해 그들이 악을 피하도록 해야 한다고 여겼던 김정국의 의지는 권력 운용에서 형벌의 강제성과 폭력성을 배제하려는 유가(儒家)의 사유 보다 좁혀서는 주자학에 충실한 결과였다. 김정국은 14~15세기에 지속적으로 확장된 유교 문화, 주자학의 이념을 자신의 입지에서 적절히 소화하고 지방 장관으로 지내는 동안 이를 응축하여 『경민편』으로 엮어 내었던 것이다.

주자학, 주자학의 정치론과 문화에 대한 조선 사회의 관심과 이해는 이미 고려 왕조에서의 경험을 계승하고 있었거니와, 여러 방면에서 정책으로 추구되었기에 그 수준이 낮은 편이 아니었다. 그러나 주자학의 이념과 방법에 기초한 정치가 전면화되지는 않았다. 그럴 여건이 갖추어지지 못했기 때문이다. 15세기 후반에 이르러 이 사상을 실천하려는 움직임이 집단적으로 일어났으나, 기존 정치의 벽에 부딪혀 그 기세가 크게 꺾이었다. 연산군 대에 일었던 두 차례의 '사화'는 그 움직임을 가로막는 극단의 사건이었다. 중종 반정 이후 상황이 크게 바뀌면서164) 주자학의 정치론을 활용하여 사회를 바꾸자는 움직임이 젊은 학자 관료들의 주도로 맹렬하게 일어났다. 이 시기 주자학을 주목하고

---

164) 중종 5년 11월, 成均館司成 金安國, 司藝 金允溫講, 進士趙光祖講 등 師儒와 儒生의 講書 기사에 실린 사신의 평은 중종 반정 후의 분위기를 단적으로 보여준다.(『中宗實錄』권12, 중종 5년 11월 15일[丁卯], "史臣曰, 國家自戊午史禍之後, 士林殲盡, 經學掃地, 反正之後, 學者稍稍興起. 光祖少時, 受學於金宏弼, 以硏窮性理·振起斯文爲 己任. 學者推爲士林領袖.")

이 사상에 경도된 인물들의 주자학에 대한 집중도는 앞선 시기에는 그 유례를 찾을 수 없을 만큼 강렬했다.

주자학이 가지는 개성은 이루 말할 수 없이 다양하지만 무엇보다 인간에 대한 이해에 주목할 수 있다. 이(理)와 기(氣)의 개념으로 인간을 파악했던 주자학에서는 인간은 범인과 성인할 것 없이 선천적으로 본연의 성(性)으로 표현되는 도덕성을 구비했으나 기질에 의해 그 발현이 제한되므로, 끊임없는 학습과 수양을 통하여 본래의 도덕성을 회복하고 유지해야 한다고 여겼다.[165] 주자학은 인간에 대해 선천적인 도덕성 품부와 현실에서의 미발현을 상정한 위에 개개인의 학습과 훈련, 수양을 통하여 현실의 한계를 부단히 극복하도록 노력해야 함을 당위의 과제로 제시하는 사상이었다. 여기서 예제, 형정의 정치적 규정과 강제 또한 필요하다는 점을 배제하지 않았다.

이러한 관념은 인간을 성인(聖人)과 범인(凡人) 차별 없이 파악함과 동시에 인간은 모두 성인이 될 수 있다고까지 여겼다. 이른바 '성인가학론(聖人可學論)'이었다. 모든 존재의 성인화를 전제한 점에서 이 사유는 혁명성을 내재하고 있었다. 물론 그렇다고 하여 이 관념이 인간의 신분적 사회적 평등성을 전제하는 것은 아니었다. 도덕성이란 삼강·오륜의 사회적 위계를 반영한 덕성 그것이었기에, 도덕성의 완전한 발현은 그 사회적 위계를 전면적으로 긍정하고 수용함에 다름 아니었다. 신분의 위계 사회에서 도덕성을 온전히 실현한다는 것은 곧 불평등의 현실세계와 자신을 한치 어긋남 없이 결합함을 의미했다.

사회적으로나 경제적으로 불평등한 현실의 질서 위에서 사회 구성원이 학습을 통하여 본래의 덕성을 회복할 수 있다는 명제는 철저하게

---

165) 이는 『中庸』 첫머리의 '性·道·敎'에 대한 주희의 해석에서 확인할 수 있다. 자세한 내용은 한상인, 2014, 「《중용》의 '수도지교(修道之敎)'에 대한 주희의 이해 변화 연구」, 『韓國敎育史學』 36-4 참조.

시대성을 띠었고 또 실현 불가능한 측면을 지니었다. 최고 수준의
학습을 거쳐 성인의 경지에 접근할 수 있는 여건을 갖추는 일은 특수한
존재를 제외하고는 쉽지 않기 때문이었다. 그럼에도 주자학에서는
상천민까지 포함한 전 구성원을 대상으로 교육을 통한 학습과 실천을
강조했다.[166] 황해도의 지방민들이 선을 행하고 악을 멀리하기를 기대
하며 만든『경민편』은 주자학의 덕성론과 인간론을 일반인을 대상으로
적용하며 그 경계를 부단히 확장하려는 한 성과였다. 김정국은 지방을
주자학의 정치론을 구현하는 중요한 공간으로 삼았다.

주자학의 방법에 매료된 김정국의 모습은 향교와 서당에서의 교육에
서 진면목을 보인다. 김정국은 이들 교육 기관에서 학생들이 범인의
경계를 넘어 성인에 목표를 두고, 공부하고 실천하도록 가르쳤다. 아래
의 시는 이를 잘 보여주는 자료이다. 첫 번째 시는 황해도 감사 시절
향교생들을 가르치며 지었고, 두 번째 시는 1519년 정변 후 고양(高陽)으
로 물러나 생활하면서 서당 학생들을 위해 지었다.

하늘이 이 백성을 낼 적에
부여한 덕성 사람마다 다 같았네.
자신을 포기하는 자 어리석게 되니
안타까워한들 누구를 허물하리오.[167]

학문의 과정에는 핵심이 있으니

---

166) 중종 13년, 경상도 私奴 呂衡이 김안국이 감사를 마친 뒤 떠날 때 지어 바친
글이 儒者도 미치지 못할 내용을 담고 있다고 하여 크게 화제가 되었다. 呂衡은
김안국에게『小學』을 빌려 읽는 등 학문에 뜻을 두고 있었는데, 조광조는 여형의
사례를 들어 天性은 貴賤을 불문하고 동일하며, 사람의 惡의 교정은 교화에
달려 있음을 강조했다.(『中宗實錄』권33, 중종 13년 5월 4일[壬寅])
167) 金正國,『思齋集』권1, 勸列邑諸校生, 6나, "皇天生我民, 賦予無薄厚. 自棄者爲愚,
咄咄寧誰咎."

부지런함과 게으름이 성인과 도둑을 만든다.

분초를 아껴 가볍게 버리지 말라

성인과 범인은 하늘과 땅 차이이니.[168]

인간은 도덕적 성품을 본래부터 지니고 태어나므로 정치를 시행함에
일차적으로 고려해야 할 일은 그들의 도덕성을 흥기(興起)하도록 돕는
일이어야 하며, 형벌에 근거한 외재적 강제는 오히려 부차적이어야
한다는 것이 김정국의 생각이었다. 16세기 초, 『경민편』에서 거론한
지방 정치에서의 '형벌'의 위상은 15세기 초의 그것과 비교할 때 정반대
되는 지점에 위치하고 있었고, 그러한 변화를 매개한 사유는 주자학이었
다. 『경민편』은 이 지점에서 살필 때 문명사적 전환을 반영한 책이었다.
『경민편』을 간행하고 이를 보급하려 했던 김정국의 노력은 당시
지방 정치의 운영을 바꾸는 계기가 되었다. 김정국은 이 책을 통하여
형벌에 기초하여 이루어지는 정치, 그러므로 폭력의 성향을 강하게
지니게 될 정치를 도덕성 흥기를 중시하는 계몽의 정치로 전환하기를
기대했다.[169] 이미 조선 정부가 도덕의 가르침에 의한 국가 경영을
표방하고 여기에 맞추어 제반 제도를 마련하고 있었음은 주지의 사실이
다. 그러나 실제 지방의 정치 일선에서 도덕 가르침에 기초한 대민
통치의 원칙이 천명되고 그 구체적인 내용이 마련된 적은 없었다.
교화와 형벌을 병행하는 것이 정치의 요체라는 점을 위정자들이 주목하
지 않거나 혹은 그 의미를 강조하지 않은 것은 아니었다. 하지만 지방의

---

168) 金正國, 『思齋集』 권1, 書示書堂諸子, 27나, "爲學功夫自有要, 只緣勤怠作堯蹻. 分陰
慎勿輕抛擲, 聖與凡人判壤霄." '蹻'는 큰 도둑의 대명사인 莊蹻를 가리킨다.

169) 김정국은 감사로 재직하던 중종 14년 2월에 장계를 올려 연안부사 安彭壽는
用刑이 가혹하여 백성을 다스리기에 적당하지 않은 인물이므로 체직해 달라고
하여 허락을 얻었다.(『中宗實錄』 권35 중종 14년 2월 12일[丙子]) 안팽수는 해주
출신으로 중종 12년에 황해도 관찰사를 역임했다.(『中宗實錄』 권27, 중종 12년
3월 6일[辛巳]) 안팽수의 딸은 鄭澈의 母親이다.(『愼獨齋全書』 권10, 臨汀鄭相公行狀)

현장에서 그것이 구체화 되지는 않았다. 김정국은『경민편』을 편찬, 그러한 원칙과 생각을 본격적으로 정리하여 밝혔다.

김정국의 노력은 한문으로 작성된 책을 통해 교화를 이끎으로 해서 필연적으로 문해자(文解者), 글을 읽고 이해하는 계층의 힘을 크게 중시했다. 이미 조선은 국정 방향의 기조를 문자 교육, 유교 교육의 강화로 설정하고, 연관하여 이를 구현하는 제도와 정책을 다양하게 만들어 집행하고 있었다. 전국 군현에서의 향교의 설치와 운영은 그 대표적인 사례일 것이다. 김정국은 군현민들이『경민편』을 읽고 이해하며 변화를 일으키기를 기대했다. 당시 지방에서 문해자가 차지하는 비중은 적다고 할지라도 추구하는 방향성이 가지는 의미는 적지 않았다.

이와 같이 범죄에 대해 교화의 관점에서 접근하여 그 방비를 의도하고 또 교화를 치세(治世)의 근본적인 방식으로 설정하는 것은 결국 공권의 성격이 변화해 감을 의미했다. 형벌을 중심으로 지방민을 대하던 것에 비하면『경민편』의 방식은 일단은 폭력성, 강압성이 약화될 수 있었다. 또 권력이 보다 유연해지며, 지방민에 대한 권력의 대응이 향상되는 결과가 나타나리라는 점을 예상할 수 있다.[170]

물론 그 반대의 측면도 부정할 수 없다. 범죄를 저지르면 도덕률을 무너뜨린다는 관념을 지방민들에게 내재화하도록 요청하는『경민편』의 지향은 권력이 보다 촘촘하게 지방민을 장악하고 권력을 행사할 수 있는 기반을 갖추기 위한 노력이기도 했다. 도덕의 내면화로 드러나는 이 방식은 형벌의 징치만을 내세우는 방식에 비해 한층 세련되고 기술적인 외양을 띠었다. 어찌보면『경민편』의 도덕은 권력의 술수가 한층 진화된 모습이기도 했다.

---

170) 이러한 변화는 수조권 분급제의 약화, 지주제의 확산과 연관이 있다. 이 지점에서 보자면 이러한 현상은 사족을 비롯한 민인들의 사회경제적 성장이 만들어낸 결과라고도 할 수 있다.

2) 감사의 '선화 책무'와 『경민편』

　『경민편』의 또 다른 성격으로는 감사의 '선화(宣化) 책무'를 충실하게 수행하기 위해 만들어진 책이라는 측면에서 살필 수 있다. '선화 책무'란 국가의 교화를 책임지는 국왕을 대리하여 지방에서 이를 수행하는 감사와 수령의 지위와 역할을 두고 붙인 표현이다. 감사의 직무는 '선화'에 있다는 언명은 그 한 표현이다.[171] '교화'의 정치를 최고의 가치를 부여하던 관념 위에서, 감사와 수령은 국왕을 대리하여 자신의 관할 구역에서 이를 구현한다는 의미가 이 용어에 들어있다. 말하자면 '선화 책무'는 유교 국가 조선의 지방제 운영 방식과 연관하여 이해할 수 있는 개념이다. 이 책에서는 특별히 지방 정치를 대표하는 감사와 연관하여 이 표현을 사용했다.

　조선에서 지방 통치는 전국을 8도로 구획하고 각 도의 내부에 하부 행정단위로 군현(郡縣)을 편제한 도-군현 체제로 이루어졌다. 감사는 종2품의 관원으로 임명했으며, 군현의 수령은 맡은 지역의 규모·중요도에 따라 종6품에서 종4품까지 등급을 나누어 배치했다. 감사의 임기는 360일, 수령은 1,800일이 원칙이었다. 수령의 경우 품계가 당상관이거나 가족을 임지로 데려가지 않는 경우 임기를 900일로 줄였다.[172]

　수령과 감사, 양자의 관계는 군현 정치의 실제 운영자와 그 정치에 대한 감독자로 설명할 수 있다. 『경국대전』에서는 수령의 업무를 수령칠

---

171) 『成宗實錄』 권174, 성종 16년 1월 18일[辛丑], "監司之職, 承流宣化, 專制一方, 其任至重矣." '承流宣化'는 『漢書』 권56 董仲舒傳에 나오는 말로, 『資治通鑑綱目』에서도 인용되어 있어(『資治通鑑綱目』 권4, 辛丑年, 綱: 世宗孝武皇帝建元元年, 目: "郡守縣令, 民之師帥, 所使承流而宣化也.") 조선에서는 익숙한 표현이었다. 개념상 風教를 받들어 숭상하고 은택을 베풀어 백성을 교화하는 관원의 직분을 가리킨다. 보통 方伯 등 지방 장관을 가리킬 때 이 용어를 썼다.

172) 『經國大典』 권1, 吏典·外官職, "觀察使·都事仕滿三百六十, 守令仕滿一千八百, 堂上官及未挈家守令·訓導仕滿九百, 乃遞."

사(守令七事) 곧 '농사의 성공[農桑盛]', '호구 증진[戶口增]', '학교 진흥[學校興]', '군정 정비[軍政修]', '부역의 균등[賦役均]', '사송의 감소[詞訟簡]', '간교하고 교활한 행위의 멈춤[奸猾息]' 등 일곱 가지로 설정하고 이를 중심으로 군현을 운영하도록 하였으며, 감사는 이와 관련한 치적을 근거로 이들을 포폄(襃貶)하여 등급을 매기고 매해 연말에 정부에 보고하도록 하였다.[173] 수령이 직접 백성과 대면하며 군현 업무를 수행했다면 감사는 국왕의 대리인, 사신(使臣)으로서 수령을 관리 감독하며 지방 운영이 원활하게 이루어질 수 있도록 했다.[174]

감사의 임무를 두고, "감사는 단독으로 한 지역을 담당하면서, 수령의 전최(殿最)와 형결(刑決)·군무(軍務)를 통찰(統察)하는 존재"[175]라거나, "감사는 방면(方面)을 위탁받았으니, 민생의 휴척(休戚)과 수령의 현부(賢否)와 형옥(刑獄)의 결체(決滯), 학교의 흥폐(興廢)가 모두 한 몸에 매여 있다."[176]는 표현은 감사가 가진 권능과 역할을 잘 보여준다. 국왕을 대리하여 한 지방의 통치를 책임졌던 감사는 수령 정치가 원활하게 행해질 수 있도록 그들을 감독하고, 그들이 가진 어려움을 풀어주는 지방 정치의 실질적인 책임자였다. 지위와 역할 양 측면에서 보자면, 감사는 국왕과 수령 양자를 잇는 결절점(結節點)이었다. 그러기에 감사는 국왕이 갖는 교화주(敎化主)로서의 역할을 분담하는 존재이기도 했다. 감사의 직무는 '선화'에 있다는 표현,[177] "풍속이 후하고 박한 것은 치도(治道)의 성쇠(盛衰)에 관계되는 것인데, 한 도민의 풍속은

---

173) 『經國大典』 권1, 吏典·考課, "每歲季, 觀察使具守令七事實跡啓聞.〈七事, 農桑盛, 戶口增, 學校興, 軍政修, 賦役均, 詞訟簡, 奸猾息〉."

174) 여기에 대해서는 張炳仁, 1982, 「朝鮮初期의 觀察使」, 『韓國史論』 4 참조.

175) 『成宗實錄』 권179, 성종 16년 5월 8일[丁巳].

176) 『成宗實錄』 권272, 성종 23년 12월 27일[癸亥].

177) 『成宗實錄』 권174, 성종 16년 1월 18일[辛丑], "監司之職, 承流宣化, 專制一方, 其任至重矣."

책임이 감사에게 있다."[178]는 언명도 여기서 나왔다.

김정국이 『경민편』을 편찬하고 보급한 일은 감사의 이러한 직무에 충실한 행위였다. 김정국은 황해도의 지방 수령 곧 목민관들이 '백성들을 제대로 인도하고 풍속을 변화시킴[導民化俗]'의 도구로 『경민편』을 적극 활용하기를 바랬다.

> 이 책을 문구(文具)로 돌려버리고 우원(迂遠)하다고 치부하며, 다만 앉아서 나라의 녹만 먹고 세월을 희롱하고 놀뿐 백성을 계도(啓導)하여 풍속을 감화케 할 도리에 대해 마음을 극진히 하고 정성을 다하지 않는다면, 이는 결코 편자(編者)의 뜻이 아니니, 아! 우리 목민관(牧民官)들은 늘 유념해야 할 것이다.[179]

김정국의 이 발언은 황해도 감사의 처지에서 했기에 지역적 한계를 갖는다. 다만 여기서 표현된 지향은 전국의 모든 수령들에게도 해당되는 일반성을 지니었다. 여건에 따라 얼마든지 확장하여 활용할 수 있는 요소가 이 책의 바탕에 자리 잡고 있었다. 김정국의 『경민편』 편찬은 요컨대 감사 본연의 선화(宣化) 책무(責務)에 충실한 행위였다 할 것이다.[180] 김정국에게 외관직은 황해도 감사가 처음이었지만, 그는 남들에게서는 찾아볼 수 없는 열정으로 이 직무를 수행하여 전례 없는 결실을 내어 놓았다.

하지만 김정국의 『경민편』 편찬에는 조선 초기부터 강조되어 온 바, 선화 책무에 충실해야 하는 감사의 일반 행위로만 한정할 수 없는

---

178) 『成宗實錄』 권198, 성종 17년 12월 12일[癸未], "風俗之厚薄, 關於治道之汚隆, 而一道民風, 責在監司."

179) 『警民編』(이후원 간본), 「警民編序」.

180) 『경민편』과 같은 교화서를 개인이 만들어 보급하고자 하는 의미는 이러한 감사가 가진 고유의 성격과 연관하여 파악할 수 있을 것이다.

요소가 들어있었다. 김정국의 새로운 시도는 이 시기 지방제 운영의 틀 위에서 본다면, 감사의 지위와 역할을 보다 확장하려는 기묘사림의 지향과 맞물려 나타났다고 할 수 있다.

제1장의 2절에서도 일부 살폈지만, 이 시기 기묘사림은 감사-수령의 구조로 위계화된 지방을 자신들의 정치적 의도를 구현하는 정치 공간으로 만들려고 했다. 중앙의 도성(都城)이 정치의 중심지이지만, 8도는 조선을 지탱하고 또 타격을 줄 수도 있는 힘을 가진 민인들이 사는 지역이었기 때문에 이곳이야말로 더없이 중요한 정치 공간이었다. 조선의 변화는 곧 지방으로부터 시작될 때 가능했다. 그런 면에서 8도에 강한 정치력을 행사하고 이를 바탕으로 지방을 바꾸는 정책을 펼치는 일은 그 무엇보다 중요했다.

이를 위하여 이들이 구상하고 실행하려 했던 방식은 크게 보아 두 가지였다. 지방 장관인 감사의 유영화(留營化), 겸목관화(兼牧官化), 구임화(久任化)로 집약되는 감사구임제의 실현이 그 하나였다. 이는 『경국대전』의 법 규정을 바꾸는 일이었기에 지방 제도의 법제적 개변이라 할 수 있다. 1517년 경부터 시작된 감사구임제를 위한 움직임은 오랜 논의를 거치며 1519년(중종 14) 8월에 마무리되었다.[181]

감사구임제와 감사의 유영화는 감사가 가진 권한을 실질적으로 강화할 수 있는 기반이었다. 이 점은 종래 1년 임기의 감사제의 운영을 바꾸는 데서 기대되는 필연적인 모습이었다. 이 시기 감사는 그 임기가 1년밖에 되지 않았고 또 한 곳에 상주하며 도내의 여러 업무를 관장하는 것이 아니라 계속 관내 수령들의 임지를 순력(巡歷)해야 했기 때문에, 도내 정치의 구심을 이루지 못하였다. 오히려 지방 정치의 중심은 수령 7사의 업무를 장악한 수령들에게 주어져 있었다. 수령을 '근민(近

---

181) 여기에 대해서는 1장의 1절에서 구체적으로 정리했다.

民)', '친민(親民)'의 존재, '사방 100리를 다스리는 제후'182)와 같은 존재로 파악하고, 심지어는 수령을 두고 민의 부모라 하여,183) 수령과 민의 관계를 군주와 민(民)의 관계와 등치하여 인식하기도 하였음은 이들이 가지는 위상을 잘 대변해준다. 1년 감사제 하에서 수령은 실질적으로 한 지역의 행정과 치안, 사법을 책임지는 정치적 수장(首長)이었다.184)

구임제가 시행되면, 감사는 겸목관이 되어 유영(留營)함으로써 수령이 지니는 성격을 겸하는 한편으로 강한 권한을 지니고 한 도(道)를 통할(統轄)하는 장관으로서의 임무를 실질적으로 수행할 수 있었다. 더불어 감사 업무를 지속성을 지니고 행하여 소기의 성과를 거둘 가능성이 커졌다. 겸목관이 자리 잡는 지역은 대체로 황해도 해주, 경상도 상주 혹은 성주, 강원도 원주, 전라도 전주 등 한 도의 중심지였다. 이와 같이 감사구임제와 감영의 유영화(留營化)는 감사와 수령의 위계적 질서를 전국의 8도에서 분명하게 세우는 효과를 내장(內藏)하고 있었다.

기묘사림은 이렇게 함으로써 감사가 맡은 선화의 책무가 보다 효율적으로 이루어질 수 있다고 보았다. 그럴 경우, 지방에 미치는 왕의 권위 혹은 왕권으로 대표되는 중앙권력의 영향 또한 강력하게 발현되게 될 터였다. 감사는 왕을 대리하여 교화를 펼치는 존재였기에 감사의 권한 강화는 결국 중앙의 권력이 지방 사회 깊숙이 스며드는 계기가 될 수 있었다.185)

---

182) 『明宗實錄』 권11, 명종 6년 7월 13일[己亥].

183) 『世祖實錄』 권7, 세조 3년 3월 15일[戊寅] ; 『成宗實錄』 권234, 성종 20년 11월 7일[辛酉], "命召領敎寧以上·六曹·漢城府·臺諫·弘文館, 傳曰: '子之於父母, 民之於守令, 其義惟一. 故以部民而訴守令者抵罪, 此是良法, 當守之堅如金石. 但部民拘於禁令, 不得告其守令, 恐民冤之不申也.'"

184) 이 시기 수령제에 대해서는 임용한, 2002, 『朝鮮前期 守令制와 地方統治』, 혜안 참조.

185) 이러한 변화는 집권성이 강화되는 양상으로 이해할 수 있을 것이다. 그렇다고 하여 이들이 강화되는 권력이 패도적으로 운영되어야 함을 주장하는 것은 아니었다. 이들은 권력이 도덕성과 결합하며 운영되어야 함을 극력 강조했는데, 이는

감사제 운영의 변화를 통하여 주자학의 이념을 지방에 널리 확산하고 이를 기초로 사회 운영의 원칙을 새롭게 구조화하려는 노력은 기묘사림이 벌인 또 다른 작업이었다. 조선을 주자학의 경세책(經世策)으로 운영하려는 원대한 포부를 지녔던 기묘사림은 이의 실현에 감사의 역할이 중요한 원동력이 된다고 여겼다. 기묘사림이 보기에, 감사가 긴 시간, 수령을 통할할 수 있는 강한 힘을 가지고 한 방면(方面)에 머무르게 되면 주자학의 경세론을 보다 충실하게 구현할 수 있었다. 기묘사림에게 감사구임제 시행과 주자학 이념의 확산은 서로 연관되어 있었다.

　　본래 기묘사림은 권력의 핵심에 가까이 가면서 주자학의 영향력을 확대하고자 하는 노력을 다방면으로 경주했다. 주자학이 조선에 널리 자리 잡지 않은 상태에서 이들이 택한 방침은 다양했다. 이들은 중종으로 하여금 주자학의 성학(聖學) 학습에 충실해야 함을 촉구하고, 정몽주, 김굉필과 같은 인물을 '이학(理學)'의 중심에 위치시키며 이들을 문묘(文廟)에 배향하려 했다.[186] 정치와 학문 권력의 핵심에 주자학을 놓음으로써 이 사상의 학문적 권위를 확보하려는 시도였다.[187] 긴 논의 끝에 김굉필은 제외하고 정몽주만 문묘에 종사하기로 하여 기묘사림의 의견은 온전히 수용되지 못했지만, 중종에게 성학의 가치를 알리고 이를

　　　君主聖學論과 맞물리며, 신료들의 군주 견제론, 신료 우위의 정치운영론으로 나타났다. 이 점에 대해서는 김정신, 2000, 앞의 글 참조.

186)　정몽주를 문묘에 종사하자는 논의는 세조 2년 3월 28일 집현전 직제학 梁誠之에 의해 최초로 제기되었다.(『世祖實錄』 권3, 세조 2년 3월 28일[丁酉]) 이후 성종 대에 거론되다가(『成宗實錄』 권82, 성종 8년 7월 21일[丙戌]) 중종 대에 들어와 본격화되었다. 중종 5년 정언 李臀가 최초 발론하고(『中宗實錄』 권12, 중종 5년 10월 18일[辛丑]) 몇 해 뒤 김구가 이를 이었다.(『中宗實錄』 권21, 중종 9년 11월 12일[庚午]) 중종 12년에 이르러서는 정몽주와 김굉필 두 인물을 문묘 종사하자는 논의가 대두하며, 논의 양상이 달라졌다.(『中宗實錄』 권29, 중종 12년 8월 7일 庚戌~『中宗實錄』 권29, 중종 12년 8월 20일 癸亥) 최종적으로는 정몽주의 문묘 종사로 귀결되었다.(『中宗實錄』 권29, 중종 12년 9월 17일[庚寅])

187)　김용헌은 '학문과 권력에 관한 계보학적 탐색'이라는 견지에서 이 문제를 살폈다.(2010, 『조선 성리학, 지식 권력의 탄생』, 프로네시스)

익히게 하려는 이들의 노력은 지속되었다.

이와 더불어 이들은 주자학의 기본 사유를 담고 있는 문헌을 널리 보급하고, 주자학의 이념을 담은 조직을 사회적으로 혹은 정치적으로 구축하고자 하였다. 『소학』 및 『소학』 번역서의 간행과 보급,188) 『주자 증손여씨향약(朱子增損呂氏鄕約)』의 번역서 보급과 경외(京外)에서의 향약의 조직화,189) 4대 봉사제의 법제화190) 등과 같은 일들이 중종 10년부터 15년까지 불과 몇 년 사이에 집중 추진되었다. 이 중에는 논의에만 그치고 실제 법제화까지 못 간 경우도 있었고 국왕의 명령으로 실행된 사안도 있었다. 여기서 거론한 몇 사례 가운데 『소학』의 보급을 제외하면, 그 어느 경우이든, 조정에서는 반대파와 찬성파 간에 오랜 시간 치열한 논쟁을 펼쳤다. 이 모두 주자학의 사회화(社會化)를 위한 구체적인 움직임이었다.

기묘사림은 주자학의 사회화 작업에서 실질적인 역할을 하는 존재가 감사임을 확인하고 이들이 이를 주도하도록 기획했다. 중앙에서 논의가 일고 그 사안이 법이나 정책으로 채택되더라도 지방에서 실제 실행되지 못한다면 아무런 의미가 없는 일이었다. 향약과 같은 사안은 지방의 감사가 먼저 시행하여 그 효과를 만들어내고 이후 중앙의 조정 논의에 힘을 실어주기도 했다. 향약이 본격 시행된 시점은 1518년(중종 13), 김안국이 경상도 감사로 있으면서 『주자증손여씨향약』을 한글로 번역

---

188) 이에 대한 연구는 정호훈, 2014, 앞의 책 ; 윤인숙, 2016, 앞의 책 참조.

189) 향약은 이미 중종 13년부터 김안국이 경상도 감사로 있으면서 그 실행이 검토되고 또 실제로 행해지기도 했다. 김안국의 감사 시절, 경상도 지역은 향약 행정의 모범 공간이 되었다. 김안국으로부터 1년이 지난 뒤인 중종 14년이 되면서 이제 이를 전국적으로 시행하는 문제를 두고 논의가 진행되었고, 곡절을 거치며 그렇게 하는 것으로 결론이 났다.(『中宗實錄』 권36, 중종 14년 5월 19일[辛亥] ; 『中宗實錄』 권35, 중종 14년 4월 5일[戊辰], "傳曰: '近日八道失農, 民生困瘁, 憂慮罔極. 是予未盡自修, 而監司亦不得辭其責. 前已下諭, 使務農桑, 而猶不勉焉, 學校敎化, 亦未見能盡其道者.《呂氏鄕約》, 亦可勸勉.'"

190) 이 책의 제1장 1절 주)143 참조.

하여 간행한 뒤부터였다. 이 시절 경상도 지역은 향약 행정의 모범 공간이었다. 김안국의 노력으로부터 1년이 지나면서 중앙정부에서는 이제 이를 전국적으로 시행하는 문제를 두고 논의를 진행했고 곡절을 거치며 그렇게 하는 것으로 결론을 내렸다.[191)

이들이 보기에 수령은 주자학의 보급에 그다지 힘을 쓸 여유가 없고 이들이 이 일에 유의한다 하더라도 그 영향을 미치는 범위는 일부 군현 지역에 머물렀다. 반면 감사는 개별 수령이 근무하는 지역의 한계를 뛰어넘어 도(道) 전체를 포괄하므로 주자학의 확산에 크게 기여할 수 있는 존재였다. 감사의 지방 정치와 그 정치를 핵심에서 떠받치는 주자학의 확산은 서로 연결되어 있는 셈이었다. 1518년(중종 13) 참찬관(參贊官) 김정(金淨)이 주강(晝講)에서 중종에게 감사 구임을 건의하며 한 발언은 이 시기 기묘사림이 지니고 있던 이러한 생각을 잘 보여준다. 김정이 거론한 '교화'가 주자학의 범주 안에 있는 것임은 '교화'와『소학』을 연결하여 이야기하는 데서 충분히 알 수 있다.

지방 수령이 누가 교화의 방법을 알겠습니까? 간혹 교화에 유의하는 자가 있다 하더라도 한 고을만을 맡을 뿐이고 다른 고을에는 미치지 못하는 형편이니, 그 교화의 범위가 넓지 못합니다. 그 나머지는 대부분이 공(公)을 빙자하여 사(私)를 영위하니, 많은 군읍의 수령을 모두 고를 수도 없는 일입니다. **감사가 교화에 유의하면 수령들이 반드시 감사의**

---

191) 이때의 논의에서 쟁점이 된 사항은 관찰사 및 수령들이 향약의 시행을 장려하고 권면할 것인가, 아니면 정부의 명령으로 모든 지역에서 이를 시행하게 하고 감사가 책임지고 이끌도록 할 것인가 하는 점이었다. 이는 본래 일개 필부의 의견으로 한 향리에서만 시행하도록 설계되었던 여씨향약의 규모를 인정하는 선에서 일부 지역에 한정하여 향약을 시행할 것인지, 아니면 규모를 확대하여 전국에 걸쳐서 시행하도록 하고 이를 국가 공권의 힘으로 적극 밀어 갈 것인가 하는 문제이기도 했다. 전자가 향촌의 자율성, 점진적 시행을 염두에 두었다면, 후자의 방식은 국가의 강제성에 기대어 일시적·동시적 시행을 겨냥했다.

뜻을 본받아 백성을 선(善)으로 인도할 것이요, 이웃 고을의 수령들도 따라서 본받게 된다면, 그러한 다스림은 효험이 있을 것입니다. 들으니, 경상도 감사가 교화에 유의하여『소학』을 부지런히 가르침으로써 백성을 감동시키매 뜻있는 사람들이 앞을 다투어 본받는다 합니다. 그러나 사람마다 유임시킬 수는 없습니다. 1년 동안에 정치와 교화가 어찌 흡족할 수 있겠습니까? 반드시 그 재임 기간이 길어야만 성과를 거둘 수 있을 것입니다.[192]

교화를 실행함에 수령의 힘으로는 역부족이며 그 상위 기관인 감사가 오랜 시간 힘을 쏟아야 가능하다는 이야기이다. 여기서 거론한 교화는 기묘사림이 구현하고자 했던 이념과 연관이 있다. 경상도 감사는 김안국을 가리킨다. 중종은 이때 교화는 조정에서 먼저 힘써야 하지만, 지방의 교화는 감사가 반드시 힘써야 이루어진다고 화답하며 기묘사림의 의견에 동조했다.[193]

이와 같이 기묘사림은 새로운 감사 제도를 시행하며 감사의 권한을 강화하고 이 힘을 바탕으로 조선 8도 전역을 주자학의 문화와 이념으로 가득찬 공간으로 만들려고 했다. 기묘사림이 자신들의 정치적 야망을 구현함에 감사가 절대적으로 중요한 위치에 있음을 확인하고 이를 실제 법제와 정책을 통해 현실화하고자 한 사실은 이들의 정치적 기획이 전략적이었음을 보여준다. 이들의 이념과 정책은 앞선 시기의 관행을 뒤엎는 혁신성을 지니고 있었고 그만큼 구래 관념과 상충했다. 기존의 이념에 좌우되는 세력들의 저항 또한 적지 않았다. 이를 넘어설 수 있는 적절한 방법을 찾아야 했는데, 감사의 선화 책무의 확장과 강화는 여기에서 비롯했다고 할 수 있다.[194]

---

192)『中宗實錄』 권31, 중종 13년 1월 14일[甲寅].
193) 이때 김안국의 유임에 대해 중종은 "常法을 지켜야 한다."는 말로 반대했다.

감사의 지방 정치가 어떤 성격을 지니고 어떠한 형태로 진행되어야 할지를, 황해도 감사 시절 지방민의 범죄와 그 범죄에 대한 국가의 대처 방식을 빌려 생생하게 정리한 김정국의『경민편』은, 감사의 주도로 주자학의 정치론을 조선에 널리 확산하고자 했던 기묘사림의 지향을 충실히 담아낸 성과였다. 조선인들이 일상에서 저지르는 일반적인 범죄를 거론하면서도 가족 관계-가부장제적 종법의 의미를 중심에 두고 체계를 구성한 점, 공권이 백성의 범죄를 대하는 방식으로 형벌보다는 덕성을 일깨우는 계몽(啓蒙)의 방식을 중시한 점에서 김정국의 『경민편』은 기묘사림이 감사제 운영의 변화를 통하여 추구했던 새로운 형태의 선화 책무를 충실히 구현하는 책이었다. 범죄의 현실에 기초하여 주자학 가치의 확산을 이끌고자 한 이 방식은,『소학』의 보급이나 향약의 실천과 달리, 주자학의 실체가 겉으로 쉽게 드러나지 않는 듯하지만, 그런 만큼 주자학을 사회화함에 미치는 영향은 컸다.

중종실록의 찬자는 1519년의 정변과 기묘사림의 축출 이후 조선에 나타난 중요한 변화의 하나로 형률에 의한 사회 운영이 전면화했음을 비판적으로 거론했다. 기묘사림의 시각에 동조하는 의견을 지녔던 이 사관의 평가는, 기묘사림의 지향이 곧『경민편』의 그것과 동일했음을 잘 보여준다.

인심·풍속은 국가의 원기(元氣)인데, 임금이 인심을 바루고 풍속을 고치는 데에 뜻을 두고자 하면, 교화를 근본으로 삼지 않을 수 없다. 지난번 조정에서『소학』의 가르침을 숭상하고 또『여씨향약』을 인쇄하여 반포하여 중외에서 준행(遵行)하게 하였다. 향약은 임금이 백성을

---

194) 뒷날, 지방제도의 운영과 관련하여 감사와 감사제도의 영역이 차지하는 비중이 커지는 변화를 확인하게 된다.『경민편』을 이용하는 주체 또한 감사였다.『경민편』과 감사의 상관성은 매우 높았다. 이 점은 제Ⅱ부와 Ⅲ부에서 다룬다.

교화하는 방법이 아니기는 하나, 주(周)나라 때에 법을 읽어서 인민을 교화한 것과 비슷한 뜻도 있으므로, 선한 일을 하는 자가 흥기(興起)하고 악한 짓을 하는 자가 두려워 꺼렸는데, 기묘년 이후로는 이런 일이 일체 페이(廢弛)하여 부형이 자제에게 『소학』을 가지고 다니지 못하도록 경계하였으므로, 인륜이 밝지 않아 풍속이 크게 무너졌다. 그래서 죄를 범한 자를 뽑아 보내어 변방을 채웠으나, 이것은 인민을 가르치지 않고 형법으로 다스리려는 것이니, 근본을 버려두고 말단을 힘쓰는 것에 가깝지 않겠는가?[不敎民, 而欲以刑法齊之也, 無乃近於遺本而務末乎]195)

이때에 죄가 있는 자를 뽑아서 변방을 채우기는 하였으나 백성은 징계되지 않았으므로 중외(中外)에 송사가 매우 많아서, 골육의 형제 사이에 원수와 같은 일이 있고 은혜를 손상하고 인륜을 무너뜨리는 일까지 있었는데, 이루 기록할 수 없다. 고장에 효제(孝悌)의 행실이 없고 사람들에게 음란하고 간사한 죄가 많았으나, 감사가 힘쓰는 것은 치부(置簿)·회계(會計) 따위에 있을 뿐이고 다시는 교화·풍속 따위 일에 뜻이 없었는데, 이것은 대개 조정에서 여기에 그다지 유의하지 않았기 때문이다.196)

16세기 초, 정치사상계를 둘러싼 갈등의 핵심을 교화와 형벌을 중심으로 일목요연하게 정리한 사관의 이 평가는 어디에서도 찾을 수 없는 내용을 지니고 있다. 사관은 정변 이후의 변화에 대해, 『소학』, 향약을 보급하여 인민을 가르치지 않아 범죄자가 많이 늘어나자 정부에서는 이들을 형벌로 통제하려고 했다고 정리하고, 이를 근본을 버리고 말단을 좇는 행위로 규정했다. 감사가 하는 일 역시 "치부·회계 따위에 있을

---

195) 『中宗實錄』 권52, 중종 19년 10월 3일[甲午].
196) 위와 같음.

뿐이고 다시는 교화·풍속 따위 일에 뜻이 없었다."고 기록했다.

김정국의『경민편』간행은 그가 오랜 동안 익혀온 학문·사상의 실천적 결실이었다. 이 시기 김정국은 송대 학문 주자학을 이해하는 인물로는 선두권에 서 있었다. 김정국은 중앙 관료로 생활하면서 이 사상을 적극 구현하고자 했거니와, 황해도 감사를 지내면서도 그 배운 내용을 충실히 활용하려 했다.『경민편』간행은 그 구체적인 성과였다. 김정국의 노력은, 그렇게 화려한 외형으로 드러나지는 않았지만 이 시기 조선에서 주자학의 정치론을 감사의 정치를 매개로 확산시켜 가고자 하는 귀한 경험이었다. 물론 김정국이 추구한 성과는 온전히 그 개인의 관심만으로 이루어낸 일은 아니었다. 김정국은 '지치주의(至治主義)'를 내세우며 조선의 변화를 도모했던 기묘사림이 지녔던 사상의 기반 위에서 그들과 정치적 보폭을 같이하며 이 일을 펼쳤다.197)

『경민편』은 조선 건국 이후 점진적으로 변화하던 사회에 정치가 어떤 방식으로 대응할 것인가 하는 시대적 과제를 지방 정치의 공간에서 그리고 범죄와 형벌의 영역에서 적극적으로 추구한 움직임을 잘 보여준다. 형벌의 폭력성을 전면에 내세우지 아니하고 인간이 선천적으로 품부받은 도덕성을 계몽과 교육으로 깨우치기를 기대한 이 방식은 권력의 사회 운영, 권력의 대민 통제에서 일대 전환이었다. 거기에는 권력 속으로 조선의 백성을 보다 철저하게 끌어들여 지배 질서를 공고하게 만들고자 하는 의도가 강렬하게 작용했다. 직접적인 폭력보다는 도덕심을 통한 질서의 내면화가 더 강한 힘을 갖기에 이 방식은 매우 효율적이었다.

---

197) 김정국은 정치에 대한 근본 원칙을 주희의 생각에서 구했다. 필자는 김정국이 가졌던 이러한 태도는 趙光祖나 金湜과 같은 인물들에 비해 큰 차이가 없었다고 판단한다.(『思齋集』권3, 政貴時宜論 32가, "爲治之道, 在於順民心, 而能合乎先王之道也. 子朱子曰: '封建井田, 乃先王公天下之制, 不敢爲非. 在後世强做得, 則別有弊病, 斯言盡之矣.'")

동시에 이 방법은 폭력을 배제하며 권력을 운용하는 기제를 만들어냄으로써 조선의 백성들이 자신의 생명을 유지하고 삶을 지탱할 수 있는 수준을 한 단계 더 높이는 효과를 기대할 수 있었다. 김정국과 기묘사림은 지방민을 계몽하면 권력이나 백성 양편에 두루 이익이 된다는 주자학의 방법론을 적극 포착하고 실천하고자 했다.

16세기 초, 『경민편』의 간행과 보급은 황해도 한 지역에 머물렀다. 책자에 들어있는 내용은 당대의 관점으로서는 가히 혁신적이었지만 실제 파급의 범위는 넓지 않았다. 한문으로 글을 만들었기에 많은 사람들이 읽기에도 한계가 있었다. 그마저도 기묘사림이 위기에 빠지며 계승되지 못하고 사회적인 생명력을 거의 잃었다. 김정국이 이 책으로 이루고자 했던 기대는 소멸 직전이었다. 『경민편』의 현실 진입을 가로막는 장벽은 생각보다 높았다. 그러나 조선의 여러 여건이 김정국이 『경민편』에서 전제했던 수준으로 변화해가면서 『경민편』은 다시 살아날 수 있었다. 뒷 시기 조선 사회에서 『경민편』의 중요성을 끊임없이 부각하고 현실 속으로 이 책을 불러내려 했던 움직임은 우연이 아니었다.

II.
당쟁기 『경민편』의 분화 :
허엽의 중간과 이후원의 개간본

16세기 말, 선조의 즉위를 전후하여 조선의 정치사상계는 이전에 볼 수 없던 큰 변화를 겪었다. '을사사화'에 연루되었던 인물들이 조정으로 돌아와 정국을 주도하기 시작한 일은 그 가운데서도 핵심이었다. '기묘사화' 및 이후 이 정변과 연관하여 일어난 여러 정치적 사건에서 죽음을 당했거나 핍박을 받았던 인물들을 신원, 복권하고 그들의 정치적 사유를 높게 평가하고 계승하고자 하는 움직임 또한 활발하게 일어났다. 선조 대 초반의 조선 사회는 바야흐로 과거와 현재를 재평가하고 미래를 이끌어 나갈 새로운 방향을 찾으려는 정치권의 노력이 활발해지며 생동감이 넘쳐흘렀다.

선조 대 초반 정치사상계의 움직임은 중종·명종 대에 일어났던 정치적 사건 '사화(士禍)'에서 배척받고 억제되었던 힘들이 다시 소생하는 과정이기도 했지만, 한편에서 보자면 16세기 전·중반 조선에서 성장한 다양한 정치·사상의 요소들이 특별한 제약 없이 국가운영과 관련하여 집중적으로 응집되고 표출되는 흐름이기도 했다. 조선에서는 이미 정치와 학문의 구심을 이루는 세력들이 특정 지역, 특정 인물을 중심으로 생겨나며 확장되는 중이었다. 이들은 앞선 시기의 학문적 과제를 계승하면서 이 시기의 현안에 걸맞는 새로운 논리와 방법을 찾으려 노력하였다.

개성 지역에서는 서경덕(徐敬德)이 중심을 이루며 독특한 학풍을 세웠고 이에 따라 그의 영향을 받는 일군의 무리들이 활발하게 움직였다. 허엽(許曄), 민순(閔純), 박순(朴淳), 홍인우(洪仁祐) 등 서경덕의 주요 제자들은 하나의 학단을 이루었다. 경상도 북부와 남부에서는 이언적(李彦迪), 이황(李滉), 조식(曺植)이 활동하며 그들 나름의 학문·사상 체계를 세우고 있었다. 이들에게 영향 받은 학자들의 움직임 또한 뚜렷해졌다. 이보다는 조금 뒷시기이지만, 황해도-경기도 북부 일대에서는 이이(李珥)가 중심이 되어 다른 지역의 학자들에게서는 찾을 수 없는 학문 체계를 구축하며 고유의 입지를 확보하고 있었다. 이이는 앞선 선배 학자들이 일군 성취를 살피며 그 성과는 긍정하고 한계는 넘어서려는 가운데 그 누구도 갖지 못한 정치론을 세우고 강한 영향력을 행사했다. 16세기 중·후반, 조선의 정치사상계는 화담학파·퇴계학파·남명학파·율곡학파 등으로 이름 지을 수 있는 다양한 성향의 학술 세력을 중심으로 재편되어 나갔다.

여러 갈래로 나뉜 학문 풍토에서 성장한 인물들이 조정에 들어왔을 때, 정치적 의견이 얼마나 다채롭게 개진될지는 충분히 유추할 수 있다. 정치의 현실에서는 이 시기 여러 세력이 표출했던 다양한 의견이 상호 격렬한 갈등과 충돌로 비화하는 양상을 보였다. 선조의 즉위를 전후한 시기에 전개된 정치·사상 상의 여러 움직임은 15~16세기의 격동기를 거치며 성장한 조선 사회가 송-명대에 발달한 학문을 조선을 이끌 중심 사상으로 인정하고 이를 바탕으로 정치 학문 활동을 펼쳐나가는 본격적인 모습이었다. 더불어, 명종 대 문정왕후(文定王后)와 보우(普愚)의 정치적 몰락에서 볼 수 있듯, 조선에서 여전히 영향력을 발휘하던 불교는 국정 운영과 관련해서는 더 이상 힘을 쓸 수 없을 정도로 힘을 잃고 있었다.

지연과 학연, 혈연에 따라 동인(東人)과 서인(西人)으로 정파가 나뉘고, 그들 상호 간에 권력 장악, 정국 운영을 둘러싼 치열한 정쟁이 일어나는 현상 또한 이러한 변화 선상에서 이루어지는 일이었다. 당파

(黨派)의 형성과 당파에 기초한 정치 운영은 송대 학문·사상의 전면화, 동시에 이 학문을 둘러싼 복잡한 내부 분화와 맞물리며 이제 조선의 새로운 현실이 되었다.

당파가 생긴 만큼 당과 당의 정치적 정향(定向)은 각기 권력 장악을 중심으로 표출되었다. 당파 사이의 대립·갈등 또한 격렬하게 일어났다. 때로는 그 거친 정쟁이 오랫동안 길러온 사회 내부의 문화적 정치적 역량을 송두리째 부수고 무너트리는 모습을 드러내기도 했지만, 당쟁은 조선 사회를 움직이는 상수(常數)의 하나로 자리잡았다. 당쟁은 그 자체 숱한 폐해를 만들었고 반드시 극복해야 할 대상으로 많은 사람들이 자주 운위했음에도, 이제 이 시기 변화를 이끄는 정치적 동력으로 우뚝 섰다.

1592년의 대일(對日)전쟁, 1636년의 대청(對淸)전쟁 등 두 차례의 전란을 거치면서 새롭게 조성된 국가 위기 상황에서 당쟁은 더 격화되고 또 새로운 국가 건설의 과제와 관련하여 질적 변화를 보였다. 하지만 16세기 후반 이래 조선을 움직이던 정치적 동인(動因)으로서의 기능을 당쟁은 여전히 발휘했다. 학파·정파 간의 경쟁 혹은 갈등과 대립은 당쟁을 통하여 표출되고 당쟁은 학파·정파 간의 경쟁과 충돌을 격화시켰다. 그 과정에서 정치이념과 정책이 다채로워지고 조선의 정치 문화 또한 숙성하는 변모를 보였다.

김정국의『경민편』은 이 시기 정치사상, 학술의 변화와 연관하며 새롭게 주목되고 활용되었다. 그 과정에서『경민편』의 구성과 내용이 이전과는 사뭇 달라지는 일이 일어났다. 1579년(선조 12) 무렵 경상도 감사 허엽(許曄)이 김정국 간본을 자기 방식으로 재구성하여 중간(重刊) 했고, 1659년(효종 10) 이후원(李厚源) 또한 기존의 내용에 몇 가지 새로운 자료를 첨가하여 이전에 볼 수 없던 형태로 개간(改刊)했다.[1] 허엽의『경민편』중간은 김정국 간행 이후 60년의 세월이 흐른 시점,

이후원 간본의 출판은 약 100여 년의 시간이 지난 뒤에 이루어졌다.

이들 두 책은 앞선 시기의 간본에 비한다면 책의 구성, 내용 전달 방식 등이 많이 바뀌었고 책에서 전하고자 하는 이념 또한 보다 풍부해졌다. 나아가 이들 중간·개간본의 주인공들이 지닌 정치적 성향과도 연관하여, 각각의 간본에서 강조하는 내용 또한 크게 대비되는 양상을 보였다. 허엽 간본은 서경덕의 학통 속에서 자란 동인 영수 허엽의 정치적 성향을 지니고 있었고 이후원 간본은 송시열과 보조를 같이하는 서인의 정치의식을 충실하게 담고 있었다. 『경민편』은 하나의 뿌리에서 출발했지만 이때에 이르러 분화하며 두 모습을 드러내었다. 그러한 변화는 16세기 말~17세기 중반의 격변기에도 조선의 정치계는 『경민편』이 가진 정치적 효능을 여전히 강렬하게 요청하고 있었음을 보여준다. 또한 이 책의 역할과 기능이 학파와 정파의 사상적 정치적 노선과 연관하여 새롭게 설정되고 있었음을 알려준다.

당파가 형성되고 당쟁이 본격화되는 시점에 여러 사람이 주목한 『경민편』은 비록 작은 책자에 불과하지만, 앞선 시기의 정치사상적 과제와 연관되면서도 이 시기의 시대적 요구에 맞물리는 내용을 갖추며 재활용되는 모습을 잘 보여준다. 『경민편』은 이제 단순하지 않은 책으로 변모했다.

---

1) 重刋과 改刋은 허엽과 이후원이 각기 쓴 표현이다. 이들이 중간과 개간이라 한 까닭은 김정국의 간행본을 자신들이 보완하여 새로 간행한다는 의식을 가지고 있었기 때문이었다. 시기적으로 허엽 간본과 이후원 간본은 선후의 차이가 있지만, 이후원 간본이 허엽 간본을 넘어서자는 의도에서 만들어지지는 않았던 것으로 보인다. 현재 확인할 수 있는 자료로는 이후원이 허엽 간본을 직접 보고 이를 비판하는 의식을 가지고 있었다고 하기 어렵다. 그렇다 할지라도 허엽 간본과 이후원 간본에는 내용상 서로 팽팽하게 대립하는 요소가 담겨 있었다.

1. 『경민편』의 진화와 변모 :
허엽의 『경민편』 중간(重刊)과 '위민시은론(爲民施恩論)'

1) 16세기 후반 경상도 감사 허엽의 『경민편』 중간

(1) 『경민편』의 재편과 군(君)–민(民) 관계론의 보완

1519년 겨울 기묘사림의 정치적 패퇴 이후의 정국은 원상을 복원하려는 힘보다 이를 억누르는 형세가 더 강했기에, 몇 년 사이 기묘사림들이 의욕적으로 시작했던 일들이 빠르게 바뀌었다. 새롭게 싹터 성장하던 요소들도 기운을 잃었다. 한동안 많은 사람들이 『소학(小學)』, 『근사록(近思錄)』을 금기시하며, 공공연히 드러내 놓고 이 책들의 학습을 피하려 했던 일은 그 한 사례일 것이다. 이들이 중시하던 학문을 당시에는 '도학(道學)'이라 불렀는데, 반 기묘사림 세력들은 이 역시 크게 배척하여 이를 '강명논변(講明論辨)'하는 일도 '기묘여습(己卯餘習)'이라고 하여 배격하고 겁박하기도 했다.[2] '기묘여습'은 기묘사림을 정변으로 퇴출시킨 후, 기묘사림과 유사한 생각을 가지고 행동하는 사람들을 그들의 비판자들이 일괄해서 배척하고 공격할 때 쓰던 표현으로, 1519년의 정변 이후에도 강한 효력을 발휘하고 있었다. 심지어 정변이 일어난 지 거의 50여 년이 다된 시점에도 이 말이 정치적으로 활용되고 있었음을 볼 수 있다.[3]

---

2) 洪仁祐의 장남 洪進은 아버지의 삶을 정리하며 다음과 같이 썼다. "己卯士禍之後, 重之以乙巳斬伐之酷, 士氣摧鑠, 俗尙貿貿, 道學爲世大禁. 而府君獨立不懼, 與二三同志, 講明論辨. 世之不悅者, 斥之以己卯餘習, 甚者指以爲黨, 至欲疏列名字, 榜示學堂. 一時儕輩, 刑殺流竄相繼, 而府君處之如常, 吊死問生, 禮無所缺. 人皆危之, 而府君不爲之撓, 權奸亦莫能加害焉."(『恥齋遺稿』附錄, 行狀, 21가)

3) '기묘사화' 이후의 형세에 대해 유희춘은 다음과 같이 발언했다. ① "其禍連延於五十年間, 少有稍知向方之人, 輒指爲己卯餘習. 其戕殺士林, 斵喪國脈, 使好賢樂善之中

    16세기 중반의 어떤 자료는 허엽이 『소학』·『근사록』을 발견한 후
남들 모르게 두려워하며 나식(羅湜)에게 이들 책을 배웠던 장면을 보여
준다.[4] 조광조 세력의 패퇴 이후 조선의 학술 문화계에 어떠한 일이
일어나고 있었는지를 생생히 그려볼 수 있는 이야기다. 1519년의 정변
이후 기묘사림들이 중시했던 학문과 서적에 대한 비판과 압제를 두고,
일부에서는 이 일이 송대 주희의 학술을 탄압했던 '위학(僞學)의 금제(禁
制)'와 같다고 한탄하기도 했다.[5]

    『경민편』의 운명 역시 그러했다. 김정국이 황해도 감사에서 해직되고
정치적으로 금고 상태에 빠진 이래 한동안 이 책을 주목하는 이는
거의 없었다. 1568년(선조 1) 이전에 전라도의 남원이나 무장에서 『경민
편』을 간행하여 활용하는 모습이 확인되지만, 정치권이나 학계의 주요
인물들이 이 책의 가치를 확인하고 보급하려는 움직임은 나타나지

廟, 陷於有過之地, 終至於士氣斬伐銷鑠, 將無以爲國, 此袞之罪所以上通於天者也."(『
眉巖集』 권6, 日記 刪節, 戊辰下, 10월 23) ② "厥後, 權姦之斬刈士林者, 動以己卯餘習
藉口. 小學之書, 爲世大禁, 五十年來, 士行墜地, 節義都喪."(『眉巖集』 권6, 日記 刪節,
戊辰下, 10월 25일)

선조 즉위 후, 이황이 선조에게 한 발언에서도 이를 볼 수 있다. "中廟朝己卯之禍,
賢人君子, 皆被大罪. 自是邪正相雜, 奸人得志, 報復移怨之時, 必以爲己卯餘習, 士林之
禍, 連續而起. 明廟幼沖, 權奸得志, 士禍不忍言矣."(李廷馨, 『東閣雜記』 下, 本朝璿源
寶錄二)

4) 許曄, 『草堂集』, 附錄, 行狀, 9가, "先生生, 資稟純正, 氣宇夙成. 七八歲, 孝友絶人.
旣就傅, 不煩鞭筋, 卓然日進. 見廢笥中有小學書·近思錄, 展省, 知學者不可不讀, 持詣
羅長吟湜. 時纔經己卯士禍, 諱言二書. 長吟見而大驚曰: '爾安得此鬼朴來', 因流涕.
先生固請學, 長吟賞其立志之早, 遂敎之, 誠勿令人知."

5) 중종 말년에 이르러 홍문관 부제학 柳辰仝이 『소학』을 금기시하는 분위기를
비판하며 이와 같이 표현하는 모습을 볼 수 있다.(『中宗實錄』 권100, 중종 38년
5월 4일[丁未], "己卯間, 年少新進之士, 以迂遠狂狷之質, 徒有好古尙志之心, 又信殿下
好善之誠, 不揆王者必世後仁之意, 以謂三代至治, 可期日而待矣, 唯知化民之本, 在於
學校, 而敎之之方, 又自小學, 而至于大學, 於是乎倡小學於其間, 而人知趨向之方, 殿下
亦爲之崇信焉. 然其倡之者, 雖無一毫邪念, 而從之者, 或非其人, 不務切己之學, 徒尙
詭激之習, 不能無紛擾促迫之弊, 非小學之敎本然也, 用之者, 誤也. 姜斐一織, 打盡士
林, 并與其書而詆毁之, 有如宋朝僞學之禁.")

않았다. 『경민편』을 다시 세상에 드러내 보인 이는 경상도 감사 허엽이었다.

1579년(선조 12) 5월, 경상도 감사로 부임했던[6] 허엽은 재직 중 『경민편』을 중간(重刊)하여 경상도 일대에 보급했다.(허엽 간본)[7] 이 책을 중간한 시점이 언제인지 특정할 수는 없지만, 허엽이 경상도 감사를 그만둔 때가 1580년(선조 13) 2월이므로,[8] 『경민편』 중간본은 그가 임지에 체류하던 7개월 사이에 만들었다고 할 수 있다. 당시 조선의 8도 가운데 도의 형세, 도의 규모로는 경상도가 수위(首位)에 있었기에,[9] 허엽의 『경민편』 보급이 비록 경상도 한 지역에 국한되었다 할지라도 그 미치는 공간은 앞선 시기와는 비교할 수 없을 정도로 확대되었다.

허엽은 『경민편』을 중간하며 종래의 13편장에 자신이 첨보한 '군상(君上)' 한 항목을 더하여 간행한 뒤 도내 군현에 배급하여 많은 사람들이 볼 수 있도록 했다. 공교롭게도 기묘사림이 패퇴한 지 정확하게 60년 뒤의 일이었다. 허엽이 지난 시절의 『경민편』을 다시 보급한 점은 그의 감사 재임기의 성격을 이해함에 중요한 지표가 된다.

허엽의 『경민편』 간행은 기대하지 못한 시점에 예상할 수 없던 지역에

---

6) 『宣祖修正實錄』 권13, 선조 12년 5월 1일[乙巳].

7) 『警民編』(허엽 간본), 重刊警民編序. 이 간본은 현재 국내에서는 확인되지 않으며, 일본의 筑波大學 소장본이 유일하게 알려져 있다. '安養院藏'의 장서인이 찍혀 있는 것으로 보아, 이 책은 임진왜란 때 일본으로 흘러 들어가 幕府 도서실에서 보관했던 것으로 여겨진다. 원문은 단국대 동양학연구소의 동양학총서 제6집 영인본으로 확인할 수 있다.(단국대학교 출판부, 1978)

8) 『宣祖修正實錄』 권14, 선조 13년 2월 1일[辛未]. 병으로 체직되어 상경하던 중 상주에서 세상을 떠났다.

9) 1519년(중종 14), 기묘사림은 감사구임법을 논의하면서 경상도는 강역이 넓어 다스리기 어렵다는 이유로 좌우의 두 도로 양분하였다. 5월 20일 조강에서 경상도의 분도가 결정되고(『中宗實錄』 권36, 중종 14년 5월 20일[壬子]) 6월 9일에는 경상도 좌·우도 감사가 임명되었다.(『中宗實錄』 권36, 중종 14년 6월 9일[辛未]) 경상좌도는 李沆, 경상우도는 文瑾이 맡았다. 문근의 감사 재임 시 상황은 당시의 都事 黃士佑가 작성한 『在嶺南日記』(규장각, 古4655-79) 참고.

〈그림 1〉 허엽 간본(일본 筑波大學 소장)

서 일어난 사건이었다. 이 간행 작업은 예하 군현을 통하여 상당히
조직적으로 이루어졌던 것으로 보인다. 허엽은 김정국 간행본을 자신의
구상대로 재구성한 뒤 상주(尙州), 경주(慶州), 진주(晉州), 청송(靑松)의
네 지역 관장(官長)에게 인쇄하게 하고 이를 각 속읍(屬邑)에 반포하도록
하였다. 출판 경험과 인적 자원, 물력이 풍부한 곳에서 이를 제작하고
관할 군읍에 보급하게 하는 방책이었다. 이렇게 되면 벽지의 군현에서
이 책자를 받아보는 일도 어렵지 않았을 것이다. 허엽은 또한 이 책판을
이용하여 민간에서도 『경민편』을 사사로이 인출(印出)할 수 있도록
했다.10) 집집이 이 책을 소유하여 그 내용을 익히고 실천하도록 한다는
의도였다. 진주 간행본이 현재 확인되는 점으로 보아,11) 『경민편』은
이때 허엽이 의도한 대로 경상도 전역에서 간행하여 보급되었으리라
추측된다.

---

10) 『警民編』(허엽 간본), 重刊警民編序, "玆以此編添補君上一條, 付之四長官〈慶州·尙
　　州·晉州·靑松〉, 亟上於梓, 印頒屬邑. 屬邑各來印出兼許民間私印, 期於家家有之, 人人
　　見之, 各有以興起而戒勅也."

11) 許曄 重刊本 序의 첫머리에 '晋州印'이란 글자가 적혀 있다.(위의 영인본, 241쪽)

인쇄한 수량 또한 적지 않았다. 뒷날 허엽의 신도비문(神道碑文)을 작성했던 노수신은 허엽이 수천 본을 간행했다고 했다.[12] 과장된 표현 이겠지만 보급 규모가 컸음을 짐작할 수 있다. 1585년(선조 18) 허봉(許 篈)이 속찬(續撰)한 『고사촬요』에서는 경상도 지역 『경민편』의 책판 보유지로 사천, 진주, 상주를 기록하고 있는데,[13] 이들 책판은 허엽의 중간본 책판과 관계가 있다고 여겨진다. 1568년(선조 1)에 간행된 『고사 촬요』에는 경상도 군현에서 『경민편』의 책판을 소장하고 있었던 사실이 나타나지 않는다.

허엽의 중간본은 초기 간본인 상허본과 비교할 때 형태상 여러 면에서 변화를 보였다. 책머리에는 허엽의 중간(重刊) 서문, 김정국의 발문[14]을 실었다. 이들 글을 통해 김정국이 이 책을 짓게 된 이유, 애초 책을 만든 의도와 방향이 확실하게 제시되고, 허엽이 경상도 감사로써 이를 중간하게 되는 사정 또한 명확하게 드러났다.[15] 책을 간행한 시점 또한 '1519년 겨울[正德己卯冬十月]'로 명시했다.[16] 김정국이 틀 잡아 두었던 '교화(敎化)와 형벌(刑罰)'의 명제를 김정국의 서문을 통하여 독자들에게 분명하게 부각한 점은 이 중간본이 가진 중요한 미덕이었다. 허엽이 중간본을 간행하며 김정국의 초간본을 참조하였는지 어땠는지 그 사정을 명확하게 보여주지는 않지만, 『경민편』 초기의 모습이 어떠했

---

12) 盧守愼, 『穌齋集』 권10, 有明朝鮮國嘉善大夫慶尙道觀察使許公神道碑銘幷序 23가, "以金思齋所撰警民編, 闕君上一款, 就補之, 鋟布閭巷數千本."

13) 魚叔權 原撰·許篈 增補, 『攷事撮要』.(국립중앙도서관, 한貴古朝93-44-53)

14) 허엽 중간본에 실린 김정국의 발문은 허엽이 작성한 「重刊警民編序」 뒤에 별다른 제목 없이 실렸다.

15) 『警民編』(허엽 간본), 重刊警民編序, "今來此道, 吏抱囚案以進, 則慶州獄囚悖倫當死 者數輩, 其他兄弟之變, 骨肉之訟, 紛然不已. 噫, 何爲而至於此也. 余意俗之流失, 固非 一日, 人心本善, 豈不可以感動之."

16) 김정국의 본관 표기 또한 '觀察使聞韶金正國'이라고 했다. 간행 시기와 본관 표기는 이후원 간본과 차이가 난다. 이에 대해서는 제Ⅱ부의 2장 1절의 '(1) 이후원 개간본의 구성과 변화'에서 다룬다.

을지를 유추하는데 이들 자료는 도움을 준다.

보다 결정적으로는 새로운 내용이 추가되었다. 허엽은 '군상(君上)'이란 편장을 별도로 작성하여 이를 본문의 첫머리에 배치했다. '군상'은 군주를 지칭하는 용어이다. 김정국의 초기 간본에 없는 내용이 새로 들어간 셈이다. 허엽의 중간본은 기존의 13편장에 1항목이 더해져 모두 14장이 되었다.

〈표 1〉 허엽 간본의 구성

간본\장	1	2	3	4	5	6	7	8	9	10	11	12	13	14	비고
상허본	父母	夫妻	兄弟姉妹	族親	鄰里	鬪毆	勤業	儲積	詐僞	犯姦	盜賊	殺人	奴主		
허엽간본	君上	父母	夫妻	兄弟姉妹	族親	隣里	鬪毆	勤業	儲積	詐僞	犯姦	盜賊	殺人	奴主	君上章, 첨보

편장의 구성으로 볼 때, 상허본에서 부모 장이 제일 중요한 위치에 있었다면 허엽 간본에서는 군상 장이 중심을 이루었다. "군주는 백성의 주인이고, 국가는 백성이 의지하는 곳이다.[君爲民之主, 國是民所依]"라는 문장으로 시작되는 이 편장에서 다룬 내용은 군주·국가와 백성의 관계였다. 허엽은 부모와 자식 관계를 기반으로 하는 규범 못지않게 중요한 덕목이 군주·국가와 백성의 관계를 기반으로 하여 성립·작동하는데, 앞선 간본에는 이와 연관된 내용이 빠져 있으니 문제라는 생각에서 군상 장을 첨가하는 보완 작업을 했으리라 짐작된다. 그리하여 양 간본에서 다루는 사회적 관계의 범위는 많은 변화를 보였다. 이 지점에서 본다면 허엽의 중간본은 김정국의 생각을 이으면서도 그 방향성을 다소 수정하여 만들어졌다고 할 수 있다.

새로이 첨가된 군상 조항은 내용뿐만 아니라 서술 방식 또한 『경민편』의 일반 원칙에서 벗어나 있었다. 『경민편』은 백성들이 죄를 범하여 법으로 벌을 받게 되는 사안을 주제로 뽑은 뒤, 그 주제의 도덕적 의미를 먼저 서술하고, 이어 법을 어겼을 경우의 처벌 조항을 병기(竝記)하는 방식으로 각 편장의 본문을 구성했다.[17] 그러나 군상 조항에서는 군주와 민의 직분 및 역할만을 서술했을 뿐, 백성들이 저지르는 범죄에 대한 처벌 사항은 별도로 기술하지 않았다. '백성들이 국가가 부여하는 직무에 불만을 품고 국가에 대해 불경(不敬)한 태도를 취하며 공손하게 따르지 않는다면, 직무의 규모·비중에 따라 죄를 받는다.'고 경고[18]하는 정도였다. 『경민편』 본래의 형식과는 차이가 많이 나는 모습이었다.

허엽 중간본의 또 다른 개성은 한글 번역문을 차자(借字) 구결문에 더하여 제시한 점이었다.[19] 이전에 나온 상허본과 비교해보면, 본문의 구결은 일부 바뀌기도 했지만 전반적으로 상허본을 따르되, 차자 형식은 상허본을 그대로 계승했다.[20] 그 점에서 새로운 변화는 없었다. 하지만 한문으로 작성된 원문을 한글로 번역하여 덧붙인 점은 전에 없던 혁신이었다. 초기 간행본으로 추정되는 자료들[상허본과 淸芬室書目本]에서는 볼 수 없던 요소가 새롭게 등장했다고 할 수 있다.[21] 책의 내용을

---

17) 여기에 대해서는 제 I 부 3장의 '1) 계몽과 형벌의 이중 구성 방식: 개별 항목의 경우' 참조.

18) 『警民編』(허엽 간본), 第一 君上, "平時貢賦徭役, 必誠必信, 毋或怠緩, 民之職分也. 國家如有不時擧動, 或倭寇來侵, 北狄强梁, 則盡必極力以禦之, 不可少有窺避之心. 或天使之來, 國喪之出, 則格勤奔走而供之, 不可少有怨恨之念. 若有不敬不恭, 則隨其大小, 蒙罪必矣, 可不畏哉, 可不愼哉."

19) 필자는 지난 연구에서 "현재 김정국 간행본의 실물이 확인되지 않아 애초 한글 번역이 있었던지의 여부를 확언하기 어렵다. 그러나 한글 번역이 실려 있는 허엽의 중간본에서 허엽 스스로 원문을 번역하여 실었다는 이야기가 없는 것으로 미루어 김정국 간행본에 실려 있던 번역을 그대로 활용했을 가능성이 높다."고 하여 김정국의 초간본에 한글 번역본이 실려 있었으리라고 추정했다.(정호훈, 2007, 앞의 글) 이 책에서는 상허본을 근거로 그 판단을 수정한다.

20) 이 책 제 I 부 2장 참고.

21) 『경민편』 연구를 개척한 안병희 교수는 김정국이 간행한 『경민편』에 한글 번역문이 실려 있었을 것으로 추정했다. 이에 따라 허엽 중간본은 김정국 간본을 계승한 것이라 이해했다.(안병희, 1978, 앞의 글) 제 I 부에서 상허본을 통해 살폈듯이, 김정국의 초간본 혹은 『경민편』 초기 간본에는 한글 번역문이 실려 있지 않았다고 보는 것이 합리적이다. 한글 번역문은 허엽 간본의 새로운 기획으

이해함에 한글이 미치는 힘으로 본다면, 허엽 중간본이 가지는 의의는 적지 않았다.

허엽 중간본의 한글 번역은 몇 가지 특징을 지니고 있었다. 전반적으로 원문의 구결에 맞추어 번역을 시행한 점을 먼저 꼽을 수 있다. 16세기에 나왔던 여러 언해본의 경우 구결과 번역문이 일치하지 않는 사례도 많이 있는데,[22] 허엽 중간본은 가능한 한 두 요소를 합치시키려고 했다. 아래는 허엽 중간본의 제2장 전반부이다. 한문 본문은 차자 구결문으로 작성되었고, 번역은 가능하면 구결에 맞추었음을 볼 수 있다. 한문 원문의 구결과 번역문이 서로 호응하도록 맞춘 점은 독자들이 이 책을 읽고 해석함에 매우 유용했다.[23] 이 시기 한문 원문과 한글 대역(對譯)의 수준이 진화하던 양상을 충실히 반영하고 있는 모습이다. 원문과 번역문은 독자의 편의를 위해, 원 표기와 다르게 필자가 임의로 띄어 썼다.

父如天五 母如地羅. 劬勞生我爲時古 辛勤乳哺爲時古 艱難養育爲時尼 父母矣 恩德隱 昊天罔極尼羅. 祖父母隱 生我父母爲時尼 與父母奴 無異爲尼羅. 是故奴 善事父母爲也 孝順無違爲面 鄕里稱善爲旀 國有褒賞爲飛尼.

아비는 하늘 곧고 어미는 싸 곧튼디라. 슈고로이 나를 나흐시고 브즈러니 졋 머기시고 가난히 쳐 기르시니 부므의 은혜와 더근 하늘 곧티 그지 업스니라. 하나비와 할미는 내 아비 어미를 나흐시니 부모와로 다르디 아니흐니라. 이러호모로 아비 어미를 잘 셤겨 효도흐며 슌히

로 보인다.

22) 조선에서 이루어진 초창기 번역의 경우, 대체로 구결과 번역문을 일치시키려고 노력하였지만, 그렇게 하지 못한 사례도 적지 않다. 16세기 초반에 간행된 『飜譯小學』, 『正俗諺解』에서 이러한 모습을 찾을 수 있다.

23) 『번역소학』을 재번역하여 『소학언해』를 편찬할 때, 찬자들이 유의했던 일 가운데 하나가 구결과 번역을 일치시키는 일이었다. 여기에 대해서는 정호훈, 2014, 『조선의 《소학》-구결과 번역-』, 소명출판 참조.

ㅎ야 어글웃치 말면 고을히며 ᄆᆞᄋᆞᆯ들히 어디다 일ᄏᆞᄅᆞ며 나라토 어디다
ㅎ야 샹이 인ᄂᆞ니.24)

또한 허엽 중간본에서는 직역(直譯)을 하면서도 몇몇 중요한 곳에서
는 의역(意譯)의 형식을 취하였다. 이는 조선 한문 번역의 전통을 적절히
수렴하며 따른 모습이다. 통상 조선의 한문 번역은 직역과 의역 두
형태를 띠었다. 의역은 원문에 보이지 않는 내용을 더하여 번역하므로,
번역 그 자체로 내용 이해에 도움을 받을 수 있었다. 반면 의역은
원문과 번역의 일대일 대응을 확인하기 어렵고 또 의역된 내용이 오류가
있을 경우 이를 수정하는 일이 쉽지 않은 단점이 있었다. 직역은 이와는
반대로 원문과 번역의 일대일 대응을 확인할 수 있고 또 잘못될 수
있는 의역을 피할 수 있는 장점을 가졌다. 반면 난해한 내용에 대한
도움을 번역으로부터 받기 어려운 점도 있었다.25) 허엽 중간본은 직역
을 주로 하면서도 필요할 경우 의역의 방식을 따랐다.

是故奴 善事父母爲也 孝順無違爲面 鄕里稱善爲旀 國有襃賞爲飛尼.

이러호모로 아비 어미를 잘 셤겨 효도ㅎ며 순히 ㅎ야 어글웃치 말면,
고을히며 ᄆᆞᄋᆞᆯ들히 어디다 일ᄏᆞᄅᆞ며 나라토 **어디다 ㅎ야** 샹이 인ᄂᆞ니.26)

---

24) 오늘날의 표기법으로 옮기면 다음과 같다.
"아버지는 하늘 같고 어머니는 땅과 같다. 수고로이 나를 낳아 부지런히 젖
먹이며 힘들게 길러내니, 부모의 은덕은 하늘과 같이 끝이 없다. 조부모는
나의 부모를 낳았으니, 부모와 다름이 없다. 이런 까닭에 부모를 잘 섬기며
효도하고 순종하여 어기는 일이 없으면, 향리에서 착하다고 칭찬하고 나라에서
는 표창하여 상을 내린다."
25) 이 시기 의역과 직역의 실제를 보여주는 대표적인 사례가 16세기 전반의『飜譯小
學』, 16세기 후반의『小學諺解』이다.『小學諺解』의 편찬자들은 새로운 번역의
필요성을 직역에서 구하였다. 원문의 정확한 이해를 위해서는『飜譯小學』의
의역 방식을 버리고 직역을 해야 한다는 것이 이들의 주장이었다.『小學』의
번역 경험에 대해서는 윤인숙, 2016,『조선 전기의 사림과 소학』, 역사비평사 ; 정
호훈, 2014, 앞의 책 참조.

兄弟姉妹是 相殘不和爲面 鄉里皆斥爲㫆 國有常法羅

형과 아ᅀᆞ과 ᄆᆞᆮ누의과 아ᅀ누의괘 서ᄅᆞ 잔해ᄒᆞ야 화동티 몯ᄒᆞ면, 고을
히며 ᄆᆞᄋᆞᆯ히 다 비쳑ᄒᆞ며 나라히도 덛덛ᄒᆞᆫ 버비 인ᄂᆞᆫ디라, **ᄆᆞᄎᆞᆷ매 지비
패케 되ᄂᆞ니**.27)

앞의 인용문에서 "國有襃賞[나라에서 상을 내린다.]"을 "나라토 어디다
ᄒᆞ야 샹이 인ᄂᆞ니[나라에서도 어질다 하여 상을 내리니]"로 푼 문장에서
'어디다 ᄒᆞ야'는 앞 구절의 의미를 살펴서 더한 번역이고,28) 뒤의 인용문
에서 "ᄆᆞᄎᆞᆷ매 지비 패케 되ᄂᆞ니" 또한 해당하는 원문이 없지만 앞 구절의
의미를 고려한 번역이다.

허엽 간본은 가능한 한 한자어를 고유어로 풀고, 번역문에는 한자를
노출하지 않으려 했다. 이를테면 부모(父母)를 아비·어미, 조부모(祖父
母)를 하나비와 할미, 조부모(祖父母)·부모(父母)를 하나비와 어버이29)
로, 부처(夫妻) 혹은 남녀(男女)는 남진·겨집,30) 형제(兄弟)는 형과 아
ᅀ,31) 삼촌숙부모(三寸叔父母)는 삼촌 아자비·아ᄌᆞ미, 삼촌질·여(三寸姪
·女)는 삼촌 아ᄎᆞᆫ 아ᄃᆞᆯ·아ᄎᆞᆫ ᄯᆞᆯ,32) 사생(死生)은 주그며 사롬,33) 노주(奴

---

26) 오늘날의 표기법으로 옮긴 번역은 앞의 주)24 참조.
27) 『警民編』(허엽 간본), 兄弟姉妹 第四. 오늘날의 표기법으로 옮기면 다음과 같다.
"형과 아우와 맏누이와 아랫누이가 서로 다투어 화목하게 지내지 않으면, 고을에
서 모두 배척하고 나라에서는 법으로 다스린다."
28) 의역과 직역은 16세기에 이루어진 『소학』의 번역을 좌우한 주요한 요소 중의
하나였다. 이 시기에 『소학』 번역서는 『飜譯小學』, 『小學諺解』의 이름으로 16세기
의 전반기와 후반기 각각 두 차례에 간행되었다. 전자는 의역을, 후자는 직역의
방식을 주로 택했다. 『小學諺解』 편찬을 주도했던 이산해는 『飜譯小學』을 대신하
여 새롭게 번역을 진행하는 이유로 전자가 의존했던 의역의 문제를 거론했다.
『飜譯小學』, 『小學諺解』의 번역 방식에 대해서는 정호훈, 2014, 앞의 책 참조.
29) 『警民編』(허엽 간본), 父母 第二.
30) 『警民編』(허엽 간본), 夫妻 第三 ; 『警民編』(허엽 간본), 犯姦 第十一.
31) 『警民編』(허엽 간본), 兄弟姉妹 第四.
32) 『警民編』(허엽 간본), 族親 第五.

主)는 종과 항것[34]으로 표기했다. 의역과 마찬가지로, 독자들이 내용에 쉽게 접근하게 만들려는 의도에서 나온 표기 방식이라 할 수 있다.

한편 허엽 중간본의 번역은 16세기 후반기 언어 사실을 충실히 반영하고 있다. 현재 국어사 연구자들은 허엽의 중간본에서 나타나는 모습 이를테면 방점(旁點)의 폐기, △을 거의 쓰지 않는 점, ㅇ을 종성에만 쓰고 초성에는 쓰지 않는 점 등을 들어 중간 당시인 16세기 말의 국어 사실을 보여준다고 이해한다.[35] 이는 중간본 『경민편』의 주요한 특징이다. 이러한 모습은 이 번역이 그 이전의 내용을 그대로 가져와 썼다기보다는 새롭게 작업한 성과임을 유추하게 한다.

허엽 간본에서 한글 번역문이 실린 사실은 16세기 전반, 기묘사림에 의해 이루어진 주자학 이념서의 한글 번역 전통을 충실히 잇는 모습이라 할 수 있다. 기묘사림은 1515년(중종 10)에서 1519년(중종 14) 사이, 자신들의 정치력을 최고도로 발휘하는 시기에 여러 종류의 번역서를 편찬했다. 어려운 사상과 이념의 보급에 한글 번역서야말로 최고의 수단이었음을 이들은 익히 알고서 충분히 활용했다. 홍문관이 주관하여 편찬한 『번역소학』, 전국에 걸쳐 향약을 시행하고자 할 때 나온 『증손여씨향약언해』, 경상도 감사 김안국이 마련한 『정속언해』, 『이륜행실도』 등이 이때 간행된 책들이다. 한글의 활용, 한글 문화의 성장과 주자학 이념의 확산은 서로 불가분의 관계에 있었다.

『경민편』의 한글 번역이 허엽 간본에서 처음으로 이루어졌음을 인정한다면, 이 책의 내용을 백성들에게 보다 용이하게 전달하기를 바라는 김정국의 열망이 예전보다 더 강하게 구현되고 있음을 확인할 수 있을

---

33) 『警民編』(허엽 간본), 鬪毆 第七.

34) 『警民編』(허엽 간본), 奴主 第十四.

35) 『警民編』 중간본의 한글 표기에 대해서는 안병희. 1978, 「解題」, 『二倫行實圖·警民編』, 단국대학교출판부, 400쪽 참조.

것이다. 더불어 『경민편』은 이제 16세기에 만들어진 교화서, 주자학
학습서, 실용서 등에서 흔히 볼 수 있는 형식 곧 한문 원문과 한글
대역문을 동시에 실어 대중화의 주요 매체가 되었던 책의 반열에 올랐다
고 할 수 있다.[36] 허엽은 한글을 매개로 주자학 이념과 문화를 조선에
널리 보급하려던 16세기 전반 기묘사림의 전략과 방법을 충실히 활용하
며 『경민편』을 중간했다.

허엽 중간본은 상허본과 비교하면 원문과 구결에서 몇 군데 차이가
난다.[37] 물론 그 변화의 정도가 그렇게 심하지는 않았다. 두 간본 사이
원문의 차이를 간단히 표로 제시하면 다음과 같다.

〈표 2〉 상허본, 허엽 간본의 원문 변화 비고

번호	편장	상허본	허엽 간본	비고[변화 내용]
1	父母	母	**親**母	한 글자 첨가하여 의미 보완
2	兄弟姉妹	同氣異體	同氣**而**異體	而를 추가하여 의미 보완
3	兄弟姉妹	傷則杖一百	**重**傷則杖一百	한 글자 첨가하여 의미 보완
4	兄弟姉妹	發疾則絞	**廢**疾則絞	글자를 바꿈
5	勤業	罪重	罪**辜**	단어 수정

변화는 모두 다섯 곳에서 확인된다. 글자를 추가하거나 글자를 바꾸
면서 내용이 보완되었다. 역접의 연결형 어조사를 첨가하여 문장의
의미가 분명해지고[同氣異體 → 同氣而異體], 한 글자를 더 하여 법 규정의

---

36) 16세기는 훈민정음 창제 후, 본격적으로 한글을 이용하여 경서, 교화서, 실용서
등의 번역이 이루어지고 이를 바탕으로 이들 서적의 독서층이 확장된 시기이다.
한글문화의 확산, 성리학적 문화의 확산, 국가가 주도하여 이끌어 내는 유교화의
확산과 같은 양상을 이러한 변화에서 읽을 수 있다. 이 시기는 문명사적으로
유교 문명의 틀이 본격적으로 확산되는 양상을 확인할 수 있는 시간이었다.
이에 대해서는 김용섭, 2015, 『(신정증보판) 동아시아 역사 속의 한국 문명의
전환─충격, 대응, 통합의 문명으로』, 지식산업사 참조.
37) 상허본의 원문이 김정국 초간본과 동일하다면 허엽 간본의 변화는 의도적인
교정의 결과일 수 있지만, 초간본과의 비교가 불가능한 상태에서는 그렇게
단정 짓기 어려운 점이 있다. 필자는 변화 양상만을 드러내고자 했다.

범위가 확실해졌음을 볼 수 있다.[傷 則杖一百 → 重傷 則杖一百] 후자의 경우, '상(傷)'이라면 상해 일반을 가리키지만 '중상(重傷)'은 아주 심한 상해를 가리킨다. '罪重[죄중]'이 '罪辜[죄고]'처럼 단어 구성이 바뀐 경우도 있다. '죄중(罪重)'은 '죄가 중하다'는 구절로 읽히지만 '죄고(罪辜)'는 '범죄'라는 단어를 의미하므로 문맥상 '죄고'가 적합하다.38)

전체적으로 보아 상허본에 비해 허엽 간본의 표현이 분명한 편이다. 이러한 요소들을 통해, 상허본과 허엽 간본의 변화는 크지 않으나 허엽 간본이 상허본에 비해 원문이 뚜렷하게 다듬어졌음을 알 수 있다.

허엽 중간본에 이르러 『경민편』은 면모를 쇄신하며 놀라울 정도로 달라졌다. 이전 상허본과 비교했을 때 허엽 중간본은, 구성상으론 '군상' 장을 새로 지어 첨가한 점, 표기와 연관해서는 한글 번역문을 덧붙인 점 두 가지 사안에서 결정적으로 달라졌다. 다루는 사회·정치적 관계의 범위가 확장되고 책의 분량이 늘어났으며 독자층이 보다 쉽게 원문에 접근할 수 있는 장치를 갖추게 되었다고 할 수 있다. 황해도에서 처음 나왔던 『경민편』은 남원과 무장에서의 간행을 통해 다른 지역으로 영향을 미치기도 했지만, 이제 경상도 전역에 보급되면서 그 존재를 더 널리 알리게 되고 동시에 규모를 제대로 갖춘 세련된 책으로 재탄생했다.

여러 변화 중에서도 '군상' 항목을 증보한 점은 이 책의 성격, 이를 새로 보강한 허엽의 생각을 읽어냄에 무척 중요한 요소가 된다. '군상' 항목의 증보는 김정국 본에 없던 군주·국가-민인의 관계론을 새로이 보완하려는 시도였다. 김정국 본에서 관계의 영역이 부자, 부부, 형제, 족친, 그리고 향촌의 이웃을 중심으로 설정되어 있었다면 허엽 간본에서는 그것이 군주·국가-민인의 관계에까지 넓혀졌다. 이 점은 허엽 간본이

---

38) 重과 辜는 형태가 유사한데, 重은 辜의 오각일 가능성이 높다.

갖는 특별한 면모였다. 이 확장된 내용은 국가의 대민 관계가 어떠해야 하는지, 그리고 국왕을 대리하여 지방의 정치를 관장할 때 어떤 점에 초점을 두어야 할 것인가 하는 문제에 대한 허엽의 관점, 허엽의 정치적 시각을 반영하고 있었다. 이에 대해서는 후술한다.

(2) 중간본의 간행과 기묘사림 정치론: 초간본의 계승과 변주

경상도 감사 허엽에 의한 『경민편』의 중간은 오랫동안 잊혀져 있던 기묘사림의 유산을 계승하고 확대하는 의미 있는 사건이었다. 허엽의 노력에 의해 『경민편』은 모습을 일신하며, 경상도에 국한되긴 했지만, 지방 정치를 위한 문헌으로서 당당하게 등장했다. 반세기 전 김정국이 뿌린 씨앗은 장소를 옮겨 남쪽 지역에서 발아하며 새로운 생명력을 얻었다.

허엽이 경상도 감사를 수행하며 『경민편』이란 작은 책자를 주목하고 중간하게 되는 사정은 여러 측면에서 검토해 볼 수 있다. 우선 이 책에 대한 정보를 허엽은 어떤 경로로 얻었을까 하는 점이다. 허엽은 이에 대해 별다른 기록을 남기지 않았다. 정황을 살펴 유추하는 수밖에 없는데, 이와 연관하여 허엽과 김안국·김정국 가문과의 개인적인 관계를 떠올리게 된다. 허엽은 김안국·김정국 집안과 혈연으로 얽혀 있었다. 몇 세대 위로 올라가면 두 집안의 선조들은 혼인으로 맺어진 가까운 인척이었다. 또한 허엽은 김정국의 형님 김안국과도 학연 상으로 얽혀 있었다. 이런 관계가 허엽이 『경민편』에 쉽게 접근하는 통로 역할을 했을 수 있다.

김정국 형제의 외조부인 허지(許芝)는 허엽의 증조부인 허창(許菖)과 4촌, 김정국 형제의 어머니와 허엽의 조부 허담(許聃)은 6촌 사이였다.[39] 허엽의 처지에서 보면 김씨 가는 허씨 가의 외손이었다. 혈연 상으로 두 집안의 거리가 그렇게 멀지 않았던 셈인데, 허엽이나 김안국·김정국 형제들은 서로를 각별하게 여기며 살았던 것으로 보인다.[40]

〈표 3〉 허엽 집안과 김안국·김정국 집안의 관계도

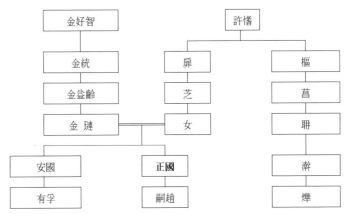

허엽이 김정국에 대해 무엇을 알고 있었는지, 그로부터 어떤 영향을 받았는지 확인할 수 있는 자료는 거의 없다. 다만 허엽이 김안국과 맺었던 관계로 본다면, 허엽은 이 집안의 가풍과 문화, 이 집안의 사정에 대해 깊이 알고 있었을 것으로 추측된다. 김정국이 황해도 감사 시절 『경민편』을 간행하여 보급했었다는 사실 또한 인지하고 있었다고 볼 수 있다.

허엽은 학문적으로 김안국·김정국 형제 특히 김안국 학문의 자장권 내에 있었다. 허엽은 그 스스로 김안국에게서 배운 적은 없었다. 그러나

---

39) 『萬家譜』 권13, 陽川許氏.

40) 김안국은 외가인 陽川 許氏의 족보와 양천 허씨 선대의 문집 편찬에 많은 관심을 기울이고 또 직접 참가했다.(『慕齋集』 권11, 陽川許氏先世系譜序 ; 『慕齋集』 권11, 陽川世稿序) 그는 자신의 외가에 대해 대단한 자긍심을 가지고 있었다. "吾外家陽 川許氏……爲東國甲族."(『慕齋集』 권11, 陽川許氏先世系譜序, 35가)이라거나 "我先 妣姓許氏, 陽川名族."(『慕齋集』 권14, 長湍海村先阡追埋石誌, 17나)이라는 표현이 이를 잘 보여준다.

김안국의 제자인 허충길(許忠吉)과 가까이 지내며 그를 통해 김안국이 아끼던 『심경(心經)』이란 성리서를 접하기도 했다. 주희 재전 제자 진덕수(眞德秀)가 편찬한 『심경』은 중종 대 젊은 유자(儒者)들 사이에 인기를 끌며 널리 읽혔는데,[41] 김안국은 임종 무렵에 자신이 가지고 있던 『심경』을 허충길에게 전했고 허엽은 허충길에게서 이 책을 얻어 읽어볼 수 있었다.[42] 허엽이 『심경』에 관심을 갖게 된 때는 이언적이 이 책을 서연(書筵)에서 강독하면서부터였지만, 실제 그 요체를 확인하게 된 계기는 김안국과 허충길에서 왔다.[43]

이후 허엽은 김안국의 후손과 허충길이 주도하여 김안국의 문집을 편찬할 때 그 문집의 발문을 쓰기도 했다.[44] 허엽은 김안국에 대해 '그가 뜻을 둔 곳은 나라이지 개인의 집이 아니며, 그는 공사(公)에 전념했지 사사로움(私)에 얽히지는 않았다.'고 평가했다.[45] 또한 김안국은 '기묘 사류' 중에서도 지론(持論)이 평정(平正)하고 과격하지 않았던 까닭에 두 차례나 감사로 좌천되었으며, 그의 의견이 통했더라면 정변이 갑자기 일어나지 않았을 것이라고 아쉬워하기도 했다.[46] 김안국을

---

41) 이 시기 학계의 『심경』 활용에 대해서는 다음 논문 참조. 李俸珪, 1995, 「《心經附注》에 대한 조선 성리학의 대응: 李滉과 宋時烈을 중심으로」, 『泰東古典研究』 12 ; 김윤제, 1996, 「조선 전기 '심경'의 이해와 보급」, 『韓國文化』 18.

42) 李彦迪, 『晦齋集』, 晦齋集跋, 2가, "嘉靖辛丑, 先生侍講東宮, 請讀心經附註. 然後曄始知有此書, 即求于友人許忠吉處." ; 許曄, 『草堂集』, 許南溪墓銘, 19가, "受業金慕齋先生, 臨終, 授以心經. 吾亦得以始見之."

43) 김안국, 허충길, 허엽 세 사람의 학문 상의 인연에 대해서는 정호훈, 2019, 「穌齋 盧守愼과 晦齋 李彦迪, '心學'으로 맺은 학문 세계」, 『嶺南學』 71 참조.

44) 金安國, 『慕齋集』, 跋.

45) 金安國, 『慕齋集』, 跋, 15가, "右慕齋金先生詩文一帙, 昔承先生仲男汝孚之囑, 躬校一遭. 嘗竊仰歎先生之志在於國而不在於家, 專於公而不涉於私. 在官之作, 則無非化民成俗長治久安之意也."

46) 金安國, 『慕齋集』, 跋, 15나, "先生在己卯士類中, 宅心忠信, 持論平正, 不務矯亢. 時議不以爲快, 再出爲監司. 自梨湖召還也, 極陳己卯忠賢之誣枉, 願得湔雪復職, 而卿相皆庸, 不爲 助成, 反以爲駭怪. 嗚呼, 使先生之論得行於己卯士林, 則必無激成之變."

기묘사림의 온건파로, 그리고 그의 생각은 사가(私家)보다는 국가(國家)를 더 우선시하는 성격을 가진다는 인식이었다.

허엽이 『경민편』의 존재를 알고 이를 중간하게 되는 인연을 찾아보면 이와 같이 김안국·김정국 집안과의 오랜 관계를 꼽아 볼 수 있다. 허엽은 아마도 이런 여건에서 『경민편』에 대한 정보를 얻고 활용할 수 있었던 것으로 추측된다. 이보다 더 중요한 점은 허엽 스스로 기묘사림의 정치론, 학문론을 긍정하고 이를 자신의 사유에서 의미 있게 발전시키고 있었던 사실일 것이다. 『경민편』을 중간하는 배경으로는 오히려 이 점을 주목하게 된다.

허엽은 젊은 시절, 16세기 전반의 조선 학계를 풍미했던 『심경』으로 대표되는 심학(心學)의 세계에 큰 영향을 받으며 성장했고,[47] 나이 들면서는 서경덕의 학문을 충실히 익히고 이 학자가 개척한 명제에 깊은 관심을 기울였다.[48] 불학(佛學), 노장학(老莊學)과 같은 비유교 사상과 종교, 사장(詞章), 성리학과 같은 다양한 학술이 각축하는 상황에서, 허엽은 16세기 조선학계가 주목하고 있던 주요 명제, 주요 지향을 받아들이며 자신을 살찌웠다. 정치의 운영과 관련해서도 허엽은 형벌을 우선하기보다는 도덕성의 흥기를 가능하게 하는 교화의 정치를 실행해야 한다는 원칙을 중시하고 또 실천하고자 했다.

허엽의 정치적 사고를 잘 보여주는 행위는 향약(鄕約)을 전국적으로 실시하려 했던 노력이었다. 허엽이 이 일을 처음 제기한 시점은 1572년(선조 5)이었는데,[49] 허엽은 이듬해 봄, 그리고 1574년(선조 7)까지 줄기차게 이를 주장했다.[50] 허엽은 국가 주도로 향약을 전국적으로

---

47) 여기에 대해서는 정호훈, 2019, 앞의 글 참조.

48) 허엽과 서경덕 학문의 관계에 대해서는 정호훈, 2018, 「조선후기 『花潭集』 刊行의 推移와 徐敬德 學問」, 『韓國文化』 84 참조.

49) 『宣祖修正實錄』 권6, 선조 5년 10월 1일[甲寅], "大司諫許曄, 請設鄕約. 上以爲迂闊駭俗, 不聽."

조직하고, 향약에서 제기하는 선행(善行)과 악행(惡行)의 규범에 따라 사회 구성원들을 평가하여 상주고 처벌하자고 했다. 전 국가 차원의 향약 실행을 통한 백성 규율론이었다. 그의 구상은 1518년(중종 13)에 기묘사림이 향약을 시행하고자 하던 방식과 여러모로 유사했다.[51] 사용하려 했던 향약의 저본 또한 김안국이 한글로 번역하여 간행했던 『주자증손여씨향약언해』[52]였다.

이때 정부에서는 오랜 논의 끝에 향약을 전국적으로 시행한다고 결론을 내렸다가 이이(李珥)를 비롯한 반대론자들에 밀려 결국 포기했다.[53] 이이는 향약의 시행은 '전 국민을 바르게 하기[正萬民]' 위한 일이며 이를 위해서는 그 이전에 군주와 조정의 권력을 먼저 바르게 하도록 노력해야 한다고 생각했다.[54] 그가 보기에 향약 시행은 전후가 전도된

---

50) 선조 6년 9월, 3사의 끈질긴 요청에 따라 향약을 시행하기로 했다가(『宣祖修正實錄』권7, 선조 6년 9월 1일 戊寅], 이듬해 2월에 그 시행을 정지했다.[『宣祖修正實錄』권8, 선조 7년 2월 1일 丙午], "以鄕約事, 議于大臣, 大臣獻議可否不一, 上命停之."] 향약의 정지에는 이이의 반대가 크게 작용했다.

51) 『中宗實錄』권37, 중종 14년 10월 10일[庚午], "構曰: '臣見外方之事, 以有鄕約, 故皆知廉恥矣. 光祖曰, 鄕約本意則不如是, 今之鄕約, 大似迫促, 甚非王道之事也. 其故乃監司, 迫而使之行也. 京中亦如是, 故臣召五部言之矣. 治道不可急迫. 當以德優游而使民化之, 然後可以言治也.'[史臣曰, 光祖論鄕約之言甚當. 人不知其要, 使不得安靜, 或至以贊成而兼行都約正之事, 人有非之者. 外方則監司迫而行之, 故亦或有騷擾, 是豈法之過也? 行之未得其要而然耳.]"

52) 1574년(선조 7)에 간행한 『呂氏鄕約諺解』가 현존한다. 향약 시행이 논의되는 과정의 산물로 보인다. 이 책은 1518년의 간본을 저본으로 하였으며 교정이 충실하고 인쇄가 깔끔하다. 향약의 초기 간본에 대해서는 단국대학교 부설 동양학연구소에서 영인한 『呂氏鄕約諺解』(1976), 그리고 이 책에 붙인 安秉禧의 해제에서 확인할 수 있다.

53) 이이와 허엽의 향약 시행을 둘러싼 대립은 『宣祖修正實錄』권8, 선조 7년 2월 1일[丙午] 및 이이의 「경연일기」(『栗谷全書』권29, 經筵日記 二, 萬曆二年甲戌○今上七年), 유희춘의 「眉巖日記」에서 상세히 살필 수 있다. 「경연일기」에는 이때의 상황을 다음과 같이 기록하고 있다. "以鄕約事議于大臣, 大臣或以爲可停, 或以爲不可停. 上命停之."

54) 『石潭日記』二, 萬曆元年癸酉, 今上六年十月, "鄕約是三代之法, 而殿下命行之, 誠近代所無之慶也. 但凡事有本有末, 人君當正心以正朝廷, 正朝廷以正百官, 正百官以正萬

156

정책이었다. 이 기조 위에서 그는 교화보다는 양민(養民)이 더 시급하다
는[55] 점을 내세워 향약 실시를 반대했다.[56]

전국 규모의 향약 시행론에서 볼 수 있듯, 허엽은 국가·정부 주도로
백성의 도덕적 감화를 추진하는 정치의 실행을 대단히 중요하게 여겼다.
백성들의 도덕성을 겨누어 그것을 흥기시키는 정치를 국가 차원에서
시행하게 되면 공권이 안정되고 사회 질서 또한 문란해지지 않으므로
이를 위한 방책을 모색해야 하며, 오로지 형벌에만 치중해서는 안된다는
것이 그의 생각이었다. 그가 경상도 감사로 임명될 때에도 주위에서는
그가 가진 이러한 사유를 크게 평가하고 또 실현할 수 있으리라 기대하고
있었던 것으로 보인다.

허엽이 경상도 감사로 임명되는 과정은 극적인 면이 있었다. 1579년
(선조 12) 경상도 감사 정지연(鄭芝衍)이 병으로 사임하여 공석이 되자,
새 감사로 여러 사람이 물망에 올랐다. 구봉령(具鳳齡), 이이(李珥), 김첨경
(金添慶), 이산해(李山海), 허엽 등 정치 경험이 풍부하고 학식이 깊은
쟁쟁한 인물들이 그 주인공이었는데, 허엽이 이들을 제치고 최종 낙점을

民, 鄕約乃正萬民之法也. 朝廷百官未底於正, 而先正萬民, 則捨本而取末, 事必無成.
今者已擧盛典, 不可中止. 殿下必須躬行心得, 而施及朝廷, 政令皆出於正, 然後民有所
感發而興起矣."

55) 『石潭日記』二, 萬曆二年甲戌, 今上七年二月, "近日群臣急請行鄕約, 故自上命行之.
臣意以爲, 行鄕約太早也. 養民爲先, 敎民爲後. 民生憔瘁, 莫甚於今日. 汲汲救弊, 先解
倒懸, 然後可行鄕約也."

56) 허엽과 이이 사이의 충돌은 표면적으로 향약 시행에 대한 의견의 불일치가
원인인 듯 했지만, 여기에는 실상 추구하는 정치이념의 성격이 다른 점이 크게
작용했다. 이이의 향약 반대는 향약 그 자체가 아니라, 전국에서 일률적으로
이를 시행하자는 방법에 대한 부정, 그리고 향약 優先의 정책에 대한 비판이었다.
그 스스로는 향약의 효용에 대해 충분히 긍정하고 있었고, 향약 시행론이 일어나
기 전에 직접 향약을 시행한 적도 있었다. 1571년(선조 4) 청주 목사로 제수
받아 부임한 뒤 향약을 손질하여 이곳에서 시행했던 일이 그것이다.(『栗谷全書』
권16, 西原鄕約) 그는 일개 지역, 일개 고을에서 향약을 행하는 일에 대해서는
전혀 문제 삼지 않고 있었다. 향약은 점진적으로, 지방의 여건에 맞추어 실천할
수 있고 또 그렇게 해야 한다는 것이 그의 일관된 생각이었다.

받았다.[57] 허엽으로서는 오랫동안 고위직에 오르지 못하고 있다가 종2품의 감사가 되었기에[58] 꽤 의미 있는 기회가 주어진 셈이었다.

당시 경상도의 신임 감사에 대해, 실록에서는 '경상도가 다스리기 아주 어려운 극지(劇地)에다 왜국으로 말미암아 걱정거리가 많이 생기는 지역이므로 국왕이 문무(文武)를 겸한 자를 구한다.'[59]고 했고, 한 자료는 경상도에서 "백성들이 법을 어기고 토호(土豪)가 수령을 능멸하며 군졸들이 장교를 위협하는 사례가 급격히 증가"하므로 "국왕은 '새로운 정교(政敎)'를 펼칠 인물을 구했다."고 기록하기도 했다.[60] 단적으로 공권력이 제대로 통하지 않는 거친 지역을 맡아 감당할 수 있는 능력을 가진 인물이 필요한 상황이었다.

경상도 감사의 빈자리를 메울 적임자로 허엽이 낙점되었다는 사실은 그가 이러한 난관을 극복하며 정상적으로 감사직을 수행할 수 있는 능력을 지니고 있다고 인정받았기 때문이었다. 허엽을 높이 우러러보던 최립(崔岦)은 허엽이 선정된 요인에 대해, 그가 '위무(威武)와 강맹함'만으로서가 아니라 '진정한 유자(儒者)의 방식'으로 이 지역을 다스릴 수 있는 인물로 인정받았기 때문이라고 판단했다.[61] 최립은 허엽의

---

57) 『宣祖修正實錄』 권13, 선조 12년 5월 1일[乙巳]. 이날 기사에서 사신은 허엽을 다음과 같이 혹평하였다. "曄無撫馭之才, 文簿堆積, 不能句判, 士民喧訴, 不能聽理. 惟吏輩是任, 政事乖亂, 民甚怨之. 蓋是時, 國家熙明, 專以文名取人, 才能之人無所遇以表見. 大臣不以藻鑑, 權衡自任, 其應旨特擧, 壹循時望, 如此薦, 是也." 『宣祖修正實錄』의 이 기사는 '선조실록'의 수정본을 편찬하며 이이 『經筵日記』의 내용을 그대로 옮긴 것이다.(『栗谷全書』 권30, 經筵日記 三, 萬曆七年 己卯 五月)

58) 『宣祖修正實錄』 권14, 선조 13년 2월 1일[辛未], "同知中樞府事許曄卒. 曄字太輝, 號草堂. 少從花潭 徐敬德學, 與盧守愼爲友, 以士類著名. 登嘉靖丙午文科, 卽入諫院. 其於一時橫議, 雖不敢作異, 心護善類, 隨事救正, 有足稱者. 今上朝, 久爲諫長·館長, 好直言, 而不切於事情, 上不甚重之. 及陞秩爲慶尙監司, 卽擬判書薦望, 將大用矣."

59) 『宣祖修正實錄』 권13, 선조 12년 5월 1일[乙巳], "時, 慶尙監司鄭芝衍, 以病遞. 上以嶺南爲劇地, 而有倭人之虞, 命大臣擧資兼文武者."

60) 崔岦, 『簡易集』 권3, 送許草堂先生觀察嶺南序, 3가.

61) 崔岦, 『簡易集』 권3, 送許草堂先生觀察嶺南序, 3나, "抑謂民卒豪之悖亂也, 將威猛以

두 아들 허봉(許篈)과 허균(許筠)의 친구였기에 아주 가까이서 허엽을 지켜볼 수 있었던 것으로 보인다.[62]

지역을 다스리는 방법으로 '위무와 강맹함', '진정한 유자의 방식' 두 가지를 대비하고 허엽이 후자를 실현할 수 있을 것으로 설정하는 최립의 시각이 흥미로운데, 경상도와 같이 안정적인 정치를 펼치기 어려운 극지(劇地)를 제대로 이끌기 위해서는 어떤 방식을 택해야 하는가 하는 문제를 두고 정치권 일각에서 설왕설래의 논쟁하는 분위기가 있었고, 그 과정에서 위의 문제가 중요하게 부각되었다고 할 수 있다. 최립에 의하면, '위무와 강맹함'의 방식 곧 "패역(悖逆)스러운 지방민과 병졸, 그리고 토호들을 위무와 강맹함으로만 이긴다."는 것은 형벌의 엄중한 시행을 중시하는 사고였으며, 그러한 발상은 그 사람들을 단지 '소나 염소처럼 취급하면 된다'고 여기는 일에 다름 아니었고, '진정한 유자의 방식'은 이와는 정반대의 성격을 지니고 있었다.

최립은 '유자의 방식'에 대해 이것은 공자의 가르침이며, 형벌 이전에 백성들에게 죄를 범하지 말도록 교육하여 그들이 이를 따르도록 하는 일이라고 이해했다.

염유(冉有)가 다섯 가지 형벌[五刑]을 왜 삼황오제(三皇五帝)가 쓰지 않았는지 그 이유를 알지 못해 가르침을 청했을 때, 공자는 형벌을 당하지 않게끔 하는 예방책을 조목별로 제시한 적이 있다. 그것은 즉 불효(不孝)에 대해서는 인(仁)으로, 윗사람을 시해(弑害)하는 데 대해서

勝諸乎. 斯所謂牛羊用人而已也. 夫重先生一出者, 不以其儒乎. 儒之爲治, 異夫是也久矣." 최립의 발언은 허엽을 높여 존모했던 사람의 언명이라 주관적 판단에 치우친 점이 있을 수 있지만, 허엽의 생각을 파악함에 어느 정도 도움이 된다.

62) 崔岦과 許篈, 許筠과의 교류는 『簡易集』, 『荷谷集』, 『惺所覆瓿藁』에 실린 時文 등에서 살필 수 있다.(『簡易集』 권9, 稀年錄 ; 『荷谷雜著補遺』, 降仙樓記 ; 『惺所覆瓿稿』 권20·文部17, 與崔簡易 丁未三月)

는 의(義)로, 변덕을 부리며 쟁투(爭鬪)를 일삼는 데 대해서는 서(序)로, 음란한 짓에 대해서는 별(別)로, 법을 무시하고 제멋대로 행동하는 것에 대해서는 제도(制度)로 예방하라는 것이었는데, 이는 대체로 다섯 종류의 옥송(獄訟)이 일어나게 되는 원인을 밝혀 형벌을 받는 백성들이 없게 하려는 목적에서였다.[63]

염유와 공자의 문답은 『공자가어(孔子家語)』 「오형해(五刑解)」에 실려 있다. 최립은 이 글의 내용을 바탕으로 형벌과 교육에 대한 공자의 생각을 정리했다. 최립에게 위무와 용맹을 앞세우는 다스림은 범죄 행위에 대해 정해진 형률로 처벌하는 학정(虐政)이라면 진정한 유자의 방식은 범죄를 범하기 전에 형벌을 받지 않도록 미리 일깨우고 가르쳐 예방책을 제시하는 정치였다. 최립은 이를 선정(善政)·선교(善敎)의 정치라 불렀다.

최립은 경상도 감사에게 필요한 '새로운 정교'는 공자의 가르침을 받들어 실천하는 것이 최선이며 허엽은 이를 구현할 수 있는 능력을 가지고 있다고 보았다. 나아가 최립은 형벌과 위엄만을 내세우는 정치는 한계를 지니지만 선정과 선교의 효과는 무궁하므로, 허엽이 이 방법을 시작하고 다시 후임이 이를 이어받아 지속하면 이 지역에 큰 변화가 일어날 수 있을 것으로 전망했다.

선생이 지닌 도의 경지가 비록 일 년 안에 크게 교화시킬 수 있는 그런 정도는 못 된다 할지라도, 선정도 없고 선교도 없는 그런 자들과 비교해 본다면 역시 크게 차이가 있다고 해야 할 것이다. 대저 선정도 없고 선교도 없는 자들은 오직 형벌과 위엄만을 앞세울 수밖에는 없는데,

---

63) 崔岦, 『簡易集』 권3, 送許草堂先生觀察嶺南序, 6가.

형벌과 위엄이라는 것은 한계가 있는 반면에 선정과 선교는 그 효과가 무궁하다고 할 수 있다. 따라서 선생의 뒤를 잇는 이들이 이러한 뜻을 서로 계승하면서 계속 지켜 나간다면, 삼 년이 지난 뒤에는 삼 년 뒤의 효과가 있게 될 것이요, 칠 년과 백 년이 지나면 칠 년과 백 년 뒤의 효과가 있게 될 것이다.[64]

허엽이 김정국의 『경민편』에 주목하여 간행하게 된 사정, 그가 이 책에 대해 가지고 있었던 정보가 어떠했던가 하는 점은 현재로서는 뚜렷한 자료가 없으므로 속단할 수 없다. 최립의 발언으로 본다면, 허엽은 경상도 감사로 나가기 전, 경상도민들에게 덕성을 깨우치는 정치를 펼칠 준비를 이미 하고 있었고, 주위의 평판 또한 그러했다고 할 수 있다. 이 점에서 본다면 허엽은 처음부터 『경민편』을 간행하여 보급해야 한다는 생각을 지니고 임지로 향했을 가능성이 농후하다.[65]

허엽의 『경민편』 중간은 김정국 나아가 기묘사림이 가지고 있던 정치적 사유를 그가 긍정하고 공감하고 있었기에 가능한 일이었다. 허엽은 앞선 세대에서 제기한 명제를 자기 것으로 받아들이고 이를 감사 정치에서 실행하려 했다. 그런 면에서 허엽의 행동은 16세기 초반, 기묘사림이 제기하고 발전시킨 문제의식을 후대의 학계에서 적극 긍정하고 받아들여 활용해 나감을 잘 보여주는 사례라 하겠다.

---

64) 위와 같음. 최립의 생각은 교육을 통해 범죄를 막으려는 『경민편』의 기획과 유사하다. 다만 최립은 이러한 방법을 '공자'의 가르침으로 선명히 제시하여 그 가치를 제고했다.

65) 허엽은 감사로 부임하여 패륜으로 죽게 된 사람을 목도하고, 형제와 골육 사이의 참변과 분쟁을 접한 뒤, 본래 선한 인심을 감동시킬 방도로 이 책을 편찬했다고 했다.(『警民編』, 重刊警民編序, "今來此道, 吏抱囚案以進, 則慶州獄囚悖倫當死者, 數輩. 其他兄弟之變, 骨肉之訟, 紛然不已. 噫, 何爲而至於此也. 余意俗之流失, 固非一日, 人心本善, 豈不可以感動之.") 하지만 허엽은 이미 이곳으로 부임하면서 어떤 방식의 정치를 해야 할 것인지 마음을 정하고 있었다고 봐야 할 것이다.

허엽이 경상도에서 『경민편』을 중간한 사실은 감사의 직무와 역할을 도덕 교화와 연관하여 설정하고 그 스스로 능동적으로 실천한 일이었다. 그러한 행동은 곧 허엽이 선화 책무를 가진 감사의 책으로 『경민편』을 인정하였기 때문이었다. 감사라 할지라도 누구나 이 상황을 중시하여 특별한 조치를 취했던 것은 아니었기에 허엽의 노력은 당시로서는 특별했다. 허엽을 통하여 경상도의 지방민들은 새로운 책 『경민편』을 접하게 되었다.

허엽 간본이 나온 이후, 경상도 지역에서는 서목(書目)[66]이나 유서(類書)를 편찬할 때[67] 혹은 가훈서(家訓書)를 만들 때 이 책의 원문을 자주 활용하였다.[68] 중간(重刊) 당시 수천 권을 인쇄했다는 기록으로 본다면 이 지역의 유자들은 이 책자를 쉽게 구해보고 그 의미를 확인할 수 있었을 것으로 보인다.[69] 물론 허엽의 중간본이 경상도 바깥 지역을 벗어나 얼마만큼 알려지고 또 이용되었는지는 분명하지 않다. 지역 밖에서 이 책을 이용한 흔적을 보이는 자료는 현재 확인되지 않는다.

---

66) 金烋, 『海東文獻總錄』, 鑑誡類, 警民編. 이 책은 경상도 지역에 있던 책의 목록이다. 서문은 1637년에 작성되었다. 김휴의 『경민편』에 대한 지식은 정확해 보인다. 김휴는 김정국이 황해도 감사 시절 『경민편』을 편찬했으며 여기에는 '부모' 이하 모두 13조가 실렸다고 하고, 허엽이 '君上' 1조를 첨보하여 모두 14조가 되었다고 하였다. 그리고 허엽 서문의 일부를 전재했다.

67) 허엽의 『경민편』이 16~17세기에 얼마나 알려져 있었는지는 정확히 알 수 없다. 16세기 말, 權文海(1534~1591)가 정리한 『新編大東韻玉』, 1670년 경에 만들어진 權鼈의 『海東雜錄』에 이 책에 관한 내용이 실려 있음을 일단 확인할 수 있다. 권별은 『警民編을 다음과 같이 소개했다. "金正國, 義城人字國弼, 慕齋之弟, 號思齋. 少受業於寒喧先生……作警民編十三條, 刊布村閭, 曰君上父母, 曰夫妻兄弟姊妹族親, 曰隣里, 曰鬪毆, 曰勤業, 曰儲積, 曰詐僞犯奸, 曰盜賊殺人, 曰奴主"(『海東雜錄』)

68) 權好文, 『松巖集』 권6, 家箴, '使奴婢', 8가, "警民編曰, 家長謀殺則陵遲, 歐打則斬, 罵詈則絞, 告訴則杖一百徒役." ; 松巖集 권6, 家箴, '睦族隣', 11가, "警民編曰, 隣里與我同住, 有無相資, 患難相救. 義同親戚, 毋侵暴, 毋殘弱, 毋凌辱尊老, 交相委曲, 務爲和睦. 隣里不和, 患難不相救, 死亡不相扶, 相爲仇隙, 終致不測."

69) 허엽의 『경민편』이 경상도에 알려지며 이 지역에 영향을 주는 사정은 권별 등 몇 유자들이 남긴 글 속에서 알 수 있다. 그렇다 하더라도 허엽이 증보한 군상 장의 내용을 이들이 모두 긍정했는지의 여부는 판단하기 쉽지 않다.

2) 중간본의 정치이념 : '국가의 위민시은론(爲民施恩論)'과 '민인 직분론(職分論)'

『경민편』은 16세기 초, 주자학에 기초하여 지방 정치를 실행하고자 했던 정치의식의 소산이다. 16세기 후반 허엽은 김정국의 생각을 주목하고 계승하면서도 여기에 머무르지 않았다. 자신의 이념에 기초하여 마련한 새로운 내용을 『경민편』에 첨부하였다. 허엽 특유의 정치적 구상이 이 책의 기저에서 작동하고 있었다. 허엽은 김정국『경민편』의 내용이 무언가 미흡하다고 판단하였으며, 이에 군민(君民) 관계를 규정한 '군상'이란 새로운 장을 첨가하였다. 허엽 간본의 성격은 이 새로이 첨보한 장에 압축되어 있었다.

군주는 민인의 주인이며 국가는 민인이 의지하는 곳이다. 민인이 서로 도우며 삶을 영위하고 강자와 약자 간 쟁탈할 염려가 없는 까닭은 모두 국가가 양육(養育)하는 은혜 때문이다. 그러므로 민인이 된 자는 군주를 사랑하고 섬기기를 부모와 같이하고 군주 받들기를 자식처럼 해야 한다. 평상시 공부(貢賦)와 요역(徭役)은 반드시 성심 성의껏 납부하여 게으름을 피우거나 기한을 늦추지 않아야 하니, 이것은 민인의 직분(職分)이다. 국가에 불시에 예기치 못한 사태가 일어나 혹 왜구가 침략해오거나 북쪽의 오랑캐가 군사 행동을 벌이면 반드시 온 힘을 다하여 막아야 하며 조금이라도 엿보아 피하려는 마음을 지녀서는 안된다. 혹 중국의 사신이 오거나 국상(國喪)이 일어나면 부지런히 움직여 맡은 일을 처리해야 하며 조금이라도 원망하는 마음을 먹어서는 안 된다. 만약 불경하고 공손하지 못한 행동을 한다면 그 정도에 따라 반드시 죄를 받을 것이니, 두려워하고 삼가지 않을손가!70)

여기에서는 크게 두 가지 사항이 제시되었다. 하나는 군주는 민인의 주인이며, 국가는 민인의 의지처라는 인식이다. 국가 구성원들이 강자와 약자 간에 상호 쟁탈 없이 살 수 있는 까닭은 국가가 양육(養育)하는 은혜(恩惠)에 힘입었기 때문이라는 점이 강조되었다. '국가의 위민시은론(爲民施恩論)'이라 하겠다. 국가와 민인의 관계에 대해, 국가가 은혜를 베풀어 민인을 양육한다고 이해하고 이를 크게 드러내고 있음을 눈여겨 볼 수 있다.

다음으로, 군상 장에서는 이와 같이 국가의 은혜를 받으며 살고 있는 민인은 '군상'을 아버지처럼 여겨 자식이 효도를 하듯 그렇게 섬겨야 하며, 국가에서 부여하는 제반 부역(賦役)이나 국가의 군사적 사건에 대해 자기가 해야 할 일을 성심성의껏 수행하고 원망을 품지 않아야 그 직분을 다한다고 설명하였다. 국가·군주가 부여하는 직무를 불만 없이 성실히 수행해야 함을 강조하는 '민인의 직분론(職分論)'이라 할 수 있다.

군상 장은 결국 군주·국가와 민인의 관계를 부모와 자식과 같이 파악하고, 거기에 걸맞는 실천 규범을 민인들에게 제시하는 내용으로 이루어졌다고 정리할 수 있다. 부모가 자식을 양육하는 은혜를 가지고 있으므로, 자식 또한 그 은혜를 갚기 위해 공순(恭順)을 다하여 절대 복종해야 함은 그 규범의 핵심이었다. 허엽의 사고 속에서 군주·국가는 국민에게 은혜를 베풀었으므로, 국민이 군주·국가를 부모처럼 대하며 그 은혜를 갚아야 함은 자연스런 일이었다. 말하자면 군주는 일가(一家)

---

70) 『警民編』(허엽 간본), 第一 君上, "君爲民之主, 國是民所依. 凡百姓之所以相生相養, 無強弱爭奪之憂者, 皆國家養育之恩也. 是故, 爲百姓者, 愛戴君上, 當如父母, 奉承君上, 當如子息. 平時貢賦徭役, 必誠必信, 毋或怠緩, 民之職分也. 國家如有不時擧動, 或倭寇來侵, 北狄强梁, 則盡必極力以禦之, 不可少有窺避之心. 或天使之來, 國喪之出, 則恪勤奔走而供之, 不可少有怨恨之念. 若有不敬不恭, 則隨其大小, 蒙罪必矣, 可不畏哉! 可不愼哉!"

의 가장(家長)으로서 그 구성원인 민인의 양육을 책임지며 반면 민인은 일가의 구성원으로서 가장이 요구하는 의무를 성실히 수행해야 했다.

이 같은 관념에서 다음 두 가지 사실을 유의할 수 있다. 우선 사회적인 측면에서 부모 자식의 관계를 이중(二重)으로 파악하는 점이다. 국가 차원에서의 부-자와 사가(私家)에서의 부-자 관계가 그것이다. 전자가 사회적·정치적인 성격을 지녔다면, 후자는 혈연적·자연적 의미를 지녔다.71) 이 생각에는 군민(君民) 관계와 부자(父子) 관계가 혼효된 상태로 합치되어 있었다. 이것은 국가·군주와 민인의 관계를, 부모-자식과 마찬가지로 절대적인 것, 천륜(天倫)의 끊으려야 끊을 수 없는 불변의 성격으로 이해하는 것이라 할 수 있다.72)

다음으로 군주·국가와 국민 사이에 성립하는 도덕규범의 근거를 국가가 베푸는 은혜로 설정하고, 이로부터 구성원들의 행동 준칙을 마련하는 점이다. 이 사고 위에서 보자면, 국가의 특질은 민인들에게 은혜를 베풀어 그 삶을 보장함에 있고, 민인의 직무는 그 은혜를 고마워하고 그 은혜에 신명을 다하여 보답해야 할 터였다. 민인의 직분론이 만들어지는 근거는 여기에 있었다. 물론 국가와 민인의 관계가 상호

---

71) 국가와 민의 관계를 부모와 자식의 관계로 설정하고 그 양자 사이에 형성되는 도덕적 의무의 근거를 恩惠와 그 恩惠에 대한 보답으로 설정하는 방식은, 私家에서 血緣的으로 이루어지는 自然적인 父子關係와는 성격을 달리하여, 인위적 사회적인 성격을 갖는다. 여기에서는 공적 정치적 사회적 차원에서 이루어지는 君民關係를 혈연적, 사적인 관계로 치환하여 이해하고 있다. 이 논리는 어떤 면에서는 공적인 것과 사적인 요소가 混淆되어 있고 公과 私가 未分化된 성격을 지니고 있기도 하다.

72) 부모와 자식 관계에 대한 이 같은 도덕규정은 『효경』에서 이미 자세히 밝혔다. 부모란 자식에게 혈연의 정을 다하여 양육하므로 자식에게 절대의 은혜를 베풀며, 자식은 그러기에 절대 복종하고 공순하며 부모를 위해서는 자신의 몸을 돌보지 않고 최선을 다해야 하는 것이다. 혹, 부모와 뜻을 달리하더라도, 궁극으로는 부모를 버리거나 배신하지 못하고 따라야 한다고 강조하는 것이 『효경』의 논리였다. 여기에 대해서는 정호훈, 2002, 「朱子《孝經刊誤》와 그 성격」, 『東方學志』116 참조.

동등한 차원에서 운위되는 성격이 아니었음은 유의해야 할 점이다.

요컨대 국가와 민인의 관계를 부자 관계로 파악한다면, 이는 사가(私家)에서의 부자 관계와 중첩되는 상황이 전개된다고 할 수 있는 것인데, 그와 같은 중첩의 관계를 통하여 국가는 국가로서의 절대성을 확보하고 민인은 또 국가가 부여하는 제반 부역에 복종하며 성실하게 복무해야 할 의무를 지게 되는 것으로 강조되었다. 이것은 군주와 국가를 중심에 두고 크게 높이는 사고라 하겠다. 말 그대로 "군주는 백성의 주인이며, 국가는 백성의 의지처"였다.

군상 장에 보이는 허엽의 이러한 생각에는, 그렇게 수준 높은 언설을 통해 제시되지는 않았지만, 국가와 민인의 관계를 규정하는 자신의 핵심 논리가 담겨 있었다. 겉으로 보기에 그 표현은 단순했으나 담고 있는 함의는 그렇게 만만하지 않았다. 이 관념은 당대 최고의 주자학자들이 갖는 사고와는 다른 점이 많았다.[73] 군주와 민인의 관계를 부모-자식으로 의제(擬制)하여 설정하는 태도는 유교의 오랜 전통이었지만, 이 시기 들어와 조선의 유자들 가운데 일부는, 허엽에게서 볼 수 있는 바 부자 관계를 이중적으로 파악하거나 군주와 국가를 절대시하는 사고를 넘어서려 하고 있었다.[74]

허엽의 중간본은 이와 같이 『경민편』이 미치는 윤리 관계의 범위를 크게 확장함에 특징이 있었다. 김정국 간본이 부자 관계, 가족 관계를 중심에 두고 구성원의 도덕과 형률의 문제를 논의했다면, 허엽은 군주·국가와 민인의 관계를 보완하며 이 영역으로 무게 중심을 옮겨 왔다.

---

73) 17세기 윤휴의 孝治論은 허엽의 이러한 생각을 전면적으로 확대한 것으로 보인다. 윤휴는 주자의 『孝經刊誤』보다는 그 이전 시기의 『효경』을 중시하여 孝治論의 논리를 수용하고, 이를 바탕으로 자신의 학문 체계를 확대했다. 그의 경서 이해, 정치이념은 모두 『효경』의 효치론과 맞물려 있었다.(정호훈, 2004, 앞 책 참조)

74) 이 점에 대해서는 후술한다.

"군주는 민인의 주인이며, 국가는 민인의 의지처"라는 언명에서 드러나는 대로 허엽 사고의 강조점은 군주와 국가에 있었고, 민인은 국가가 부여하는 직분을 수행하는 존재로서 위치지워졌다. 이 사유에서 군주와 국가의 권력을 비판하거나 제어하는 방식에 대한 논의의 공간은 그다지 열려 있지 않았다. 오히려 민인의 삶, 민인들이 누리는 질서에 대해 군주·국가가 별다른 장애 없이 개입하여 힘을 발휘하고 통제할 수 있게 하는 요소가 있었다. 이 점에서 보자면 이 생각은 16세기 세력을 얻어가던 주자학의 강조점과도 크게 달랐다.

『경민편』의 군상 장에 드러나는 허엽의 정치적 사고는 단순히 지방관의 정치운영론으로 한정해서 볼 수 없는 면이 있었다. 이곳에서는 오히려 군주·국가와 민인의 관계, 민인의 직분론을 다루는 점에서, 정치의 대원칙을 어떻게 세우고 행해야 할 것인가 라는 보다 확장된 문제를 담고 있었다. 허엽 정치론의 성격은 그와 정반대의 지점에 서 있던 인물의 사상과 비교하면 확연하게 드러난다.

이 시기 허엽[75]과 대비되는 생각을 가진 대표적인 인물로는 이이(李珥)를 들 수 있다. 이이는 동인(東人)이었던 허엽과는 당색을 달리하여 서인의 영수 역할을 했던 인물이거니와 정치론에서도 허엽과는 전혀 다른 논리와 관점을 지니고 있었다. 선조 대 초반의 정국에서 두 사람은 사사건건 대립했는데, 특히 이이의 허엽 부정은 강렬했다. 오늘날 남아 있는 자료로 본다면, 이이의 허엽 비판과 배격은 지나치다 할 정도로 극단적이었다.[76] 동인과 서인의 당색을 지닌 두 사람의 위상은 동서

---

75) 허엽의 학문 연원, 정치적 성향과 지위를 일목요연하게 보여주는 자료는 『宣祖修正實錄』의 허엽 졸기이다. 사관은 허엽이 서경덕에게서 배우고, 東人의 종주였다고 기록했다.(『宣祖修正實錄』 권14, 선조 13년 2월 1일[辛未], "同知中樞府事許曄卒. 曄字太輝, 號草堂. 少從花潭 徐敬德學, 與盧守愼爲友, 以士類著名. ……東西分黨之後, 曄爲東人宗主, 議論最嚴. 與朴淳同師相友, 晚年以色目之異, 攻駁不顧, 人稱爲卯地, 以卯爲正東故也.")

76) 이이의 『經筵日記』는 이를 보여주는 전형적인 문헌이다. 『宣祖修正實錄』을 작성

분당기 여러 정치 세력의 정치적, 사상적 분화와 대결의 최전선에 서 있었다고 해도 과언이 아니다.

국가와 백성, 군주와 백성의 관계에 대해 이이는 허엽과는 다른 견지에서 이해했다. 국가는 민인에 의존하므로, 정치는 민인을 중심에 두고 펼쳐야 한다고 함이 그가 제시하는 논리였다. '안민(安民)', '보민(保民)'의 정치론이라 할 것인데, 다음의 언급 그대로이다.

(셋째) 이른바 민인을 안정시켜[安民] 국가의 근본을 단단히 함이니, 군주는 국가에 의지하고 국가는 민인에게 의지합니다. (첫 번째로 거론한) '군주가 정치의 근본을 세우는 이유'는 이 백성에게 표준이 되고자 하기 때문이고, (두 번째로 거론한) '조정을 맑게 하는 이유'는 이 백성에게 인정(仁政)을 시행하고자 하기 때문입니다.[77]

이 발언은 명종 말년에 올린 상소문에 나온다. 이이는 군주에게 필요한 요소로 군주의 '정심(正心)'과 '용현(用賢)' 두 가지를 먼저 들고 세 번째로 '안민(安民)'을 제시했다. 정심은 '군주가 마음을 바르게 하여 정치의 근본을 세우는 일'[正心以立治本], 용현은 '현자를 등용하여 조정을 맑게 하는 일'[用賢以淸朝廷]을 의미했다. 이이가 거론한 3요소에서 첫 번째와 두 번째는 세 번째 안민을 위한 전제이고 조건이었다. 초점은

하며 찬자들은 이이의 『經筵日記』를 많이 참조하였다. 『宣祖修正實錄』에 실려 있는 허엽에 대한 비판적 기사의 출처도 많은 경우 이 『經筵日記』였다. 이황 또한 허엽에 대해 극히 비판적이었다.

77) 李珥, 『栗谷全書』 권3, 諫院陳時事疏 丙寅, 14가, "所謂安民以固邦本者, 君依於國, 國依於民. 人君所以立治本者, 欲爲標準於斯民也, 所以淸朝廷者, 欲施仁政於斯民也. 故以安民次之." 이 상소문은 1566년(명종 21)에 작성했으며, 『明宗實錄』 권32, 명종 21년 5월 12일[壬寅] 기사에 실려 있다. 이이는 "正心以立治本", "用賢以淸朝廷", "安民以固邦本" 세 가지 명제를 거론했는데, 본문의 인용문은 세 번째 명제의 설명이다.

안민에 있었다. 군주는 국가에 의지하고 국가는 민인에 의지한다는 논리는 이 맥락에서 성립한다. 이는 『맹자』에서 제시한 바, '백성과 사직을 귀하게 여기고 군주는 가볍게 여기는' 정치론[78]과 상통한다. 군주는 민인에게 의존한다는 '군주의민론(君主依民論)'이라 할 수 있다.

이이의 '군주의민론'의 성격은 여기서 단적으로 드러나는데, 이이는 군주가 국가에 의지하고 국가는 인민에게 의지하기 때문에 권력의 정점에 있는 존재들은 늘 자기를 통제하여 스스로 도덕적 표준이 되어 인정(仁政)을 베풀 준비를 해야 한다고 했다. 이는 '군주의민론'을 내세워 군주와 조정의 권력을 조건 지우고 통제하려는 시도이기도 했다. 이이에게서 군주, 조정은 최고의 권력으로 존재하지만 궁극에서는 자타의 노력과 힘으로 정해진 법도를 따라 살아야 하는 존재였다. 주어진 권력이지만, 그 권력은 마음대로 전제(專制)할 수 없다는 논리와 의식이 여기에 내재하고 있었다. 요컨대 군주와 국가는 인민에게 의지한다는 이이의 사유는 최고 권력 군주와 조정의 도덕적 자기 통제의 당위를 겨냥하고 있었다.

이이가 군주에게 '성학(聖學)'을 통한 학습과 성장이 필요함을 역설했던 사실은 이러한 사유와 겹친다. 군주가 최고의 지위에 있는 정치적 수장이지만, 그렇다고 하여 무한의 절대 권력을 향유할 수 있는 존재는 아니며, 오히려 군주는 그 지위에 걸맞는 특별한 능력 곧 '성인'과 같은 성품과 재능을 갖추어 국가를 운영할 수 있도록 노력해야 한다고 함이었다. 선조 초년에 올린 『성학집요(聖學輯要)』는 이이의 이러한 생각을 집약한 문헌이었다.[79]

최고 권력의 도덕적 통제와 연관된 이이의 '군주의민론'은 실제 군주

---

78) 『孟子』, 盡心下, "孟子曰: '民爲貴, 社稷次之, 君爲輕.'"

79) 이이의 정치사상에 대해서는 金駿錫, 2004, 『韓國中世 儒敎政治思想史論』, 지식산업사 ; 정재훈, 2005, 『조선전기 유교 정치사상 연구』, 태학사 참고.

가 자신의 이익을 줄이고 백성의 경제적 안정을 구현하도록 촉구하는 의미를 지니고 있었다. 『성학집요』에서 이이는 이를 다음과 같이 설명했다.

신이 생각건대, 임금은 나라에 의존하고, 나라는 민인에게 의존하며 임금은 민인을 하늘로 삼고 민인은 먹을 것을 하늘로 삼습니다. 민인이 하늘로 삼는 것을 잃으면 국가가 의존할 데를 잃어버리니, 이것은 불변의 진리(眞理)입니다. 임금의 정치는 오직 민인에게 부모 노릇하는 것을 마음으로 삼아, 민력(民力)을 늦추어 주고 민산(民産)을 후하게 해 주어서, 민인들이 하늘로 여기는 바가 넉넉하여 그 본연의 착한 마음을 보존하게 해 줄 뿐입니다. 임금으로서 이런 정치를 행하지 못하는 것은 욕심(慾心)이 많은 데에 얽매여 스스로 절도를 지키지 못하기 때문입니다. 대개 자기에게 이롭게 하고자 하면 반드시 남에게 해롭게 되니, 어찌 자기의 욕심을 채우고도 그 해로움이 민인에게 미치지 않는 일이 있겠습니까.[80]

이 지점에서 살필 때, 이이의 사유에서 민인이 차지하는 지위는 매우 높았다. 이이의 사상을 파악하기 위해서는 그가 중시한 민인을 충분히 이해할 필요가 있다. 이이에게서 민인은 '군·국'과 대비되는 지점에 있는, 조선의 신분제적 질서 속에 살고 있는 구성원 일반을 의미했다. 물론 양반 사족이 그 중심이었으므로 이이의 사고는 이 질서를 벗어나는 것이 아니었다. 이이의 학문론, 정치론은 이 시기 신분제·지주제를 근거로 조선을 주도하던 양반 사족들의 입지와 이해

---

80) 李珥, 『栗谷全書』 권25, 聖學輯要七, 爲政第四下, 安民章第八, 47나, "臣按, 君依於國, 國依於民. 王者以民爲天, 民以食爲至. 民失所天, 則國失所依, 此不易之理也. 王者之政, 不過以父母斯民爲心, 紓民之力, 厚民之産, 使所天有裕, 得以保其本然之善心而已. 人君不能行此政者, 類錮於多慾, 而莫之自度. 蓋欲利於己, 必害於人, 安有充其多慾, 而害不及民者乎."

를 적극 반영하고 있었다.[81]

그런 면에서 본다면 이이에게서 '군주의 의민론(依民論)'이란 '군주의 사족 의지론'이기도 했다. 이이가 군주를 비판하고 견인함에 주된 내용이 백성을 위한 정치, 백성의 생업을 향상시키는 정치로 압축되는 것은 모두 이러한 논리 위에서였다. 정치의 시선이 군주·국가보다 국가를 구성하는 백성과 그들의 생업 곧 민생을 향하고 있음을 확인할 수 있다. 군주가 가진 권력을 신료들이 견제, 약화시킬 수 있는 논리의 근거도 여기서 비롯되었고, 그것은 어떤 측면에서는 강한 정당성을 지니고도 있었다.[82]

군주 수신(修身)의 필요성을 우선으로 내세우는 이이의 생각은 근원적으로는 그가 가진 정치의 근본 논리와 통했다. 이이는 정치는 군주와 중앙 조정이 솔선하여 바르게 되면 민인은 이를 따라서 자연스럽게 바르게 된다는 관념을 지니고 있었다. 이를 위해서는 권력의 최중심에 있는 존재와 기구가 정상적으로 기능할 수 있는 조건을 가지도록 끊임없이 노력하는 일이 필요했다. 권력의 자기 통제, 자기 변화를 중시하는 사고라 하겠다. 이이는 이러한 견지에서 권력 중심부의 변화 없이 민인을 바르게 하는 일을 우선하는 정치는 제대로 된 정치가 아니라고 비판했다. 허엽의 향약 시행에 대해 그가 비판한 이유도 여기에 있었다.[83] 공권력을 내세워 향약을 시행하는 일을 우선으로 두게 되면

---

81) 정호훈, 2005, 「16세기 말 栗谷 李珥의 敎育論-《擊蒙要訣》《學校模範》을 중심으로-」, 『韓國思想史學』 25 참조.

82) 이와 관련해서는 金駿錫, 1992, 「조선후기의 당쟁과 왕권론의 추이」, 『朝鮮後期 黨爭의 종합적 검토』, 한국정신문화연구원, 제2장 참고.

83) 『石潭日記』 二, 萬曆元年癸酉, 今上六年十月, "鄕約是三代之法, 而殿下命行之, 誠近代所無之慶也. 但凡事有本有末, 人君當正心以正朝廷, 正朝廷以正百官, 正百官以正萬民, 鄕約乃正萬民之法也. 朝廷百官未底於正, 而先正萬民, 則捨本而取末, 事必無成. 今者已擧盛典, 不可中止. 殿下必須躬行心得, 而施及朝廷, 政令皆出於正, 然後民有所感發而興起矣."

그것은 군주와 권력의 자기 변화는 도외시한 채, 민인들의 잘못을 바로잡는 일에 몰두하게 된다는 것이 그의 주된 논지였다.

이와 같이 『경민편』의 중간본에 드러나는 허엽의 정치적 사유는 이이의 그것과 비교해 본다면 극히 대비되는 모습을 지니고 있었다. 허엽의 정치론은 '국가의 위민시은론(爲民施恩論)', '민(民)의 의국론(依國論)'으로 압축할 수 있는 성격을 지니었고, 이이의 정치론은 '군주·국가의 의민론(依民論)'의 요소를 가지고 있었다.

전자가 군주·국가를 앞세운다면, 후자는 민인을 중시하는 한편으로 군주와 조정에 대해 도덕적 통제를 강제하고 또 실현하려 했다. 허엽이 군주와 조정이 취할 태도가 어떠할지 갖추어야 할 도덕성의 요건이 무엇인지를 그다지 강조하지 않았다면, 이이는 군주와 조정의 자기 통제·자기 변화를 백성을 안정시키고 튼튼하게 만드는 기본으로 여겨, 이들이 갖추어야 할 요건을 지속적으로 마련하여 펼치고자 했다.

두 사람 사이에 보이는 정치의 원리에 대한 이해의 차이는 감사·수령과 같은 지방관의 지방 운영 방식에서도 다른 방식으로 나타났다. 허엽은 지방관이 갖추어야 할 도덕의 요건을 그다지 고민하지 않았다. 『경민편』에서 드러나는 대로, 허엽은 지방 정치의 현장에서 공권의 유지와 백성의 직분 실현이 중요한 문제라고 여겼다. 허엽의 정치적 사유는 관(官)─공권의 주도로 민인의 정치적 교화를 우선으로 구현하자는 성격을 지니고 있었다. 경상도 감사로 지내며 『경민편』을 간행하고 널리 보급한 행위는 그러한 사고에서 나오는 일이었다. 허엽은 『경민편』과 함께 『삼강행실도』·『이륜행실도』를 간행하여 경상도에 보급하였다. 삼강·오륜의 규범을 담은 두 책은 조선을 지탱하는 핵심 도덕을 담은 책, 그런 면에서 조선을 이끄는 중요한 이념서였다.[84] 허엽의 감사

---

84) 노수신이 작성한 신도비에도 이 내용은 나온다. 盧守愼, 『蘇齋集』 권10, 有明朝鮮國嘉善大夫慶尙道觀察使許公神道碑銘幷序, 23가, "己卯五月, 嶺南伯缺. 上命三公議,

업무는 인민의 도덕 '교화'를 중심에 두고 실행되었다고 할 수 있다.

이이는 이에 반해 지방 정치는 지방관 스스로 자신에게 필요한 덕목을 먼저 갖추고 그 다음으로 민생에 해를 끼치는 폐단을 제거하는 방식으로 실행되어야 함을 역설했다. 주희의 정치론·학문론을 대입한다면, 수신 (修身)과 치인(治人)의 양 방면에서 수신을 근본으로 삼는 태도였다. 이러한 관념은 그와 소통이 많았던 정철(鄭澈)과 이해수(李海壽)가 각기 강원도 감사, 황해도 감사로 재직 중 수령을 위한 지침서로 간행한 『유읍재문(諭邑宰文)』,[85]『진서산유재문(眞西山諭宰文)』[86] 두 책에 집약 되어 있다. 앞의 책은 1580년(선조 13) 7월에, 뒤의 책은 1581년(선조 14) 2월에 간행되었다. 간행 시점은 공교롭게도 허엽이 경상도 감사로 지내던 즈음이다. 두 자료는 편찬·간행 장소와 사용 시기가 각기 달랐지

乃擧五人, 上擢公. 公久屈, 批出, 中外相賀. 公急敎化……又令大郡, 雕三綱二倫行實. 所至謁文廟窠諸生, 必書示爲學之方."

85) 鄭澈, 『松江別集』권1, 諭邑宰文. 1580년(선조 13) 2월에 강원도 감사에 제수된(『宣祖修正實錄』14권, 선조 13년 2월 1일[辛未]) 이후 정철은 이 책자를 편찬하여 보급했다. 정철은 『유읍재문』에 대해 자신이 직접 만든 것처럼 설명하고 있다. ("竊思, 承流宣化, 責在守令, 宜倣古迪民, 以成美俗, 而如欲牖民, 必先自治. 玆取西山 示諭二文, 輯編爲一, 刪煩去複, 彙成次序, 間以己意, 敷說今弊, 以足其意.……萬曆八 年庚辰七月日, 通政大夫守江原道觀察使兼兵馬水軍節度使鄭澈, 謹書) 그러나 책자 의 내용이나 成渾의 증언(『牛溪集』권5, 與李台徵書 辛卯七月, 22나, "眞西山諭俗諭 邑宰文, 栗谷與松江, 節要而刊行, 竝附今俗民間疾苦合爲一帙者一冊送呈, 願熟觀而體 行之也.")으로 본다면 이 자료는 정철이 이이와 함께, 혹은 이이의 안내를 받아 만들었음이 분명하다.

정철의 『諭邑宰文』은 목판으로 간행되었다. 실물은 전남대 중앙도서관 소장본이 확인된다.[계당OC 2F 정813이 『攷事撮要』에서 『諭邑宰文』책판 보유지로 전라도 淳昌을 기록하고 있어, 이 책의 간행과 보급 상황을 어느 정도 유추할 수 있다.

86) 이해수의 『眞西山諭宰文』은 그 실물이 남아 있지 않으나, 1581년 2월에 작성한 발문을 통해 그 내용을 확인할 수 있다. "余以非才, 叨受方岳重寄, 惟負乘致寇是懼. 夙夜瞿瞿, 思效職分之萬一.……李栗谷叔獻, 時在石潭. 一日, 謂余曰: '眞西山先生在長 沙及泉州, 有諭宰諭俗之文. 辭備義明, 眞爲吏牖民之要訣也. 盍寫一通, 布于列邑, 以爲 宣化之一助乎'……栗谷於是, 取二文, 輯編爲一, 刪煩去複, 彙成次序. 間以己意, 陳說 今弊, 以足其義. 其所筆削而敷演者, 非獨迹之而已也.……玆用開局, 印出若干件, 廣布 于州郡, 以永其傳. 此亦若已有, 與人同之意也.……萬曆九年二月旣望, 守黃海道觀察 使全城後人李某, 書于首陽客舍."(『藥圃遺棄』권6, 眞西山諭宰文跋, 3가~3나)

만, 내용이 매우 비슷하여 마치 한 사람의 작품인 듯한 느낌을 준다. 그것은 이 자료들의 편찬에 이이가 개입하고 있었기 때문이다.

『유읍재문』, 『진서산유읍재문』은 모두 진덕수가 장사(長沙)·천주(泉州)의 지방관으로 있을 때 작성한 자료들을 묶어 간추리고 여기에 조선의 군현 정치에 나타나는 폐해를 덧붙였다. 두 가지 점이 특징인데 먼저 수령이 갖추어야 할 마음가짐 혹은 덕성을 제시 하였다.[87] 위정자로서의 지방관이 갖추어야 할 '수기'가 강조되었다고 하겠다. 또 하나는 16세기 말 조선의 군현에서 발견할 수 있는 경제적 어려움을 풀 수 있는 방안을 개략적으로 설명했다.[88]

이러한 내용은 말하자면 수령이 자신을 검속(檢束)하는 방법을 먼저 확인하고 그런 다음 군현민들의 민생 현안을 해결할 수 있는 정치를 펼치도록 하는 구도 위에서 나온 것이었다고 할 수 있다. 핵심은 지방관의 자기 통제, 자기 훈련이었다.

> 승선(承宣)의 책무가 감사에게 중요하지만 가르침과 양육의 실재는 오직 수령(守令)에게 있다. 풍속을 아름답게 만드는 일은 지역민들을 도덕으로 이끄는 일[牖民]보다 급한 것은 없으며 그들을 이끄는 근본은 반드시 먼저 (수령) 자신의 다스림에 있다.[89]

지방의 세세한 사정을 속속들이 파악하고 반영하지 못하는 한계를

---

87) 진덕수의 글에는 '律己以廉', '撫民以仁', '存心以公', '涖事以勤'으로 제시하였다. 이 내용을 정철의 『諭邑宰文』에서도 확인할 수 있다.

88) 정철의 『諭邑宰文』에서는 貢物, 軍役과 관련한 여러 현안을 거론하였다. 여기에 대해서는 정호훈, 2010, 「15~16세기 목민서의 전개와 牧民學」, 『韓國思想史學』 36 참조.

89) 李海壽, 『藥圃遺稿』 권6, 眞西山諭宰文跋, 4가, "承宣之責, 雖重乎方伯, 而敎養之實, 惟在於守令. 成俗之方, 莫急於牖民, 而導迪之本, 必先乎自治."

지녔지만, 이들 책자에는 수령이 위정자로서 갖추어야 할 덕목과 개혁해야 할 지방 정치의 폐단이 간략하게 정리되어 있었다. 그것은 이이가 『성학집요』를 통하여 국가의 수장인 군주의 정치론을 체계화한 것에 대응하는, 군현 단위 정치 수장의 정치론을 제시한 것이라고도 할 수 있을 것이다. 이 책자는 17세기 이후 조선에 나타나 발전하게 되는 목민서의 한 선하(先河)를 이루었다.[90]

허엽이나 이이, 이해수·정철의 감사정치에 대한 접근은 그들이 지니고 있던 정치론을 적극 구현하고자 하는 노력의 소산이었다. 물론 그들의 생각, 구상하는 정치의 방식은 적지 아니 달랐다. 허엽의 경우에는 앞선 시기의 주요한 전통과 성과를 계승하고 활용하고자 했다. 여기에는 감사 혹은 수령 본인의 덕성의 변화보다는 지방민들이 준행하고 따라야 할 점을 더 강조하는 의식이 강했다. 이이와 그의 추종자들은 수령-목민관이 먼저 변화해야 하며, 그리고 이를 바탕으로 치인을 이룰 수 있어야 한다고 생각했다. 이들은 물론 조선의 지방 정치에서 개혁해야 할 사안 또한 반드시 실행해야 할 내용으로 정리하여 두었다. 이이는 나중에 감사의 구임론(久任論)까지 거론하며 감사의 역할을 보다 확장하여 생각하고자 했다.[91]

선조 대 초반, 허엽의 『경민편』 중간은 김정국과 기묘사림의 정치의식을 계승한 위에서 이루어졌다. 하지만 '군상' 장을 새롭게 첨보하며

---

90) 정호훈, 2010, 앞의 글, 302쪽.

91) 李珥, 『栗谷全書』 권7, 陳時弊疏 壬午, 36나~37가, "所謂久任監司者, 監司爲一道之主, 久於其職, 與民相信, 然後王化宣焉, 號令行焉, 平日可以成政, 緩急可以應變. 今則不然, 監司只任一期, 而不以家眷自隨, 故人皆厭苦. 受命之日, 已有謝病之計, 苟淹數月, 無意察任, 而終以疾免, 故一道常若無主, 政無所寄, 民不被化. 其中乃心王室者, 雖欲整理政化, 而暮年易滿, 不能有成, 故監司有無, 民不管他, 監司之設, 豈徒使然哉. 今若於諸道, 擇巨邑設營, 使監司率眷, 兼爲邑宰, 久於其位, 如兩界之例. 而別簡朝臣之心存經濟, 可以牧民馭衆者, 往欽厥職, 責以成效. 入則俾參朝政, 無重內輕外之弊, 則四境之民, 可蒙實惠, 而碩鼠之歌, 不作於邑里矣, 豈非安民之至計乎."

허엽은 군주·국가의 정치적 존재를 크게 부각시켰다. 허엽 개인의 정치적 성향이 크게 반영된 모습이었다. 이는 그의 반대편에서 활동했던 이이의 생각과는 대비되는 요소를 지니고 있었다. 이이는 군주·국가는 백성에게 의존한다는 의식 하에, 군주·관료의 지위와 역할을 견제하고 그들에게 자기 통제와 모범이 되기를 요구하였다. 군현의 지방 정치에도 이러한 점을 강조하였다. 허엽과 이이 사이에 나타나는 이러한 차이는 권력을 대하는 태도, 관료에 대한 이해에서 두 사람의 대응 방식이 크게 달랐기 때문이었다. 허엽의『경민편』이 한 당파의 생각 전체를 반영하지는 않았지만, 한 당파를 이끈 유력 인물의 정치적 사유를 담고 있었던 사실은 분명했다. 이이의 생각을 추종하는 사람의 처지에서 보자면 허엽『경민편』은 탐탁치 않은 점이 많았다.[92]

2.『경민편』의 전국화 :
17세기 중반 중앙정부의『경민편』간행과 배포

1) 이후원의『경민편』개간과 주자학 정치론의 강화

(1) 이후원 개간본의 구성과 특징

김정국이 지방관의 업무 수행에 필요한 책으로 만들어 16세기 초반

---

[92] 허엽과 이이, 두 사람에게 보이는 생각의 차이는 범위를 확대해서 살핀다면, 東人과 西人 혹은 北人과 西人의 정치사상과 연관하여 이해해볼 수 있을 것이다. 허엽이 활동하던 시기는 아직 동인이 남인과 북인으로 분화되기 전이었지만, 그의 성향은 北人 사유의 전개에 하나의 核과 같은 역할을 했던 것으로 보인다. 여기에 대해서는 신병주, 2000,『남명학파와 화담학파 연구』, 일지사 ; 정호훈, 2004, 앞의 책 참조.

황해도에서 간행했던『경민편』은 이후 활용 공간이 점점 확장되었다. 초간본이 나온 이후 누군가 전라도 남원·무장의 군현에서 이 책을 간행했으며, 16세기 후반에는 경상도 감사 허엽이 새로운 형태로 중간했다. 황해도 벽지에서 출발한 책이 멀리 남쪽 경상도·전라도로 진출한 셈이었다. 이리하여 많은 사람들이『경민편』의 존재를 알게 되고 이 책이 지방 정치에 필요한 책임을 인지했다. 하지만『경민편』이 보급된 지역이 넓어진다 하더라도 활용 범위는 여전히 일개 도 단위에 머물러 있었다.

17세기 중반은『경민편』의 사회적 생명력이 획기적으로 확산되는 시점이었다. 효종 말~현종 초, 서인(西人) 진영의 유력 정치인이었던 이후원(李厚源, 1598~1660)이 국가의 힘을 빌려 이 책을 편찬하고 전국에 보급,『경민편』은 이제 전국의 방백과 수령이 참고하는 중요한 문헌으로 부상했다. 이때 간본은 목판으로 제작했다.

애초 이후원은 예조판서로 재직하던 1656년(효종 7)에 간행을 청원하여 효종의 허락을 얻고 편집본을 마련하여 출판 준비를 했다가 전직(轉職)하는 통에 미처 이 일을 마무리하지 못하였다.[93] 그러다가 2년 뒤인 1658년(효종 9) 다시 국왕의 재가를 얻어 간행을 준비할 수 있었다.[94]

---

93) 『孝宗實錄』권17, 효종 7년 7월 28일[甲戌]. 이후원은 이때『內訓』도 三南에서 간행하여 함께 보급하기를 청하여 허락을 받았다. 이후원이 애초『경민편』의 존재를 알게 된 사정은 분명하지 않다. 흥미롭게도 이후원은『경민편』의 간행을 청원하여 허락을 받았지만, 인쇄할 저본은 그 뒤에 황해도에서 구해서 준비했다고 한다. 이후원은 이 사정을『경민편』을 구하지 못했기 때문이라고 설명했다.(『孝宗實錄』권20, 효종 9년 12월 25일[丁亥]) 이 일이 사실이라면 이후원은 애초『경민편』의 실물을 확보하지 못한 상태에서 간행을 청원했던 셈이 되는데, 과연 이런 일이 가능했었던가 하는 의문이 들지만, 내막은 알 수 없다. 효종 7년에 출판을 하지 못하게 된 사정은 효종 9년 12월 기사에 자세하다.(『孝宗實錄』권20, 효종 9년 12월 25일[丁亥])

94) 『孝宗實錄』권20, 효종 9년 12월 25일[丁亥] ;『承政院日記』, 효종 9년 12월 27일[己丑], "完南府院君李厚源箚子. 大槪, 臣曾爲禮判時, 以警民編刊布事, 建請蒙允, 終闕奉行, 常以爲恨. 今乃繕寫, 作爲兩本, 送于該曹, 倘以此遞相刊刻, 廣布民間, 則其於牖民

이후원은 청원의 이유로 병자호란의 전쟁을 거친 후 '사람들의 마음 씀씀이와 풍속이 날로 거칠어지고 흐트러지는 현실'을 바로 잡아나가는 데 이 책이 더 없이 중요함을 내세웠다. 이때 이후원은 이 책의 저자 김정국을 두고 '기묘명신(己卯名臣)'95)으로 소개했다. 흥미로운 대목이다.

국왕의 재가를 받은 후에도 작업은 지체되어 실제 간행이 마무리된 시점은 효종 사후 1660년(현종 1)이었다.96) 기록상 효종이 세상을 떠난 해에 충청도에서 진상건(進上件)과 각도(各道) 분송건(分送件)을 인출했고,97) 현종 즉위 후 해를 넘겨 경상도와 충청도의 인쇄분으로 정해진 곳에 반사(頒賜)했던 사실을 확인할 수 있다.98)

이후원이 간행 작업을 하며 저본으로 삼은 자료는 해서(海西) 지방에서 어렵게 구한 사본(寫本)이었다. 이후원은 효종으로부터 『경민편』의 간행을 허락 받고도 책을 구하지 못해 시간을 끌다가 이 사본을 구한

化俗之方, 或不無裨補事. 入啓. 答曰: '省卿箚辭, 實非偶然之意也. 予用嘉悅. 當令該曹, 依箚辭施行, 庶有補於化民成俗之道爾.'"
이 책에서 인용하는 『承政院日記』 기사는 국사편찬위원회 자료(https://sjw.history. go.kr)를 이용했으며, 년·월·일의 표기 또한 이를 따랐다. 이 사실은 앞으로 별도로 표기하지 않는다.

95) 『孝宗實錄』 권20, 효종 9년 12월 25일[丁亥]. 김정국이 '기묘명인' 임을 드러내는 모습은 이 시기의 분위기 특히 서인 일반의 사고를 반영한 것으로 보아 무방하다. 이미 이이에게서도 그러한 양상은 나타나지만, 서인들은 조광조를 중심으로 하는 '기묘사림'의 이념을 계승한다는 의식을 강하게 지니고 있었다. 김육의 『기묘록』 편찬은 그 중요한 계기였다. 남인이나 북인들 또한 기묘사림의 후예임을 자부하였지만, 이 점은 서인들에 비해서는 상대적으로 약했다.

96) 간행을 명령한 이후 효종 생전에 이 책을 간행했다는 흔적을 찾기 힘들다. 효종 행장에는 "刊行《三綱行實》, 又命梓《警民編》, 以爲觀感之地"(『孝宗實錄』 권1, 孝宗大王行狀)라고 했다. 이 구절은 '간행했다'는 의미보다는 '간행하도록 명령을 내렸다'는 뜻으로 읽힌다.

97) 『己亥年國恤祔』(한국학중앙연구원, 장서각 K2-2936), (順治 1년) 八月十五日.

98) 『承政院日記』, 현종 1년 2월 11일[丙申], "(鄭)梧又以慶尙監司狀啓, 警民篇印送事, 奏達. 上曰: '入之.' 挺緯曰: '冊則留院矣. 前日忠淸道印送四十件內, 六件則當爲進上, 其餘則例有頒賜之擧, 故待慶尙道印本上來, 更爲定奪事, 陳達蒙允矣. 慶尙道印本, 旣已上來, 頒賜單子書入乎?' 上曰: '依爲之.'"

뒤 한글로 번역하고 교정(教正)을 보아 간행을 했다고 한다.[99] 이에 따르면 이후원은『경민편』의 초간본을 직접 보지 못했거니와, 상허본이나 허엽 간본 또한 참조하지 않았을 가능성이 크다.[100] 이와 더불어 이후원이 저본으로 삼은 사본의 내용을 원형 그대로가 아니라 수정하고 보완하며 많이 바꾸었음을 알 수 있다.

이런 점을 고려하면 이후원 간본은 앞선 시기에 나온 여러 간행본이 이루었던 성취 혹은 변화와는 무관하게, 이후원의 방식대로 제작되었다고 할 수 있다. 이를테면 한글 번역문을 실은 허엽 간본을 참고했다면 작업하기가 더 수월했으리라 짐작되지만 이후원은 그렇게 하지 않은 것으로 여겨진다.[101] 물론 허엽 간본을 보았다 하더라도 이후원은 이 중간본의 내용에 동의하지 않았을 가능성이 크다. 허엽의 당색(黨色), 증보한 '군상' 장의 내용 등으로 미루어 이후원은 허엽 중간본에 그렇게 호의적일 수 없었을 것이다.[102] 이런 측면에서 보자면 이후원이 허엽 간본을 인지하고 있었던 가의 여부를 살피는 일은 그다지 의미가 없다.

다만 이후원의 간행본은 김정국이『경민편』을 간행한 시점을 허엽 중간본과는 다르게 설명하고 있어, 이 점은 따져 보아야 할 것이다. 두 자료의 설명에서 김정국이 최초『경민편』을 간행한 시점을 확인할 수 있는 중요한 실마리가 들어있기 때문이다.『경민편』의 편찬 시기, 그리고 저자의 본관 표기에 대해 허엽 간본에서는 '1519년 겨울 10월,

---

99) 『孝宗實錄』 권20, 효종 9년 12월 25일[丁亥].

100) 허엽의 『경민편』이 17세기 조선 사회에서 얼마나 알려져 있었는지는 정확히 알 수 없다. 경상도 지역의 문헌을 담고 있는 金烋의『海東文獻總錄』, 權鼈의 『海東雜錄』에 이 책에 관한 내용이 실려 있음을 일단 확인할 수 있다. 전자는 17세기 전반, 후자는 17세기 후반에 편찬되었다.

101) 李選,『芝湖集』권8, 先考右議政完南府院君家狀, 44가~44나, "(戊戌)十二月, 章十二, 上始勉許. 移封完南府院君, 乃校訂故儒臣金正國所著警民編, 譯以方言, 且附陳古靈, 眞西山諭俗諸篇. 上箚請遍刊諸道, 倦倦以敦孝悌興禮讓, 爲化民成俗之本. 上褒諭, 卽命刊行."

102) 여기에 대해서는 제Ⅱ부의 1장 참고.

관찰사 문소 김정국[正德己卯冬十月 觀察使聞韶金正國]'이라 했고, 이후원 간본에서는 '1519년 봄, 관찰사 의성 김정국[正德己卯春 觀察使義城金正國]'이라 했다. 어느 한쪽이 사실에 부합되거나 둘 다 틀렸을 수가 있다. 『사재집(思齋集)』의 「경민편발(警民編跋)」에서는 이 대목이 빠져 있다.

'1519년 10월[己卯冬十月]'이면 김정국의 1년 감사 임무가 끝나는 시점이고, '1519년 봄[己卯春]'이면 감사 임무가 막 시작되는 때였다. 두 표기 가운데 어느 하나를 택하기가 쉽지 않다. 임기를 마무리할 때보다 시작하는 시점에 책을 간행하는 편이 책을 만든 의도를 구현하기에 적합하므로 '1519년 봄'이 사실과 어긋나지 않을 수 있다. 그러나 이 경우는 김정국이 감사 초기에『경민편』을 편찬할 수 있는 여건이 갖추어져 있었는가 하는 측면에서 따져보면 적절하지 않은 점이 있다. '1519년 10월'의 임기 말년 시점은 감사 구임의 신법(新法)에 따라 김정국이 황해도 감사를 연임할 가능성이 있던 때이다.[103] 1년여의 경험을 총결하며 감사가 맡아 실현하는 지방 정치의 주요 원칙을『경민편』에 담았을 수 있다. 이와 연관하여 생각해 본다면 이 시점에서의 간행을 배제할 수 없다.

'1519년 겨울 10월'의 간행 가능성을 짙게 하는 또 다른 요소는 찬자의 기명 방식이다. 김정국은 자신의 글에 '의성'보다는 '문소'의 본관을 많이 쓴 것으로 보인다.『사재집』의 「재령군천읍기(載寧郡遷邑記)」에서 '문소김정국기(聞韶金正國記)'[104]라고 했고,『촌가구급방』에서 '문소김정국국필지(聞韶金正國國弼識)',[105] 『성리대전서절요(性理大全書節要)』에서 '문소김정국근지(聞韶金正國謹識)'[106]라고 썼다.『경민편』에서도

---

103) 여기에 대해서는 제 I 부의 1장 참조.
104) 金正國,『思齋集』권3, 「載寧郡遷邑記」, 8가. 이 책이 간행된 때는 1603년이다.
105) 『村家救急方』(한독의약박물관 소장), "嘉靖戊戌春, 被召還朝. 同年夏, 承湖南之命, 入界信宿, 而到南原, 首以是編, 付通判李君希平, 使之更加讎校, 鋟諸梓, 以廣其布云. 嘉靖戊戌夏六月日, 聞韶金正國國弼識"

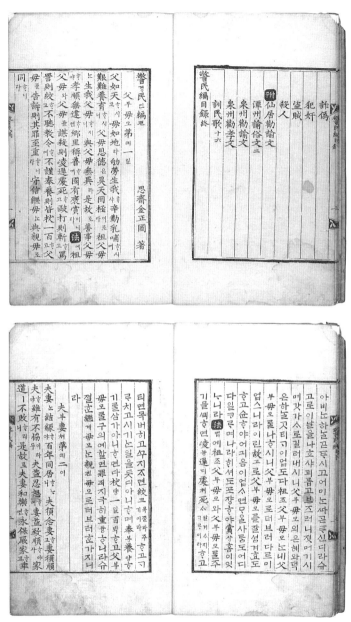

〈그림 2〉이후원 간본(일본 東京大學 오구라 문고 소장)

그렇게 표기했을 가능성이 크다.

문소(聞韶)는 신라부터 고려 초까지 쓰인 옛 이름이고, 의성(義城)은 고려 초 문소에서 바뀐 이후 조선에 들어와서도 계속 사용되었다. 국가의 공식 군현 명을 따르자면 의성이 맞지만, 김정국은 문소를 선호했다고 할 수 있다. 본인의 글에서 문소를 늘 표기하는 모습은 김안국에게서도 확인된다.[107] 아무래도 허엽 간본의 기명 방식이 김정국의 원래 간본 표기에 가깝다고 판단된다.

이후원 개간본은 중앙정부의 도움을 빌려 간행되면서 제작 수준이 전반적으로 향상되었다. 동시에 여기에는 이후원의 개인적 성향과 학문적 입지, 효종 말년의 시대적 분위기가 강하게 스며들었다. 편집을 책임졌던 이후원, 간행을 주관했던 예조(禮曹)에서는 본문의 번역과 교정, 책판 제작, 인쇄의 여러 공정을 빈틈없이 챙기며 이전 지방관이 만들던 방식과는 다르게 책을 완성했다. 편찬 참여자들은 법전의 규정, 국가의 공식적인 표기법 등에 유의하며 원문을 엄정하게 교정하고 보완하였다. 번역 또한 국가의 번역 전통과 관행에 맞추었다.[108] 더불어 당시의 정치와 학술의 분위기 및 독자 대중의 문해력 등을 고려하며 용어와 표기를 선택했다. 처음 발의하여 간행할 때까지 시간은 많이 흘렀지만 그 사이에 책의 완성도를 높이기 위한 노력은 지속되었던 것으로 보인다.

---

106) 『性理大全書節要』(청주고인쇄박물관 소장) 권4의 말미에 실린 발문에 적힌 간기를 보면 '嘉靖戊戌秋, 聞韶金正國謹識'라고 했다.

107) 김안국이 작성한 기문, 서·발문은 대부분 '聞韶 金安國'으로 표기했다.(『慕齋集』 권11, 清神堂記 ;『慕齋集』 권11, 愛蓮樓記 ;『慕齋集』 권11, 娛賓奉安兩驛重修記 ; 『慕齋集』 권11, 文化縣移治記 ;『慕齋集』 권11, 普達院記 ;『慕齋集』 권11, 安東望湖樓記 ;『慕齋集』 권11, 陽城縣重修鄕校記 ;『慕齋集』 권11, 送禮曹尹參議朝京師序 ; 『慕齋集』 권11, 陽川世稿序 ;『慕齋集』 권12, 書新刊性理大全後 ;『慕齋集』 권12, 南忠簡公守陵詩軸跋)

108) 구체적인 내용은 2절에서 다룬다.

아래에서 보는 발문의 간행 연도 및 저자 표기는 이 책에 들인 작업자들의 태도와 마음 씀씀이가 어떠한지를 잘 보여준다. 허엽 간본과 비교하면 훨씬 정교하다. 가)는 허엽 간본, 나)는 이후원 간본이다.

가) 正德己卯冬十月 觀察使聞韶金正國謹識

나) 正정德덕〈大대明명武무宗종皇황帝뎨年년號호〉 己긔卯묘〈我아中듕宗종大대
　　王왕十십四ᄉ年년〉春츈 觀관察찰使ᄉ義의城셩金김正졍國국書셔〈金김正졍
　　國국字ᄌ國국弼필號호思ᄉ 齋ᄌ官관至지禮녜曹조參참判판 己긔卯묘名명人인
　　也야〉

허엽 간본의 표기는 간단하다. 연호와 간지, 저자 김정국을 단순 나열했다. 반면 이후원 간본에서는 한자마다 한글음을 병기하고, 연호와 간지 등은 주석을 달아 자세히 풀이하였다. 정덕 연호에 대해 "대명 무종황제 연호(大明 武宗皇帝 年號)"라고 특기하고, 기묘년 간기는 "우리 중종대왕 14년[我中宗大王十四年]"이라고 밝혔다. 명과 조선의 관계를 구체적으로 드러내고 사라진 나라 명을 되새기게 하는 의식을 확인할 수 있는 표기이다. 김정국에 대해서도 자(字)와 호(號), 최종 역임한 관직, 그리고 1519년의 정변에 연루된 인물 곧 '기묘명인(己卯名人)'임을 세세하게 드러내었다. 전반적으로 독자 대중의 독서를 고려한 쉽고 자세한 설명이거니와, 병자호란의 참화를 겪고 또 명나라의 멸망을 목도한 이후 '숭명배청(崇明排淸)'의 열기로 넘쳤던 조선의 정치적 분위기, 중종 대 '기묘사림'의 정치와 학문의 지향을 재확인하고 추숭하려던 학술계의 정황[109]을 잘 담고 있다고 할 수 있다.

---

109) 이후원은 『경민편』 간행을 청원하며 김정국을 '己卯名臣'이라 소개했다.(『孝宗實錄』 권20, 효종 9년 12월 25일[丁亥]) 김정국이 기묘명인임을 드러내는 모습은 이 시기의 분위기 특히 서인 일반의 사고를 반영한 것으로 보아 무방하다. 이미 이이에게서도 그러한 양상은 나타나지만, 서인들은 조광조를 중심으로

이후원 개간본이 이와 같이 국가의 지원을 받음으로써 여러 계통의 힘이 작용하며 제작된 사실은 앞선 시기 간본에는 없는 사항이었다. 개인의 저술이고 또 황해도라는 도 단위 지역에서 유통되던 책을 이제 국가가 개입하여 간행한 일 자체가 놀라운 사건[110]이었는데, 그보다 더 의미 있는 사실은 『경민편』이 국가의 지원을 받아 제작됨으로써 책의 수준이 크게 높아진 점이었다. 이 간본의 내용을 구체적으로 검토하거나 간행 자체의 성격을 이해하고자 할 때, 이 지점으로부터 출발한다면 많은 요소를 놓치지 않고 살필 수 있을 것이다.

이후원 간본은 모두 13장으로 구성되어 있다. 이는 상허본과 비교하여 변함이 없다. 허엽 간본에서 첨가된 군상(君上) 장[111]은 빠져 있다. 반면 노주(奴主) 장은 족친(族親) 장과 인리(鄰里) 장 사이에 배치되었다. 이는 '노비와 주인'의 관계를 가족 질서 속에서 파악하고자 하는 이후원의 의도 속에서[112] 재구성된 것으로 보인다.[113] 노비에게 주인은 가장

하는 '기묘사림'의 이념을 계승한다는 의식을 강하게 지니고 있었다. 김육의 『기묘록』 편찬은 그 중요한 계기였다. 남인이나 북인들 또한 기묘사림의 후예임을 자부하였지만, 이 점은 서인들에 비해서는 상대적으로 약했던 것으로 보인다. 여기에 대해서는 구만옥, 2006,「貫需齋 姜奎煥의 學問觀과 經世論」,『慶熙史學』24 참고.

110) 개인의 저술을 국가의 재정으로 중앙에서 간행한 일은 그다지 많지 않았다. 영조 대 유형원의 『磻溪隨錄』을 경상도 감영에서 간행하도록 한 일은 17세기 『경민편』의 간행에 비교되는 주요 사례이다.

111) 허엽 간본에서 증보한 '君上' 장은 군주와 백성의 관계를 거론했다. 백성은 국가의 은혜를 받으며 살고 있으므로 국가가 부여하는 제반 의무를 적극 수행해야 한다는 백성의 職分論이 강조되어 있다.(Ⅱ부 1장 참조)

112) 조선인에게 奴僕은 가족의 중요 구성원이었다. 春沼子 申最(1619~1658)의 다음 언급은 그러한 인식의 일단을 보여준다. "政者正也, 所以正家也, 所以正國也, 所以正百官也, 所以正萬民也. 故政得其道, 則無不壹於正. 政失其道, 則無不入於不正. 家者, 國之本也. 百官者, 萬民之表也. 父子兄弟妻妾僕從, 家之屬也."(『春沼子集』권3, 原政, 11가)

113) 종래의 연구에서는 이후원 간본에서의 奴主 장이 원간본의 구성과 유사하고 허엽 간본에서 바뀌었다고 추측했고,(안병희, 1978, 앞의 글, 12쪽) 이후 연구는 대체로 이 견해를 따랐다. 이 책에서는 상허본의 검토를 바탕으로 이후원 간본의

<table>
<表 4> 상허본, 허엽 간본과 이후원 간본의 구성

간본\장	1	2	3	4	5	6	7	8	9	10	11	12	13	14
상허본	父母	夫妻	兄弟姉妹	族親	隣里	鬪毆	勤業	儲積	詐僞	犯姦	盜賊	殺人	奴主	
許曄刊本	君上	父母	夫妻	兄弟姉妹	族親	鄰里	鬪毆	勤業	儲積	詐僞	犯姦	盜賊	殺人	奴主
李厚源刊本	父母	夫妻	兄弟姉妹	族親	奴主	鄰里	鬪毆	勤業	儲積	詐僞	犯奸	盜賊	殺人	
</table>

* 비고
상허본   - 허엽·이후원 간본과 '隣里' 표기 차이
          - 전체 13장
許曄 刊本 - '君上'章, 허엽이 첨가
          - 전체 14장
李厚源 刊本 - '奴主'章 위치 변경
          - 상허본·허엽간본과 '犯奸' 표기 차이
          - '殺人'章 뒤 부록 첨가
          - 전체 13장

(家長)이면서 주군(主君)과 같은 존재였다. 그런 면에서 노비는 가족 관계의 최말단에 자리 잡은 가족의 일원이었다.[114]

16세기에 간행된 상허본과 허엽 간본의 경우에는 '노주' 항목을 '사위', '도적', '살인' 항목 뒤에 배치했다. '사위' '도적' '살인' 등이 모두 일반 범죄와 관련된 조항인데, '노주'를 여기에 둔 점은 노비를 범죄와 관련하여 파악하는 사고와도 연관이 있는 것으로 보인다. 이는 『경국대전』에서 노비 관련 조항이 「형전(刑典)」에 등재되어 있는 사실과 대비하여 살필 수 있다.[115]

편장 순서는 원간본의 그것과 달라졌다고 여긴다.

114) 17세기 전반의 인물 崔有海(1588~1641)가 남긴 글 「推衍古靈諭俗文」에서는 노비가 자기 직분을 다할 수 있도록 대우하면 家道를 이룰 수 있다고 하였다. 노비를 家의 질서 속에서 파악하는 이 시기 사람들의 의식을 잘 읽을 수 있는 내용이다. (『嘿守堂集』권12, 推衍古靈諭俗文, 13나, "人家奴婢, 莫非人子. 雖有貴賤之殊, 各有同得之性, 使恩義相孚, 各得上下之分, 則家道成矣. 若不恤饑寒, 酷加刑杖, 以致離叛, 則家道亂矣, 不可不察也.")

115) 『經國大典』권5, 刑典의 公賤, 私賤 등의 조항 참고. 한편, 허엽 간본은 군주-만노비의 체계를 고려하며 이같이 구성했을 수도 있다.

이렇게 본다면 16세기의 간본과 이후원 간본에서 '노주'의 항목이
달리 배치된 까닭은 노비를 공적 차원에서 일반 백성보다 한 등급
낮은 범죄적 성격의 존재로 파악할 것인지, 아니면 사적인 가족의
재산으로서의 성격을 보다 강조하며 파악할 것인가 하는 생각의 차이와
관련된다고 판단할 수 있다.

상허본과 허엽 중간본에서 범간(犯姦)으로 표기했던 편장 제목도
이후원 간본에서는 범간(犯奸)이라고 했다. 성적 범죄와 연관이 있는
'간(姦)'을 법전에서는 모두 '奸'으로 쓰고 있었기에 이후원 간본은 법전의
공식 표기와 아주 가깝다.[116]

한편 이후원의 간본에는 13세기 중국의 지방관이 작성했던 '유속문(諭
俗文)', 16세기 말 조선에서 작성된 『훈민가(訓民歌)』를 부록으로 실었다.
전자는 주자학의 사유 속에서 중시되던 글로 조선에서는 이미 15세기부
터 알려지고 활용되고 있었고, 후자는 16세기 후반 조선에서 만들어져
전승되던 자료였다. 이들 글과 가사를 부록으로 실은 점은 이후원
간본의 가장 큰 특징이다. 앞서 간행된『경민편』의 의도를 계승하면서도
이 시기의 정치적 사유를 분명하게 반영한 요소를 여기서 찾을 수
있다. 차지하고 있는 지면의 분량으로도 부록의 비중은 컸다. 전체
내용에서 본문이 45%를 차지하는 반면 부록은 55%나 되었다.

중국에서 활용되던 자료는『고령진선생 선거권유문(古靈陳先生仙居
勸諭文)』,『서산진선생 담주유속문(西山眞先生潭州諭俗文)』,『천주권유
문(泉州勸諭文)』,『천주권효문(泉州勸孝文)』 등 모두 4편이다.『고령진선

---

116) '奸'은『경국대전』이래 법전에서 사용한 단어였다.『經國大典』권5, 刑典의 停訟
규정은 그 한 사례이다. "外方詞訟, 務停後·務開前〈以春分日爲務停. 秋分日爲務
開〉, 除十惡·奸盜·殺人·捉獲付官逃奴婢·仍役據奪奴婢等〈據執·盜耕·盜賣他人田地
同〉, 一應關係風俗·侵損於人外, 雜訟竝勿聽理. 京中, 則唯恒居外方者, 聽歸農. 其臨決
觀勢, 欲歸農者, 勿聽."] 상허본과 허엽 간본의 姦은 법전의 공식 용어와는 차이가
있다. 이후원 간본은 '姦'을 '奸'으로 바꾸어 편찬했다고 할 수 있다.

186

생 선거권유문』은 북송대 인물 진양(陳襄, 1017~1080)이 선거(仙居)의
지방관으로 재직 중에 작성했다. 이 글은 주희가 장주(漳州) 지사를
지내면서 지역민들에게 게시할 정도로 중시했었는데[117] 주희는 이를
『소학(小學)』에도 실어 두었다.[118] 그런 까닭에 조선에서는 이 글을
많은 사람들이 익히 알고 있었다.[119] 『서산진선생 담주유속문』, 『천주권
유문』, 『천주권효문』은 송·원대 주자학자 진덕수(眞德秀, 1178~1235)가
각기 담주(潭州)와 천주(泉州)의 지방관으로 있을 때 작성했다.[120] 이들
여러 편의 글은 진덕수의 문집, 『정경(政經)』 등에 실려 조선에 전해졌다.

『훈민가』는 정철이 강원 감사로 있을 때 지은 작품으로, 모두 16개
단가(短歌)로 구성되어 있다.[121] 본래 18수였지만, 2수는 제목만 남고
내용이 사라졌다. 정철은 각 단가마다 주제를 드러내고 그 의미를
간략하게 가사 형식으로 풀이하였다. 16개 주제는 '부모[父義母慈]', '형제
[兄友弟恭]', '군신[君臣]', '자식[子孝]', '부부[夫婦有恩]', '남여[男女有別]', '자
식 교육[子弟有學]', '향리 예속[鄕閭有禮]', '장유[長幼有序]', '붕우[朋友有

---

117) 『朱熹集』 권100, 揭示古靈先生勸諭文.
118) 『小學』 嘉言第五, 廣立敎, "古靈陳先生爲仙居令, 敎其民曰: '爲吾民者, 父義母慈, 兄友
弟恭, 子孝, 夫婦有恩, 男女有別, 子弟有學, 鄕閭有禮, 貧窮患難, 親戚相救, 婚姻死喪,
隣保相助, 無墮農業, 無作盜賊, 無學賭博, 無好爭訟, 無以惡陵善, 無以富吞貧, 行者讓
路, 耕者讓畔, 斑白者不負戴於道路, 則爲禮義之俗矣.'"
　주희는 이 글에 대해 "古靈諭俗一文, 平正簡易, 許多事, 都說盡, 可見他一箇大胸襟,
包得許多也"라고 주를 달았다.
119) 崔有海의 경우, 「古靈諭俗文」의 의미를 부연하고 그 담고 있는 규범을 향리와
문중이 중심이 되어 실천하자는 노력을 하기도 했다.(『嘿守堂集』 권12, 推行古靈諭
俗文) 최유해의 글, 이후원 간본의 증보는 17세기 전반, 「古靈諭俗文」이 어떻게
주목받고 또 활용되는지를 잘 보여주는 사례라 하겠다.
120) 『警民編』(이후원 간본), 부록.
121) 『警民編』(이후원 간본), 부록, 訓民歌, "右短歌十六, 卽宣祖朝相臣鄭澈爲江原監司時
所作者也. 蓋因陳古靈諭文中諸條, 添以君臣長幼朋友三者, 使民尋常誦習, 諷詠在口,
則其於感發人之情性, 不無所助. 故附刻於此, 而名曰訓民歌云."
　정철은 己丑獄事 때 東人系 인물들을 죄없이 역모 혐의로 몰아 죽임에 결정적인
역할을 한 인물이라고 동인의 후손들에게 낙인찍혀 있었다. 이런 관점은 18세기
南夏正이 작성한 『桐巢漫錄』에 잘 나타나 있다.

信]', '가난 구원[貧窮憂患, 親戚相救]', '향리에서의 혼인·상사에 대한 부조
[婚姻死喪, 隣里相助]', '근면한 농사짓기[無惰農桑]', '도적질 금지[無作盜
賊]', '도박과 쟁송 금지[無學賭博, 無好爭訟]', '기타 미풍양속의 실천[無以惡
凌善, 無以富呑貧. 行者讓路, 耕者讓畔, 班白者不負戴]' 등이다.

『훈민가』에서 다루는 내용은 대체로 「고령진선생 선거권유문」에서
왔다. 두 자료를 서로 대조해보면 정철이 「고령진선생 선거권유문」을
축약하여 이를 만들었음을 알 수 있다. 그러나 '군신', '장유유서', '붕우'
주제의 3항목은 「선거권유문」에는 없던 내용으로 정철이 새로 첨보했
다.[122] 이리하여 『훈민가』는 모범으로 삼았던 진양의 글을 뛰어넘어
오륜(五倫)의 규범을 포괄하게 되었는데, 이는 이 가사 자료가 가진
장점이었다. 『훈민가』가 오륜을 두루 갖춘 점은 16세기 전·중반 유행했던
'오륜가'의 전통과 맞닿아 있는 모습이기도 하다.[123]

이후원이 『훈민가』를 『경민편』의 부록으로 보완한 까닭은 이 가사가
진양의 권유문을 알기 쉽게 풀이해 두어 지방민이 진양 권유문의 주제를
편하게 익히도록 돕기 때문이었다. 아울러 『경민편』의 원 체제에서
빠져 있던 군신 이하의 세 항목을 이 가사를 통하여 보완할 수 있는
점 또한 의미 있게 평가하였던 것으로 판단된다.[124] 실제 이들 내용이

---

122) 『警民編』(이후원 간본), 부록 訓民歌. "右短歌十六, 卽宣祖朝相臣鄭澈爲江原監司時
所作者也. 蓋因陳古靈諭文中諸條, 添以君臣·長幼·朋友三者, 使民尋常誦習, 諷詠在
口, 則其於感發人之情性, 不無所助. 故附刻於此, 而名曰訓民歌云,"

123) 오륜가에 대한 연구는 다음 참조. 신연우, 1998, 「周世鵬에서 鄭澈로 訓民時調의
변이와 그 의의」, 『溫知論叢』 4 ; 최재남, 1996, 「愼齋 周世鵬의 목민관 생활과
<五倫歌>」, 『가라문화』 13 ; 하윤섭, 2010, 「16세기의 법적 질서와 <오륜가>의
발생」, 『우리어문연구』 37 ; 하윤섭, 2014, 『조선조 오륜시가의 역사적 전개 양상』,
고려대 민족문화연구원.

124) 이후원이 이 글을 부록으로 실으면서 "蓋因陳古靈諭文中諸條, 添以君臣·長幼·朋友
三者"(『警民編』, 이후원 간본, 訓民歌)라고 하여 君臣·長幼·朋友 3항목을 첨보했다
고 특기한 사실은, 이 단가를 실으면 어떤 보완 효과가 있을지 그가 염두에
두고 있었음을 보여준다고 할 수 있다.

〈표 5〉 이후원 개간본 『경민편』의 구성

구성	항 목	비 고
서문	警民編序	·『思齋集』에는 '警民編跋'로 표기되어 있음
본문	父母, 夫妻, 兄弟姉妹, 族親, 奴主, 隣里, 鬪毆, 勤業, 儲積, 詐僞, 犯姦, 盜賊, 殺人	·13장
부록 1	「古靈陳先生仙居勸諭文」, 「西山眞先生潭州諭俗文」, 「泉州勸諭文」, 「泉州勸孝文」	·「古靈陳先生仙居勸諭文」은 송대 陳襄이 仙居의 지방관으로 재직 중에 지음 ·「西山眞先生潭州諭俗文」, 「泉州勸諭文」, 「泉州勸孝文」은 송대의 진덕수가 담주, 천주의 지방관으로 재직 중에 지음
부록 2 (「訓民歌」)	'父義母慈', '兄友弟恭', '君臣', '子孝', '夫婦有恩', '男女有別', '子弟有學', '鄕閭有禮', '長幼有序', '朋友有信', '貧窮憂患 親戚相救', '婚姻死喪 隣里相助', '無惰農桑', '無作盜賊', '無學賭博 無好爭訟', '無以惡凌善 無以富呑貧 行者讓路 耕者讓畔 班白者不負戴'	·정철의 작품으로 한글 가사 모두 16 항목
권말	請刊警民編廣布諸路箚	·이후원의 疏箚 제책 사정에 따라 책의 첫머리에 싣기도 함

보완되면서 삼강·오륜의 전 내용을 『경민편』은 갖추게 되었다.

이후원의 개간본은 황해도에서 구한 필사본에 교정을 가하여 체재를 정비하고 그 위에 이 책과 내용상 관련이 있는 글을 보완하여 증보한 형태로 만들어졌다. 앞선 시기의 여러 간본과 비교할 때 내용과 구성상 아주 큰 변화가 생겼다고 할 수 있다. 상허본이나 허엽 간본과는 달리 '노주'의 위치를 바꾸어 재구성하였으며, 송대의 지방관들이나 조선의 지방관이 만들어 향촌 사회의 교화에 활용한 자료를 부록으로 덧붙여 본문의 미흡한 점을 보완하고자 하였다. 반면 허엽 간본의 '군상' 장과 비슷한 내용은 이 책에 등장하지 않는다.

(2) 이후원 개간본의 개성 : 원문과 번역문의 가독성(可讀性) 제고

이후원 간본은 앞 시기 간본에 비해 여러 점에서 변화가 생겼다. 무엇보다 먼저 거론할 수 있는 사실은 원문이 많이 수정되며 바뀐 점이다. 상허본과 비교하면 변화의 폭이 매우 심하다. 허엽 간본과 비교해도 몇 가지 달라졌지만, 그 바뀐 정도는 상허본보다는 덜하다. 이러한 변화는 이후원이 저본으로 삼았던 사본을 교정한 뒤 국가 차원에서 간행한 사정과 연관이 있을 것이다.125) 이후원 개인의 힘에 정부 조직의 지원이 가세하면서 『경민편』의 면모는 많이 바뀌고 있었다. 아래 표는 세 책 원문의 변화와 차이를 확인할 수 있는 내용이다.

세 책의 표기를 비교하면 책과 책 사이의 변화 양상이 조금 다르다. 상허본과 허엽 간본에서는 동일하나 이후원 간본에서 바뀌는 사례[2, 3, 7, 8, 9, 10, 11, 12, 14, 15], 상허본의 원문과 구결이 허엽 간본·이후원 간본에서 동일하게 바뀌는 사례가 있다.[1, 4, 5, 6, 13] 전자는 열 곳, 후자는 다섯 곳이다. 상허본과 허엽 간본의 원문 혹은 구결이 이후원 간본에 이르러 크게 바뀌고 있음을 알 수 있다. 이 내용을 상세히 정리하면 다음 〈표 6〉과 같다.

상허본과 허엽 간본은 비교 대상 열다섯 사례 가운데 열 곳이 일치하고 다섯 군데가 일치하지 않는다. 상허본의 내용을 허엽 간본에서 수정하거나 보완한 결과이다. 전체적으로 보아 상허본에 비해 허엽 간본의 표현이 분명해졌다.

일치하지 않는 내용을 보자면, 먼저 허엽 간본에서 역접의 연결형 어조사를 첨가하여 문장의 의미를 분명하게 하고[同氣異體 → 同氣而異

---

125) 李厚源,「請刊警民編廣布諸路箚」,『警民編』(이후원 간본), "完南府院君臣李厚源, 伏以臣於丙申秋……而第其原本, 遍求不得, 久乃得之於海西即寫本也, 又無諺解. 無諺解, 則窮鄕氓隷, 難於通曉, 故遂用其本, 校證翻譯."

<표 6> 상허본, 허엽 간본, 이후원 간본의 원문 변화 비고

번호	편장＼간본	상허본	허엽 간본	이후원 간본	비고 [변화 내용] 원: 원문 구: 구결
1	父母	祖父母	祖父母 父母	祖父母 父母	원: 누락된 단어 '부모' 보완
2	父母	詈罵	詈罵	罵詈	원: 단어 조합 순서 바꿈
3	父母	告訴爲面 其罪	告訴爲面 其罪	告訴 則其罪	구→원: 구결 '爲面'이 의미상 '則'으로 전환
4	父母	母	親母	親母	원: 한 글자 첨가하여 의미 보완
5	兄弟姉妹	同氣異體	同氣而異體	同氣而異體	원: 而를 추가하여 의미 보완
6	兄弟姉妹	傷則杖一百	重傷則杖一百	重傷則杖一百	원: 한 글자 첨가하여 의미 보완
7	兄弟姉妹	發疾則絞	廢疾則絞	篤疾則絞	원: 글자를 바꿈 發은 廢의 오기로 보임
8	族親	互相毆鬪不穆	互相毆鬪不穆	互相毆鬪不睦	원: 글자를 바꿈
9	族親	詈罵 則杖一百	詈罵 則杖一百	罵詈 則杖六十徒役	원: '詈罵則杖一百'이 이후원본에 와서 '罵詈則杖六十徒役'으로 수정됨126)
10	族親	傷	傷	重傷	원: 한 글자 첨가하여 의미 보완
11	鬪毆	笞二十	笞二十	笞三十	원: 잘못된 자구 수정
12	勤業	陳地	陳地	陳田	원: '陳地'가 이후원본에서 '陳田'으로 바뀜 陳田은 법적 용어
13	勤業	罪重	罪辜	罪辜	원: 단어 수정
14	盜賊	終身爲利	終身爲里	終身者	구→원: 원문과 구결을 합하여 '종신할 이[終身爲利(里)]'로 읽히는 내용을 이후원본에서는 '終身者'로 바꿈
15	奴主	詈罵	詈罵	罵詈	원: 2번과 같은 사례 *노주는 허엽 간본에서는 제14장, 이후원 간본에서는 제5장으로 배치됨

*짙은 색은 두 간본에서의 표기가 동일·유사함을 의미한다.

體], 한 글자를 더 하여 법 규정의 범위를 확실하게 하였음을 알 수

---

126) 『大明律』의 五刑圖에 杖刑은 六十, 七十, 八十, 九十, 一百의 다섯 등급, 徒刑은 一年杖六十, 一年半杖七十, 二年杖八十, 二年半杖九十, 三年杖一百 등 다섯 등급으로

있다.[傷 則杖一百 → 重傷 則杖一百] 후자의 경우, '상(傷)'이라면 상해 일반을 가리키지만 '중상(重傷)'은 신체가 손상되고 생명을 위협받을 정도의 비교적 무거운 부상을 가리킨다.

단어 구성이 잘못된 표기 또한 바르게 바꾸었다. '罪重'을 '罪辜'로 바꾼 경우가 그러하다. '죄중(罪重)'은 '죄가 중하다'는 구절로 읽히지만 '죄고(罪辜)'는 '범죄'라는 단어를 의미하므로 문맥상 '죄고'가 적합하다.[127]

상허본과 이후원 간본은 열다섯 곳 모두가 다르다. 두 간본 사이에 단어·구절의 변화가 적지 않은 셈이다. 그 차이 나는 내용도, 빠진 글자를 보완하고, 글자를 바꾸어 법 규정의 범위를 분명하게 하며, 구결에 들어있는 내용을 본문의 한자로 전환하거나 했던 결과이다. 몇 가지 두드러진 점을 살피면 다음과 같다.

'진지(陳地)'가 진전(陳田)으로 바뀌었다. 진지는 묵정밭을 가리키나 법전의 용어는 아니다. 『경국대전』에서 묵정밭은 '진전'으로 표기되어 있다.[128] 이후원 간본의 '진전'은 '진지'를 법전 용어로 바꾼 결과라 할 수 있다.

형벌의 정도가 수정되기도 했다. 족친 장에 나오는, '꾸짖고 욕설을 할[詈罵] 경우 "장 100대의 벌[詈罵, 則杖一百]"을 내리는 규정이 "장 60대·도형(徒刑)[罵詈, 則杖六十徒]"으로 바뀌었다. 상허본에 비해 이후원 간본의 형벌이 더 무거워졌는데, 이는 『대명률』의 규정에 따라 수정한 결과로 보인다. 『대명률』에서는 형제·자매에 해당하는 사람에게 꾸짖고 욕설을 하면 장 100대, 백숙부(伯叔父母)·고모·외조부모(外祖父母)의 경

구분하고 있다. 이로 본다면 상허본, 허엽 중간본에 비해 이후원 본의 처벌이 더 무거워졌음을 알 수 있다.

127) 重과 辜는 형태가 유사한데, 重은 辜의 오각일 가능성이 높다.

128) 『經國大典』 권2, 戶典·田宅, "過三年陳田, 許人告耕.〈海澤, 則限十年〉."

우에는 각기 1등을 더한다고 규정해 두었다.[129] 장 100대에서 1등을 더하면 장 60대·도(徒) 1년(一年)이 된다. 족친 장에서 다루는 대상은 형제·자매가 아닌 족친이므로 1등을 더한 형벌이 규정상 맞다. 상허본의 규정은 오류였는데, 이후원 간본에서는 이를 바로 잡은 셈이다.

투구 장에서는 타인을 구타할 경우 '태(笞) 20대'의 벌을 내린다는 규정이 '태 30대'로 바뀌었다. 『대명률』에서 태 20대에 해당하는 죄는 손발[手足]로 타인을 구타하였는데 맞은 사람이 상처를 입지 않았을 경우였다. 태 30대는 손발로 타인을 구타하여 맞은 사람이 상처를 입었거나, 사물을 가지고 타인을 구타했지만 상처를 입지 않은 두 경우에 내리는 처벌이었다.[130] 투구 장의 구타 구절만으로는 그것이 태 20대에 해당하는지 태 30대에 해당하는지 분명하지 않았지만, 이후원 본에서는 상처를 입은 상태로 보고 처벌을 강화한 셈이었다.

두 책의 차이를 잘 드러내는 또 다른 사항은 한자 본문과 구결로 구성된 내용을 구결을 빼고 한자 본문으로 전환한 점이다. "告訴爲面 其罪[고소하면 그 죄는]"를 "告訴 則其罪[고소 즉 그 죄는]"로, "終身爲里[종 신 할 이]"를 "終身者[종신할 사람]"로 바꾼 두 사례를 확인할 수 있는데, 두 구절에서 '爲面[하면]'이 '則[곧]', '爲里[할 이]'가 '者[사람]'으로 바뀌었다.

허엽 간본과 비교하면 이후원 간본은 십여 곳에서 차이가 난다. 이후원 간본에서는 허엽 간본에서 빠진 글자를 보완하거나, 한 단어를 다른 단어로 바꾸기도 하고, 구결에 들어있는 내용을 본문의 한자로 전환하기도 했다.

두드러진 변화는 구결에 들어있는 내용을 본문의 한자로 전환한

---

129) 『大明律直解』 권21, 刑律·罵詈, 第351條 罵尊長, "若罵兄姊者杖一百, 伯叔父母姑外祖 父母, 各加一等"; 『大明律附例』 권21, 刑律, 罵詈, 第351條, 罵尊長, "若罵兄姊〈期親〉 者, 杖一百, 伯叔父母·姑〈在室〉·外祖父母, 各加一等〈杖六十徒一年〉"
130) 『大明律直解』 권20, 刑律·鬪毆, 第325條 鬪毆, "凡鬪毆, 以手足毆人, 不成傷者, 笞二十. 成傷及以他物毆人, 不成傷者, 笞三十, 成傷者 笞四十."

사례, 형벌의 규정을 수정한 사례에서 볼 수 있다. 전자는 "告訴爲面其罪 [고소하면 그 죄] → 告訴 則其罪"[표6의 3], "終身爲里[종신할 이] → 終身者" [표6의 14] 등을 들 수 있고, 후자는 족친 장의 매리(꿀罵)[표6의 9]와 투구 장의 구태[표6의 11]에 대한 형벌 규정의 수정을 거론할 수 있다. 이들 두 사례는 상허본과 이후원 간본에서와 마찬가지로, 허엽 간본과 이후원 간본의 차이를 매우 잘 드러낸다.

이와 같이 이후원 간본의 원문은 상허본·허엽 간본과 비교하여 특정 구절, 특정 단어에서 변화가 일어나며 상호 일치하지 않는 점을 확인할 수 있다. 그중 이후원 간본의 특성을 잘 보여주는 결정적인 대목은 한문 본문과 구결로 구성된 내용에서 구결을 한자어로 바꾸고 문장을 변형한 곳, 그리고 형률의 정도를 수정한 곳이다.

① 告訴爲面 其罪[고소하면 그 죄] → 告訴 則其罪
② 終身爲里(利)[종신할 이] → 終身者
❸ 罶罵 則杖一百 → 罵罶 則杖六十徒
❹ 毆打 則笞二十 → 毆打 則笞三十

위의 사례에서 전 2자는 조선식 한문의 흔적이 있는 본문을 한문 문장에 보다 가깝게 바꾸고, 후 2자는 형벌의 규정을 강화하여 수정한 결과라 할 수 있다. 이들 네 구절은 상허본·허엽 간본에서는 변함없이 수록되어 있었지만 이후원 간본에서는 모두 바뀌었다. 이 사실은 이후 원 간본이 앞선 시기 간본의 원문을 새롭게 정리하며 보다 진화된 형태로 간행되었음을 보여준다.[131]

---

131) 허엽 간본이 16세기 후반에, 이후원 간본이 17세기 중반에 간행되었으므로, 이러한 차이는 17세기에 들어 16세기의 문장을 보다 깔끔하게 정리하며 책을 간행했다는 사실을 알려 준다.

이후원 간본에서 보이는 원문과 구결의 변화는 이 책을 엄격하게 그리고 높은 수준에서 검토하며 제작하였음을 보여주는 징표이다. 이러한 양상은 본문의 번역에서도 확인된다. 이후원은 16세기 국가 기관에서 『번역소학』이나 『소학언해』와 같은 주자학 입문서를 번역하며 확보한 번역의 방식과 수준을, 가능한 한 17세기 상황을 고려하며, 충실히 적용하려고 했다.[132] 이후원 간본의 번역문에서 보이는 변화 양상은 다음 몇 가지로 정리할 수 있다.

첫째, 구결을 한글로 표기했다. 상허본과 허엽 간본에서 이용했던 차자 구결을 이후원 간본에서는 한글 구결로 바꾸었다. 이는 16세기 한글 구결을 표기한 언해서들의 한 전통을 잇는 모습이다. 16세기 언해서의 구결 표기는 차자 구결과 한글 구결 두 방식으로 나타나는데, 중종 대의 『주자증손여씨향약언해』, 선조 대의 허엽 중간본 『경민편』은 차자 구결을 달았고 『번역소학』, 『소학언해』 등은 한글로 구결을 표기했다. 전자는 지방 차원에서 후자는 국가 주도로 간행한 책들이다.

둘째, 필요하면 한자를 노출하고 한자마다 해당 글자의 한글음을 병기하였다. 어려운 한자를 쉽게 읽을 수 있도록 돕는 방식이었다. 장 제목, 편찬 연도 및 저자 이름 등을 이와 같이 표기하였다.[133] 또 번역문에 한자어를 많이 노출하고 한글음을 병기했다. 원문에 한자음을 달지는 않았지만,[134] 번역문에서는 한자어를 그대로 드러내고 음을 달았다. 그런 까닭에 한자어를 한글로 번역한 경우는 대체로 모습을 감추었다. 이 점은 허엽 간본의 방식과 크게 대비된다. 여러 차례 개역(改 譯)했던 『소학』 번역서의 사례를 살피면, 16세기 초반의 번역보다 16세

---

132) 16세기 『번역소학』, 『소학언해』에 대해서는 정호훈, 2014, 앞의 책 참조.
133) 제3장 「兄弟姉妹」는 "兄형弟뎨姉ᄌ妹ᄆᆡ第뎨三삼"으로 표기했다.
134) 원문에 한자의 음을 한글로 표기한 책으로는 『飜譯小學』, 『小學諺解』 등 교재로서 의 성격이 강한 책들이었다.
135) 朱熹 增損·金安國編, 『朱子增損呂氏鄕約』, 1가.

<표 7> 16~17세기 여러 문헌의 구결 표기 사례

경민편 (이후원 간본)	父如天ᄒ시고 母如地라 劬勞生我ᄒ샤 辛勤乳哺ᄒ시며 艱難養育ᄒ시니 父母恩德은 昊天罔極이로다
경민편 (허엽 간본)	父如天五 母如地羅 劬勞生我爲時古 辛勤乳哺爲時古 艱難養育爲時尼 父母 矣 恩德隱 昊天罔極尼羅
향약언해 (16세기 초)	凡鄉之約四伊尼 一曰德業相勸伊五 二曰過失相規伊五 三曰禮俗相交伊五 四曰患難相恤伊羅135)
번역소학 (16세기 초)	甫十歲라 祈寒暑雨애 侍立終日ᄒ야 不命之坐ㅣ어든 不敢坐也ᄒ더시 다136)
소학언해 (16세기 말)	甫十歲애 祈寒暑雨ㅣ라도 侍立終日ᄒ야 不命之坐ㅣ어든 不敢坐也ᄒ더 라137)

기 말, 17세기 후반의 번역에서 이러한 양상이 늘어나는 현상을 볼 수 있다.138) 이후원 간본의 번역 방식 또한 이러한 경향과 궤를 같이한다고 할 수 있다.

【이후원 간본】

劬勞生我ᄒ샤 辛勤乳哺ᄒ시며 艱難養育ᄒ시니 父母恩德은 昊天罔極이로다 祖父母ᄂᆞᆫ 生我父母ᄒ시니 與父母無異라. 是故로 善事父母ᄒ야 孝順無違ᄒ면 鄉里稱善ᄒ며 國有褒賞이니라.

슈고로이 날을 나ᄒ샤 괴롭고 브즈러니 졋 머기시며 갓가ᄉ로 길러내시니 父부母모의 은혜와 덕은 하ᄂᆞᆯ ᄀᆞᆺ티 ᄀᆞ이 업도다. 祖조父부母모ᄂᆞᆫ 내 父부母모를 나ᄒ시니 父부母모로 더브러 다ᄅᆞ미 업스니라. 이런 故고로 父부母모를 잘 셤겨 효도ᄒ고 슌ᄒ야 어긔음이 업스면 ᄆᆞᄋᆞᆯ사름도 어디다 일ᄏᆞᄅᆞ며 나라히셔도 포쟝하야 賞샹 홈이 잇ᄂᆞ니라.139)

---

136) 『飜譯小學』 권9, 2가.
137) 『小學諺解』 권6, 2가~2나.
138) 여기에 대해서는 정호훈, 2014, 앞의 책 참조.
139) 한문 원문과 한글 번역문은 원 책에서와 달리, 독자의 편의를 위해 필자가 임의로 띄어쓰기를 했다. 마침표 또한 그러하다.(이하 모두 같음) 오늘날의 표기법으로 옮기면 다음과 같다.

【허엽 간본】

劬勞生我_{爲時古} 辛勤乳哺_{爲時古} 艱難養育_{爲時尼} 父母矣 恩德隱 昊天罔極_{尼羅}. 祖父母隱 生我父母_{爲時尼} 與父母奴 無異_{爲尼羅}. 是故奴 善事父母_{爲也} 孝順無違_{爲面} 鄕里稱善_{爲旀} 國有褒賞_{爲飛尼}.

슈고로이 나를 나ᄒ시고 브스러니 졋 머기시고 가난히 쳐 기르시니
부므의 은혜와 더근 하ᄂᆯ ᄀ티 그지 업스니라. 하나비와 할미ᄂᆫ 내
아비 어미를 나ᄒ시니 부모와로 다ᄅ디 아니ᄒ니라. 이러호모로 아비어
미를 잘 셤겨 효도ᄒ며 슌히ᄒ야 어글읏치 말면 고을ᄒ며 ᄆᆞᄋᆯ돌히
어디다 일ᄏᄅ며 나라토 어디다 ᄒ야 샹이 인ᄂ니.[140]

셋째, 의역(意譯)보다는 직역(直譯)을 원칙으로 번역하였다. 그런 까
닭에 한문의 문법 구조, 한자의 역할을 최대한 유의하며 번역문을
완성했는데, 독자로서는 한문 원문과 한글 번역문이 거의 일대일(一對
一)로 대응된 문장을 볼 수 있게 되었다. 이 점에서 이후원 간본은
한문을 익히는 초보자용 교재로 쓰기에 적합한 요소도 지니고 있었다.
이와 더불어 직역의 원칙을 지켰던 이후원 간본은 어렵거나 설명이
필요한 용어는 협주(夾註)를 사용, 자세하게 풀이했다.

【이후원 간본】

數口奴婢ᄂᆫ 有時而逃亡病死ᄒ며 數畝田地ᄂᆫ 有時而川反浦落ᄒ야 終歸無益이
어니와 兄弟姉妹ᄂᆫ 相殘不和ᄒ면 鄕里皆斥ᄒ며 國有常法ᄒ니라

"아버지는 하늘 같고 어머니는 땅과 같다. 수고로이 나를 낳아 부지런히 젖
먹이며 힘들게 길러내니, 부모의 은덕은 하늘과 같이 끝이 없다. 조부모는
나의 부모를 낳았으니, 부모와 다름이 없다. 이런 까닭에 부모를 잘 섬기며
효도하고 순종하여 어기는 일이 없으면, 향리에서 착하다고 칭찬하고 나라에서
는 표창하여 상을 내린다."

140) 위와 같음.

두어귀 奴노婢비는 ① 잇다감 逃도亡망ᄒ거나 病병 드러 주그미 이시며 두어 이렁 田뎐地디는 잇다감 川쳔反번〈냇믈의 무티단 말이라〉ᄒ거나 개낙〈갯믈의 ᄣᅥ러디단 말이라〉홈이 이셔 ᄆᆞ춤내 無무益익ᄒᆞᆫ듸 도라가거니와 兄형弟뎨와 姊ᄌ妹ᄆᆡ 서ᄅᆞ 잔해ᄒᆞ야 和화티 못ᄒᆞ면 ② ᄆᆞᄋᆞᆯ히 다 비쳑ᄒᆞ며 나라ᄒᆡ도 응당ᄒᆞᆫ 法법이 잇ᄂᆞ니라[141]

【허엽 간본】

數口奴婢是 有時而逃亡病死爲㫆 數畝田地是 有時而川反浦落爲也 終歸無益於尼臥 兄弟姊妹是 相殘不和爲面 鄕里皆斥爲㫆 國有常法羅

두어귀 노비 ① 잇다감 도망ᄒᆞ며 병ᄒᆞ야 **주그며** 두어 이럼 뎐디 잇다감 **쳔번 개락ᄒᆞ야** 내죵에 더을 이리 업거니와 형과 아ᇰ과 ᄆᆞᆮ누의과 아ᇰ누의괘 서ᄅᆞ 잔해ᄒᆞ야 화동티 몯ᄒᆞ면 ②′ 고을히며 ᄆᆞᄋᆞᆯ히 다 비쳑ᄒᆞ며 나라ᄒᆡ도 덛덛ᄒᆞᆫ 버비 읻ᄂᆞᆫ디라 ᄆᆞᄎᆞ매 지비 패케 되ᄂᆞ니

위 문장은 직역의 수준을 잘 보여준다. 두 가지 점을 살필 수 있는데, 먼저, 한문의 구조에 대응하여 축자적으로 번역하였다. ①의 '이시며' '이셔'는 원문의 동사 '有'를 그대로 살린 번역이다. ①′에서는 '有'에 구애받지 않고 '주그며', '개락ᄒᆞ야'로 번역했다. ①에 비해 ①′의 번역이 더 자연스럽다. 'ᄆᆞ춤내 무익ᄒᆞᆫ듸 도라가거니와'는 '終歸無益'의 축자 번역이다. 허엽 간본의 '내죵에 더을 이리 업거니와'와 비교된다.

그 다음, 원문에 있는 내용 그대로 번역했다. ②′의 경우 'ᄆᆞᄎᆞ매 지비 패케 되ᄂᆞ니'는 원문에는 나오지 않는다. 원문의 숨은 뜻을 풀이하고자 덧붙인 번역이다.

한편 이후원 간본은 직역을 하는 과정에서 필요하면 협주(夾註)로

---

141) 『警民編』(이후원 간본), 兄弟姊妹 第三.

내용을 풀이하였다. ①의 '천번', '개락'은 쉽게 이해하기 어려운 단어이다. 허엽 간본에서는 별다른 설명 없이 −의역을 하지도 않고− 그냥 단어를 노출했지만 이후원 간본에서는 협주로 의미를 친절하게 제시했다.[142] 법 규정의 번역에서도 이 양상을 살필 수 있다.[143]

넷째, 구결을 문장에서의 성격과 역할에 맞추어 적절히 조절하였다. 주어, 목적어, 서술어 등의 위치를 고려한 수정이었다. 동시에 문장의 문법을 고려하여 구결을 정하였다. 독자가 이 방식에 익숙해지면 원문을 구결을 붙여 정확하게 이해하고 이를 한글로 번역하는 힘이 늘 수 있으리라 기대할 수 있는 수준이었다.

구결이 바뀌면 번역·해석도 약간 달라지게 되므로, 구결의 변화가 가지는 의미는 단순하지 않았다. 상허본과 허엽 간본에 비해 이후원 간본의 구결이 두 간본의 구결보다 내용을 보다 분명하게 드러내는 역할을 하고 있음을 살필 수 있다. 이후원 본이 두 책보다 진화되었음을 유추할 수 있는 모습이다. 몇 가지 사례를 제시하면 다음과 같다. 인용문에서 상·허·이는 각기 상허본, 허엽 간본, 이후원 간본을 의미한다.

투구(鬪毆)

(상) 折一齒一指眇一目毀耳鼻爲旀 以穢物奴 灌口中鼻內則杖一百五

---

142) 협주를 통해 번역을 보완하는 방식은 15세기 불경 언해나 『內訓』 번역에서도 확인되는 오래된 전통이었다.

143) 법전 규정의 번역에서 확인할 수 있는 협주 사례이다. 〈 〉 내에 있는 내용이 협주이다.
【허엽 간본】『警民編』第二 父母
法匡 祖父母父母乙 謀殺則陵遲處死爲古 毆打則斬爲古 詈罵則絞爲古
법에 하나비와 어버이를 쇠ᄒᆞ야 주기면 ᄂᆞᆼ디ᄒᆞ야 주기고 티면 목 버히고 ᄭᅮ짖즈면 목졸아 주기고
【이후원 간본】『警民編』第一 父母
法에 祖父母와 父母를 謀殺則凌遲處死ᄒᆞ고 毆打則斬ᄒᆞ고 罵詈則絞ᄒᆞ고
法에 祖조父부母모와 父부母모를 주기믈 쇠ᄒᆞ면 凌能遲디處쳐死ᄉ〈발겨 ᄉᆞ지 그로미라〉ᄒᆞ고 티면 목 버히고 ᄭᅮ짖즈면 絞교〈목 졸라 주기미라〉ᄒᆞ고

(허) <u>折一齒一指眇一目毁耳</u>鼻爲㫆 以穢物奴 灌口中鼻內則杖一百五

(이) <u>折一齒一指</u>어나 <u>眇一目</u>이어나 <u>毁耳鼻</u>어나 以穢物로 灌口中鼻內則杖一百ᄒ고

상허본에서 '折一齒一指眇一目毁耳鼻'에 대해 '절치(折齒)', '절지(折指)', '묘목(眇目)', '훼이비(毁耳鼻)'의 여러 사건에 대해 '하며[爲㫆]'의 한 구결만 달았기 때문에 하나의 일로 인식되기 쉽다. 이는 허엽 간본도 동일한 양상을 보이는데, 이후원 간본에서는 '절일치일지(折一齒一指)', '묘일목(眇一目)', '훼이비(毁耳鼻)'로 분리하고 구결을 각기 달리 달아 서로 다른 사건임을 드러내었다.144) 아래 투구(鬪毆) 장의 '절치(折齒)', '타태(墮胎)', '인상인(刃傷人)'에 대한 사례 또한 유사하다.

투구(鬪毆)

(상) 折二齒以上果 墮胎刃傷人則杖八十徒役五 以至篤疾則杖一百流三千里五 因而致死則絞是羅

(허) 절이치이上果 墮胎刃傷人則杖八十徒役五 以至篤疾則杖一百流三千里五 因而致死則絞羅

(이) 折二齒以上이어나 墮胎어나 刃傷人則杖八十徒役ᄒ고 以至篤疾則杖一百流三千里ᄒ고 因而致死則絞ᄒᄂ니라

---

144) 한편 특정 문장의 구결이 상허본과 허엽 간본에서는 일치하지만, 이후원 간본에서는 바뀌는 경우가 있다. 구결과 번역·해석의 변화는 상호 맞물려 있다. 그러므로 구결의 차이는 적지 않은 의미를 가진다. 이 사항은 상허본과 허엽 간본, 상허본과 이후원 간본의 관계에서 상허본과 허엽 간본은 계통이 유사하지만 상허본과 이후원 간본은 계통 관계가 많이 떨어져 있음을 보여준다. 이 변화에서는 또한 이후원 간본의 구결이 두 간본의 구결보다 내용을 보다 분명하게 드러내는 역할을 하고 있음을 살필 수 있다. 이후원 간본의 수준이 두 간본보다 더 고도화되었음을 판단할 수 있는 모습이다.

근업(勤業)

(상) <u>不特</u>農家爲然羅 蚕織工商之人是 各勤其事爲也 無少怠惰爲面 衣食是 周足爲飛尼

(허) <u>不特</u>農家爲然羅 蚕織工商之人是 各勤其事爲也 無少怠惰爲面 衣食是 周足爲飛尼

(이) <u>不特</u>農家ㅣ爲然이라 蚕織工商之人도 各勤其事ㅎ야 無少怠惰ㅣ라사 衣食周足ㅎㄴ니

위 사례는 '불특(不特)'의 구절이 문장을 이끄는 약간 복잡한 구조이다. 상허본과 허엽 간본의 구결대로 하면, "농가만 그런 것이 아니라, 전직공상지인(蚕織工商之人)이 각기 그의 일을 부지런히 하여 조금도 게으름을 피우지 않으면 의식이 두루 풍족하나라"로 번역된다. 이후원의 간본은 "농가만 그런 것이 아니라 전직공상지인(蚕織工商之人)도 (마찬가지로) 각기 그의 일을 부지런히 하여 조금도 게으름을 피우지 않아야만 의식이 두루 풍족하나라"로 번역된다. 이후원 간본의 구결과 번역은 앞 구절의 '불특(不特)'과 조응하여 내용을 강조하는 모습을 보여준다. 상허본과 허엽 간본은 '불특(不特)'에 대한 고려가 약하다.

살인(殺人)

(상) 謀殺人爲首者伊 斬五 下手者絞五 因而得財者不分首從皆斬五

(허) 謀殺人爲首者斬五 下手者絞五 因而得財者隱 不分首從皆斬五

(이) 謀殺人爲首者는 斬ㅎ고 下手者는 絞호디 因而得財者는 不分首從皆斬ㅎ고

상허본과 허엽 간본은 '수자(首者)', '하수자(下手者)', '인이득재자(因而得財者)' 세 유형의 범죄자를 '오(五)' 구결을 이용하여 평이하게 나열했다. 반면 이후원 간본에서는 구결을 '호디'로 하여 '수자(首者)'·'하수자

(下手者)' 그리고 '인이득재자(因而得財者)'를 구분했다. 이후원 간본의 방식은 범죄에 직접 참여한 주범과 종범을 하나로 묶고, 간접적으로 장물을 취득한 자는 그들과 분리하고자 하는 의도를 지니었음을 알 수 있다.

근업(勤業)

(상) 大抵乎隱知 窮餓丐乞者是 皆是不勤業之人伊羅 耕種乙 須早爲羅

(허) 大抵爲底 窮餓丐乞者是 皆是不勤業之人是羅 耕種乙 須早爲羅

(이) 大抵窮餓丐乞者ㅣ 皆是不勤業之人이라 耕種을 須早ㅣ니

근업(勤業) 장에서 발어사 '대저(大抵)'에 대해 상허본과 허엽 간본 두 책은 '혼지(乎隱知)', '한저(爲底)'의 비슷한 구결을 달았지만, 이후원 간본에서는 빼버렸다. 물론 이후원 간본의 번역에 "대강혼디 가난ᄒ야 굴며 丐개乞걸ᄒᄂ거시"[145]라고 하여 그 흔적이 남아 있지만, 구결의 형태는 사라졌다.

세 간본 사이에 나타나는 몇 가지 구결의 변화 사례는 상허본과 허엽 간본보다 이후원 간본의 구결이 한문 문장 이해에 더 도움이 됨을 보여준다. 이러한 차이는 이후원 간본의 한문 이해 방식이 두 간본에 비해 더욱 진전했기에 가능했다.

이상 살핀 대로 이후원 간본은 원문과 구결, 번역문에서 앞선 시기의 상허본, 허엽 간본에서 찾을 수 없는 변화가 많이 생겼다. 그 변화는 독자들이 책을 좀더 편하게 읽고 이해할 수 있게 이끄는 방향성을 지니고 있었다. 이후원 간본의 개성이었다. 이 점은 어렵게 구했던 필사본 자료를 국가의 힘을 빌려 간행하여 전국에 보급하고자 했던

---

145) 『警民編』(이후원 간본), 勤業, 10가. 허엽 간본에서는 이 구절을 "대뎌혼디 가난ᄒ
야 주으려 빌어먹는 사ᄅ미"라고 번역했다.

이후원의 의도와 맞물린 결과라 할 수 있다. 『경민편』은 이제 새로운 책으로 탈바꿈하였다.

(3) 이후원 개간본의 개성 : 서인계 학술 전통의 계승과 주자학 정치론의 보완

이후원 개간본은 허엽 간본이 그러했듯이, 김정국이 『경민편』을 만들었을 때의 목표를 충실히 계승하고 있었다. 향촌민들이 이 책의 내용을 알기 쉽게 익혀 인륜 도덕을 지키고 범죄를 저지르지 말도록 하자는 것이었다. 두 책이 모두 한문과 한글 번역의 구성을 취하는 점도 모두 이러한 의도를 충분히 살리려는 방법이었다. 그러나 이후원 간본을 허엽 간본과 비교할 때, 두 책은 어찌 보면, 전혀 다른 책이다 싶을 정도로 차이를 드러낸다. 한 세기도 채 되지 않는 시간 차를 두고 나타나는 이러한 간격은 무엇보다 책을 간행한 두 주인공의 정치적 성향, 그들이 가지고 있었던 정치이념의 성격과 연관이 있지 않을까 하는 생각을 하게 된다. 실제, 두 책이 강조하는 내용이 그러했다.

이후원 개간본의 정치적 개성은 여러 측면에서 찾을 수 있다. 16세기 말 이래, 이이를 비롯한 서인들이 중시했던 문헌 혹은 자료를 다시 되살려 강조한 점은 그 하나이다. 부록에 실린 진덕수(眞德秀)의 유속문, 정철(鄭澈)의 『훈민가』는 16세기 말의 초기 서인이 중시했거나 직접 생산했던 자료이다. 하고 많은 글 중에서도 이후원이 이것들을 선택했던 데에는 연유가 있을 것이다. 필자가 보기에 이들 자료가 『경민편』에 실림으로 인하여 이후원 개간본의 성격 또한 분명히 부각되었다.

『경민편』의 부록으로 첨보된 진덕수의 글은 진덕수의 문집과 『정경(政經)』이 출처다. 「천주권효문」은 진덕수의 문집[146]에서, 「서산진선생

---

146) 眞德秀著·張伯行重訂, 『眞西山先生集』 권7(奎中4258).

담주유속문(西山眞先生潭州諭俗文)」, 「천주권유문(泉州勸諭文)」은『정경』
에서 왔다. 진덕수의 문집은 국초부터 조선에 알려졌던 사실이 확인된
다.147)『정경』은 설명이 필요하다.

이 책은 구성이 간단하고 분량도 많지 않다.『서경』과 같은 유교
경전과 이를 연역한 전(傳), 그리고 경전의 부록, 진덕수의 지방관 시절
의 글政迹을 싣고 있다. 독자로서는 이를 통해 지방관의 정치에 도움이
되는 경전의 언명과 역사적 사례를 간명하면서도 정리된 형태로 읽을
수 있었다. 이들 가운데 실제 지방 수령이 활용하기에 적합한 자료는
진덕수의 지방관 시절의 글이었다. 여기에 속하는 작품은 지방의 관리
들에게 유시(諭示)했거나 지방민을 대상으로 공포한 경우 두 종류로
나뉜다.148)『경민편』에서는 지방민에게 알렸던 글 두 종류를 일부 절략
(節略)하여 부록으로 실었다.『경민편』의 성격에 걸맞는 선택이었다.

주희 재전(再傳) 제자로 그의 정치론을 정치 현장에서 구체적으로
구현하려고 했던 인물로 꼽히는 진덕수149)는 15세기 이래 조선에 널리
알려졌다. 경연에서는 태조 대부터 그가 지은『대학연의(大學衍義)』를
강독했고,150) 정척(鄭陟)은 진덕수가 동료를 타이른 '사사십해(四事十
害)'를 담은 원(元)나라 유의(劉意)의『부현관잠(府縣官箴)』을 간행하자
고 청원하기도 했다.151) 그가 편찬한『심경』 또한 많이 읽혔는데 이

---

147) 『成宗實錄』 권136, 성종 12년 12월 28일[戊辰]. 조선은 이때 중국에서 1부씩
보낸 서적을 받았는데, 여기에『資治通鑑』,『程氏遺書』,『事文類聚』,『致堂管見』,
『宋朝文鑑』 등과 함께『眞西山集』이 들어있었다.

148) 『政經』에 실린 글을 분류하면 다음과 같다. 西山帥長沙杏目, 呈兩通判及職曹官,
諭俗榜文, 知泉州軍州事勸諭文, 諭州縣官僚(천주), 帥福建曉諭文, 帥長沙勸民間置義
廩文.

149) 여기에 대해서는 孟淑慧, 2003,『朱熹及其門人的教化理念與實踐』, 國立臺灣大學出
版中心, 참조.

150) 『太祖實錄』 권3, 태조 1년 9월 21일[己亥].

151) 『世祖實錄』 권16, 세조 5년 4월 20일[辛未].

책은 16세기 이후로 조선 학자들이 매우 중요하게 여긴 책 중의 하나가
되었다.152) 그러나 16세기 조선의 학문이 분화, 발전하는 과정에서
진덕수를 특히 주목한 인물은 이이(李珥)였다. 이이가 진덕수를 본받고
참조한 사실은『성학집요(聖學輯要)』에서도 확인할 수 있거니와. 그는
지방을 다스리는 지방관들이 모범으로 삼아야 할 이념과 방법을 진덕수
의 자료에서 구하고 이를 바탕으로 소책자를 만들어 지방관으로 나가는
친지들에게 활용하도록 권했다. 이해수(李海壽)와 정철(鄭澈)이 황해도
와 강원도의 감사로 지내는 중에 간행한『진서산유읍재문』,『유읍재문
(諭邑宰文)』이 그것이다.153)

　이와 같이 초기 서인들에게서 진덕수와 그가 편찬한『정경』은 중요하
게 평가받았다. 1575년 조헌(趙憲)이『정경』의 반포를 청하며 올린 상소
는 이 시기 서인들이 가지고 있던 관념의 일단을 선명히 드러낸다.
조헌은 백성을 기르는데『정경』과 같은 책이 없다고 하며, "1본(本)은
중앙에 두고 그 나머지는 책 첫 면에 어보(御寶)를 찍고 아울러 경계하는
말을 써서 8도의 대읍(大邑)에 반포"하라고 제언하였다.154) 이때 조헌은
주희가 편찬한 초학자의 학습서인『동몽수지(童蒙須知)』도 함께 간행하
자고 요청했다. 이후에도 서인들은 진덕수의 정치론을 중요하게 여기는
생각을 하나의 전통으로 계승했다.

　요컨대 16세기 말 이이와 그 동료, 제자들은 진덕수의 정치이념,
그 이념을 담은 책을 의미 있게 받아들이고 이를 조선의 정치 현실에서
구현하려 했다. 진덕수의 사상은 서인의 정치론이 만들어지고 성장함에

---

152) 여기에 대해서는 윤병태, 1979,「退溪와 心經附註-退溪 書誌의 研究 其三-」,『韓國의
　　　哲學』8 ; 李俸珪, 1995,『《心經附注》에 대한 조선 성리학의 대응-李滉과 宋時烈을
　　　중심으로」,『泰東古典研究』12 ; 김윤제, 1996,「조선 전기 '心經'의 이해와 보급」,
　　　『韓國文化』18 참조.
153) 여기에 대해서는 제Ⅱ부의 3장 2절 참조.
154)『宣祖實錄』권9, 선조 8년 3월 16일[乙卯].

중요한 지적 자산이었다. 이후원이 『경민편』의 부록으로 진덕수의 지방관 시절의 글 가운데서 지방민들이 도덕 생활을 실천하도록 권고하고 있는 자료 몇 편을 실은 점은 이이 이래 서인들의 학문 전통 위에서 이를 되살린 면모라 할 수 있다.

정철의 『훈민가』를 실은 일 또한 이와 맞닿는다. 정철이 강원도 감사를 지내던 시절에 한글로 지어 보급한 이 가사는 서인계 관료가 작성한 지방 정치를 위한 자료로서의 상징성이 강했다.155) 이후원은 이 작품이 선조 대 상신(相臣) 정철이 강원도 감사를 지내면서 지었으며, 『경민편』을 개간하면서 자신이 '훈민가'로 이름을 붙였음을 개간본의 부록 말미에 명기했다.156) 이 노래는 16세기 전·중반부터 전해오던 '오륜가'와 계통을 같이한다. 주자학에서 중요하게 여겼던, 백성들이 일상에서 구현해야 할 오륜의 덕목을 한글로 쉽게 풀어서 만든 점에서 독보적이었다. 제1 수를 들면 다음과 같다.

아버지는 떳떳하고 어머니는 자애롭다[父義母慈]
아바님 날 나ᄒ시고 어마님 날 기ᄅ시니
두 분 곳 아니시면 이 몸이 사라실가
하늘ᄀᆞ튼 ᄀᆞ업슨 은덕을 어ᄃᆡ다혀 갑ᄉ오리157)

---

155) 정철이 지방관으로 지내며 추구했던 정치의 한 모습을 이 「訓民歌」는 보여준다. 정철은 이때 수령이 염두에 두어야 할 내용을 담아 『諭邑宰文』을 간행했다. 편찬에 이이가 깊이 개입했던 이 책은 『政經』에 실린 글을 참고했다. 『諭邑宰文』의 성격에 대해서는 정호훈, 2010. 「15~6세기 목민서(牧民書)의 전개와 목민학(牧民學)」, 『韓國思想史學』 36 참고.

156) 『警民編』(이후원 간본), 부록 訓民歌, 41가-41나, "右短歌十六, 卽宣祖朝相臣鄭澈爲 江原監司時所作者也. 蓋因陳古靈諭文中諸條, 添以君臣·長幼·朋友三者, 使民尋常誦 習, 諷詠在口, 則其於感發人之情性, 不無所助. 故附刻於此, 而名曰訓民歌云,"

157) 『警民編』(이후원 간본), 부록 訓民歌, 38가.
오늘날의 표기법으로 옮기면 다음과 같다.
"아버님 나를 낳으시고 어머님 나를 기르시니

정철의 『훈민가』를 『경민편』에 실은 점은 이 책의 보급과 연관하여 보자면 약점이 될 수도 있었다. 정철은 서인의 중요 인물이었지만 남인, 북인에게서는 오히려 그 반대였다. 이들은 정여립(鄭汝立)의 반란 사건으로 말미암아 일어난 기축옥사(己丑獄事)에서 이발(李潑)의 노모와 어린 자식을 잔혹하게 죽이고 최영경(崔永慶)을 길삼봉(吉三峯)으로 지목하여 죽게 만든 장본인이 정철이라고 판단하고 그를 극단으로 배척했다.[158] 부록으로 실린 『훈민가』는 이 점에서 보자면 특정 당색의 인물들이 『경민편』을 회피하는 요인이 될 소지가 컸다.

이와 같이 이후원이 진덕수의 지방관 시절의 자료와 정철의 「훈민가」를 개간본 『경민편』의 부록으로 실은 사실은 그가 이이에서 연원하는 서인의 정치론을 계승하면서, 그리고 『경민편』 본래의 주장을 이들 인물들의 글로 한층 보완하려는 의미였다고 할 수 있다. 이후원 개간본은 서인의 정치의식을 충실하게 담고 있는 저술이었다.

이후원 개간본의 또 다른 개성은 부록에 실린 글들이 추구하고자 하는 이념과 윤리 규범에서 드러난다. 이후원이 『경민편』의 내용을 보강하고자 이 부록의 글들을 실었기 때문에 개간본의 실질적인 성격은 여기에서 확인된다. 이후원의 개간본은 전반적으로 가족관계의 윤리, 종법적 질서, 향촌에서의 사대부들의 역할을 풍부한 논리로 서술하는 모습을 보인다. 이들 자료의 주된 내용은 다음 몇 가지로 압축된다.

첫째, 효(孝)·효제(孝悌)의 실천이 중요함을 강조하였다.[159] 여기서

두 분이 아니었다면 이 몸이 살 수 있을까?
하늘 같은 가없는 은덕을 어떻게 다 갚겠는가?"

158) 기축옥사를 둘러싼 정치 논쟁과 관련해서는 다음 연구 참조. 오항녕, 2015, 『유성룡인가 정철인가: 기축옥사의 기억과 당쟁론』, 너머북스 ; 정호훈, 2016, 「조선후기 당쟁과 기록의 정치성-'기축옥사' 희생자의 가해자 공방과 관련하여-」, 『韓國史學史學報』 33.

159) 『警民編』(이후원 간본), 古靈陳先生仙居勸諭文, 19가, "爲吾民者, 父義母慈, 兄友悌恭, 子孝, 夫婦有恩" ; 『警民編』(이후원 간본), 西山眞先生潭州諭俗文, 20나, "古者教

효·효제란, 부자 관계, 형제 관계를 축으로 하는 가족 윤리의 핵심이다. 『경민편』의 첫 장인 부모 장의 의미를 부연했다고 할 수 있다. 허엽의 중간본에 보이는 이중적 의미의 효와는 성격이 다르다.

옛날 백성을 가르칠 때는 반드시 효제(孝弟)를 근본으로 했다. 형벌 또한 불효(不孝)·부제(不弟)를 앞세웠다.160)

사람의 자식에게 효경(孝敬)이 우선이고 다음은 우애(友愛)하여 형제 사이에 사이좋게 지내는 일이다.161)

옛날 성인이 『효경(孝經)』을 지어 부모를 섬기는 도를 가르쳤다.162)

둘째, 향촌 생활에 곤란한 일이 생기거나 어려움이 닥칠 경우, 종친(宗親) 혹은 향리의 이웃 사람[隣保]의 도움으로 그 상황을 극복해야 함을 강조하였다.163) 지방 사회를 이끌어 나감에 종법에 기반한 혈친, 향당(鄕黨)과 인보(隣保)의 상호 협력과 돌봄을 중요하게 여기는 의식을 확인할 수 있다.

民, 必以孝悌爲本. 其制刑, 亦以不孝不悌爲先." ; 『警民編』(이후원 간본), 泉州勸諭文, 26나, "凡爲人子, 孝敬是先, 其次友愛." ; 『警民編』(이후원 간본), 泉州勸孝文, 31가, "昔者, 聖人作孝經一書, 敎人以事親之道."

160) 『警民編』(이후원 간본), 西山眞先生潭州諭俗文, 20나.

161) 『警民編』(이후원 간본), 泉州勸諭文, 26가, "凡爲人子, 孝敬是先, 其次友愛, 協和兄弟."

162) 『警民編』(이후원 간본), 泉州勸孝文, 31나, "昔者, 聖人作孝經一書, 敎人以事親之道."

163· 『警民編』(이후원 간본), 古靈陳先生仙居勸諭文, 19가, "貧窮患難, 親戚相求, 婚姻死喪, 隣保相助." ; 『警民編』(이후원 간본), 西山眞先生潭州諭俗文, 23가~23나, "古人, 於宗族之恩, 百世不絶. 蓋服屬雖遠, 本同朝宗, 血脈相通, 豈容間隔. 至於鄰里鄉黨, 雖比宗族爲疎, 然其有無相資, 緩急相倚, 患難相救, 疾病相扶, 情義所關, 亦爲深重." ; 『警民編』(이후원 간본), 泉州勸諭文, 27가, "其次族屬, 雖有親疎, 論其源流, 皆是骨肉.……其次鄉鄰, 情義亦重. 患難相扶, 疾病相救, 恩義往來, 亦不可闕."

가난과 어려움은 친척이 서로 구하고, 혼인과 상장(喪葬)의 일은 이웃이 서로 돕는다.164)

옛날 사람들이 종족(宗族)의 은혜에 대해 백세토록 끊어버리지 않았던 것은 대체로 상복을 입는 관계가 멀다 하더라도 본래 조상이 동일하고 혈맥이 서로 통하기 때문이니, 그 어찌 간격을 둘 수 있겠는가. 인리의 향당의 경우, 종족에 비하면 그 관계가 소원하다 하겠지만, 인정과 의리에 따라, 가진 것과 없는 것을 서로 주고받고, 완급을 서로 의지하며, 환난을 서로 구하고, 질병을 서로 돕는다.165)

족속은 친소의 차이가 있다 하더라도 그 근원과 유파(流派)를 따지자면 모두 골육이다. …… 그 다음 향린은 인정과 의리가 또 무겁다. 환난은 서로 부조하고 질병은 서로 구조하며 은의(恩義)를 주고 받으니 또한 빼 먹을 수 없다.166)

셋째, 향촌에서 도덕규범을 실천함에 향촌의 유식 계층인 '사(士)'의 모범적이며 주도적인 역할이 중요하다는 점을 강조하였다.167) 공권이 상위에 존재하여 권위의 근거가 되지만, 한편으로는 적극적으로 향촌에 거주하는 '사'의 손을 빌려 그들이 도덕 교화의 실질적인 구현자로서 움직이기를 바랐음을 알 수 있다. 향촌의 '사'를 중시하고 그들의 자율적

---

164) 『警民編』(이후원 간본), 古靈陳先生仙居勸諭文, 19가.
165) 『警民編』(이후원 간본), 西山眞先生潭州諭俗文, 23가~23나.
166) 『警民編』(이후원 간본), 泉州勸諭文, 27가.
167) 『警民編』(이후원 간본), 西山眞先生潭州諭俗文, 24가, "今請逐處老成賢德之士, 交相勸率, 崇宗族之愛, 厚鄰里之歡. 時節往來, 恩義浹洽, 小小乖忤, 務相涵容, 不必輕啓訟端, 以致結成怨隙."; 『警民編』(이후원 간본), 泉州勸孝文, 33나, "今請鄕黨鄰里之間, 更相勸勉. 其有不識文義者, 老成賢德之士, 當與解說, 使之通曉, 庶幾人人興起, 家家慕效, 漸還淳古之俗, 顧不美哉."

움직임을 권장하는 양상 또한 느끼게 된다. 여기서 거론된 '사'는 조선에서는 양반층으로 바꾸어 봐도 무방할 것이다.

이제 곳곳에 자리 잡고 있는 나이 들고 현덕을 갖춘 선비[士]에게 요청, 서로 부지런히 다음과 같은 일을 이끌도록 한다. 곧 종족을 아끼고 이웃을 두터이 환대하며, 절기에 따라 왕래하여 은의가 두루 미치도록 하며, 소소하게 어긋나는 일이 있어도 서로 용납하도록 힘쓰게 하며, 가벼이 소송의 단서를 열어 원망하고 미워하는 틈을 만들지 않도록 한다.[168]

이제 향당 인리 상호간에 서로 권면하게 한다. 문의(文義)를 이해하지 못하는 자가 있으면 나이 들고 덕을 갖춘 선비가 마땅히 그들에게 해설하여 환하게 이해하도록 하면 누구나 도덕심을 일으키고 가가호호(家家戶戶) 그 행동을 본받아 점점 옛 순박한 풍속을 복원할 것이다.[169]

『경민편』 부록에서는 이와 같이 부자 관계를 중심으로 하는 가족 윤리를 전면에 내세우고, 혈족과 이웃으로 엮여 있는 향촌이 화목한 공동체로 유지되기를 강조하였다. 향촌에서의 '사'의 역할 또한 부각하였다. 부록의 글에서 다루는 내용은 투구(鬪毆), 살인(殺人), 간통(姦通) 등 향촌에서 일어나는 일반적인 범죄나, 관(官)·공권(公權)과 연관하여 저지르는 사위(詐僞)와 같은 범죄와는 그다지 연관이 없었다.

군신 관계를 거론하는 내용 또한 군주에 대한 백성들의 일방적인 복종만을 거론하지 않았다. 이 사안은 정철 『훈민가』의 '군신' 조항에서 확인되는데, "임금과 민인 사이 하늘과 땅이로되, 나의 설운 것을 다

---

168) 『警民編』(이후원 간본), 西山眞先生潭州諭俗文, 24가.
169) 『警民編』(이후원 간본), 泉州勸孝文, 33나.

알려 하시거든, 우린들 살찐 미나리를 혼자 어찌 먹으리"[170]라고 했다. 민인이 군주를 아끼는 마음을 노래했지만, 이는 군주의 민인에 대한 '사랑', 민인에 대한 '관심'을 전제하고 있다. 허엽 간본의 군상(君上) 장에서 볼 수 있는 '국가가 백성들에게 부여하는 직무를 지방민이 온 정성을 다하여 수행해야 한다'[171]는 주장이 이 내용에서는 나타나지 않는다.

이후원 간본의 특징은 김정국 『경민편』에서 강조한 가족 윤리, 가족 관계, 향촌 사회 구성원들간의 규범에 집중하여 그 의미를 보강, 확대한 자료를 부록으로 실은 점에서 찾을 수 있을 것이다. 이것은 결국 종법적 (宗法的) 가족제도가 확산되며 사족들의 역할이 강조되던 시점에서 그 윤리 규범을 두드러지게 드러내려고 했었음을 보여준다 하겠다.

여기서 유의하게 되는 점은 이후원의 주된 생각이 부자 관계, 가족 관계를 강조하는 허엽과 큰 차이가 없다는 사실이다. 하지만 그들이 주목하는 부자 관계는 그 대상과 구체적인 내용에서 살피면 차이가 많이 났다. 이후원에게서 부자 관계란 군주·국가와는 무관한, 사적인 종법제적 질서 속의 관계였다. 말 그대로 천연의 혈연관계를 말함이었다. 국가와 민, 혹은 군주와 민의 관계를 부자 관계로 파악하며 이를 드러내려는 허엽의 생각과 질적으로 다른 점이었다.

가족윤리에 기초한 향촌 사대부들의 자율적 활동을 강조하는 이후원 의 논리는 지주제가 발달하고 종법제(宗法制)가 확산되어 가는 이 시기 조선 사회를 주도해나가는 양반 사대부들의 정치적 지향을 그 어떤 경우보다도 적극 반영한 것이었는데, 정치적인 측면에서 따진다면 17세 기 중반의 서인(西人)의 시각과 생각, 특히 기호지역(畿湖地域) 서인들의 생각과 긴밀히 연결되어 있었다. 이들 서인들은 임진(壬辰)·병자(丙子)

---

170) 『警民編』(이후원 간본), 부록 訓民歌, 38나.
171) 이 책 제Ⅱ부 1장 2)절 참조.

의 전란을 경험하며 위기에 빠진 조선을 정상화할 수 있는 길은 전 사회적으로 삼강·오륜의 실천을 강화하는 한편으로 양반 사대부의 자율적인 경제활동, 정치활동을 통하여 사회를 안정시키고 민생을 회복함에 있다고 강조하였다.172)

이들은 국가가 대규모로 토목공사를 벌이거나 군사력을 강화하는 정책에 우호적이지 않았으며, 국가가 힘에 기초하여 사대부층을 사회적으로나 경제적으로 강제하여 사회 변화를 도모하는 방식 또한 찬성하지 않았다. 이를테면 임진·병자의 양란을 겪은 뒤의 전후 수습책으로 이들이 제시하며 실행하고자 한 것은 지주 경영의 확대와 그들 주도에 의한 농업 생산성의 증대, 윤리 도덕적 사회 기강의 확립과 같은 점들이었다.173) 국가가 전면에 나서 큰일을 벌이는 것에 대해 이들은 공리적·패도적인 것으로 비판하며 부정하였다.174) 국가가 주도하는 일로 인하여 민들의 생활이 침해되거나 어렵게 되어서는 안된다는 것이 그 주된 이유였다.

이 과정에서 이들은『주자가례(朱子家禮)』의 원칙을 준용한 종법제 질서를 한층 강화하였으며, 향촌에서의 사족의 적극적 향촌 질서 유지책을 중시하였다.175) 가족 윤리를 강조하고 향촌 사족의 자율적 역할을 강조하는 것은 이 같은 맥락에서 일어나는 일이었다. 이 같은 생각과 노력은 이 시기 사족에게서 일반적으로 발견할 수 있는 모습이지만,

---

172) 여기에 대해서는 金駿錫, 2003,『朝鮮後期 政治思想史硏究』, 제3장, 正統朱子學派의 社會政治運營改善論, 지식산업사 참조.

173) 金容燮, 1985,「朱子의 土地論과 朝鮮後期 儒者」,『延世論叢』21(1990,『增補版 朝鮮後期農業史硏究』Ⅱ에 수록) ; 金駿錫, 2003,『朝鮮後期 政治思想史 硏究-國家再造論의 擡頭와 展開-』, 지식산업사 ; 白承哲, 2000,『朝鮮後期 商業史硏究』, 혜안 ; 吳永敎, 2002,『朝鮮後期 鄕村支配政策 硏究』, 혜안 참조.

174) 송시열의 윤휴 비판에는 실제 이 같은 점이 내재되어 있었다. 이에 관해서는 정호훈, 2004, 앞의 책 참조.

175) 이 시기『朱子家禮』시행을 중심한 기호지역 서인들의 활동에 대해서는 고영진, 1995,『朝鮮中期 禮學思想史』, 한길사 참조.

송시열을 중심으로 한 기호지역의 서인들은 학문과 정치 활동 과정에서 이를 누구보다도 치열하게 추구하였다.

이후원의 『경민편』에서 가족 윤리가 강조되는 점은, 말하자면 이 시기 서인의 정치적 사유를 충실히 반영한 것이라 하겠다. 그것은 서인의 학문적 근원이었던 이이의 생각 곧 '군주·국가의 의민론(依民論)'을 계승, 확대하는 모습이기도 했다. 이후원의 이러한 지향은 그의 학적 혹은 정치적 배경과 밀접한 연관을 맺는다.

이후원은 김장생(金長生)에게 학문을 익혔으며,[176] 송시열과 더불어 17세기 중후반의 서인에 큰 영향력을 발휘하는 인물이었다.[177] 이이 이래 김장생 → 송시열로 이어지는 기호 서인계 사유의 특성[178]을 그가 충분히 공유하고 있었다고 해도 과언은 아니다. 『경민편』의 가치를 재평가하여 이를 발굴하고 여기에 서인적 가치를 담은 자료를 부록으로 실어 국가 차원에서 보급하도록 할 수 있는 안목, 이념을 이후원은 그 누구보다 강하게 지니고 있었다.

이상에서 살핀 대로 이후원이 개간한 『경민편』은 형태상 김정국 『경민편』 본래의 모습에서 많이 바뀌었다. 물론 허엽 간본에서도 김정국 본의 변화를 확인할 수 있다. 그러나 양자는 성격을 달리하여, 허엽이

---

176) 이후원은 어려서 김장생의 문하에 드나들며 학문을 익혔다. 김장생의 문인록에 등재되어 있다.(金長生, 『沙溪全書』 권47, 門人錄) 뒷날 김장생의 증손녀와 결혼했다.(宋時烈, 『宋子大全』 권157, 迂齋李公神道碑銘)

177) 『顯宗改修實錄』 권2, 현종 원년 2월 4일[己丑], "原任右議政完南府院君李厚源卒…… 少遊文元公金長生之門, 長生亟稱之. 與宋時烈等相友善, 及時烈等在朝, 共相言議. 以此爲一番人所娼嫉, 至被洪汝河誤國之斥, 而士類之推重, 亦以此."

178) 이 시기 서인은 山黨과 漢黨 등으로 분화된다. 이후원의 사고는 산당적 성향을 전형적으로 보이는 경우라 할 수 있다. 서인의 움직임과 정치적 성향에 대해서는, 鄭萬祚, 1992, 「17세기 중엽 山林勢力(山黨)의 국정운영론」, 『擇窩許善道先生停年 記念 한국사학논총』, 한울 ; 鄭萬祚, 1999, 「17세기 중반 漢黨의 정치활동과 國政運 營論」, 『韓國文化』 23 ; 趙成山, 2007, 『조선후기 낙론계 학풍의 형성과 전개』, 지식산업사 참조.

새로운 주제를 본문 속에 첨가한 것에 비해 이후원은 보강 자료를
부록으로 첨부하는 방식을 취했다. 그 첨보(添補)하거나 보완한 내용으
로 본다면, 이후원은 서인계 정치적 사유의 전통을 계승하고 주자학의
지방 정치이념을 보다 강화하고자 했다. 당쟁이 본격화되는 시기의
당파적 요소가 훨씬 짙어진 면모였다.

2) 지방관의 『경민편』 보급 활동과 박세채의 상민교육(常民敎育) 활용론

(1) 이후원 간본의 보급과 지방관의 활용

이후원의 노력으로 『경민편』은 새로운 모습으로 탈바꿈하며 17세기
후반, 지방 정치의 전면에 등장하였다. 일상생활에서 쉽게 적용할 수
있는 도덕규범과 법적 처벌 조항을 동시에 담고 있고 또 한글로 이를
깔끔하게 번역하였기에 이 책은 지방 장관과 수령이 교화서로 활용하기
에 여러 모로 편리했다. 이후원 간본이 편찬된 이후 중앙정부에서는
이 책의 간행과 지방으로의 보급을 추진하였고, 지방의 감사와 수령들은
그 덕분에 이 책을 쉽게 접할 수 있게 되었다. 『경민편』은 이제 『삼강행실
도』와 더불어 명실상부하게 정부에서 인정한 교화서의 위상을 획득하
였다. 지방민의 범죄와 교화 문제에 관심을 가진 사람들에게는 더없이
좋은 조건이 마련된 셈이었다. 이 책이 간행된 이후 30~40년간, 영조
초반의 새로운 간본179)이 나오기까지 지방 곳곳에서 이 책을 활용하는
모습을 볼 수 있다. 다음은 그 주요한 몇 사례이다.

---

179) 1728년의 무신변란이 끝난 이후, 평양과 상주에서 평안도 감사 宋寅明, 상주
    목사 이정숙이 각기 평안도와 경상도의 사정을 반영한 새로운 편제의 『경민편』을
    간행했다. 이 책들에 대해서는 III부 1장에서 다룬다.

권준(權儁)의 경우, 1659년(현종 즉위년) 가을 황해도 안악군수(安岳郡守)에 임명된 뒤, 마침 보급된『경민편』을 따로 인쇄하여 지역민들에게 가르쳤다. 기록으로는 귀천을 불문하고 두루 가르쳤다고 하는데 그 실제 모습이 분명하지는 않다. 권준이 이곳에 부임 후 각 면(面)마다 한문을 해독할 수 있는 사람을 뽑은 뒤 그들로 하여금 향리의 '동몽(童蒙)'을 뽑아 가르치게 하는 등 흥학(興學)의 업무에 치중했던 노력을 생각해 본다면[180]『경민편』교육 또한 이 방법을 활용했을 가능성이 있다.

1681년(숙종 7) 함경도 관찰사 윤지선(尹趾善)은 도내 풍속을 바꿀 수 있는 방편으로『경민편』과 정철의 '권민가(勸民歌)' 보급을 거론하고, 정부의 허락을 얻어 시행하였다.[181] 정철의 '권민가'는『훈민가』를 달리 가리켜 이렇게 불렀다고 할 수 있는데, 윤지선이『경민편』과 정철의 '권민가'를 보급했다고 한 것은 두 자료가 한 책에 같이 실려 있었기에 나온 말일 것이다.[182] 윤지선은 이때 각읍(各邑)의 부녀와 어린이[婦孺輩]들에게 이 자료를 늘 외우고 익혀 행하도록 하고, 도덕 행동이 뚜렷한

---

180) 尹宣擧,『魯西遺稿』권20, 司導寺正月川權公行狀, 9가, "公諱儁, 字秀夫, 號月川.……西路素蔑文學之風 而安邑鄙陋尤甚. 公首以興學校正風俗, 勵廉養恥, 愛民節財爲務, 且訪孝子貞婦高年者, 給酒食歲常問, 一依平康時規模. 郡舊有訓長, 而率憑官府情私差遣, 慢不知職, 秖事漁貨. 公乃報監司, 一切逐之. 爲簡解文字者, 面各一人, 使選鄕里童蒙敎之, 月朔, 每親課而賞罰焉. 適有警民編頒行之令, 乃別印分賜, 不論貴賤, 無不遍諭."
권준은 윤선거의 妹弟이자 윤휴의 손위 妻男으로, 충청도 공주에 거주했다. 충청권의 학풍에 영향을 받은 인물이었다.(『白湖全書』附錄五·年譜, 二年辛丑〈先生四十五歲〉 "權秀夫儁, 卽權夫人之兄, 而吉甫妹胥也弟.")

181) 『肅宗實錄』권12, 7년 7월 26일[壬申], "咸鏡道觀察使尹趾善狀請, 以先正臣金正國所撰警民編及故相臣鄭澈所作勸民歌, 多數印出, 分送各邑, 使婦孺輩, 尋常誦習, 以爲慕倣之地. 稍有行誼者, 別爲訪問, 或給食物, 或減烟役, 下備局, 覆奏許之. 先是, 明川女人産子, 欲殺害, 爲隣人所救. 事聞, 上始以其敗倫, 欲用死律, 因大臣議, 遠配其女, 仍命道臣, 商量變俗之道稟聞, 故趾善有是請."

182) 1759년(英祖 35) 2월, 完營에서 편찬한『冊板目錄』(奎7050)에서 함경도 감영 소장『경민편』책판을 확인할 수 있다. 다만 이 책판이 윤지선이 간행할 때 사용한 그것인지는 분명하지 않다.

자들은 별도로 본인이 방문하여 음식물을 지급하고 또 연역(烟役)을 경감하게 하는 조치를 취하고자 했다.

함경도에서의 『경민편』 보급은 이곳에서 한 산모가 아기를 죽이려다 이웃 사람들에게 발각되어 미수에 그친 사건이 일어난 이후 정부에서 대책을 세우라고 지시하자 내세운 감사의 대응이었다. 윤지선이 『경민편』을 보급하여 패륜의 풍속을 바꾸려고 한 것은 『경민편』이 내세운 의도를 충실하게 구현하려고 한 행위였다고 할 것이다. 이때의 『경민편』 보급은 감영에서 다수 인출(印出)하여 각 군읍으로 나누어 보내고, 각 군읍에서 이를 다시 군현민들에게 교육시키는 과정을 밟았는데, 군현에서의 『경민편』 교육이 어떤 방식으로 이루어졌는지는 분명하지 않다.

제주도는 이 시기 『경민편』의 활용과 관련하여 많은 움직임을 보인 지역이었다. 1689년(숙종 15) 제주 목사로 부임했던 이우항(李宇恒)[183]은 제주의 3읍 곧 제주(濟州), 대정(大靜), 정의(旌義) 지역에 『경민편』을 반포하고 경민장(警民長)을 두어 이 책을 가르쳤다고 한다.[184] '경민장'이라는 이름이 독특한데, 『경민편』을 가르치는 훈장을 이렇게 부르지 않았던가 싶다.[185] 그러나 이 일은 지속되지 못하고 곧 중단되었다.

이우항 보다 조금 늦게 제주 목사로 부임한 이기하(李基夏) 또한 『경민편』 보급에 적극적이었다. 1693년(숙종 19) 제주 목사로 재직 중 이기하는 이 책을 도내에 간포, 마을 사람들이 익히고 실행하도록

---

183) 『承政院日記』, 숙종 15년 3월 25일[壬辰].

184) 尹蓍東, 『增補耽羅誌』 권3, 鄕約, "肅廟己巳, 牧使李宇恒, 三邑各里, 皆頒警民編一冊, 置警民長以敎之, 旋廢." 『增補耽羅誌』는 1765년(영조 41), 이원진의 『탐라지』를 증보하여 편찬한 책이다.

185) 1724년, 兼防禦使가 幼學 姜弼聖을 於道內山里의 警民長에 差定하는 문서(호남권 한국학자료센터, 1724년 姜弼聖差定帖)로 본다면 적어도 17세기 말 이래 '경민장'이란 이름으로 활동하는 직책이 있었던 것으로 여겨진다.

하였다.[186] 흥미롭게도 이기하는『경민편』을 간행하면서 이후원의 간본을 기계적으로 이용하지 않았다. 이기하는 이후원 간본에 자신이 작성한 효유문(曉諭文)을 권말에 덧붙여 실었다. 일종의 변형된 활용이었다. 이기하가 목사의 효유문을 붙인 것은 이 책에 제주 목사의 권위를 가득 실어『경민편』이 실제 교육 자료로 활용될 수 있도록 하는 효과를 노렸기 때문으로 보인다.

한문을 먼저 싣고 한글로 번역한 이 효유문에서 이기하는 도민들의 풍속이 무너져 '규범 질서를 어지럽히고 범하는[亂倫犯紀]' 행동까지 하게 되었다고 진단하고, 이것은 백성들의 죄가 아니라 수재(守宰)의 책임이라고 단언하며 풍화(風化)의 정치를 제대로 하기 위해서는 거관자(居官者)들의 교도가 마땅함을 얻어야 한다고 주장했다. 그렇게 해야 백성들이 본받아 도덕심을 흥기하게 되리라는 것이 그의 생각이었다. 이기하가 거론한 수재, 거관자는 제주도 내 대정현(大靜縣), 정의현(旌義縣)의 수령이라고 할 수 있다. 실제 이 책의 보급과 교육을 주관하는 존재가 이들이었기 때문에 이기하는 발문을 통하여 이를 강조했던 셈이다.

『경민편』을 간행하고 보급하여 백성을 교도하려는 이기하의 노력은 다른 지방과 비교하여 돋보였는데, 이는 앞서 1679년(숙종 5)의 수안(遂安) 군수 시절의 경험과도 잇닿아 있었던 것으로 여겨진다. 그의 일대기

---

186) 이기하는 숙종 19년 2월에 제주 목사에 임명된 뒤(『承政院日記』, 숙종 19년 2월 13일[丁亥]), 이듬해 5월 26일에 총융사에 임명되었다.(『承政院日記』, 숙종 20년 5월 26일[癸亥]) 제주 목사로 재직 중『경민편』을 간행한 사정은, 일부 오류가 보이지만, 다음 기록에서 확인할 수 있다.(『西堂私載』권10, 工曹判書兼知 訓鍊院事李公墓誌銘, 9나, "公諱基夏, 字夏卿, 韓山之李.……出爲濟州牧使, 州在海外, 俗嬌薄, 不識倫常之爲重. 至詞訟黜陟, 亦必曲逕邑囑. 公旣揭榜嚴飭, 而又取金思齋警 民編, 鄭松江訓民歌, 陳古靈眞西山諭俗諸書, 刊布島中, 使各坊各廳, 分掌曉諭, 俾諷詠 於閭巷隴之間.") 이기하가『경민편』을 간행한 시점은 숙종 19년 8월이었다.(「李基 夏曉諭文」,『警民編』, 국사편찬위원회 소장)

를 다룬 글에서는 이기하가 이곳에서 '훈민가(訓民歌)'를 번역하여 백성들을 가르쳤고, 황해도 감사는 이기하의 노력을 높이 사 도내 여러 고을에 알려 그를 본받도록 하기까지 했다고 한다.[187] 이기하가 '훈민가를 번역했다'는 의미가 분명하지는 않지만, 이 시기 '훈민가'로 거론할 수 있는 자료로는 정철의 『훈민가』 외에는 달리 찾을 수 없기에 『경민편』 가운데 정철의 『훈민가』만 별도로 떼어내어 보급한 사실을 이와 같이 표현했던 것은 아닌가 추측하게 된다.

『경민편』을 활용하여 제주도민의 교화책에 열중했던 이기하의 노력은 "연소하면서도 재주가 널리 알려진 무신"으로 평가받아 제주 목사에 임명되었던 이기하의 면모를 잘 보여준다. 이기하는 제주 목사가 끝난 뒤 중책을 맡아 총융사(摠戎使), 어영대장(御營大將)을 역임하였다. 이기하가 제주 목사 시절, 마을 곳곳에 보급하고자 했던 흔적은 지금까지 서귀포에 전해져 오는 『경민편』 간본에서 확인할 수 있다.[188]

이 시기 황해도 또한 『경민편』 보급 지역으로 기록상 자주 확인된다. 이곳에서 감사를 지내거나 이 지역 사정을 아는 인물들은 많은 경우 『경민편』을 활용, 교화를 펼치기를 주장했다. 1707년(숙종 33)에는 검토관(檢討官) 송정명(宋正明)이 『효경』, 『삼강행실도』 등과 함께 『경민편』을 간행하여 해서(海西-황해도)의 여러 고을에 반포하기를 청하여 허락을 얻기도 하였다.[189] 해서 지역의 인심이 사나운 것이 다른 도에 비해 특히 심하므로 이들 책을 활용하여 적극적인 교화책을 펼치자는

---

187) 李德壽, 『西堂私載』 권10, 工曹判書兼知訓鍊院事李公墓誌銘, 8나, "己未, 拜遂安郡守, 勤於爲治, 譯訓民歌, 以敎民. 凡所條設具有法度, 方伯善公所爲, 遍諭列邑, 使皆效. ……旣歸, 民追思碑之. 秋, 拜內禁將, 陞折衝階."

188) 현재 제주도 서귀포시 河源洞과 大浦洞 두 곳에 이 간본이 남아 있다. 두 책의 이미지 자료는 국사편찬위원회 사료열람실에서 확인할 수 있다.

189) 『肅宗實錄』 권45, 숙종 33년 11월 23일[辛未], "檢討官宋正明請刊三綱行實警民編孝經等書, 頒布海西列邑, 以海西人心獷悍, 比他道特甚故也. 上許之." ; 『承政院日記』, 숙종 33년 11월 23일[辛未].

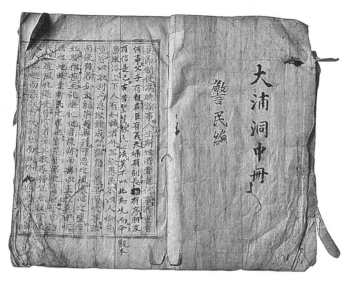

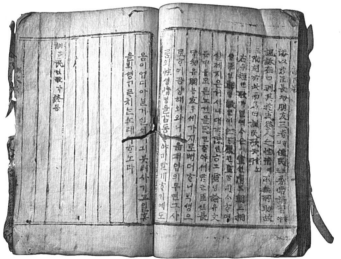

〈그림 3〉 제주도 이기하 간본(제주도 서귀포시 소장)

의도에서였다.

옛 책에 이르길 삼강은 정치의 근본이라고 합니다. 백성을 교화하고 풍속을 완성하는 길은 이보다 앞서는 것은 없습니다. 해서 지방은 경도 (京都)에서 멀리 떨어져 있지 않아 왕화(王化)가 미치지 못하는 지역과는 차이가 있지만, 인심이 사납기론 다른 도에 비할 수 없이 심해, 아내가 남편을 죽이고 아들이 아버지를 시해하는 윤상(倫常)에 관련된 사건이 일어나지 않는 읍이 없습니다. 이것은 교양의 바탕이 없고 풍속이 거친 데서 오는 일이니 참으로 한심합니다. 본도 감사에게 명령을 내려『삼강 행실도』,『경민편』,『효경』 등의 책을 간행하여 여러 읍에 보급하고 수령들로 하여금 민간에 분명히 가르치고 부지런히 이를 실천하게 하여 일도(一道) 민인의 풍속을 크게 바꾸게 한다면 좋을 것입니다.190)

이와 같이『경민편』은 간행된 이래 여러 지역에서 감사와 수령들이 채택하여 교화서로 활용했다. 이 책의 가치를 주목하여 중앙정부 차원 에서의 보급 또한 적극 촉구하기도 했다. 1696년(숙종 22) 지평으로 있던 송징은(宋徵殷)이 향약과 더불어『삼강행실도』,『경민편』을 전국에 보급하여 교화를 돈독히 하도록 요청한 일은 그 한 모습이다.191) 하지만 중앙정부에서『경민편』을 재간하여 지방 각 군현에 보급하여 전 지역에서 이를 활용하기를 기대하였다 하더라도 그 의도가 전면적으로 현실화하는 것은 아니었던 것으로 보인다. 연대기나 문집 자료를 통하여『경민편』의 간행 이후 지방에서 일었던 움직임을 살핀다면, 이 책에 대한 관심 또는 활용하려는 노력이 여러 측면에서 한정되어 있었음을 확인할 수 있다.

---

190) 『承政院日記』, 숙종 33년 11월 23일[辛未].
191) 『肅宗實錄』 권30, 숙종 22년 8월 3일[丙戌] ; 宋徵殷, 『約軒集』 권2, 持平萬言疏, "所謂敎敎化者……其目有二, 一曰頒敎條. 在昔藍田呂氏, 私爲鄕約, 條貫甚明. 至於朱 子, 又增損其法, 深得先王導齊之遺意, 其有助於風化大矣. 今當以此爲準, 參以三綱行 實警民編等書, 頒布于八路, 使州縣之官, 曉諭民間, 獎礪激勸, 則其於變風易俗之道, 豈少補哉."

군현에서『경민편』의 활용을 좌우하는 요소는 대체로 감사·수령(守令) 등 지방관들의 관심과 의지, 그리고 지역적 필요성이었다. 구체적으로 지방관의 당색(黨色), 그리고 지방 현지의 교육 여건과 치안 사정을 들 수 있다. 현재 자료상 확인되기로 이 책에 큰 의미를 부여하고 있었던 지방관은 서인계(西人系) 방백·수령들이었다. 앞서 본 권준, 이기하, 송정명,192) 윤지선,193) 송징은 등은 모두 서인 관료들이었고, 이 가운데 다수는 기호 지역과 인연이 깊었다. 반면 남·북인계 지방관들이 이 시기『경민편』을 활용한 기록은 쉽게 찾을 수 없다.

남인, 북인으로서 지방관을 역임했던 이들이『경민편』을 이용한 흔적이 약하다고 하여 그들이 이 책을 배척했다고 단언할 수는 없지만,194) 여러 자료들에서 나타나는 현상을 그대로 무시할 수만도 없다. 남·북인들이 이 책의 활용에 큰 관심을 기울이지 않았을 가능성을 두고 생각해 본다면, 이러한 사정은 이후원이 개간한『경민편』이 서인의 정치적 의견을 강하게 지니고 있었던 점과 연관이 있을 수 있다. 정철의『훈민가』를 포함하는『경민편』체재는 명백히 서인 학풍(學風)의 산물이었다. 인조반정(反正), 예송(禮訟) 등을 거치며 서인들과 대립각을 크게 세우고 있던 남인, 북인들 처지에서는 이 책을 그다지 선호하지 않았을 가능성이 크다.

지역적으로는 함경도나 황해도, 제주도 등 외진 변방(邊方)에서 이

---

192) 宋正明(1670~1718)은 본관은 礪山. 자는 子和, 호는 止窩. 宋徵殷의 아들이고, 어머니는 수령 閔壽의 딸이다. 아버지 宋徵殷(1652~1720)은 朴世采의 문하에서 수학했고, 저서로『約軒集』14권 7책 외에『國朝名臣言行錄』32책,『歷代史論』41권 10책 등을 남겼다.

193) 尹趾善(1627~1704)은 본관은 破平. 자는 仲麟, 호는 杜浦이다. 이조판서 尹絳의 아들, 어머니는 鄭廣成의 딸이며 우의정 尹趾完의 형이다. 좌의정까지 역임했다.

194) 『경민편』의 간행과 활용 양상에 대해서는 현재 기록으로 확인되는 선에서 정리할 수밖에 없는 한계를 가진다. 1685년(肅宗 11) 6월 충청도에서 개간한 錦營本이 국회도서관(古 340.9151 ㄱ852ㄱ)에 소장되어 있는데, 이 간본의 간행 사정을 알 수 있는 기록은 확인되지 않는다.

책을 적극 활용하려 했음을 볼 수 있다.[195] 이러한 양상 또한 『경민편』이 이 지역을 중심으로 보급되었음을 의미하지는 않는다.[196] 다만 관찬 자료의 기록자들은 분명 이들 지역의 문화 및 정치적 환경에 이 책이 미칠 수 있는 영향을 주목하며 기록을 남겼다고 할 수 있다. 황해도나 제주도 등은 유교 문화가 그다지 확산되지 않았고, 강상질서를 붕괴시키는 강력 사건도 잦았다. 삼강·오륜을 주 내용으로 하는 유교적 인문 전통이 매우 약했다고 할 수 있다. 이는 삼남 지방과는 대비되는 양상이다. 이 지역의 지방관들은 『경민편』을 활용하면 민간의 풍속을 변화시키고 빈발하는 범죄 행위를 가라앉히며 안정된 질서를 유지해나갈 수 있다고 판단하여 이 책의 반포를 크게 반기고 있었다. 이들은 이후원 간행본 체제를 그대로 유지하기도 하고 또 그 체재를 활용하면서 자신의 의지를 담은 서·발문을 첨가하여 책을 새로 간행하기도 했다. 개인이 저지르는 강력 범죄의 발생을 억제하고 사회 질서를 유지하기 위해서는 도덕률과 법적 처벌에 관한 지식을 지방민들에게 내면화하는 것이 필요하다고 여겨 만들어진 『경민편』의 본래 의도를 이들은 충실히 구현하고자 했다.

이와 같이 『경민편』은 17세기 후반 유교적 규범을 민간에 보급, 그들

---

195) 실록과 같은 공식 자료에 이 지역에서의 『경민편』 보급 기록을 여러 차례 확인할 수 있다. 이는 이들 지역에서의 『경민편』 보급과 같은 일이 실록 찬자의 눈에 중요하게 비쳤기 때문일 것이다. 이 지역을 제외하고 『경민편』이 활용되지 않았다는 이야기는 아니다. 앞의 주에서 볼 수 있듯, 숙종 대 충청도 지역에서도 이 책을 간행하여 활용했다.

196) 정조 20년에 편찬한 『鏤板考』(규장각, 가람古015.51-Se6ln)는 전국에 소재한 책판을 망라한 목록이다. 이 책에서 경상도 청도군에서 『경민편』을 간행했음을 알 수 있다. 해제 내용으로 본다면 이곳의 『경민편』은 이후원 간본이었다.(『鏤板考』 권4, 子部, 雜纂類, "警民編, 一卷. 本朝禮曹參判文穆公金正國撰. 係正國按察海西時, 戒諭民人之作. 凡十三條, 每一條, 先叙勸戒之辭, 而以犯者當律係之. 孝宗戊戌, 完南府院君李厚源爲之諺譯, 附以宋陳襄·眞德秀勸諭文·本朝鄭澈訓民歌·筍進請刊.") 책판을 제작한 시기를 특정하기는 무리지만 17세기 후반일 가능성을 배제할 수 없다.

의 풍속을 변화시킬 수 있는 매체로 주목받으며 일부 지역에서 크게 활용되었다. 이때의 간본은 중앙정부 차원에서 이용하기 쉽게 정리해 두었기에 관심만 기울인다면 얼마든지 간행할 수 있었다. 이 책을 주목했던 감사나 수령 등 지방의 정치와 치안 책임자들은 향촌 사회에서 일상적으로 일어날 수 있는 범죄를 예방함에 이 책이 가지는 유용성을 충분히 의식하고 있었다.

(2) 『경민편』의 상민(常民) 교육 활용론 : 박세채의 구상

『경민편』을 간행·보급하는 과정에서, 이 책이 갖는 교화, 교민(教民)의 의미를 중시하고 이를 상민(常民)의 교육 자료로 적극 활용하려는 움직임도 나타났다. 이것은 종래 『경민편』이 교육 대상으로 양반과 상민을 엄하게 구분하지 않던 데서 벗어나 특별히 상민으로 대상을 한정하는 모습이었다. 여기서 『경민편』의 독자층 혹은 활용층이 상민으로 집중되는 바, 교육에서의 상민화(常民化)의 중요한 징후를 읽을 수 있다. 이 상민화는 『경민편』 독자층의 저변을 넓히는 측면에서 주목할 필요가 있다.

이 일을 이끈 인물은 박세채(朴世采, 1631~1695)였다. 박세채는 송시열과 더불어, 17세기 중후반 이이(李珥) 학통을 계승함에 한 축을 이루고 있던 큰 학자였는데, 특이하게도 그는 친우·문인 등 자신의 영향권 내에 있는 인물이 지방관을 수행할 경우, 그들에게 이 책을 지방의 교육 행정에 이용하도록 적극 권장하였다. 전라도 감사 신익상(申翼相),[197] 황해도 감사 송광연(宋光淵),[198] 황해도 도사 김시휘(金始徽),[199] 평안도

---

197) 朴世采, 『南溪集』 권29, 答申叔弼〈辛酉十一月二十三日〉, 34나, "今日百事俱弊, 惟以重風敎淑人心爲主. 曾見朝家所頒警民編, 有補於正俗, 似當頒布民間, 使知勉厲." 이때 신익상은 전라도 감사였다.(『承政院日記』, 숙종 7년 9월 3일[壬子])

평강(平康) 현감 나양좌(羅良佐),[200] 황해도 도사 정상박(鄭尙樸)[201] 등
각 지방의 정치·행정 일선에 있던 인물들이 그 주인공이다. 이들이
지방관으로 재임하며 『경민편』의 활용을 권유 받던 때는 대체로 1681년
(숙종 7)~1694년(숙종 20) 무렵이었다. 이후원 본이 간행된 지 20~30여
년의 시간이 흐른 시점이었다고 할 수 있는데, 이 책의 의미를 깊이
생각하고 있었던 박세채는 이들에게 편지를 보내어 지방민들에게 『경
민편』을 적절히 보급하도록 하고 그 방법을 자세히 일러 주었다.

　박세채가 김정국과 『경민편』에 대해 주목한 과정이 어떠했는지는
파악하기 쉽지 않다. 간행된 이후원 간본을 보고 이 책의 가치를 발견했

---

198) 朴世采, 『南溪集』 권22, 與宋觀察道深光淵〈壬戌十一月二十二日〉, 26가, "頃於甲寅歲
　　(1674년, 현종15: 필자 주)采在秋曹, 適值今民部尹尙書出按是道, 爲言民俗薄惡, 當以
　　金思齋所爲警民編正之, 蓋思齋曾有遺惠於是道故也. 後聞果用此說, 布告民間, 不無興
　　起之端, 未久見代, 事遂不行. 至今人士或有往往爲之竊歎, 則此當或刊或謄而行之."
　　송광연은 숙종 8년 10월에 황해 감사에 제수되었다.(『承政院日記』, 숙종 8년
　　10월 29일[壬寅])

199) 朴世采, 『南溪集』 권23, 答金都事始徽〈十二月二日(癸亥, 1683년, 숙종9: 필자 주)〉,
　　22가~22나, "警民編爲敎民之方, 擊蒙要訣爲敎士之法, 皆先正諸賢行之海西者, 固不
　　得而廢. ……今當於警民編則只使童蒙讀之, 不係他士. 於孝經則其已習及自願者外, 不
　　必並講."
　　김시휘는 숙종 9년 8월에 황해도 도사에 제수되었다.(『承政院日記』, 숙종 9년
　　8월 24일[癸亥])

200) 朴世采, 『南溪集』 권23, 答羅顯道〈十二月十四日(甲子, 1684년, 숙종10: 필자 주)〉,
　　40가, "且印警民編·擊蒙要訣·小學·家禮十數件以分界之〈警民編以敎校生及吏民之
　　可敎者, 擊蒙以下敎士子童蒙〉, 待其文理稍優, 參以四子諸書, 次第進敎, 兼施賞罰於其
　　間, 則不出一二年, 庶有其效矣."
　　나양좌는 숙종 10년 10월에 평강현감에 제수되었다.(『承政院日記』, 숙종 10년
　　10월 8일[庚子])

201) 『南溪續集』 권9, 答鄭眞卿〈八月十二日(甲戌, 1694년, 숙종20: 필자 주)〉, 6가~6나,
　　"敎士事, 亦已懇屬. 蓋警民編乃思齋按海西時所撰, 擊蒙要訣乃栗谷在海鄕時所述, 士
　　民固已飫見. 今則只加申飭之功耳."
　　정상박은 숙종 20년 여름에 황해 도사에 제수되었다.(『承政院日記』, 숙종 20년
　　7월 13일[己卯]). 정상박과 박세채의 관계에 대해서는 다음 자료 참고.(『南溪集』
　　권32, 答林德涵 十一月十二日, "鄭尙樸眞卿乃玄江舊徒也. 中間汨沒州邑, 自頃年忽更
　　覺悟, 一味讀書修行. 於生所修自警編·六禮疑輯·讀書記·要解諸書, 皆各致力校訂, 所
　　助大矣. 今移居延安, 與同邑學者高益謙·劉鎭邦數輩, 講習不懈.")

을 수가 있다. 그가 김정국의 현손 김효(金㷿)의 부탁을 받아 김정국의 신도비문(神道碑文)을 작성했던 사실로 보면, 김정국의 가문과 세교가 있었고 그리하여 『경민편』의 의미 또한 더욱 각별하게 느꼈을 가능성도 있다.202)

박세채의 『경민편』 인식은 매우 흥미롭다. 박세채에게서 『경민편』은 '풍속을 바로 잡음[正俗]'에 도움이 되는 내용을 가진 책이었다.203) 그러므로 『경민편』은 수령이 교화 자료로 활용하기에 적합했다. 박세채는 『경민편』의 가치가 살아나기 위해서는 이 책을 수령의 '흥학(興學)' 자료, 곧 교육 자료로 활용해야 한다고 생각했다. 구체적으로는 지역마다 훈장을 두고 어린 아동을 뽑아 이 책을 가르치도록 했다. 물론 그가 염두에 두고 있던 지역은 영·호남 등 유교 문화가 발달한 곳이 아닌 황해도와 같은 '외지고 가난한 고을[窮峽殘邑]'이었다.

박세채는 이 같은 지역에서의 교육은 두 계통으로 진행될 수 있을 것으로 여겼다. 상민(常民)·이민(吏民)과 사족(士族)을 구분하여, 향교생(鄕校生)과 이민 가운데 학습 능력이 있는 자를 뽑아 『경민편』을 가르치고, 사족의 동몽(童蒙)에게는 『소학』, 『가례』, 『격몽요결(擊蒙要訣)』 등을 익히게 하면 된다는 것이었다.

궁벽한 지역의 가난한 고을은 영호남의 여러 도에 비할 바가 못 되니, 사람도 없고 서책도 없어 시서예악의 가르침을 베풀기가 어려울

---

202) 朴世采, 『南溪集』 권72, 禮曹參判思齋金公神道碑銘〈辛未三月二日〉. 박세채는 이 신도비명을 김정국의 현손 㷿의 부탁을 받고 작성했다. 김정국의 황해도 감사 시절에 대해 "公旣赴海西, 賑窮之. 公聽斷明教化, 蚤夜無怠. 乃取其關於人道而民所易犯者十二條目, 曰警民編, 刊布村閭. 又爲學令二十四條, 以訓導士子, 一道洽然悅服. 自後稱監司善治者, 必以公爲首."라고 썼다. 물론 이 내용은 김안국이 작성한 김정국의 묘지명(『慕齋集』 권13, 弟嘉善大夫禮曹參判金公墓誌銘)에서 언급한 사실과 동일하므로, 그의 독창적 평가는 아니었다.
203) 朴世采, 『南溪集』 권29, 答申叔弼〈辛酉十一月二十三日〉 참조.

것이다. 경내에서 입학할 수 있는 사자(士子) 동몽(童蒙)을 기록하고 훈장을 세워서 감독하게 한다.……또 『경민편』, 『격몽요결』, 『소학』, 『가례』 10여 건을 인쇄하여 나누어 주게. 〈『경민편』은 교생(校生) 및 이민(吏民) 가운데 가르칠 만한 자를 가르치고, 『격몽요결』 이하는 사족의 동몽에게 가르친다.〉 문리가 조금 나아지기를 기다려 사서(四書)의 여러 책을 참고하여 차례차례 가르치고, 간간이 상벌(賞罰)을 아울러 시행한다면 1~2년이 못되어 효과가 있을 것이네.[204]

『경민편』은 상민에게 가르칠 수 있고 『격몽요결』은 사인(士人)에게 가르칠 수 있으니[警民編爲敎民之方, 擊蒙要訣爲敎士之法], 이들 책은 선정(先正) 제현(諸賢)이 해서에서 시행했던 것으로 폐기할 수 없다. 『소학』, 『가례』는 국가에서 시험을 치룰 때의 필수 도서이니 더욱 힘을 기울여야 한다. 『효경』은 주자가 이미 내용을 뽑아서 『소학』에 실어 두어 우리나라에서는 학관(學官)에서 가르치지 않는다. 지금 『경민편』은 양반과는 상관없이 동몽에게만 읽힌다. 『효경』에 대해서는 이미 익혔거나 자원하는 자 외에는 반드시 강독할 필요는 없다.[205]

앞의 글은 평안도의 평강 현감 나양좌에게, 뒤의 글은 황해도의 도사(都事)로 부임한 김시징에게 보낸 편지다. 박세채는 사족[士]과 교생·이민, 상민을 구분하여 교재를 달리하여 가르칠 것을 제안했다. 교생은 향교에서 교육을 받는 양민이므로 상민과 동일하고, 이민 또한 양민과 다를 바 없는 신분이었다. 박세채에게서 "『경민편』은 상민을 가르치는 방편, 『격몽요결』은 사족을 가르치는 방법"을 담고 있는 책이었다. 상민을 가르치는 일 곧 '교민(敎民)'과 사족을 가르치는 일 곧 '교사(敎士)'

204) 朴世采, 『南溪集』 권23, 答羅顯道〈十二月十四日(甲子, 1684, 숙종10: 필자 주)〉.
205) 朴世采, 『南溪集』 권23, 答金都事始徵〈十二月二日(癸亥, 1683, 숙종9 : 필자 주)〉.

가 다를 수밖에 없으므로 그 교재도 달라야 한다는 것이 박세채의 생각이었다.206)

박세채는 『경민편』과 『격몽요결』의 경계를 엄격히 구분하여 『경민편』의 교육이 일반민을 대상으로 하는 것임을 강조하면서207) 한편으로는 그것이 학교 교육을 통하여 강습되어야 한다고 생각하였다. 이는 수령이 『경민편』을 단순히 '풍속을 바로 잡는' 교화서로 활용하는 것과는 차원을 달리하는 새로운 면모였다.

박세채가 『경민편』을 상민들의 흥학 교재로 쓰기를 기대했던 사실은 무엇보다 여기서 다루는 내용이 지방민의 절대 다수를 차지하는 상민들의 생활과 매우 가까웠기 때문일 것이다. 여기에 더하여 그가 이후원 개간본의 특성을 익히 알고 있었기 때문일 수 있다. 앞서 본대로 이후원 간본은 원문, 구결, 번역의 3요소를 새롭게 정비하여 교육에 활용하기에 적합한 체재, 내용을 갖추고 있었다. 고급의 지식 세계를 담은 책자를 늘 접하는 사족의 자제들이야 별문제지만, 일반 상민들에게서 한문-유교 교양에 쉽게 접근할 수 있는 교재를 찾는 일은 쉽지 않았다. 『경민편』은 자신들의 지식 세계를 확장함에 크게 도움 받을 수 있는 요소를 풍부히 지니고 있었다.

박세채가 유교적 교화가 덜 미쳤던 지역의 흥학 자료로 『경민편』과 『격몽요결』 두 책자를 활용할 것을 강조했던 모습은 종래 『경민편』의

---

206) 이를테면 다음과 같은 언급도 그러하다. "近與直卿輩, 裒寫萬言疏附錄, 久而不成, 以致此行稽滯, 尤悶奈何. 前白禁制修整之意, 又言當添教令一節矣, 連以病故, 尙未緖次. 其中禁制則略成草本, 而教令則未始. 幸左右將小學及朱子鄕約·栗谷鄕約等書, 抄其可作教民者, 別爲一篇文字以示之. 蓋教民與教士不同, 必擇其簡約切實者, 與漢高約法三章之意, 可無它弊矣. 如何."(『南溪續集』 권9, 與任大年元耆〈十月二十二日〉, 24가~24나)

207) 『경민편』에서 다루는 내용에는 양반 사대부와 상천민을 구분하지 않고 포괄하는 요소가 있었지만, 박세채는 『경민편』의 교육 대상을 상민으로만 한정하려고 했다. 박세채가 가진 개성은 이 점에 있었다.

원 편찬자나 중간 개간행자들에게서는 그다지 찾아볼 수 없는 면모였다. 이러한 새로움은 그의 사상적 지향을 적극 반영한 것으로 여겨진다. 두 책은 모두 조선의 서인계 학통에서 만들어졌거나 재간행된 것으로, 그 학습 과정에서의 적용과 관련하여 신분적으로 차이를 두었지만, 초학자들이 쉽게 배울 수 있는 내용을 담고 있었다. 이 책들은 주자학 혹은 규범의 입문서(入門書)와 같은 성격을 지녔다고 할 수 있다.[208] 유교적 이념과 지식을 조선의 사회 현실에 맞추어 대중적으로 실현하고자 하는 의지가 『경민편』과 『격몽요결』 두 책에는 적극 반영되어 있었다.

이와 같이 박세채는 서인 학통 내에서 만들어진 지방민의 교화·교육과 관련한 여러 성과물들을 공적인 계통을 통하여 지방 사회 곳곳에 확산하고자 하는 의식을 가지고 있었다. 기호사림의 학문적 계보에서 주요한 위치에 있었던 박세채가 서인 학문의 확산에 얼마나 많은 공을 들이고 있었던가를 알 수 있거니와, 이제 그가 구상한 방식으로 유교적 이념이 조선의 변방 여러 곳으로 퍼져 나가게 되는 상황을 예상할 수 있다. 특히 『경민편』을 공적 지방 제도를 통해 확산하고 이를 상민(常民) 교육에 활용하려는 점은 매우 주목할 만한 일이었다.

『경민편』을 민인의 교육서로 활용하려는 지향은 이미 김정국 시기의 이상이기도 했지만, 당시에는 그 노력이 명확하게 '사족'과 '상민'을 구별하는 의식 속에서 이루어지지는 않았다. 초기 『경민편』 보급의 대상은 관(官)에 대응하는 민인 일반을 가리키고 있었다. 이 점은 책의 구성이 한문으로만 작성되고 한글 번역이 실리지 않았던 데서도 확인된다. 이 시기 한문 독해력을 지닌 사람은 극히 소수였다.[209] 이후원 간본이 나온 뒤 박세채에 이르러 교육 대상이 『격몽요결』을 익히는 사족과

---

208) 『擊蒙要訣』의 성격에 대해서는 정호훈, 2005, 「16세기 말 栗谷 李珥의 教育論-《擊蒙要訣》《學校模範》을 중심으로-」, 『韓國思想史學』 25 참조.
209) 여기에 대해서는 이 책 제Ⅰ부 참조.

『경민편』을 익히는 상민으로 구분되는 점은 『경민편』의 보급 범위가 더 넓어져 감을 의미한다 하겠다.

　『경민편』을 상민에게 널리 알리려는 박세채의 구상은 또한 그가 지닌 사유의 폭이 어떠했었는지를 알려준다. 박세채는 적극적인 탕평론자(蕩平論者)였다. 국왕권의 강화를 통하여 정쟁(政爭)을 완화하고 『속대전(續大典)』을 편찬하여 이 시기 조선사회의 제반 변화를 법적으로 수렴하고자 하는 것이 그가 가지고 있던 정치적 지향이었다.210) 그의 학문적 관심사 또한 국가 체제 전반의 문제에 걸쳐 있었다. 학문적 관심 대상 혹은 그 천착의 수준이 그만큼 넓고 깊은 사람을 이 시기 달리 찾기 힘들 정도였다.

　박세채가 『경민편』을 주목하고 이것을 지방 수령의 흥학(興學) 교재로 써야 한다고 강조했던 사실은 그가 중앙 차원에서 이루어지는 법제의 정비와 같은 문제뿐만 아니라 범죄와 연관하여 실행할 수 있는 지방민의 교화책까지도 하나로 꿰뚫으며 깊이 고민하고 있었음을 보여준다. 그는 조선 사회의 운영에 대해 중앙으로부터 지방의 문제에 이르기까지 포괄적으로 사고하고 대책을 제시하고 있었고, 『경민편』의 상민 교육 활용 또한 그 가운데 하나였다.211)

---

210) 禹仁秀, 1997, 「朝鮮 肅宗朝 南溪 朴世采의 老少仲裁와 皇極蕩平論」, 『歷史敎育論集』 19 ; 정호훈, 2004, 「18세기 전반 蕩平政治의 추진과 『續大典』의 편찬」, 『韓國史硏究』 127.

211) 박세채의 학문에서 발견할 수 있는 이러한 점은 아마도 이이 학문의 특성으로부터 연원하는 것이라 할 수 있을 것이다. 이이의 『聖學輯要』는 국왕의 聖學書로 만들어진 책이지만, '修己'와 '治人' 양 측면의 문제를 포괄적으로 다루고 있다. 한편, '君主一心成敗論'을 강조했던 송시열에게서도 '수기'와 '치인'의 양 측면을 포괄하려는 사유를 찾는 것은 쉽지 않다. 송시열은 '수기'에 치중했던 것으로 여겨진다.(정호훈, 2007, 「붕당정치와 군주의 정치사상」, 『韓國儒學思想大系Ⅵ-政治思想篇』, 예문서원 참조)

Ⅲ.
18세기, 체제 위기의 봉합과
『경민편』

『경민편』의 간행과 유통의 역사에서 18세기 전반의 영조 치세기는 특별한 모습을 보여준다. 기존에 편찬되었던 『경민편』에 새로운 내용을 더한 증보본(增補本)이 평안도의 평양과 경상도 상주에서 각기 출현했고, 이후 앞서 나왔던 이후원 간본과 더불어 여러 형태의 『경민편』이 전국 각지에서 다양하게 유통되었다. 특히 경상도 증보본은 1740년대 중반에 중앙정부 차원에서 전국으로 보급하고자 했고, 많은 지방관들이 이에 호응하여 『경민편』을 '흥학(興學)'의 주 교재로 활용하기도 했다. 이 시기 중앙정부와 지방관들이 『경민편』의 보급에 쏟은 열의는 앞서 이후원 간본이 나왔을 때와 유사하면서도 또 비교되는 점이 있었다.

영조 대 『경민편』이 주목되며 널리 활용되는 사정은 이 무렵 영조와 정부가 맞닥뜨린 체제 위기의 수습을 위한 노력과 직간접으로 연관되어 있었다. 당시의 체제 위기는 1728년(영조 4) 이인좌 세력이 일으킨 정치변란이 몰고온 파국으로 말미암아 초래되었다. 오랜 기간 형성된 당파·당인 간의 갈등, 농민·노비 도적 등 하층민의 국가와 사회에 대한 분노와 불만 등 여러 요인이 얽히며 일어난 이인좌의 변란은 갓 즉위한 국왕 영조의 지위를 위협함은 물론이고 300년을 넘게 이어온 조선의 국체(國體)까지 송두리째 뒤흔들었다.

얼마 지속되지 않아 진압되었지만, 청주(淸州), 거창, 합천 등에서 관장(官長)을 죽이고 그 지역을 장악한 가운데 서울로 진군하며 영조를 몰아내려 했던 이 반역 사건은 조선 역사상 유례를 찾을 수 없는 파천황의 국면을 조성했다. 반란 세력이 '영조는 국왕이 아니므로 그 자리에 머물러서는 아니 된다.'는 시각을 견지하며 벌인 군사 행동은 조선으로서는 일찍이 겪어 보지 못했고, 그 수습을 둘러싼 영조와 정부의 노력 또한 특별한 양상으로 전개되며 많은 변화를 불러일으켰다. 그런 까닭에 이 사건은 향후 조선의 역사 전개에 일대 변곡점이 되었다.

신속하고 효율적인 군사적 대응을 통하여 반란을 진압한 정부에서는 여기에 가담한 세력들을 색출하며 제거하는 한편으로, 다방면의 노력을 통하여 위기 국면을 벗어나고자 하였다. 이 사건은 오랜 기간 정치권과 사회 내부에서 배태되었던 문제로부터 일어났기에, 이를 수습하는 일이 짧은 시간 안에 그리고 몇 가지 조치로 이루어질 수 있는 상황은 아니었다. 정부에서는 대체로 위기를 조장하고 촉발하는 세력과 인물들에 대해서는 국가가 행할 수 있는 최대한의 폭력을 가하여 싹을 자르거나 억누르고, 갈등과 파탄을 만들 수 있는 요인들은 가능한 한 제거하거나 완화하고자 했다.

탕평책은 이 과정에서 힘을 얻어 시행된 핵심적인 조치였다. 영조와 탕평파들은 오랜 당쟁으로 말미암아 만들어진 관료와 사대부 내부의 정치적 사상적 갈등을 풀어나가기 위해서는 일당 전제를 지양하여 여러 당에서 적임자를 골라 관료로 임용해야 한다고 보았다. 조제(調劑) 보합(保合)으로 이야기되는 이 방식은 많은 사람들이 비판하고 저항하기도 했지만, 한 당파로 권력이 집중되는 현상을 해소하고 당파 간의 갈등과 원한을 풀기에 적절하다고 하여 적극 추진되었다. 물론 그 경로가 순탄하거나 효과가 곧바로 나타나지는 않았다. 영조는 이 과정에서 국왕이 행사할 수 있는 힘을 키우기 위한 노력을 부단히 펼쳤다.

사회경제의 측면에서 폐단을 일으키는 요인들은 법 제정과 정책 변화를 통하여 제거하고자 했다. 양역변통(良役變通)을 위한 방책이 본격적으로 논의되었고 20여 년의 시간이 흐른 뒤 그 귀결로서 균역법

(均役法)이 시행되었다. '영조 대의 정치는 무신변란으로 시작하여 무신변란으로 끝난다'고 해도 과언이 아닐 정도로 이 사건이 조선에 미친 영향은 지대했다.

사회 구성원들에 대한 도덕 교육의 강화는 정부가 무신변란의 대책을 세우며 역점을 두었던 사안의 하나였다. 국왕을 부정하고 체제를 위기로 몰아넣는 '반영조'의 변란은, 형태상 국왕을 정점으로 형성된 국가질서를 전면적으로 파괴하려는 움직임이었다. 그러했기에 반란에 참가한 사람들에게서 그 질서를 인정하고 옹호하는 의식은 무너져 있었다. 반란 세력들은 새로운 규범에 대한 전망을 뚜렷하게 제시하지는 못했지만, 행동으로는 이미 기존의 질서, 종래의 규범을 파괴하고 있었다. 여기에 새로운 내용이 싹틀 수 있는 여지가 충분히 마련되고 있었던 셈이다. 정치변란은 변화의 길을 여는 동력이었다. 조선의 집권 세력이 기존 질서를 옹호하기 위한 도덕 교육을 시행하는 일은 이러한 강렬한 움직임에 대한 강력한 대응이었다. 국왕과 정부의 처지에서 이 일은 절실했다.

국왕을 비롯, 중앙정부와 지방관들은 이어져 오던 규범을 재천명하는 형태로 도덕 교육을 펼쳤다. 중앙정부에서는 『삼강행실도』·『이륜행실도』를 전국적으로 보급, 삼강·오륜의 규범을 재차 환기했다. 이 과정에서 『삼강행실도』의 충실한 번역본이 발굴되어 전국적으로 알려졌다.

평양과 상주에서의 『경민편』 증보는 이 맥락 위에서 이루어졌다. 이들 지역을 맡았던 감사·목사 등 지방관은 중앙정부의 『삼강행실도』·『이륜행실도』 보급에 발맞추어, 이곳에 조성된 반역의 기운을 가라앉히고 인심을 사로잡으려는 대책의 하나로 『경민편』을 적극 활용했다. 한편으로 도덕 교화의 이념을 담고 한편으로 엄혹한 형률 규정을 싣고 있기에, 『경민편』은 이들 지역의 혼란을 다잡아 나감에 매우 유용한 측면이 있었다. 이미 16세기 말과 17세기 중반 허엽과 이후원이 그러했듯이,

영조 정부의 관료들은 18세기 전반의 조선 현실에서 드러나는 위기를 극복함에 이 책이 유력한 매체가 된다고 생각하였다. 『경민편』은 여전히 생명력이 있는 책자였다.

이때 증보된 두 지역의 『경민편』은 기존 이후원 간본에 이곳의 지역성을 반영한 새로운 내용을 더하여 편찬되었다. 이 점에서 보자면 두 간본은 이후원 간본의 내용을 공유하면서도 1728년 변란의 시간성과 지역성을 담은 개성을 지녔다고 할 수 있다. 18세기 전반, 새로이 증보된 내용으로 출현한 『경민편』은 위기의 정치 상황이 만들어낸 산물이었다.

영조 대 정부와 관료들이 『경민편』에 기울인 관심의 정도는 역대 어느 시기에도 볼 수 없을 정도로 유별났다. 흥미롭게도 정조 대 이후 정치권에서는 이 책을 새롭게 증보하여 보급하지는 않았다. 우하영(禹夏永)이란 수원 유생이 정조에게 올린 『천일록(千一錄)』을 통하여 『경민편』의 보급을 강조하기도 하고, 19세기 전반에 편찬된 『목강(牧綱)』과 같은 목민서에서 이 책을 이용해야 할 필요성을 거론하고는 있었지만, 중앙관료나 지방관이 『경민편』을 보완하고 증보하던 전통은 거의 모습을 감추었고, 정부 차원에서 이 책을 보급해야 한다는 논의도 일어나지 않았다. 『경민편』으로부터 치군(治郡)의 유효한 방법을 찾던 양상이 이제 거의 사라진 셈이었다. 이 같은 변화가 일어난 이유는 이때에 이르러 『경민편』으로는 대응할 수 없을 정도로 현실이 크게 바뀌었기 때문일 것이다. 19세기에 확인되는 바, 권력이 『경민편』을 거의 주목하지 않는 현상은 바야흐로 새로운 성격의 시간이 도래했음을 보이는 주요한 징후의 하나였다.

1. '무신변란'과 증보본 『경민편』의 출현

1) 영조의 변란 대책과 도덕 교육 : '친상사장(親上死長)' 규범의 천명과 윤리서 보급

1728년 3월 중순에 일어난 이인좌(李麟佐, 1695~1728) 세력의 정치변란은 조선의 생명을 한 순간에 흔들 정도로 위협적이었다. 반란 세력은 내응외원(內應外援)의 전략을 짜고 전국 각지에서 세력을 규합하였으며,[1] 청주와 거창, 합천의 여러 지역에서는 한 때 해당 군현의 수령·병사(兵使)를 몰아내고 공권을 장악했다.[2] 이들의 거센 움직임은 이인좌가 서울을 목표로 북상(北上)하다가 경기도 안성 지역에서 관군에게 저지당하면서 힘을 잃었고[3] 결국 실패로 마무리되었다.[4]

이 미증유의 정치변란은 남인, 북인, 소론 등 긴 당쟁 과정에서 불만을 품었던 양반들이 전 과정을 모의하고,[5] 농민, 노비, 도적과 같은 여러 세력이 동조하여 참가한 특이한 성격을 지니고 있었다. 그런 면에서 이 사건은 17~18세기 조선의 정치와 사회경제적 환경이 배태한 반정부, 반영조의 움직임이었다고 할 수 있다.

---

1) 이에 대한 개략적인 내용은 이인좌의 공초에서 확인할 수 있다.(『英祖實錄』 권16, 영조 4년 3월 26일[丙子])

2) 청주를 함락한 후 반란군의 大元帥 이인좌는 權瑞鳳을 淸州牧使, 申天永을 忠淸兵使, 朴宗元을 營將에 差定했다.(『英祖實錄』 권16, 영조 4년 3월 15일[乙丑])

3) 이인좌가 체포 당하는 과정은 『英祖實錄』 권16, 영조 4년 3월 24일[甲戌] 기사 참고.

4) 1728년의 반역 사건에 대한 연구는 풍부하다. 그간의 연구 성과, 연구 경향에 대한 검토는 고수연, 2004, 「영조대 무신란 연구의 현황과 과제」, 『호서사학』 39 ; 문경득, 2017, 『전라도 지역 무신란(戊申亂) 연구』, 전주대학교 대학원 박사학위논문 참조.

5) 반란에 참여한 李河는 "南人은 閔觀孝가 주도하고, 小北은 梁命夏가 주도하며, 少論은 朴弼顯·李有翼·尹德裕가 주도한다."고 진술했다.(『英祖實錄』 권16, 영조 4년 3월 19일[己巳])

권력을 잃을 절체절명의 위기를 넘긴 영조와 집권 세력이 당면했던 가장 큰 문제는, 그들의 입장에서 보자면, 반란을 생각하는 민인들의 마음을 가라앉히는 일, 떠나버린 민인들의 인심을 잡아서 되돌리는 일이었다.[6] 이를 위해 할 수 있는 방책은 여러 가지가 있었지만, 위정자들은 그들에게 사라진 도덕규범을 새롭게 부여하여 그들이 이를 알고 지키도록 하는 일이 핵심이 된다고 여겼다. 그들이 보기에 사회 구성원들에게 그 질서를 긍정하는 마음을 갖게 하는 데에는 도덕규범만큼 효율적이고 지속성을 갖는 방법은 없었다.

조선에서 근본으로 삼았던 도덕규범은 삼강·오륜(三綱五倫)이었기에 도덕 교육이란 이를 재천명하는 일을 중심으로 진행되기 마련이었다.[7] 이 작업은 변란 세력에 대한 무자비한 탄압을 비롯하여 영조와 영조 정부가 벌였던 모든 일에 정당성을 부여하여, 그들이 그 일들을 줄기차게 밀고 나갈 수 있는 정치력을 확보하도록 돕는 의미를 지니고 있었다. 이 점에서 보자면 삼강·오륜 교육은 영조와 그 정부가 행하는 작업의 바탕을 다지는 일이었다.

조선에서 국민들에게 삼강·오륜의 도덕을 교육하고 그들이 이를 실천하도록 계도하는 움직임은 오랜 전통을 가지고 있었고, 비상한

---

6) 『英祖實錄』권33, 9월 3월 6일[丁亥], "靈城君朴文秀·豐原君趙顯命上疏, 以辨嶺人聯章鳴冤之語, 略曰: '所謂難處也難知也, 蓋有說焉. 一自黨弊之痼, 此入彼出, 進退日局於是, 患得失之類, 群起而爲逆, 彼豈一方一州之産也哉? 東西南北之人, 殆同雌雄烏之無別, 此聖敎所謂三黨, 俱出亂逆者也. 今若一循前套, 而不思所以矯之, 則怨國思亂, 如麟·熊·亮·弘·顯·夢輩者, 又安保其必無於他日乎? 此臣等所謂難處也, 難知也.'"

7) 삼강과 오륜을 주목하는 양상은 세기 별로 조금 달랐다. 15세기 삼강에 대한 태도는 세종 대 『三綱行實圖』의 서문에서 볼 수 있다.(『世宗實錄』권56, 세종 14년 6월 9일[丙申], "天下之達道五, 而三綱居其首, 實經綸之大法, 而萬化之本源也.") 중종 13년 11월 경연 석상에서 조광조가 했던 발언은 이제 조선에서 五倫을 중요하게 여기기 시작함을 보여준다.(『中宗實錄』권34, 중종 13년 11월 4일[庚子], "光祖曰: '尙氣節, 而不濟以義, 則其爲氣節, 不出於正理. 若察得君臣·父子·夫婦·朋友·長幼之倫, 則他日雖値大變, 必能扶持國家之危亡矣. 臣眷眷每以此啓者, 似乎煩瀆, 而但以此乃我國膏肓之疾, 若不奮然以救正, 則終難愈矣.'")

사태를 당할 때마다 역대 정부에서는 이 일을 전가(傳家)의 보도(寶刀)처럼 활용해 왔다. 삼강·오륜의 교육은 여러 방식으로 진행되었다.

우선, 정부에서는 필요한 시점에 삼강의 행실을 모범적으로 실천한 사람들을 뽑아서 표창하였다. 사안에 따라 정려(旌閭)를 하기도 하고, 관직을 추증(追贈)하는가 하면, 후손들에게는 신역(身役)을 면제하고 관직을 제수하는 등 표창의 내용은 다양했다.[8] 이를 통해 국가로서는 체제를 유지하는데 필요한 이념을 대대적으로 홍보해 나갈 수 있는 힘을 획득했고, 표창받는 당사자 혹은 그 관련자들은 사회적으로나 경제적으로 적지 않은 혜택을 얻을 수 있었다. 삼강행실의 모범자에 대한 표창은 국가로서나 백성들에게 두루 필요했고 또 이득이 되는 일이었다.

삼강·오륜의 윤리를 담은 책자의 편찬과 간행 또한 주요한 방법이었다. 조선 정부는 세종·성종 대『삼강행실도』를 간행한 이래,[9] 연산군 정치를 겪으면서는『속삼강행실도(續三綱行實圖)』를 편찬했고,[10] 임진왜란의 참화를 겪은 뒤에는『동국신속삼강행실도(東國新續三綱行實圖)』를 만들어 보급했다.[11]『삼강행실도』를 중심에 두고, 새로운 내용을

---

8) 조선 초부터 17세기 초에 이르는 동안 조선에서 이루어진 忠·孝·烈의 모범 행위자에 대한 국가의 표상을 대중적으로 알린 책은『東國新續三綱行實圖』이다. 이에 대해서는 다음 연구 참조. 김혁, 2001,「《東國新續三綱行實圖》의 구성과 편찬 과정」,『書誌學報』25 ; 이광열, 2007,「光海君代《東國新續三綱行實圖》편찬의 의의」,『韓國史論』53 ; 정일영, 2010,「임진왜란 이후 '敎化'의 양상: 광해군대『東國新續三綱行實圖』를 중심으로」,『韓國思想史學』34 ; 정호훈, 2018,「전쟁의 기억과 정치론,《동국신속삼강행실도(東國新續三綱行實圖)》」,『韓國思想史學』58.

9) 초기『三綱行實圖』간행에 대해서는 다음 연구 참조. 송일기·이태호, 2001,「朝鮮時代 '行實圖' 板本 및 版畫에 관한 硏究」,『書誌學硏究』21 ; 석주연, 2001,「大英圖書館 소장 국어사 자료에 대하여」,『국어국문학』129 ; 이규범·오민석·김유범, 2021,「언해본《삼강행실도》최고본(最古本)에 대한 비교 연구:《효자도》를 중심으로」,『국어사연구』32.

10)『中宗實錄』권20, 중종 9년 6월 27일[戊午], "申用漑等撰進《續三綱行實》."

보완하는 방식으로 행실도류 도서를 간행하고 교육 자료로 활용해
온 역사였다.

　하지만 『삼강행실도』 이후 여러 차례 속편을 간행했지만, 중앙정부나
지방관들은 실제로는 초기에 간행된 『삼강행실도』를 필요할 때마다
재간행하여 활용했다. 『속삼강행실도』, 『동국신속삼강행실도』가 편찬
된 이후에도 『삼강행실도』를 이용하는 움직임은 멈추지 않았다. 『속삼
강행실도』, 『동국신속삼강행실도』가 간행 이후 충분히 활용되지 못하
고 거의 모습을 감추어 이들 책에 들인 노력과 비용이 헛된 일 비슷하게
되어 버린 점과 비교하면, 이는 놀라운 모습이었다.12) 『삼강행실도』는
명실공히 삼강의 윤리 보급과 관련하여 대표성을 갖는 도서였다.

　『삼강행실도』를 다시 간행하여 보급할 경우, 중앙정부 차원에서 이를
시도하기도 했고, 중앙정부와는 무관하게 감사와 같은 지방관이 독자적
으로 처리하는 사례도 많았다. 중종 대를 비롯, 역대 여러 왕대에 이러한
일이 있었음을 볼 수 있다.13)

　영조 정부 또한 이번에도 비슷한 방식으로 대응하였다. 무신변란
세력에 맞서 공을 세우거나 목숨을 잃은 사람들을 표창하고, 도덕규범을
담은 도서를 널리 보급하여 도덕 교육을 강화고자 했다. 전자의 대표적
인 사례로는 충청병영(忠淸兵營)의 기생 해월(海月)에 대한 면천(免賤)과

---

11) 『光海君日記』[中草本] 권39, 광해 9년 3월 11일[丙子], "韓纘男啓曰: '東國新續三綱行
　　實元帙十八卷, 分刊公洪·平安·黃延·慶尙·全羅等五道, 進上印出五十件內, 公洪道二
　　百卷, 平安道五十卷, 黃延道一百五十卷, 慶尙道二百卷, 全羅道三百卷, 竝九百卷畢入
　　矣.' 傳曰: '知道.'"

12) 특히 『東國新續三綱行實圖』는 많은 시간과 물력을 들이며 간행했지만, 광해조
　　北人들이 거세게 비판받는 상황에서 생명력을 잃어버렸다. 『東國新續三綱行實圖』
　　에 대한 연구는 주) 8 참조.

13) 『三綱行實圖』 간행을 확인할 수 있는 실록 기사의 일부이다. 『中宗實錄』 권14,
　　중종 6년 10월 20일[丁酉] ; 『明宗實錄』 권16, 명종 9년 3월 16일[丙辰] ; 『宣祖實錄』
　　권199, 선조 39년 5월 24일[辛卯] ; 『仁祖實錄』 권24, 인조 9년 5월 2일[乙亥] ; 『肅宗
　　實錄』 권45, 숙종 33년 11월 23일[辛未].

그의 집에 대한 복호(復戶),[14] 반란 세력에 저항하다 목숨을 잃은 거창의 좌수(座首) 이술원(李述源)[15]에 대한 표창 등을 거론할 수 있다. 특히 이술원의 표창 과정에는 영남 지방 유자(儒者)들의 움직임이 개재되어 있었으므로[16] 이 조치는 지방의 사족을 위무하는 측면에서 파급력이 상당했다. 정부에서는 이술원에게 증직(贈職)의 예를 시행했다가 훗날 대사헌으로 높여 추증하고,[17] 그를 제사 지내는 사당을 세워 그의 행의를 기렸다.[18] 한편 그의 아들에게는 참봉직을 제수하였다.[19]

무신변란 후 정부의 『삼강행실도』 간행과 이를 활용한 도덕 교육은 특별한 성격을 지니었다. 『삼강행실도』의 재간행 그리고 전국 차원의 보급은 1729년(영조 5) 여름부터 가을 사이에 본격적으로 진행되었다. 변란 세력을 진압하고 큰 위기는 넘긴 시점에서였다. 이미 오래 전부터 반(反) 영조의 움직임을 보고 들은 적은 있지만, 실제 군사 반란을 겪은 영조의 충격, 위기감은 상상을 초월했다. 자신의 생명을 위협함은 물론이거니와 오랫동안 유지된 조선을 망하게 할 상황이 영조의 눈앞에서 펼쳐졌기 때문이다. 영조와 중앙정부에서는 '대고(大誥)'를 통하여 변란의 원인과 대책을 전 조선에 선포하고[20] 이어 『감란록(勘亂錄)』을 편찬,[21] 변란의 전모를 밝히며 사태를 진정시키려 했다. 도덕 교육은

---

14) 『英祖實錄』 권28, 영조 6년 12월 20일[甲寅].

15) 이술원의 죽음에 대한 기록은 『英祖實錄』의 영조 4년 3월 27일 기사에서 확인할 수 있다.(『英祖實錄』 16권, 영조 4년 3월 27일[丁丑])

16) 『承政院日記』, 영조 14년 3월 23일[乙亥], "上曰: '昨因嶺儒之疏, 特許李述源祠宇請額, 而其所措語雖過, 表忠之典, 不可不行, 分付藝文館, 斯速擧行, 可也.'"

17) 『英祖實錄』 권66, 영조 23년 11월 28일[甲寅].

18) 『英祖實錄』 권46, 영조 13년 12월 22일[乙巳], "眞明又言: '戊申, 居昌座首李述原所樹立卓然, 請依嶺儒呈文, 建祠'. 從之."

19) 『英祖實錄』 권28, 영조 6년 12월 20일[甲寅].

20) 무신정변 후의 大誥는 영조가 친제하고 한문 원문에 한글로 번등한 '眞諺兩本'을 만들어(『承政院日記』, 영조 4년 4월 22일[壬寅]) 필사한 뒤 전국에 반포하였다.(『承政院日記』, 영조 4년 4월 25일[乙未])

그 기반 위에서 진행되었다.

애초 『삼강행실도』에 대한 관심은 영조에게서 비롯되었다. 영조는 백성들에게 『삼강행실도』에 실린 내용을 제대로 알린다면 무신변란과 같은 참혹한 반란은 다시 일어나지 않으리라 생각했다. 영조가 보기에 그들이 '군상(君上)'을 혈친으로 여기고 관장(官長)을 위하여 죽는[親上死長]' 의리[22]를 제대로 알았더라면 그와 같은 '역변(逆變)'을 일으키지는 않았을 터였다. 정치변란이 일어난 요인은 이루 말할 수 없이 복잡했고 해결해야 할 과제는 한두 가지가 아니었지만, 영조는 그 무엇보다 백성들에게서 '친상사장'의 의리가 부재함을 통탄했다. 어찌 보면 영조 처지에서 나올 수 있는 지극히 단순한 인식이었다. 영조의 판단으로는 『삼강행실도』에 그 윤리가 상세히 실려 있었다.

모든 일에는 근본이 있다. 우리나라의 예악문물(禮樂文物)은 고려조보다 뛰어나지만 당론의 폐해로 환득 환실(患得患失-벼슬자리를 얻지 못해서는 어떻게 하여 얻을까 하고, 얻고 나서는 놓치게 될까 근심하는 것)한다. 그 화는 지난 해의 역변(逆變)에 이르러 극에 달하였다. '대고(大誥)'를 이미 반포했지

---

21) 『英祖實錄』권18, 영조 4년 5월 5일[乙卯] ; 『英祖實錄』권24, 영조 5년 10월 5일[丙午].

22) '親上死長'에 대해 이정숙의 『경민편』을 참조하여 '군상을 혈친으로 여기며 관장을 위하여 죽는다[親上死長]'로 번역했다. 이정숙은 이 구절을 "군상을 친히 ᄒ며 관장 의게 죽어"로 번역, '上'과 '長'을 군상과 관장으로 이해했다.(이정숙 간본, 『警民編』, 54가). '親'은 '친애하다'로 볼 수도 있으나 영조의 생각으로 미루어 본다면 군주를 혈친과 같이 여기는 마음으로 푸는 편이 적절하다. 영조는 자신을 君主이자 家長이라는 의미의 '君父一體' 의식을 가지고 정치를 이끌었다. (이근호, 2016, 『조선후기 탕평파와 정치운영』, 민속원, 105~109쪽) 영조가 사용한 '親上死長'에는 그러한 의미가 담겨 있었다. '親上死長'은 『孟子』, 「梁惠王」篇의 "君行仁政, 斯民, 親其上死其長矣."라는 내용과 관계가 있는데, 영조가 『삼강행실도』의 의미를 이와 연관하여 이해한 점은 새롭다. '親上死長' 대신에 '親上事長'으로 표현하는 경우도 많았다. 이때는 "군상을 혈친으로 여기고 관장을 섬기다"로 번역할 수 있을 것이다.

만 이 또한 말단이다. 『삼강행실도』에 실린 내용은 실제 모든 행동의
근본이 된다. 세종 조에 처음 이 책을 짓고 선묘(宣廟-선조)가 왕위에
오른 이후 제일 먼저 이 책의 간포(刊布)를 명령한 데서 근본에 힘쓴
성의를 볼 수 있다. 오늘날 사람들은 '친상사장(親上死長)'의 의리를 모른
다. 다만 긴요하지 않은 문집이나 찍어낼 뿐이어서, 이 책은 인본(印本)이
거의 없다. 그래서 보는 사람이 드무니, 반드시 이 책을 많이 인쇄하여
널리 보급함으로써 향곡(鄕曲)에 사는 사람들 모두가 인군이 충효(忠孝)
로써 이끄는 의도를 훤하게 인식하게 된 뒤에야 근본되는 바를 알 것이다.
운각(芸閣)에서 인출하여 제도(諸道)로 분송(分送)한 뒤 본영[巡營]에서
판각(板刻)하여 유포하도록 분부하는 것이 좋겠다."23)

  조선인은 '친상사장'의 의리를 모르는데, 긴요하지 않은 문집이나
찍어낼 뿐이고, 그 의리를 알려주는 『삼강행실도』의 인본(印本)은 거의
없다는 영조의 탄식은 향후 정치 운영의 향방이 어떠할 것인가를 예감케
하거니와, 영조의 처지로서는 뼈아픈 진단이기도 했다. 영조는 이 정변
을 겪으면서 향곡(鄕谷)의 민인뿐만 아니라 명사대부(名士大夫)도 '친상
사장'의 의리를 지니고 있지 않음을 절감했다.24) 영조의 판단으로 『삼강
행실도』의 보급은 이 난국을 벗어날 수 있는 주요한 방법이었다.25)

---

23) 『承政院日記』, 영조 5년 8월 27일[己巳].
24) 『承政院日記』, 영조 5년 8월 26일[戊辰], "上曰: '我國近周, 忠信立國, 非比三國與麗朝,
   而卽今則人無親上死長之義, 非但鄕谷無之, 名士大夫, 亦無之, 故終至於昨年變亂, 可
   勝歎哉. 此後則無他策, 只當祛黨習鎭朝廷, 朝廷正然後國家可安矣. 予嘗歎文勝之弊,
   黨論亦出於文勝之弊也.'"
25) 李漵의 경우, '親上死長'에 대해, 국가에서 백성에게 '敎'와 '養'을 베풀면, 백성은
   친상사장의 도리를 알게 된다고 하였다. "王者之國, 必敎養也. 將相之才衆盛,
   民皆知孝悌親上死長之道, 務農講武之法.……敎養則人皆盡其才也. 雖有中人以上之
   才, 成就則大賢. 中人以下, 亦皆賢矣. 不敎則雖中人以上之才, 反不及敎國之平人.
   何則. 迷於俗而誤其性也. 慾蔽心暗, 自私妄行, 自以爲聖而反害其正."(『弘道先生遺稿』
   권10上, 敎養, 11가~11나)

세종 대 설순(偰循)이 왕명을 받아 편찬한 이후, 역대 정부에서 정치적으로 필요한 국면에서는 반드시 간행하여[26] 그 의미를 강조했던 이 책을 영조는 다시 무신변란의 수습 과정에서 불러내었다.[27]

보급 방식을 두고 영조는 이 책을 교서관(校書館)에서 인출하여 8도로 분송(分送)한 뒤 본영[巡營]에서 판각(板刻)하도록 명령을 내렸지만, 논의 과정에서 이를 바꾸어 평안도 감영[箕營]의 책판으로 인출한 뒤, 8도에 다시 보내는 방식을 취하도록 했다.[28] 전자에 비해 후자의 방식은 시간이 많이 소요되고 또 지방의 재정을 손대야 하는 단점이 있었지만 여건상 불가피했다.

『삼강행실도』를 서울이 아니라 평양에서 간행하기로 한 사정은 여러 요인과 결부되어 있었다. 우선, 교서관에는 『삼강행실도』의 책판이 소장되어 있지 않았고 대신 평양에서 새 책판을 보유하고 있었던 점이 결정적으로 작용했다.[29] 당시의 관행상 조선에서 간행하는 대부분의 서책은 지방에서 목판으로 간행하고 중앙의 교서관에서는 대체로 활자로 책을 인쇄하였기에, 당시 교서관에는 『삼강행실도』의 책판이 없었다. 지방의 책판을 구해서 인쇄를 해야 하는 형편이었는데, 마침 평양에서 적절한 책판을 소장하고 있어 이를 활용할 수 있었다.

---

26) 이상훈, 2018, 『《삼강행실도》 언해본의 서지학적·국어학적 연구』, 서울대학교 대학원 국어국문학과 박사학위논문.

27) 친상사장의 의리 부재와 그 대책으로 『삼강행실도』 도덕의 보급을 엮어 거론한 영조의 발언은 평소 그가 가지고 있던 『삼강행실도』에 대한 관심과 이해에서 나왔던 것으로 보인다. 무신변란 전에도 영조가 『삼강행실도』에 대해 여러 차례 언급한 모습을 확인할 수 있다.(『承政院日記』, 영조 2년 12월 15일[壬申] ; 『承政院日記』, 영조 2년 12월 20일[丁丑] ; 『承政院日記』, 영조 3년 3월 17일[甲辰])

28) 『承政院日記』, 영조 5년 10월 22일[癸亥], "趙顯命曰: '三綱行實印布事, 命下, 而藝閣無板本, 聞箕營有板本矣, 使之印出上送, 以爲頒布之地, 何如?' 上曰: '藝閣則何以無板本, 而箕營只有之耶?' 洪鉉輔曰: '臣兄開刊於箕營, 仍爲印頒於平安一道矣.' 淳曰: '箕營則自前有之, 而藝閣則例以鑄字印冊, 元無木板刊置之事, 故無之矣.'"

29) 위와 같음.

이 시기 평양에서 『삼강행실도』의 책판을 소장하고 있었던 사실은 공교롭다. 무신변란이 일어나기 2년 전인 1726년(영조 2) 초, 평안도 감사로 재직하던 윤헌주(尹憲柱, 1661~1729)가 이 책을 판각해 두었던 까닭에 흠결 없는 새 책판이 이곳에 갖추어져 있었다. 윤헌주는 경종 말년에 평안도로 유배를 와 이 지역의 문화가 유교와는 거리가 멀어 많은 문제를 낳는다고 생각하고 있었다가 이곳 감사로 오게 되자,[30] 이 책을 간행하였다고 한다.[31] 간행 동기가 무척 흥미롭다. 유배 중 윤헌주가 어떤 일을 경험했는지는 분명하지 않지만, 『삼강행실도』를 간행 하기로 한 점을 보면, 이 지역의 풍속이 유교적 윤리와 거리가 멀었음을 알 수 있다.[32]

윤헌주 본 『삼강행실도』는 책판도 책판이거니와 그 내용으로도 새로 운 점이 있었다. 이전 간본의 번역을 개역(改譯)하여 독자들이 내용을 쉽고 충실하게 이해할 수 있도록 한 사실이 그것이다. 윤헌주가 보기에

---

30) 영조 1년 5월에 평안도 감사에 임명되고,(『英祖實錄』 권6, 영조 1년 5월 14일[辛亥] 이듬해 8월, 판윤이 되었다.(『英祖實錄』 권10, 영조 2년 8월 28일[丁亥]) 영조 2년 9월, 윤헌주를 이어 洪錫輔가 되었다.(『英祖實錄』 권10, 영조 2년 9월 6일[乙未])

31) 이때의 간본은 성균관대 존경각(B09C-0046), 고려대 도서관(귀296A), 미 버클리 대 동아시아도서관('22, 10) 등에 소장되어 있다. 윤헌주는 권말의 발문에서 간행 동기를 다음과 같이 적었다. "余於昨年謫此道, 見民俗猶未甚淳, 心竊慨然矣, 及爲方伯, 意欲廣布此圖."
윤헌주가 평안도로 유배를 당한 해는 경종 3년, 지역은 龍川府였다. 함경도 감사 시절의 일과 관련하여 "黷貨不法"으로 처벌 받아 유배되었는데(『景宗實錄』 권13, 경종 3년 12월 15일[庚申]) 영조가 즉위하자 풀려나 判尹에 임명되었다.(『英 祖實錄』 권3, 영조 1년 1월 26일[乙丑])
윤헌주의 신 책판은 그의 뒤를 이어 영조 2년 겨울에 부임한 洪錫輔도 인쇄하여 평안도 일대에 보급했던 것으로 보인다. 영조 5년 『삼강행실도』 간행을 논의하던 중 洪錫輔의 동생 洪鉉輔가 평안도 감사로 있던 자기의 형[홍석보]이 『삼강행실도』 를 간행하여 평안도 일대에 보급했다고 한 발언은 이를 가리킨다.(『承政院日記』, 영조 5년 10월 22일[癸亥])

32) 평안도 지역에 대해 윤헌주가 갖는 생각을 이 시기 많은 사람들도 비슷하게 지니고 있었다. 평안감사 윤헌주의 『三綱行實圖』 간행은 그러한 일반적인 생각이 구체화된 결과로 볼 수 있을 것이다.

기왕에 이루어진 번역은 복잡한 원문은 지나치게 생략하며 의역(意譯), 독자들의 이해를 방해하는 단점이 있었다.[33] 윤헌주는 원문을 직역의 형태로 완역(完譯)하여 이 점을 보완했다. 윤헌주 번역본과 이전 간본의 번역을 비교하면 번역 내용에서 적지 않은 차이가 난다. 실로 윤헌주에 이르러『삼강행실도』는 오랜 시간 유지한 면모를 거의 탈바꿈했다.[34] 평양 소재『삼강행실도』책판은 말하자면 새로이 번역하여 판각한 신책판이었다.[35] 아래는 그 한 내용이다. 「충신도」에 실려 있는 '용방간사(龍逄諫死)'의 원문, 번역문을 제시한다.

---

33) 위와 같음.『三綱行實圖』(丙午春箕營刊, 버클리대 동아시아 도서관 소장본), 권말의 발문, "本道舊無此板. 逐求得一本, 募遊手刊出, 而顧其舊譯諺書, 語甚簡難解, 又皆增刪改飜, 使觀者雖愚夫愚婦, 皆得瞭然易知, 仍分布一道, 冀得以少補風化之萬一."
평안도 감사 시절 윤헌주의『三綱行實圖』간행은 그의 이력에서 중요하게 언급되었다.(兪拓基,『知守齋集』권13, 刑曹判書尹公諡狀, 72나, "今上初元, 首蒙有召爲判尹, 兼管籌司金吾摠府. 淸使至, 差舘伴, 旋以伴送使, 往返灣上. 書東宮竹冊, 進正憲, 拜平安道觀察使. 公課勸文武, 刊布經書, 一如北關時, 又刻頒三綱行實, 以敦風敎.")

34) 1726년의 기영본에서 번역의 새로운 변화가 일어난 점에 대해서는 다음 연구가 참고된다. 송일기·이태호, 2001, 「朝鮮時代 '行實圖' 板本 및 版畫에 관한 硏究」.『書誌學硏究』21 ; 백두현, 2003, 「취암문고 소장 국어사 자료의 연구」,『嶺南學』3 ; 이상훈, 2014, 「英祖代《三綱行實圖》의 異本에 대한 연구」,『語文硏究』42-4.『삼강행실도』의 編纂·刊行史에서 윤헌주 개역본의 출현은 획기를 이룬다. 종래의『삼강행실도』연구에서 영조 2년 간본이 이전 간본과 달라지는 점은 주목되었지만, 이것이 평안도 감사 윤헌주의 改譯에 의해 완역의 형식으로 새롭게 간행되었다는 사실, 이 책이 무신변란의 수습책의 일환으로 영조 6년 전국 감영에서 간행된 간본의 저본이 된다는 사실 등은 간과되어 왔다. 이에 대해서는 정호훈, 2021, 「1728년의 정치변란에 대한 정부의 대책과 규범서-『삼강행실도』·『이륜행실도』·『경민편』의 간행을 중심으로-」,『역사와 실학』76 참조.

35) 윤헌주가 改譯하여 발간한『三綱行實圖』에는 당시 평양의 발음에서는 없던 구개음화가 나타난다. 이를 두고 이상훈은 중앙에서 부임한 간원들이 이 책을 간행했으므로 그럴 수 있다는 의견을 소개하기도 했지만 확정하지는 않았다.(이상훈, 2014, 앞의 글, 90쪽) 필자는 개역의 주인공이 평안도 현지인이 아니라 서울의 양반 관료 윤헌주였기 때문에 이러한 현상이 나타났다고 판단한다. 비슷한 시기에 평양에서 간행된『續三綱行實圖』,『二倫行實圖』에 구개음화가 반영되지 않은 이유도 해명하기 쉽지 않은데(이상훈, 2014, 앞의 글, 90쪽) 이 또한 이 책들이 이 지역에서 개역되지 않고 이전 간본을 그대로 활용했기 때문일 것이다.

桀鑿池爲夜宮 男女雜處 三旬不朝 關龍逢諫曰 人君謙恭敬信 節用愛人 故天下

安而社稷宗廟固 今君用財若無窮 殺人若不勝 民惟恐君之後亡矣 人心已去 天命

不祐 盍少悛乎 不聽 龍逢立不去 桀殺龍逢[36]

순서	번 역 문	비 고
가	桀걸이 못 프고 夜야宮궁밍フ라《夜야宮궁은 每믹常쌍어드버 밤 근흔 지비라》남진 겨지비 섯거 이셔 흔ᄃᆞ롤 朝듀會회아니 커늘 關관龍룡逢빵이 諫간호딕 님금이 쳔량을 그지업시 ᄡᆞ시 며 사ᄅᆞ믈 몯내 주겨 ᄒᆞ실ᄊᆡ 百빅姓셩과 하ᄂᆞᆯ쾌 돕디 아니ᄒᆞ 시ᄂᆞ니 고티쇼셔 ᄒᆞ니 듣디 아니커늘 셔고 나가디 아니ᄒᆞᆫ대 桀걸이 주기니라	· 원래 표기된 四聲 표시는 생략함. · 영국국립도서관(T he British Library) 15113.e.2
나	걸이 못 프고 궁 어둡게 짓고 남진 겨지비 섯거 이셔 흔ᄃᆞ롤 됴회 아니커늘 관룡방이 간호딕 님금이 쳘량을 그지업시 ᄡᆞ시며 사ᄅᆞᆯ 몯내 주겨 ᄒᆞ실ᄉ 빅셩과 하ᄂᆞᆯ이 돕지 아니ᄒᆞ 시ᄂᆞ니 고치쇼셔 ᄒᆞ니 듣디 아니커늘 셔고 나가디 아니ᄒᆞᆫ대 걸이 룡방을 주기니라	· 서울대학교 규장각 한국학연구원, 가 람古 170.951-Se63h
다	은나라 님금 걸이 사오나와 모슬 파 어도은 집을 밍글고 남녀 흔딕 이셔 석ᄃᆞᆯ을 됴회 밧지 아니ᄒ니 농방이 간ᄒ야 ᄀᆞᆯ오딕 님금 되는쟤 공경ᄒ고 조심ᄒ며 직물을 존졀ᄒ고 사름을 ᄉ랑ᄒ는 고로 텬해 평ᄒ고 샤직을 보젼ᄒᄂ니 이졔 군은 그러치 아니ᄒ야 직물 ᄡᆞ기를 ᄒᆞ니 업시ᄒ고 사름 주기를 무수히 ᄒ니 빅셩이 오직 군이 더ᄃ 죽을가 염여 ᄒᄂ지라 인심이 비반ᄒ고 텬명이 돕지 아니ᄒ거늘 엇지 죠곰도 고치 지 아니ᄒᄂᆢ 걸이 듯지 아니ᄒ거늘 농방이 셔고 가지 아니 ᄒ니 걸이 농방을 주기니라	· 버클리대학교 동아시아도서관 아사미 문고

가)본은 초간본,[37) 나)본은 그 이후의 간행본, 다)본은 윤현주 간본이

---

36) 오늘날의 표기법으로 옮기면 다음과 같다.

"걸이 못을 파고 야궁을 만든 뒤 남녀를 뒤섞여 거처하게 하고는 한 달 동안 조회를 열지 않았다. 關龍逢이 간언하기를 '인군이 공경하고 조심하며 재물을 아끼고 사람을 사랑하기에 천하가 편안해지고 사직 종묘가 굳건하다. 지금 군상은 재물을 끝이 없는 듯 사용하고, 사람을 헤아릴 수 없이 많이 죽이니, 인민은 임금이 세상을 떠난 뒤 나라가 망할까 두려워할 뿐이다. 인심이 이미 떠나고 천명이 돌보지 않는데도 어찌 조금도 고치지 않습니까?' 하였다. 걸이 이 말을 듣지 않으니 용방이 그 자리에 서서 떠나지 않았다. 걸이 용방을 죽였다."

37) 초간본에 가까운 자료로 본 석주연의 견해를 따랐다.(석주연, 2001, 「大英圖書館 소장 국어사 자료에 대하여」, 『국어국문학』 129, 120쪽)

다. 가)본에 비해 나)본의 번역이 조금 변했지만, 큰 차이는 없다.38)
반면 다)본은 앞의 두 간본과 여러 면에서 큰 차이를 보인다. 중요한
사항으로 두 가지 점을 꼽을 수 있다. 하나는 완역을 하였다. 다) 간본의
밑줄 친 곳은 이전 간본에서 빼거나 축약하여 번역했던 내용이다.
자연스럽게 번역의 분량이 늘었다. 둘째, 번역문의 주술(主述) 관계를
분명하게 하였다. 인용문의 굵은 글씨로 표시한 내용이 여기에 해당한
다. 윤헌주는 이러한 방식으로 대화와 행동의 주체를 분명하게 함으로
써 독자로 하여금 내용을 보다 쉽게 이해할 수 있게 하였다.39)

논의 과정에서 영조 정부에서는 평안도에 소장한『이륜행실도(二倫行
實圖)』의 책판을 활용, 이 책도 함께 간행하기로 했다. 애초에는『삼강행
실도』만 염두에 두고 있었는데, 일을 진행하며『이륜행실도』까지 묶어
서 간행하는 것으로 이야기가 확대된 것으로 보인다.40) 1518년(중종
13), 김안국과 조신(曹伸)이 협력하여 편찬·간행한『이륜행실도』는『삼
강행실도』에 빠져 있던 형제(兄弟-長幼), 붕우(朋友)의 이륜(二倫)을 권장

---

38) 이상훈은 성종 대 초간본의 번역이 선조 12년의 重刊本에 이르러 조금 바뀌었음을
밝혔다.(이상훈, 2021, 「선조대 행실도류의 번역 양상과 표기의 특징 연구」,
『우리말연구』 67) 초·중간본 모두, 본문에서 중요한 내용만 간추려 번역하고
완역을 하지 않은 점은 동일했다.

39) 대체로 완역을 했지만 일부 완역되지 않은 사례도 있다. 열녀도에 실린 '林氏斷足
〈本國〉'의 "林氏完山府儒士柜之女也. 適知樂安郡事崔克孚."에 대해 초기 간본(영국
국립도서관-The British Library: 도서 기호 15113.e.2)은 "림씨ᄂᆞᆫ 樂安郡事 崔克孚의
겨지비러니"로 번역했는데, 윤헌주 간본에서는 "림씨ᄂᆞᆫ 우리나라 젼쥬 션비님거
의 ᄯᆞᆯ이라"고 바꾸었다. 전자는 임거의 딸임을 번역하지 않았고 후자는 최극부의
부인임을 밝히지 않았다. 열녀의 사례이므로 결혼한 사실은 반드시 밝혀야
하는데 윤헌주 간본의 번역은 뜻밖이다.

40)『承政院日記』, 영조 5년 10월 22일[癸亥], "趙顯命曰: '三綱行實印布事, 命下, 而藝閣無
板本, 聞箕營, 有板本矣, 使之印出上送, 以爲頒布之地, 何如?' 上曰: '藝閣則何以無板
本, 而箕營只有之耶?' 洪鉉輔曰: '臣兄開刊於箕營, 仍爲印頒於平安一道矣.' 淳曰: '箕營
則自前有之, 而藝閣則例以鑄字印冊, 元無木板刊置之事, 故無之矣.' 上曰: '二倫行實,
則鄭夢周以後, 亦多有入之者矣, 今箕營三綱行實及二倫行實, 使之印出上送, 可也.'
顯命曰: '然則定其件數, 分付耶?' 上曰: '兩冊各百卷印送事, 分付, 可也.'"

248

하기 위해, 이들 규범을 빼어나게 실천한 사람 47명의 행적을 가려 실은 점이 특징이었다.41) 이 책과 『삼강행실도』를 서로 짜 맞추면 삼강·오륜의 윤리를 담은 책을 비교적 온전히 마련할 수 있었다.42) 두 책을 동시에 간행하기로 한 것은 아마도 이런 점을 고려했기 때문일 것이다.

평안도에서 보관하고 있던 『이륜행실도』 책판 역시 새로 새긴 것이었으므로 책을 간인하기에 매우 유용했다. 이 책판은 1727년(영조 3) 4월 평양에서의 개간 간기가 있는 간본43)으로 보자면, 윤헌주의 완역 『삼강행실도』 이듬해에 제작된 것으로 보인다.44) 이 시기 평양에서

---

41) 거론하고 있는 사례를 주제 별로 헤아리면 兄弟 24례, 宗族 7례, 朋友 11례, 師生 5례이다.

42) 삼강·오륜의 윤리를 강조하는 측면에서 보자면 『三綱行實圖』와 『二倫行實圖』가 서로 분리된 상태는 여러 모로 불편했다. 정조 대에 『三綱行實圖』와 『二倫行實圖』를 합하여 『五倫行實圖』를 간행한 데에는 이런 사정도 작용했다. 『五倫行實圖』 간행의 과정과 의미에 대해서는 다음 논문 참조. 여찬영, 2004, 「언해서 《이륜행실도》와 《오륜행실도》 연구─원문비평적·효용비평적 관점에서─」, 『배달말』 35 ; 이상훈, 2012, 「규장각 소장 한글 필사본 《오륜행실》에 대한 국어학적 연구─표기와 음운 현상을 중심으로─」, 『규장각』 41 ; 손장수, 2016, 「《오륜행실도》의 편찬과정 고찰」, 『東洋禮學』 35.

43) 규장각에서 소장하고 있는 『二倫行實圖』(규장각, 奎2074)는 발문이 없고 '大內' 장서인이 찍혀 있는데, "丁未四月日, 箕營開刊"이란 간기가 있다. 이 책은 본래 영조 3년에 개간했지만, 영조 6년 봄 箕營에서 간인하여 서울로 보낸 간본 가운데 大內에서 보관하던 책으로 보인다. 서울대 도서관에는 "丁未四月日, 箕營開刊"이란 간기에, "雍正八年(1730)三月二十一日, 內賜同知義禁府事梁聖揆二倫行實圖一件…"의 내사기가 있는 간본이 소장되어 있다.(심악古 170.951 J569ig) 이 또한 영조 6년 봄, 평양에서 간행하여 서울로 보낸 책을 梁聖揆에게 내사한 것이다.

箕營에서는 영조 3년 윤3월에 개간한 『續三綱行實圖』의 책판도 소장하고 있었다. 규장각 소장본(규장각, 古1149-7)에는 "丁未閏三月日, 箕營開刊"의 간기가 있다. 이때의 감사는 洪錫輔였다.

44) 간기는 없지만 이와 유사한 시기에 나온 간본도 확인된다. 버클리대 동아시아도서관 소장본(22.11), 고려대본(대학원 C1 A221), 충남대본 등이 여기에 해당한다. 버클리본의 경우 정연정은 영조 3년 平壤刻板을 重刊한 것이라 했다.(정연정, 2014, 「《이륜행실도》 이판본의 계통과 국어사적 연구」, 경북대 국어국문과 박사학위논문, 37쪽)

간행된 『이륜행실도』는 수록 내용 가운데 일부 제목을 수정하여 이전 간본과 약간 달라진 점이 있었다.[45] 여기에 한자 원문이나 번역문의 판각 상태가 깔끔하고 번역 또한 충실하여 독자들이 원문과 번역문을 읽고 이해함에 큰 도움을 받을 수 있었다.[46]

평안도가 인쇄를 담당하기에 무리 없을 정도로 경제력이 탄탄한 상태였던 점도 이곳에서 『삼강행실도』, 『이륜행실도』를 간행하게 된 사정의 하나였던 것으로 여겨진다. 평양 아닌 지역에서도 이들 도서의 책판을 보유하고 있는 곳이 있었지만,[47] 정부에서 굳이 이곳을 선택한 이유로는 또 다른 요인이 작용했을 것이다. 평안도는 지리적으로 중국과의 교역 활동이 활발하여 상업 경제가 발달했고 또 은(銀)의 생산과 은점수세(銀店收稅)가 활발했다.[48] 자연 평안도의 재정 상황 또한 다른 도에 비해 여유가 있었다. 영조 대만 들어서도 청나라로 가는 사신 행차에 들어가는 비용을 각 아문과 관서에서 비축하고 있는 은화(銀貨)로 충당하거나,[49] 진휼청(賑恤廳)의 부족한 재정을 관서 감영에서 보관

---

45) 兄弟篇의 '郭全分賑'가 '郭全分財'로 바뀌었다. 목록에는 예전과 마찬가지로 '郭全分賑'로 적혀 있다. 영조 6년 각도에서 간행된 간본도 이는 마찬가지였다.

46) 『二倫行實圖』는 『三綱行實圖』와 달리 처음부터 완역을 했던 것으로 보인다. 가장 오래된 판본인 중종 34년 이언적에게 내사된 옥산서원본과 이후에 인쇄된 김성일 종가본(보물 김성일 종가 전적-20), 규장각본 등의 번역 방식은 비슷하다. 다만, 김성일 종가본은 옥산서원본을 수정 보완했었는데, 이후 간본은 모두 이 책을 저본으로 하되 조금씩 수정하며 간행했음을 확인할 수 있다.

47) 이때 안동에서도 『三綱行實圖』 책판을 소장하고 있었다. 영조 6년 4월, 『三綱行實圖』를 간행하라는 명령이 내려오자 감사 박문수는 이 책판이 중앙에서 내려보낸 책과 長廣이 동일하였으므로, 책판을 營門으로 가져와 간행했다. 이때의 사정은 규장각 소장본 『二倫行實圖』(想白古177.6-J569i ; 古1149-13)의 간기에 다음과 같이 적혀 있다. "庚戌四月祗受有旨書狀內……臣朴文秀敬奉有旨內辭, 意二倫行實, 卽爲刻出. 至於三綱行實, 則安東有新版, 與賜送件長廣無異, 運來營門, 與二倫行實, 同爲印出. 庚戌六月日, 觀察使臣朴文秀, 敬奉聖旨, 流布各邑."

48) 여기에 대해서는 권내현, 2005, 『조선후기 평안도 재정 연구』, 지식산업사, 108~119쪽 참조.

49) 『承政院日記』, 영조 즉위년 9월 24일[甲子], "柳綏, 以告訃兼請諡承襲正使密昌君樴, 大司成李眞儒言啓曰: '臣等以告訃請諡承襲使, 赴燕拜表之期, 只隔一旬許, 今此所幹,

하고 있던 은전(銀錢)으로 메우기도 하는 모습을 볼 수 있다.50) 심지어 지방관의 부정 행위도 자주 일어났다. 윤헌주는 감사 시절, 서울의 역관[京譯]에게 수만 냥의 은화를 대출해주었다가 공금을 축낸 탐도(貪 饕)의 혐의를 쓰고 조사를 받기도 했다.51)

1728~1729년 무렵의 평안도의 넉넉한 재정 상태는 이를테면 1729년 (영조 5), 흉년 대책을 세우는 과정에서도 확인된다. 이해 기근이 들자 평안도에서는 10만 냥(兩)을 호남으로 내려보내 곡식을 구매하여 쌓아 두려고 했다. 마침 함경도 감사에 임명되었던 윤양래(尹陽來)는 아직 부임하기 이전 상황에서, 평안도의 10만 냥 가운데 1만 냥을 떼어 함경도에 달라고 영조에게 요청하기도 했다.52) 평안도의 탄탄한 재정을 엿볼 수 있는 일화이다.

평안도 감사로 송인명(宋寅明)이 재직하고 있던 사실 또한 이곳에서 『삼강행실도』와 『이륜행실도』 인쇄를 추진하기에 좋은 여건이 되었 다.53) 송인명은 무신변란이 일어나자 탕평을 적극 추진, 자타 '탕평주인 (蕩平主人)'으로 부를 정도로 이 시기 정국에서 비중 있는 역할을 수행했

皆是依法應施之事, 無他可慮, 而但彼中小小年例需用, 亦不些, 自前取斂私貨而用之 矣. 臣等之行, 則適在皇曆之後節使之前, 故私貨乏絶, 若無官貨, 則實無推移之路, 曾前 別行, 則朝家每許齎去官貨, 而目今國儲罄竭, 雖不敢優數請得, 使事重大, 空手以往, 亦甚虛疎. 各衙門及關西所儲銀貨, 限數萬兩貸給, 以爲取斂需用之地, 似好, 令廟堂稟 旨劃給, 何如?' 傳曰: '依啓.'"

50) 『承政院日記』, 영조 1년 3월 16일[甲寅].

51) 『英祖實錄』 권15, 영조 4년 2월 20일[辛丑].

52) 『承政院日記』, 영조 5년 11월 17일[丁亥], "陽來曰: '本營全無猊樣, 無他着手處, 必爲請 得某樣穀物然後, 可以推移貿穀, 以補賑飢之資矣. 聞關西錢十萬兩, 將下送於湖南貿米 云, 此則不過將來蓄儲, 而北道則有目前之急, 十萬兩中一萬兩, 如前劃給, 則庶有濟 活之道, 故敢達矣.'"

53) 영조는 8도의 『삼강행실도』 간행이 마무리된 후, 송인명이 평안감사로 있을 때 인쇄하여 보낸 『삼강행실도』를 8도에 반포했다고 하여 그 사실을 칭찬했다.(『承 政院日記』, 영조 6년 8월 30일[丙寅]), "上曰: '卿在平安監營時, 印送三綱行實, 故予使 頒布八方. 又置一通於便殿.'") 『삼강행실도』 간행에 송인명이 적지 않은 역할을 했다고 할 수 있다.

다. 그러나 송인명은 1729년(영조 5) 노모 봉양을 이유로 외임(外任)을 요청하여 평안도 감사로 근무하던 중이었다.54) 비상시국에 그가 조정을 떠나면 여러 문제가 발생할 수밖에 없었지만, 노모 봉양을 이유로 내걸었기에 허락할 수밖에 없는 일이었다. 영조와 정부는 송인명의 힘을 적극 빌리려 했고 송인명 또한 외곽에서나마 위기에 처한 영조를 도우려 했다. 책의 인출과 상송(上送)의 전 과정을 무리 없이 마무리함에 송인명은 믿고 맡길 수 있는 인물이었다.

『삼강행실도』에 더하여 『이륜행실도』까지 간행하게 되면 소요되는 비용이 적지 않았다. 평안도가 져야 할 부담 또한 컸다. 이때 평양에서 인쇄하여 올리도록[印送] 계획한 분량은 두 책 각각 백 권씩이었다.55) 적지 않은 물량이었다. 조정에서는 이렇게 간행된 책 가운데 『삼강행실도』와 『이륜행실도』를 각기 9부씩 할애하여 7도와 양도(兩都) 유수(留守)에게 나누어 보냈으며,56) 재정이 넉넉한 곳에서는 각도의 본영(本營)에서 이들 책자를 활용, 간행하도록 했다.57) 이때가 1730년(영조 6) 3월 하순이었다.

전국 각 지역에서 이루어진 『삼강행실』·『이륜행실도』의 간행과 보급은 경기도를 제외하고는58) 충실히 실행되었던 것으로 보인다.

---

54) 영조 5년 윤7월 30일에 임명되어(『承政院日記』, 영조 5년 윤 7월 30일[辛丑]) 이듬해 5월 28일에 교체되었다.(『承政院日記』, 영조 6년 5월 28일[乙未])

55) 『承政院日記』, 영조 5년 10월 22일[癸亥]

56) 『承政院日記』, 영조 6년 3월 22일[庚寅], "傳于金應福曰: '三綱行實·二倫行實各九件, 分送于七道監司·兩道留守處.'"

57) 『承政院日記』, 영조 6년 3월 23일[辛卯], "傳于趙顯命曰: '今此箕營印進三綱行實·二倫行實所餘九件, 七道監營及兩道留守處, 下送, 而財裕處, 使本營, 依此刊行.'"

58) 논의 과정에서 6도에서의 간행은 어렵지 않지만 경기도는 물력이 없어 어렵다는 점이 거론되었다. 이후 경기도에서는 간행하지 않았던 것으로 여겨진다.(『承政院日記』, 영조 6년 3월 24일[壬辰], "顯命曰: '六道則刊行不難, 而京畿則無物力, 勢難刊行, 然根本之地, 尤爲重難, 其中大邑合力, 則或可爲之矣.' 上曰: '無物力則何可爲之乎?'")

〈그림 4〉『삼강행실도』(규장각한국학연구원 소장)

이 시기 이들 지역의 감사는 대체로 무신변란에 대응하기 위해 혹은 변란 후 수습을 위해 재능을 인정받아 특별히 임명된 인물이 많았다. 경상도 박문수(朴文秀), 강원도 이형좌, 황해도 서종옥(徐宗玉),59) 전라도 민응수(閔應洙)60) 등이 이때 감사로 재직 중이었다.

6도 감영에서 이 책들을 간행한 시점은 대체로 영조 6년 6월에서 9월 사이였다. 오늘날에도 강원도,61) 황해도,62) 함경도63)에서 이때 간행한

---

59) 『承政院日記』, 영조 5년 12월 4일[甲辰] ;『承政院日記』, 영조 6년 1월 4일[癸酉]. 徐宗玉을 黃海道觀察使에 제수하며 내린 敎書의 첫머리는 다음과 같이 시작된다. "睠彼海右一區, 卽我國西重鎭. 地跨山海, 銅鹽擅吳·蜀之饒, 天作關坊, 高壁宛崤·函之險. 近因國儲竭而民力俱困, 重以文敎廢而武備亦疎. 無劉弘之才, 孰能壯荊門之鑰? 有范滂之志, 乃可登汝南之車."

60) 『承政院日記』, 영조 6년 1월 9일[戊寅] ;『承政院日記』, 영조 6년 2월 2일[辛丑], 敎全羅道觀察使閔應洙書.

61) 영조 6년 여름에 간행된 『三綱行實圖』(奎12148), 『二輪行實圖』(奎137)를 확인할 수 있다. 『二倫行實圖』箕營의 丁未年 開刊本을 저본으로 한 것으로 보인다. 두 자료는 형태가 거의 비슷하다. 강원도 간본은 영영본과 간기가 조금 다르다. 책 마지막 빈 공간에 "庚戌仲夏上旬日, 通政大夫守江原道觀察使兼兵馬水軍節度使巡察使, 臣李衡佐奉敎刊布"라고 표기했다.

62) 『二倫行實圖』 황해도 간본은 일본 京都大學 가와이문고(二-6 199644, 刊記:庚戌八

책들을 다수 확인할 수 있다.[64] 경상도,[65] 전라도와 충청도에서의 간행 실물을 찾기가 쉽지 않지만, 그렇다고 이 지역에서 책을 찍어내지 않았다고 단정할 수는 없다.[66] 당시 각 지역에서 인쇄한『삼강행실도』, 『이륜행실도』의 말미에는 간행 연도와 지역을 기록한 간기를 실었는데, 강원도에서 개간한『삼강행실도』,[67] 영남에서 개간한『이륜행실도』[68]

月 海營開刊), 국립중앙도서관(古155-5, 刊記:庚戌八月 海營開刊) 등지에서 확인할 수 있다.

63) 天理大圖書館(天282.2イ33). 천리대도서관 소장본은 '歲在庚戌夏咸鏡道監營開刊' 이란 간기가 있다.(沈隅俊, 1988,『日本訪書志』, 한국정신문화연구원, 590-591). 송일기·이태호는 이화여대 소장본(170 설67ㅅ)도 함경도 간행본이라고 보았다. 다만, 권말의 2장이 빠져 있어 간기 확인이 안된다.(송일기·이태호, 앞의 글, 95쪽) 이상훈은 이화여대 소장본에서 다른 지역의 간행본에서 볼 수 있는 구개음 화 현상이 현저히 적게 나타난다고 하였다.(이상훈, 2014, 앞의 글, 93쪽)

64) 각 도에서는 중앙에서 내려보낸『三綱行實圖』를 활용하여 간행했지만, 인쇄는 그대로 따르지 않고 조금씩 변형하기도 했다. 이에 대해서는 이상훈, 2014, 앞의 글, 90~94쪽 참고.

65) 경상도에서 책을 간행하라는 명령을 받은 때는 영조 6년 4월이었고, 간행이 이루어진 시점은 두 달 뒤인 6월이었다. 정부에서는『二倫行實圖』와『三綱行實圖』 를 내려보냈는데,『二倫行實圖』는 중앙에서 내려보낸 책을 저본으로 하여 간행했 고,『삼강행실도』는 안동에서 보관하고 있는 新板의 長廣이 내려보낸 책과 동일하 였으므로, 책판을 營門으로 가져와 간행했다. 당시 경상도 감사는 박문수였다. 이때의 사정은『二倫行實圖』(규장각, 想白古177.6-J569i ; 규장각, 古1149-13)의 간기에서 확인된다. 현재 경상도 감영에서 인쇄한『삼강행실도』의 실물은 쉽게 보이지 않는데, 이는 다른 도에서 찍은 책들과 달리 '嶺營開刊'이란 간기를 달지 않아 설령 이때 찍은 책이라 하더라도 눈에 잘 띄지 않기 때문일 것이다. 백두현은 경북대 도서관 소장본 가운데 이때의 간본이 있음을 추정하였다.[2003,「취암문 고소장 국어사 자료의 연구」,『嶺南學』3, 114~117쪽]

66) 1759년(英祖 35)에 편찬한『完營冊板』(규장각, 奎7050)은 전라·경상·충청·함경도 소장 책판의 목록이다. 전주감영에는『三綱行實圖』와『二倫行實圖』, 충청감영에 는『三綱行實圖』가 소장되어 있었는데, 두 지역의『三綱行實圖』는 책의 규모가 동일하여, 한 책의 인출에 백지 2속(束) 16장(丈)을 필요로 했다. 저본이 같았다고 할 수 있는데, 두 책판 모두 영조 6년 간본의 책판일 가능성이 높다.

67) 강원도 감사 李衡佐는『三綱行實圖』(奎12148)의 앞머리에 영조 6년 春三月에 왕이 내린 교서를 받아 "庚戌仲夏上旬日"에 간행했음을 밝혔다.

68)『二倫行實圖』(규장각, 想白古177.6-J569i ; 규장각, 古1149-13).「上之六年春三月, 降別諭于諸道觀察使. 若曰: '凡事有本, 我朝禮樂文物, 有勝於麗朝, 而黨論之弊, 患得 患失, 其禍至於去年逆變極矣. 大誥雖已頒布, 此亦末也. 三綱行實所載, 實爲百行之

에는 1730년에 내린 영조의 명령을 그대로 적어 두어 이 책이 어떤 맥락에서 나왔는지를 분명히 밝히기도 했다. 영조 정부가 처했던 절체절명의 위기의식이 이때의 『삼강행실도』, 『이륜행실도』 간본에는 선명하게 담겨 있었다.

지방 감영에서는 책을 간행한 뒤 다시 서울로 보내기도 했다. 강원도의 경우, 『삼강행실도』와 『이륜행실도』를 각 3권씩 서울로 올렸고, 영조는 이를 정원(政院)·옥당(玉堂)·예문관(藝文館)에 한 부씩 비치하도록 한 사실이 확인된다.[69] 당시 강원도 감사 이형좌(李衡佐)는 무신변란이 일어난 직후, 재직 중이던 감사 조석명(趙錫命)을 대신하여 임명되었다. 송인명이 비상 상황에 제대로 대처할 수 있는 능력을 가졌다고 그를 추천한 결과였다.[70]

2) 평양·상주에서의 『경민편』 증보 : 송인명 간본과 이정숙 간본

『삼강행실도』·『이륜행실도』와 함께 부각된 자료는 『경민편』이었다. 오래 전부터 관료들은 이 책을 『삼강행실도』와 함께 교화서로 활용해 왔거니와,[71] 이번에도 많은 사람들이 이 책의 존재를 주목했다. 『경민

本.'"

69) 『承政院日記』, 영조 6년 8월 6일[壬寅], "上謂金尙奎曰: 江原監司所上三綱行實·二倫行實, 各三件, 當爲頒下政院·玉堂·藝文館, 各置一件, 可也.'" 규장각에서 소장하고 있는 이형좌 간행 간본에는 "庚戌仲夏上旬"의 간기가 적혀 있다.(규장각, 奎137) 1730년 5월 상순 무렵에 제작에 들어간 책이 8월 초에 서울에 도착했음을 알 수 있다.

70) 『英祖實錄』 권16, 영조 4년 3월 17일[丁卯], "遞江原監司趙錫命, 擢原州牧使李衡佐代之. 大司諫宋寅明, 以關東嚴阻可憂, 宜擢衡佐方伯以鎭之, 上可之, 有是命."

71) 宋徵殷, 『約軒集』 권2, 持平萬言疏, 27가, "所謂敦敎化者……其目有二, 一曰頒敎條. 在昔藍田呂氏, 私爲鄕約, 條貫甚明. 至於朱子, 又增損其法, 深得先王導齊之遺意, 其有助於風化大矣. 今當以此爲準, 參以三綱行實警民編等書, 頒布于八路, 使州縣之官, 曉諭民間, 獎勸激勸, 則其於變風易俗之道, 豈少補哉."(숙종 22년 8월 3일[丙戌] 상소) ; 『肅宗實錄』 권45, 숙종 33년 11월 23일[辛未], "檢討官宋正明請刊三綱行實警民

편』의 간행과 보급은『삼강행실도』·『이륜행실도』와는 형태를 달리하며 이루어졌다. 삼강과 이륜 두 행실도의 간행과 보급을 중앙정부가 주도했다면『경민편』은 지방관이 주체가 되었다. 흥미롭게도 지방관들은 국왕이나 조정의 별다른 지시 없이 이 일을 추진했던 것으로 보인다. 조정에서 명령이 내린 흔적을 찾을 수 없다. 중앙에서 진행하는 일을 염두에 두며, 지방관들이 독자적으로 대응하지 않았을까 추정할 수 있다. 왕조 질서의 근본이 되는 삼강·오륜의 도덕규범을 중앙정부에서 전략적으로 제시했다면, 지방에서는 지역민들의 일상에 보다 핍진하게 영향을 미치는『경민편』의 보급에 힘을 쏟았다고 하겠다.

당시『경민편』을 중시했던 지방관들 가운데 일부는 기존 이후원 간본에 이 책을 간행한 지역의 사정을 더하여 간행하는 움직임을 보였다. 영조 대의 사회 여건을 담아 증보된 새로운 형태의『경민편』이 출현한 셈이었다. 필요하다면 이미 나와 있던『경민편』판본을 토대로 새로이 인쇄하여 교화의 자료로 활용할 수도 있었겠지만, 이 경우는 아주 능동적이고 특별한 대응이었다.

첫 번째 사례로는 평안도에서 나온 간본을 들 수 있다.[72] 이 책은

編孝經等書, 頒布海西列邑. 以海西人心獷悍, 比他道特甚故也. 上許之."

72) 송인명이 증보·간행한『경민편』은 弘文閣의 영인본(1992, 소장처 불명), 미국 버클리대학교 동아시아도서관의 아사미 문고에서 확인할 수 있다. 아사미 문고본은 홍문각 영인본과 비교하여 여러 점에서 차이가 난다. 이 간본에서는 8계를 책의 앞 부분에 배치하였다. 1계와 2계가 빠져 있는데 이는 인쇄와 제책의 오류로 보인다. 한편 송인명이 8계를 지어 덧붙인 연유가 8계의 서두에 한문 원문과 한글 대역문 두 형태로 실려 있다. 이 간본에서는 "名爲士子者, 近雖稍稍向學知禮, 而至於愚民, 則悖倫犯常之事, 間多有之"라고 제시하고는 밑줄 친 내용(19자)은 번역하지 않았다. 아마 한문으로 작성했다가 한글로 번역하는 과정에서 적절하지 않다고 보아 제외한 것으로 보인다. 홍문각 영인본에 실린 간본에서는 이 구절이 빠져 있다. 뒷날 송인명의 8계를 포함하여 증보한 李廷爐本에서도 이 구절이 실려 있지 않다. 이런 점으로 보면 아사미 문고본은 가장 먼저 인쇄된 송인명 간본으로 판단된다. 이 책에서 이용하는 송인명 간본은 아사미 문고본이다.

1729년(영조 5)부터 1730년 사이에 평안도 감사를 지낸 송인명(宋寅明)이 평양에서 간행했다.(이하 송인명 간본) 기존 이후원의 간본에 송인명이 직접 지은 8계(戒)를 덧붙인 점이 특징이다. 『경민편』 간행을 청원하는 이후원의 상소문, 김정국의 서문, 13개 편장의 본문, 진덕수 등 송대 지방관의 권유문, 정철의 『훈민가』에 송인명의 8계를 더한 구성을 볼 수 있다.

송인명이 덧붙인 8계는 평안도민의 습속에 맞추어 마련되었다. 평안도의 지역민을 겨냥한 내용이다. 첨보한 8계가 지역성을 지니는 점은 흥미롭다. 평양 간본의 개성은 8계에 있었다. 경계할 내용을 여덟 조항으로 맞춘 점이 눈에 띄는데, 송인명은 8계를 기자(箕子) '8조 법금(法禁)'의 유의(遺意)에 맞추어 작성했다고 했다. 평양이 기자의 고장이라는 역사 전통을 감안한 구상이었다.

관서 지역은 기성(箕聖)의 고도(古都)이지만 성인의 가르침이 멀어지니 민간의 풍속이 점점 퇴락하여 윤상(倫常)을 어기고 무너뜨리는 일들이 자주 일어난다. 나는 선화(宣化)의 책무를 진 몸으로서 스스로 이를 깊이 반성하고, 삼가 기자(箕子) 8조의 가르침을 이은 8계를 지어 『경민편』의 말미에 붙여 관서 백성들에게 알리고자 한다.[73]

송인명이 감사로 내려오던 처음에 기자 8조와 연관하여 8계를 갖춘 『경민편』을 간행하기로 의도적으로 기획하였는지는 분명하지 않다. 평양이 기자의 역사를 담고 있는 곳이므로 이곳의 감사를 맡는 사람들은 항용 기자의 가르침을 떠올리고 또 이를 실현하고자 하는 의식을 지니고

---

73) 『警民編』(송인명 간본), "關西是箕聖古都, 而聖敎旣遠, 民俗漸頹, 悖倫犯常之事, 間多有之. 余以承流宣化之任, 今方自反深訟, 而謹以八條之遺義, 作八戒, 附于警民編 之末, 以警西民."

있었다. 그런 점에서 송인명의 작업은 상투적인 점이 있다. 다만 그가 평안도 감사에 임명될 때 영조가 교서를 내리며 '기자의 8조의 법을 천명하라'고 적시한 점을 본다면, 송인명은 어떤 식으로든 '8조의 법'을 유의하며 감사 업무에 임했다고 해야 할 것이다. 영조는 "농업과 잠업(蠶業)을 권장하되 근면과 동정심으로 힘쓰라. 정사는 요령이 있으니 여덟 조목의 훌륭한 법을 천명해야 하되, 백성은 실로 속이기 어려우므로 공연히 일시적인 덧없는 명예를 구하지 말라."74)고 하여, 그에게 '8조의 법'을 천명하는 일이 정사의 요령임을 상기시켰다. 송인명의 8계에는 분명 영조의 요구와 맥락을 같이하는 요소가 들어 있었다.75)

송인명의 『경민편』 간행에 대해서는 기초 사실에서 확인하기 어려운 점이 몇 가지 있다. 우선 이 평양 증보본을 간행한 시기가 구체적으로 언제였는지 특정하기에는 자료상 한계가 많다. 송인명이 1729년(영조 5) 가을부터 1여 년간 평안도 감사를 지냈으므로,76) 이 사이에 편찬과

---

74) 『承政院日記』, 영조 5년 8월 27일[己巳], "敎平安道觀察使兼兵馬水軍節度使巡察使管餉使平壤府尹宋寅明書……勸課農桑而務之以勤恤. 政旣有要, 宜可闡八條之令章, 民實難誣, 毋徒干一時之浮譽." 교서의 製進者는 修撰 柳儼이었다.

75) 영조가 기자를 높게 평가하는 모습은 영조 5년 연말의 발언에서도 볼 수 있다. 영조는 평양 한 지역뿐만 아니라 조선 땅이 모두 기자의 가르침을 받았다고 했다. 영조의 이러한 태도는 서북 지역의 민심을 달래기 위한 대책과도 연관이 있었다.(『承政院日記』, 영조 5년 11월 28일[戊戌], "平壤卽箕子設八條敎以敎之地也. 不但平壤一隅, 靑丘皆被箕子之敎, 事蹟在平壤誌[平壤志], 而近來朝廷, 不顧西關, 自先朝, 每慨然申飭矣. 西北人各別調用者, 曾所未有, 而每當都政, 別爲下敎者, 蓋以此也.") 이 시기 서북인에 대한 정치적 차별, 그에 대한 정부의 대책, 그리고 이곳 지역민들의 대응에 대해서는 다음 연구를 참고할 수 있다. 오수창, 2002, 『朝鮮後期 平安道 社會發展 硏究』, 일조각 ; Sun Joo Kim, 2013, Voice from the North: Resurrecting Regional Identity Through the Life and Work of Yi Sihang, Stanford Univ Pr.

76) 송인명은 영조 5년 윤7월 30일에 평안도 감사에 임명되었다.(『承政院日記』, 영조 5년 윤7월 30일[辛丑], 宋寅明爲平安監司) 사직하는 때는 영조 6년 5월이다.(『英祖實錄』 권26, 영조 6년 5월 26일[癸巳]) 송인명은 이해 5월 28일에 교체되었다.(『承政院日記』, 영조 6년 5월 28일[乙未])

간행이 이루어졌다고 할 수 있을 것이다.

또 하나 송인명이『경민편』을 편찬 간행한 시점이 영조가『삼강행실도』를 간행하라고 명령을 내리기 전인지 아니면 이후인지도 분명하지 않다. 이를 알면 중앙에서의 윤리서와 지방에서의『경민편』간행이 상호 유기적으로 얽혀 진행되었는지의 여부가 뚜렷해질 것이다. 다만 두 책의 간행 시점을 계산해보면, 그 시간이 크게 어긋나지는 않았다고 할 수 있다.

송인명은 영조가『삼강행실도』를 간행하려고 마음을 먹은 뒤 얼마 지나지 않아 이 사실을 알았던 것으로 보인다. 영조가『삼강행실도』의 간행을 지시한 시점이 1729년 8월 말이었고,[77] 조현명이 평안도에『삼강행실도』의 책판이 소장되어 있음을 보고하고 또 평양에서 책을 간행하라는 명령을 받은 때가 이해 10월 말,[78] 그리고 이곳에서 책을 간행하여 서울로 보낸 시기가 이듬해 3월이었던 사실을 되짚어보면,[79] 송인명은 늦어도 1729년 10월 경에는『삼강행실도』간행이 자신의 책임 하에 진행되어야 함을 알고 준비했다고 추정할 수 있다. 조선 내 다른 지역의 감사와는 다른 처지에서, 송인명은『삼강행실도』의 간행에 참가했다고 하겠다.

『경민편』을 편찬하고 간행한 시간은 이 기간과 겹칠 가능성이 크다. 평안도민의 풍속과 기질을 반영하고 있는 8계를 증보한 책을 만드는 과정을 생각해 볼 때, 송인명이 부임 후 첫 사업으로 이 책의 간행을 생각했다 하더라도, 이곳에 도착한 뒤 곧바로 이를 준비하지는 못했을 것이다. 평안도의 상황 파악과 원고 집필, 판각, 인쇄의 일련의 작업에는 적어도 몇 달은 필요했을 것이고, 그렇다면『경민편』이 인간(印刊)되는

---

77) 『承政院日記』, 영조 5년 8월 27일[己巳].
78) 『承政院日記』, 영조 5년 10월 22일[癸亥].
79) 제Ⅲ부 1장 1) (1) 삼강·이륜행실도의 간행과 보급 참조.

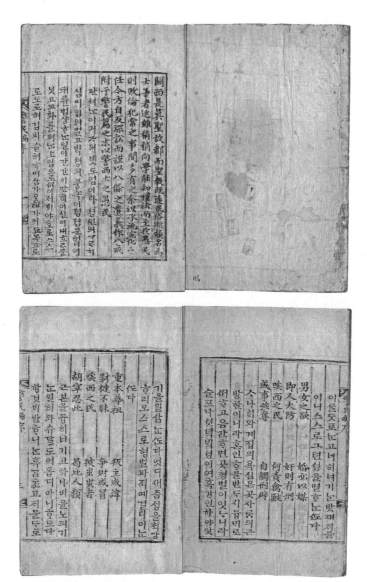

〈그림 5〉 송인명 증보본(미국 버클리대학 동아시아도서관 소장)

때는 10월보다 이르지는 않을 것이다. 이렇게 본다면 영조의 『삼강행실
도』·『이륜행실도』의 간행과 평양의 『경민편』 보급은 맞물려 있었다고

보아 좋을 것이다.

송인명이 평양에서 『경민편』을 간행한 모습은 특별나다. 이 시기 조선에서 그 누구도 아직 송인명과 같은 작업을 하지 않고 있었기 때문이다. 그렇다면 송인명은 어떻게 『경민편』의 존재를 확인하고 또 전례 없던 증보본을 낼 수 있었을까. 그가 박세채(朴世采)-송광연(宋光淵)으로 이어져 오는 가학(家學)의 전통 위에서 성장했던 점이 주목된다. 박세채가 지방민의 교육서로 이 책을 중시하며 지방관으로 나갔던 친지와 제자들에게 적극 추천했던 사실은 II부의 3장에서 언급한 그대로이거니와, 송인명의 할아버지 송광연 또한 황해도 감사 시절, 스승이던 박세채에게서 이 책을 교육서로 삼아 황해도를 다스리도록 권유받았다. 송인명의 5촌숙이던 송징은80)도 수찬(修撰)으로 근무하면서 숙종에게 『경민편』을 간행하여 전국에 보급하자고 건의하고,81) 송인명의 6촌

---

80) 송광연의 입후자는 宋光洵의 삼남 徵五이다. 징오는 李端相의 딸과 결혼하여 1남 2녀를 낳았다. 아들이 宋寅明이다.(宋徵殷, 『約軒集』권14, 叔父吏曹參判兼同知成均館事府君行狀) 송징은은 宋光洵의 장남으로, 宋光淹에게 입후하였다. 송징은은 송징오와 4촌이 된다. 송인명의 아버지와 어머니의 행장을 송징은이 작성했다. 아래 그림은 송인명을 중심으로 본 간략 가계도이다.

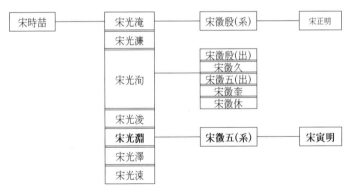

81) 『肅宗實錄』권30, 숙종 22년 8월 3일[丙戌] ; 宋徵殷, 『約軒集』권2, 持平萬言疏, "所謂敦敎化者……其目有二, 一曰頒敎條. 在昔藍田呂氏, 私爲鄕約, 條貫甚明. 至於朱子, 又增損其法, 深得先王導齊之遺意, 其有助於風化大矣. 今當以此爲準, 參以三綱行實警民編等書, 頒布于八路, 使州縣之官, 曉諭民間, 奬礪激勸, 則其於變風易俗之道,

형제 송정명(宋正明)도 숙종에게 황해도 지역에 『삼강행실도』와 함께 『경민편』을 간포하기를 청한 적이 있다.82) 『경민편』은 송인명의 집안에서 특별한 의미를 갖는 문헌이었다. 송인명은 선대의 일에 어둡지 않았고, 그런 그에게 감사의 교화서로 쓸 수 있는 『경민편』은 낯선 책이 아니었을 것이다. 그러기에 송인명은 이 지역의 감사가 되면서 이를 적극 활용하려 했다고 할 수 있다.83)

두 번째 사례는 경상도 상주에서의 간본이다. 상주 목사로 있던 이정숙(李廷熽, 1674~1736)84)이 송인명이 간행한 책에 자신이 지은 사언시(四言詩)를 첨보하여 개간했다. 이후원 간본과 송인명 간본의 전통을 살리면서 새로운 내용을 덧붙인 형식의 책이다.(이하 이정숙 간본) 아래 표에서 확인할 수 있듯, 이정숙 간본은 구성이 복잡해지고 분량 또한 많이 늘어났다.85)

豈少補哉."

82) 『肅宗實錄』 권45, 숙종 33년 11월 23일[辛未], "檢討官宋正明請刊三綱行實警民編孝經等書, 頒布海西列邑. 以海西人心獷悍, 比他道特甚故也. 上許之."; 『承政院日記』, 숙종 33년 11월 23일[辛未].

83) 송인명은 김정국에 대해서도 특별한 마음을 가지고 있었던 것으로 보인다. 영조 8년 1월 21일의 경연에서 송인명은 평안도 감사 시절의 『경민편』 간행에 대해 언급했었는데, 이 자리에서 柳綎이 김정국의 贈諡를 건의했고(『承政院日記』, 영조 8년 1월 21일[己卯]), 이후 정부에서는 김정국에게 文穆의 시호를 내렸다.(『承政院日記』, 영조 8년 윤5월 18일[癸卯])

84) 李廷熽의 '熽'은 '소' 혹은 '숙'으로 읽는다. 이 책에서는 李廷熽本 『경민편』에서 "이정숙"으로 표기한 것에 맞추어 '숙'으로 읽고 표기했다. 이정숙은 전주이씨로 字는 汝章이다. 조부는 牧使 李齊杜, 아버지는 工曹佐郎을 지낸 李相休이다. 이정숙의 간략한 생애는 李敏輔가 작성한 「李忠獻公墓誌銘」(『豊墅集』 권10)에서 확인할 수 있다.

85) 저자는 경매시장에서 유통된 '庚戌九月 尙州開刊' 간본을 사진으로 확인한 적이 있지만, 연구자료로 쓸 실물을 구하지 못했다. 이 책에서는 1745년(영조 21, 乙丑) 完營 開刊本을 활용, 이정숙 간본의 구성과 내용을 살폈다. 3년 후 1748년에 간행된 龍城 간본은 1745년 완영 개간본과 동일하다.

<표 1> 이정숙 증보본 『경민편』의 구성(영조 21, 乙丑 完營 開刊本)

성격	위치	항 목	비 고
이후원 간본	권두	請刊警民編廣布諸路箚 警民編序	· 請刊警民編廣布諸路箚가 권두에 배치됨
	본문	父母, 夫妻, 兄弟姉妹, 族親, 奴主, 隣里, 鬪毆, 勤業, 儲積, 詐僞, 犯姦, 盜賊, 殺人	· 13장
	부록	古靈陳先生仙居勸諭文, 西山眞先生潭州諭俗文, 泉州勸諭文	· 17세기 이후원 간본의 '泉州勸孝文'은 이정숙 간본에서는 빠짐
	부록	'父義母慈' 이하 16 단가	· 정철의 작품으로 한글 가사
송인명 증보	부록	'八戒'	· 제목은 '平安監司宋寅明所作평안감사송인명소작'으로 표기 · 한문과 한글 대역 형태
이정숙 증보	부록	題警民編後	· 간행 사정 기록
	부록	'四言詩'	· 한문과 한글 대역 형태

이정숙의『경민편』증보는 1730년(영조 6) 9월에 이루어졌다.[86] 이정숙이 상주 목사에 임명된 때가 1729년(영조 5) 10월이었으므로[87] 부임한 이듬해에 이 작업을 마무리한 셈이었다.[88] 이정숙은『삼강행실도』와 『이륜행실도』를 간행하여 교화를 펼치라는 중앙정부의 의지를 분명히 의식하면서 이 책을 간행했다. 이정숙이 증보한 내용에서 밝힌 바, 감사가 중앙정부의 명령을 받아『삼강행실도』와『이륜행실도』를 이미 간행했다는 구절은『경민편』의 간행이 그 맥락에서 이루어졌음을 잘 보여준다.

---

86) 『警民編』(이정숙 간본), 題警民編後, "警民編, 卽己卯名臣, 金思齋正國所撰也……庚戌九月日, 尙州牧使, 李廷熽書."

87) 『承政院日記』, 영조 5년 11월 28일[戊戌]. 당시 감사는 조현명이었다.(『承政院日記』, 영조 6년 10월 7일[壬寅]), "尹游啓曰: '卽伏見慶尙道今春夏等褒貶啓本, 則監司趙顯命啓本中, 尙州牧使李廷熽, 以雖或吏橫, 亦云勒民爲目, 宜寧縣監曺夏望, 以爲政其善, 多病可悶爲目, 則竝置置中考, 而置諸上考."

88) 이정숙의 임기가 1731년 2월에 끝났으므로 목사직을 마무리하기 얼마 전에 편찬했다고 할 수 있다.

道臣奉旨 牖導甚贄

도신이 샹지를 밧ㅈ와 기유ᄒ야 인도홈을 심히 지극히 ᄒ야

既刊三綱 亦鋟二倫

임의 삼강힝실을 기간ᄒ고 쏘 이륜힝실을 사겨 나여[89]

　　시간상으로 경상도에서의『삼강행실도』·『이륜행실도』간행이 1730
년(영조 6) 6月에 마무리되었으므로, 이정숙은 두 책의 작업이 마무리
된 뒤 이『경민편』을 편찬·간행했다고 할 수 있다. 중앙정부의 무신변란
정책에 적극 대응한 성과가 이정숙의『경민편』이었다.
　　이와 같이 무신변란 후 지방관들의『경민편』증보는 두 형태로 나타났
다. 1729년부터 1730년 사이 평안도 감사를 지낸 송인명이 이후원
간본에 평안도의 사정을 담은 내용을 보완하여 간행했고, 다시 1730년
상주 목사로 있던 이정숙이 송인명이 간행한 책에 상주 지역의 사정을
첨보하여 개간하였다. 평양과 상주, 지리적으로 그렇게 가깝지 않은
남·북의 두 지역에서 순차적으로 새로운 형태의『경민편』이 출현한
셈이었다. 두 책은 시간상 앞서고 뒤서는 관계에 있었지만 내용으로는
후자가 전자를 계승하여 확장하는 양상을 보였다.
　　송인명과 이정숙의『경민편』증보는 영조 초반 무신변란이 조성한
정국과 연관하여, 그리고 중앙정부의『삼강행실도』·『이륜행실도』보급
을 통한 도덕 교육 강화책과 맞물리며 이루어졌다는 공통점을 가진다.
두 사람은 반란으로 조성된 위기를 극복하기 위해서는『경민편』과
같은 책이 필요함을 인식하고, 각기 재직하던 지역에서 새로운 내용을
증보하여 간행하고 보급하고자 했다. 책을 편찬하고 이를 간행하는

---

89) 오늘날의 표기법으로 옮기면 다음과 같다.
　　　"감사가 임금의 교지를 받들어 (백성을) 개유하여 인도함을 심히 정성스럽게
　　　하여 이미『삼강행실도』를 開刊하고 또『이륜행실도』를 판각하여"

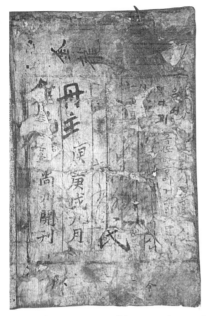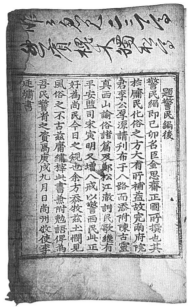

〈그림 6〉 이정숙 증보본(庚戌九月 尙州開刊)(개인 소장)

일은 복잡한 공정, 적지 않은 물력의 소요를 전제하기에 굉장한 열정을 필요로 했다. 송인명이 먼저 기치를 들고 이정숙이 그 성과를 이어 덧붙여 완성한 노력은 당시로는 특기할 만한 일이었다.

　무신변란이 일어난 이후, 유독 평양과 상주에서만 증보본『경민편』이 출현한 양상은 특별나다. 이정숙이 상주에서 책을 간행할 때, 송인명에게 의견을 구했는지는 분명하지 않다. 이정숙이 송인명의 증보본을 활용하고, 또 두 책의 간행 시기가 그렇게 차이가 나지 않는 점으로 미루어 본다면, 송인명과 이정숙 사이의 교류 가능성도 배제할 수 없다. 비록 생각을 교환하지 않았다 하더라도, 송인명의『경민편』간행 소식을 전해들은 이정숙이 실물을 구해서 보았을 수도 있다.

　사정이 여하하든, 이 두 곳에서만『경민편』이 증보되어 간행된 점은 유의해서 살펴야 한다. 평양이나 상주 두 지역은 모두 무신변란과

얽힌 주요 공간이었고, 두 사람 또한 변란의 뒷수습을 무리 없이 마무리
해야 하는 엄청난 과업을 안고 있었다.[90] 그런 점에서 상대방의 행동은
서로에게 큰 도움이 되었을 것이다. 특히 변란 주도 세력의 근거지를
맡았던 상주 목사 이정숙에게 그 점은 더 절실했다고 할 수 있다.
이정숙은 송인명 간본을 구해본 뒤, 이 책이 상주 백성들을 다스림에
큰 도움이 된다고 무척 기뻐했다.[91]

　『경민편』을 간행한 송인명, 이정숙 두 관료의 당색(黨色)은 사뭇 달랐
다. 물론 영조 정부에 참여하는 점에서 두 사람 사이에 대단한 장벽이
있었던 것은 아니지만, 송인명은 온건 소론(少論)이었고, 이정숙은 강경
노론(老論)이었다. 정치적으로도 의견을 달리하여 송인명은 탕평의
주창자로서, 박세채의 주장을 계승하며 소론·노론·남인 등 여러 당색이
참여하는 대탕평을 실제 견인하고자 했다.[92] 이에 반해 이정숙은 노론
의 처지에서 영조를 옹호하고 소론을 공격하는 일에 앞장섰다. 1721년
(경종 1) 정언(正言)으로 재직 중 연잉군(延礽君-뒷날 영조)의 세제(世弟)
책봉을 주장[93]했다가 소론으로부터 거센 공격을 받고 문외출송(門外出

---

90) 평안도와 상주는 변란의 주요 공간이었다. 이 점에 대해서는 2절에서 살핀다.

91) 李廷熽, 『警民編』(이정숙 간본), 「題警民編後」.

92) 탕평정국에서 송인명의 위상은 그가 평안도 감사로 떠난 후, 영조와 신료들
사이에 있었던 대화에서 그 일단을 볼 수 있다. 그들은 탕평을 자임했던 사람이
떠나니 탕평의 주인이 없어져 조정의 한 구석이 텅텅 빈듯하다고 했다.(『承政院日
記』, 영조 5년 9월 7일[戊寅], "向來平安監司宋寅明, 以蕩平爲己任, 而自其去朝之後,
蕩平無主人, 而朝廷一隅, 殆若空虛.")

93) 『景宗實錄』 권4, 경종 1년 8월 20일[戊寅]. 이정숙의 상소가 나온 이후, 영의정
金昌集과 좌의정 李健命, 判中樞府事 趙泰采, 호조판서 閔鎭遠, 判尹 李弘述, 공조판
서 李觀命, 병조판서 李晩成, 우참찬 任埅, 형조판서 李宜顯, 대사헌 洪啓迪, 대사간
洪錫輔, 좌부승지 趙榮福, 부교리 申昉 등과 모여 儲嗣 문제를 논의하고, 경종에게
자전의 허락을 받도록 하였다. 경종은 자전에게서 '연잉군을 저사로 삼는다'는
하교를 받고, "연잉군을 저사로 삼는다"는 傳旨를 내렸다. 실록 기사를 작성한
사관은 이에 대해 "임금은 평소에 병이 많아 繼嗣를 두기가 어렵게 되었으니,
國勢는 위태하기가 綴旒와 같았다. 三宗의 혈맥으로는 다만 주상과 아우 한
분이 있으니 天命과 인심이 스스로 歸着되는 바가 儲君이 아니고 누구이겠는가?

送),94) 원찬(遠竄)의 처벌95)을 받았으며, 영조 즉위 후 관직을 회복하는 모습을 확인할 수 있다.96) 이정숙은 노론의 정치적 의견을 선봉에 서서 실천하다가 큰 곤경을 겪었다 하겠다.

　이와 같이 두 사람의 정치 성향과 입지는 상반되었다. 그럼에도 『경민편』을 증보하고 활용하고자 하는 측면에서 보자면, 이들의 지향은 일치했다. 이들의 삶을 지켜왔던 조선이 무너지고 강상 명분이 공격을 받아 흔들리는 비상사태 앞에서 두 사람은 의견이 합치했고 또 동일한 방법으로 대처하려 했었다고 할 수 있다.

　조선을 위기로 몰아넣은 무신변란의 정치적 사건은 『경민편』의 역사를 다시 쓰게 하는 계기가 되었다. 이 변란을 거치며 새롭게 변모한 『경민편』이 출현했다. 『경민편』의 증보라는 그 움직임에는, 이들 위정자의 처지에서 볼 때, 이 혹독하고도 무서운 무신변란의 기운을 가라앉혀야 할 과제를 안고 있었던 지방관들의 경험, 절실함이 강렬하게 작용했다. 『경민편』의 존재, 가치를 충분히 알고 있었던 송인명이 평안도 지역의 거센 기운을 가라앉힐 방도로 8항목의 계칙을 더하여 평양의 증보본을 간행했고, 상주의 이정숙은 이 신간본 위에 다시 자신의

　이제 宗社의 大計가 이미 정해졌으니, 明命이 한 번 내려지자 온 나라에서 기뻐하지 않는 이가 없었다. 그러나 당일 대신들은 조정에 모여 의논을 꺼내려 하지 않았고, 또 郊外에 있는 동료 대신에게도 알리지 않았으며, 다만 4, 5인의 在廷 동료와 함께 깊은 밤중에 請對하여 광명정대한 일에 대해 顚倒와 率略함을 면하지 못하게 하였으며, 심지어 임금의 뜻은 물어보지도 않고서 반드시 慈聖의 手筆을 얻은 후에라야 奉行하겠다고 말한 것이 어찌 筵席에서 奏事하는 체통이라 하겠는가?"라고 비판했다.

94) 『承政院日記』, 경종 2년 6월 15일[戊辰].

95) 慶尙道 寧海府에 원찬되었는데 그 날짜는 분명하지 않다. 영조 1년 3월 6일에 원찬지 寧海府에서 放送되었다.(『承政院日記』, 영조 1년 3월 6일[甲辰])

96) 李敏輔는 이정숙의 이러한 생애를 다음과 같이 설명했다. "景宗建儲, 羣凶逞大禍, 四大臣與上將卿宰戎閫韋布之士凡爲東宮羽翼者, 一時殺死殆盡. 忠獻李公以首事者, 幾及僅免, 而英宗踐祚, 克啓無彊之業, 則公亦獲際興運, 終於榮祿. 嗚呼豈非天哉."(『豊墅集』 권10, 李忠獻公墓誌銘, 39나)

생각을 얹어 상주의 증보본을 간행했다.

이정숙에 이르러 『경민편』의 구성과 규모는 초기 간본=상허본에 비해 이루 말할 수 없이 많이 변했다. 초기 간본과 비교하여 불어난 내용의 비율을 따져본다면, 거의 44 : 56 정도로 증보된 내용이 더 많았다. 16세기 초반 처음 출현한 이래 후대로 오면서 내용이 새로워지고 분량이 늘어난 만큼, 『경민편』을 필요로 하는 사회·정치적 여건 또한 더 악화되고 있었다고 할 것이다.

2. 증보 『경민편』의 개성 : 이후원 간본의 계승과 지역성 첨보

1) 송인명의 『경민편』 : 북방 지역 풍속의 확장

기존 이후원의 간본에 자신이 직접 지은 8계를 덧붙여 증보한 송인명의 『경민편』은 평안도의 지역성, 그리고 이 지역의 역사성을 반영한 특성을 가지고 있었다. 송인명 간본의 개성은 단연 8계에서 찾을 수 있다. 송인명은 8계를 기자(箕子) '8조 법금(法禁)'의 유의에 맞추어 작성했다고 밝혔다.[97] 평양에 대해 오랫동안 많은 사람들은 기자가 이곳으로 오면서 새로운 문명(文明)을 연 지역으로 인식하고 있었는데, 송인명역시 『경민편』을 증보하며 이 점을 강조하였다.

8계는 각 조목마다 8구의 4·4조 한문 가사 형식으로 된 원문을 먼저 제시하고 이어 한글 번역문을 덧붙였다. 한문 가사에는 한글 음을 병기하지 않았고 구결도 달지 않았다. 한문을 잘 모르는 사람이 읽고

---

97) 『警民編』(송인명 간본), "關西是箕聖古都, 而聖敎旣遠, 民俗漸頹, 悖倫犯常之事, 間多有之. 余以承流宣化之任, 今方自反深訟, 而謹以八條之遺義, 作八戒, 附于警民編之末, 以警西民."

이해하기에 그렇게 친절한 형식은 아니었다. 8계에서는 모두 다섯 번째 구를 '슬프다 서녘 백성이여![嗟! 西之民]'로 반복하는 형태를 취했다. 각 조목에 경계하는 내용을 담았지만, 구체적인 처벌 규정은 제시하지 않았다. 8계의 또 다른 특징이었다. 이는 허엽의 중간본에서 첨보한 '군상' 장과 비슷한 모습이다. 전체적으로 보아 8계는 상허본이나 이후원 간본에서는 볼 수 없던 형식으로 작성되었다. 예를 들면 남녀의 욕망과 간음을 다룬 3조는 다음과 같다.

男女之欲 卽人大防
스나히와 계집의 욕심은 곳 사름의 큰 방한이니라
婚必以媒 奸則有刑
혼인ᄒᆞᄆᆞᆯ 반ᄃᆞ시 듕믹로 써 ᄒᆞ고 음간ᄒᆞ면 곳 형벌이 잇ᄂᆞ니라
嗟西之民 或事强奪
슬프다 셧녁 빅셩이여 혹 강인하야 앗기을 일삼ᄂᆞᆫ또다
何責禽獸 自觸刑辟
엇디 새 즘싱을 칙망ᄒᆞ리오 스스로 형벌과 죄에 걸리이ᄂᆞᆫ또다[98]

8계는 지친(至親) 간의 송사(訟事)를 경계하는 내용을 비롯하여 모두 8주제로 이루어졌다. 이들 항목에서 다루는 사안은, 전국 각지에서 확인할 수 있는 보편성을 지니기도 했겠지만, 송인명이 판단하기에 평안도 지역에서 일어나는 심각한 문제였을 것이다. 지방관의 정치에서 보자면 이들 조목은 유념해야 할 범죄 사안이자 또 정책으로 풀어가야

---

98) 오늘날의 표기법으로 옮기면 다음과 같다.
　　남녀의 욕망은 곧 사람이 지켜야 할 경계 지점이다.
　　혼인은 반드시 중매를 통하는데, 음간하면 곧 형벌을 받는다.
　　아! 서녘의 백성들이여, 부녀의 강탈을 일삼으니
　　어찌 금수를 책망하겠는가. 스스로 처벌받을 죄를 저지르도다.

할 핵심 과제이기도 했다. 8계의 내용을 간략하게 정리하면 다음과
같다.

〈표 2〉 송인명 증보본 『경민편』의 서두와 8계

순서	주제 및 영역	구체적인 행위와 판단	비고
서언	箕聖의 후예들에게 8계를 짓는 이유		
1	至親 간의 訟事	법정에서 소송으로 서로 다투어 우리 국왕의 가르침을 망침	訟事
2	大倫과 人後者	養子가 되기 위해 이익을 다툼	가족 관계
3	남녀의 욕망-간음과 강탈	혼인은 반드시 중매를 통하고, 간음하면 벌을 받는다. 다른 여인을 강탈하면 스스로 범죄를 저지르는 일임	남녀 관계
4	근본을 중시하고 조상을 숭상함	주인 배반을 꺼리지 않고, 과감하게 재물을 다툼	奴主 관계
5	사위와 자식의 분별	사위와 아들 간의 재산을 둘러싼 다툼	가족 간의 재산 분쟁
6	백성과 官長	(관장의) 허물이 있어도 숨기고, (나에게) 억울한 점이 있어도 소송하지 않음	관민 관계
7	백성들의 好訟하는 습관	조금 얻을 이익을 위해 '비리'라고 지목하여 소송을 벌임	訟事
8	농사에 힘쓰고 末業을 피함	떠돌며 간사한 일을 벌임	농사의 생업

송인명이 증보한 8계에서 다루는 주제는 이후원 간본의 13항목과
비교할 때 일부는 중복되고 일부는 새로운데, 그럼에도 전체적으로는
이 책에서만 볼 수 있는 내용이 많다. 겹치는 주제는 기존 『경민편』을
보완하는 의미를 갖는다. 항목별로 구체적인 사안을 거론하는 점이
새롭고 특징적이다. 8계에서 언급하는 내용은 크게 보아 송사(訟事),
혼인과 가족 관계, 노주(奴主) 관계, 농사, 관장(官長)과 백성의 관계
등으로 나눌 수 있다.

송사와 관련한 항목은 두 가지이다. 여기에서는 지친(至親) 간의
송사와 송사하기 좋아하는[好訟] 습관을 문제 삼았다. 송사가 지친과

270

같은 아주 가까운 혈육 사이에서 일어나고 또 일상생활에서 소송이
큰 비중을 차지하는 현실을 반영하고 있다고 할 수 있다. 지방민들의
세계에서 나타나는 잦은 소송은 조정해야 할 분쟁과 갈등이 많았음을
의미한다. 이러한 갈등과 분쟁은 평안도 지역만이 아니라 전국적으로
광범위하게 일어나는 현상이었다.[99]

조선에서는 오래 전부터 여러 차례 패하고도 송사를 벌이는 현상을
막기 위하여, '비리호송(非理好訟)'의 규정을 두어 강력하게 처벌하였
다.[100] 숙종 대의『수교집록』, 영조 대의『속대전』에 실린 '비리호송'의
처벌 규정은 이 시기 '비리호송'이 광범위하게 일어나고 있었음을 보여

---

99) 이 시기 지방관들은 걸핏하면 특정 지역의 풍속에 대해 '好訟한다'고 입에 올렸다.
경상도의 경우, 參贊官 李瑜는 '士風이 호송한다'고 했고(『承政院日記』, 2년 5월
23일[甲寅], "嶺南界洛江分左右, 而南通倭館, 供億甚煩, 士風好訟, 民俗獰悍, 八路之
中, 最爲難治, 故古有左右監司而分理之, 或有春秋巡察使, 以糾檢之云矣.")라고 했고,
開城留守 李箕鎭은 개성의 풍속이 호송한다고 했다.(『承政院日記』, 영조 6년
5월 21일[戊子], "本府, 地方雖小, 人民繁庶, 其俗又好訟.") 함경도 定平府使 申光岳
또한 이 지역 사람들이 송사하기를 좋아한다고 했고,(『承政院日記』, 영조 11년
1월 9일[庚辰], "人心好訟, 雖小小事, 必入官爭辨, 而別無大訟, 姦猾則官吏中或有之
矣.") 원경하는 호남에 대해 '인심이 송사하기를 좋아한다'고 평했다.(『承政院日記』,
영조 15년 9월 25일[己巳], "景夏曰: 湖南山川, 水口甚多, 山勢甚巖. 臣以御史, 素所慣
知, 人心好訟, 巧詐奸惡, 尤好雜術, 而不事單技.'")

100) 비리호송은 소송에서 '三度得伸' 후 소송을 벌이는 현상을 가리킨다. '삼도득신'은
소송에서 세 번 패했는데도 재차 소송을 제기하는 행위를 말한다. 『경국대전』에
서 노비소송의 경우, "三度得伸, 勿更聽理"의 규정을 두고 있었다.(『經國大典』
권5, 刑典·私賤)
'비리호송'에 대한 처벌 논의는 중종 19년의 기록에서 확인할 수 있다. 이때
논자들은 '過五年及三度得伸, 勿更聽理.'의 규정이 법전에 실려 있지만, 10년을
넘어 소송을 벌이면 '비리호송'으로 처벌하자고 주장하였다.(『中宗實錄』 권51,
중종 19년 7월 27일[庚寅] ;『中宗實錄』 권52, 중종 19년 10월 2일[癸巳]) 비리호송을
처벌하는 움직임이 이 시기에 있었음을 알 수 있다. 명종 8년에는 '過限之事·三度得
伸相訟'을 비리호송으로 처벌하는 규정을 마련했고,(『受敎輯錄』, 刑典·聽理, "凡過
限之事·三度得伸相訟者, 論以非理好訟, 全家徙邊.〈嘉靖癸丑承傳〉")『續大典』에서
는 '三度得伸' 후, 패한 자가 다시 소송을 제기하면 非理好訟律로 처벌한다고
규정했다.(『續大典』 권5, 刑典·聽理, "三度得伸云者, 接訟三度之內, 一隻再伸之謂也.
再度見屈之後, 更爲起訟者, 以非理好訟律論.")

준다.[101] 18세기에 등장하는 여러 목민서에서도 분쟁과 갈등, 소송은 아주 중요한 문제로 다루어지고 있었다. 하지만 이곳의 감사인 송인명이 '송사하기 좋아하는 습관'을 평안도의 중요한 폐단 중의 하나로 꼽은 점으로 보아, 이러한 일은 이 지역에서 눈에 자주 띄는 특징이었던 모양이다. 영조 20년 무렵 평안도 감사를 지낸 구택규(具宅奎)도 영조와 중신들에게 '서로(西路)의 호송(好訟)하는 습속은 삼남(三南)보다 심하다'고[102] 전하기도 했다.

가족, 친족과 관련해서는 인후자(人後者)의 문제, 사위와 아들의 관계를 분명히 해야 함을 거론하였다. 인후자는 가계 계승을 위해 들인 양자(養子)를 말한다. 조선에서는 종법(宗法)이 확산되면서 가계 계승을 위한 방도로 인후자 관행이 널리 확대되었다.[103] 가계 계승은 재산의 승계와 맞물리기에 경제적인 이해관계가 얽혀 있었고, 여기서 분쟁이 일어날 소지가 많았다. '이익을 탐하여 인후자 되기를 다투지 말라'는 경계는 이러한 일들이 평안도 지역에서 흔하게 일어나며 주요한 문제로 부각되고 있었음을 보여준다.

사위가 재산 상속을 둘러싸고 분쟁을 일으키지 말라는 조항은 시집간 딸과 아들의 경계를 분명하게 해야 한다는 의식과 연관이 되어 있다.

---

101) 『受敎輯錄』, 刑典·聽理. ; 『續大典』 권5, 刑典·聽理. 18세기 말~19세기 전반에 생존했던 윤기(尹愭, 1741~1826)가 "非理好訟은 무뢰한 자의 악행 가운데 가장 못된 짓이다."고 하여 자손들에게 이를 경계한 사실을 보면, 이러한 행위는 이 시기 널리 퍼져 있었던 것으로 보인다.(『無名子集』 文藁 6책, 家禁, "非理好訟, 最爲無賴者惡行. 盖欲好其衣食而無他着手處, 故揣摩出此等事, 以冀其僥倖得意也. 無論如此如彼, 要之非强奪則幻弄, 此所謂行盜賊之事於白日之下者也.")

102) 『承政院日記』, 영조 22년 12월 26일[丁亥], "宅奎曰: '臣曾聞西路民富易治云, 而身親經歷之後, 始知民戶之凋弊, 習俗之好訟, 比諸三南, 殆有甚矣.'" 具宅奎는 『典律通補』를 편찬하고 『續大典』 편찬에도 참가했던 인물이다. 이 시기 具宅奎만큼 법과 형률에 전문 지식을 갖춘 이는 없다고 이야기할 수 있다. 西路지역에 대한 구택규의 평가는 신뢰할 만하다.

103) 여기에 대한 근래의 연구로는 정긍식, 2021, 『조선시대 제사승계의 법제와 현실』, 한국학중앙연구원출판부 참조.

아들을 중심에 두고 그를 중시하는 관념을 느낄 수 있다. 인후자의 문제도 그렇지만, 종법 문화가 퍼지면서 일어나는 중요한 변화 가운데 하나는 가족제도가 남성 중심으로 재편되는 점이었다. 풍속과 사람들의 의식 또한 그렇게 바뀌어 갔다. 송인명이 이 문제를 거론한 데에는 18세기 전반 평안도 지역에서 아직 남과 여[사위]의 구분이 그렇게 분명하지 않았고 그런 까닭에 분쟁이 많이 발생하였기 때문일 것이다.

남녀의 욕망을 언급한 조항에서는 혼인, 혼인의 유지와 관련한 문제를 다루었다. 정상적인 중매 절차를 거쳐 혼인하지 않은 채 타인의 여자를 강탈해서는 안된다는 내용으로 본다면, 이러한 일 또한 이 지역에서 자주 일어나고 있었음을 알 수 있다.

8계에서 지방민과 관장(官長)의 관계를 거론한 점은 흥미롭다. 관장은 부모와 같다는 점을 들어, 관장에게 허물이 있어도 숨기고 억울한 일이 있어도 소청(訴請)하지 말라고 했다. 관장을 비판하고 소청을 내는 일이 흔히 일어나고 있던 현실을 반영한 조항이라 하겠다. 종래 관장이 누리던 권위, 권세의 힘이 예전과 다르게 약화되는 한편으로 지방민들의 발언이 강화되는 현장의 모습 또한 읽을 수 있는 대목이다. 이 계목(戒目) 속의 현실은, 영조가 강조하던 '친상사장(親上死長)'의 규범으로 보자면 이에 정면으로 배치되는 패륜성을 지니고 있었다. 그런 점에서 이 계목은 무신변란 이후 권력이 가장 우려하던 핵심 내용을 담고 있다고도 할 수 있다.

근본을 중시하고 조상을 숭상하라는 항목에서는 노비가 주인을 배반하고 재물을 다투는 일을 문제 삼았다. 이 구절은 이해하기 어려운 점이 있다. 분명하지는 않지만, 한 집안에서의 노비 관리, 그리고 재산 상속을 둘러싼 갈등을 다룬 내용으로 보인다. 신분제가 무너지는 현실을 담은 경계라 할 수 있다.

농업을 떠나 말업(末業)에 종사하지 말고 본업(本業)에 힘써야 함을 강조한 마지막 항목은 『경민편』의 13항목에서 거론했던 농사일을 중시해야 한다는 내용과 비슷하다. 말업은 상공업을 의미한다. 김정국의 본문과 송인명의 8계 사이에는 그 강조점에서 차이가 있다. 김정국은 농업 생산물을 함부로 소비하지 말고 저축하라고 했지만 여기에서는 살던 곳을 떠나 떠돌지 말고 농토로 돌아와 농사일에 힘쓰라고 하였다. 농사일 대신 상업에 종사하거나 광산의 임노동으로 살아가던 사람이 많았던 평안도의 현실을 살핀 내용이라고 할 수 있다.[104]

송인명이 제시한 8계는 평안도 지역에서 흔히 일어나던 범죄·사회적 갈등을 주로 다루었다. 기존 이후원 간본에서 볼 수 있던 여러 유형의 문제에 이 지역 고유의 지역성, 그리고 시대성을 더한 구성이라 하겠다. 이 같은 점으로 살핀다면, 송인명 간본에서 포착하는 갈등의 폭이 이전 간본에 비해 훨씬 넓어지고 시의성을 더했다는 사실을 알 수 있다. 물론 8계에서 다루는 내용은, 확대해서 보자면 평안도 지역만의 문제는 아니었다. 조선 8도 어느 곳이든 쉽게 발견할 수 있는 현상이기도 했다. 뒷날 이 내용이 실린 『경민편』이 이정숙 본에 흡수되며 다른 지역에서도 널리 활용된 까닭도 이런 점과 연관하여 생각해 볼 수 있다.

송인명이 평안도의 지역성을 감안하며 『경민편』을 편찬하고 보급한 사실은 무신변란 직후 이 지역에 대해 조선의 지배층이 가지고 있던 위기의식, 그리고 그 위기에 대처하는 방법을 어떻게 세우고 있었던가를 여실히 보여준다. 사안을 하나하나 세밀하게 살피고, 이를 지역민들에

---

104) 이 조항이 평안도 현실에서 얼마나 현실화될 수 있었는지는 미지수다. 평안도는 상업이 발달하고 재화가 넘치는 곳으로, 이러한 특장을 잘 살려서 정사를 펼치는 일도 중요했다. 영조가 송인명을 평안도 감사로 임명하며 내린 교서에서도 "상인과 중개인이 모여드는 곳이라 경의 혁혁한 위엄과 명성을 힙 입어 편안히 모여들게 하고, 錢穀과 貨實가 쌓이는 곳이라 경의 청렴결백함을 의지하여 공경하고 본받게 하노라."(『承政院日記』, 영조 5년 8월 27일[己巳])고 하여, 송인명이 이곳의 특성을 살려 모범적으로 관리하기를 기대했다.

게 경계하여 이들이 질서를 벗어나려는 마음을 갖지 않도록 하자는 것이 이 책의 전략이었다.

송인명의 사고는 여기에 멈추지 않았다. 8계를 실어 지역 고유의 범죄 발생을 방지하고자 했던 송인명은『경민편』이 이 지역의 독특한 문화, 풍토를 바꾸는 계기가 되기를 기대했다. 송인명이 보기에 이 지역은 삼남 지방과는 달리 상무적(尙武的)인 문화가 발달했고 지역민들은 그러한 기질이 강했다. 그러했기에 상황에 따라 현재의 질서를 부정하는 군사적인 행동도 서슴없이 할 여지가 강한 상태였다. 권력의 입지에서 본다면, 조선을 위기로 몰아넣는 대규모 반란이 나올 수 있는 여건이 상존하고 있는 셈이었다.105) 송인명이 보기에 이러한 기질을 통제하는 데에는 '군상을 혈친으로 여기고 관장을 섬기는[親上事長]'106) 의 도덕규범이 필요하며, 이를 통해 이러한 기질을 통제하지 못한다면 심각한 문제가 일어날 수 있었다. 송인명은 이러한 위험요소를 보완하고 극복할 수 있는 길을 찾는 일을 자신의 관찰사 업무의 출발 혹은 지향점으로 설정하고 있었다.

서로(西路)는 삼남(三南)과 다르니 삼남은 '문구(文具)'가 너무 지나칩니다. 신이 일찍이 영남의 수령, 호서의 방백을 맡았을 때 늘 문(文)을 누르고 질(質)을 부양하고자[抑文扶質] 했습니다만, 서로는 이와 다릅니다. 그래서 신이 전날 이곳의 감사로 있을 때 오로지 덕의를 선포하고

---

105) 영조대 정부의 평안도 인식과 대책은 오수창, 1995,「18세기 영조·정조의 평안도에 대한 정책」,『역사와 현실』17 참조.

106) 이정숙의『경민편』을 참고하여 '親上事長'을 '군상을 혈친으로 여기고 관장을 섬기는' 것으로 번역했다. 상주본에는 "親上死長"의 표현이 나오는데, 이정숙은 이에 대해 "군샹을 친히 ᄒ며 관장 의게 죽어"로 번역, '上'과 '長'을 군상과 관장으로 번역했다.(이정숙 간본,『警民編』, 54가). '親上死長'은 출처가『맹자』인데, '親上事長'은 '親上死長'의 오류일 수 있다. 『承政院日記』의 원문은 '親上事長'이다.

풍교를 숭장하는 일에 힘썼습니다. 사람들은 모두 '서북은 무력이 있어 믿을 만하다'고 하는데, 무력이 비록 강하더라도 "군상을 혈친으로 여기고 관장을 섬김"의 의리를 모른다면 이른바 무력은 나의 것이 아니 되고 도리어 해가 됩니다. 우리 동방의 이전 역사를 보더라도 남방에서 반란이 일어나면 쉽게 평정했지만 서북에서 반란이 생기면 평정하기 어려웠습니다. 삼남 사람들은 유약하고 용맹스럽지 않지만 서북 사람들은 무력이 있고 힘이 좋기 때문입니다. 그러므로 신은 늘 '무신역변(戊申逆變)은 다행스럽게도 삼남(三南)에서 일어나고 서로(西路)에서 일어나지 않았다. 만약 서로에서 일어났더라면 초멸(勦滅)하기 어려웠을 것이다.'라고 생각했습니다.107)

문구가 강한 삼남은 문(文)을 누르고 질(質)을 높여야 하지만 평안도는 문이 약하므로 이를 강화해야 한다는 논리 위에서, 도덕을 확산할 수 있는 방법을 모색했다고 했다. 『논어』의 문질론(文質論)에 기대어 평안도의 특성을 이해하고 이 지역에 부족한 점이 무엇인지 거론하는 점이 새롭다.108)

이 발언은 송인명이 평안도 감사를 지낸 2년 뒤 경연에서 나왔다. 윤리의식은 약하고 거센 기운을 숭상하는 사람들이 모여 사는 지역에서 반란이 일어나면 그 위험한 정도는 상상을 초월할 수준인데, 만일

---

107) 『承政院日記』, 영조 8년 1월 21일[己卯].

108) 文과 質에 대한 논의는 『논어·옹야(雍也)』에 나온다. 공자는, 바탕이 꾸밈을 이기면 야해지고, 꾸밈이 바탕을 이기면 史해진다. 꾸밈과 바탕이 조화를 이룬 뒤에야 군자라고 할 수 있다는 생각을 지니고 있었다.("子曰, 質勝文則野, 文勝質則史. 文質彬彬, 然後君子.") 문질론에 대해 문학의 내용과 형식의 관련성에 대해 지적한 발언으로 통상 이해한다. 문학이란 바탕(내용)과 꾸밈(형식)이 겸비되고 감정과 문식(文飾)이 함께 풍성해야 한다는 것이다. 송인명의 발언에서 '문'이 문구, 외형적 겉치레, 문약함을 뜻한다면 '질'은 실질적인 바탕, 덕성, 실행력 등으로 이해할 수 있을 것이다.

'무신역변'이 이 지역에서 일어났다면 정부가 이를 제압하는 일이 쉽지 않았으리라는 것이 송인명의 진단이었다. 그 맥락에서 송인명은 이 지역에 숨겨진 잠재적인 위협을 근원적으로 제거하기 위해서는 무엇보다 이곳 사람들에게 '친상사장'의 도덕규범을 알게 하는 일이 반드시 필요하다고 여겼다.[109)]

무신변란이 평안도에서 일어나지 않아서 큰 다행이었다고 한 송인명의 언급은 약간의 부연 설명이 필요하다. 사실 그대로 이야기하자면, 변란이 일어났을 때 이 지역은 일종의 화약고와 같았다. 평안병사(平安兵使)로 있던 이사성(李思晟)[110)]이 군대를 동원하여 반란 세력에 호응하기로 했다가[111)] 아무런 행동도 하지 못하고 때를 넘겼기 때문이다. 이사성은 변란이 진압된 뒤 체포되어 효수당했다.[112)] 이사성은 원래 거병하기로 했을 뿐만 아니라 거사에 들어갈 자금을 모으는 임무도 지니고 있었다.[113)] 만일 계획한 대로 실제 이사성의 군대가 움직였다면 이인좌 세력의 정변이 어떤 결과를 만들었을지 전혀 예측할 수 없는

---

109) 李宗白의 발언에서도 이 생각을 읽을 수 있다. "大抵關西風俗, 異於三南. 民俗貿貿, 不識親上事長之義. 關防重地, 風俗之渝惡, 誠非細憂."(『承政院日記』, 영조 8년 1월 21일[己卯])

110) 李思晟은 경종 4년 3월에 北兵使로 임명되어 함경도에서 근무했으며,(『承政院日記』, 경종 4년 3월 3일 丁丑) 평안병사는 영조 3년 9월에 임명되었다.(『承政院日記』, 영조 3년 9월 12일 乙丑) 이사성이 변란과 연관되어 있다는 사실은 영조 4년 3월 17일에 처음 거론되며, 영조는 이에 摠管 李思周를 보내어 그를 拿鞫하게 했다.(『英祖實錄』 권16, 영조 4년 3월 17일[丁卯])

111) 이사성을 사로잡아 친국한 시점은 영조 4년 3월 25일이다.(『英祖實錄』 권16, 영조 4년 3월 25일[乙亥]) 이사성의 군사적 행동에 대해서는 관련자들의 의견이 일치하지 않았다. 반란이 일어나면 勤王兵 명목으로 군사를 이끌고 상경하려고 했다는 증언(『英祖實錄』 권16, 영조 4년 3월 25일[乙亥]), 이사성이 평안병사에서 다시 도성의 軍門 大將으로 옮겨온 뒤 내응하기로 했다는 증언(『英祖實錄』 권17, 영조 4년 4월 14일[甲午]), 이사성이 평양 군사를 이끌고 움직이려 했다는 증언(『英祖實錄』 권18, 영조 4년 5월 1일[辛亥]) 등을 접할 수 있다.

112) 『英祖實錄』 권16, 영조 4년 3월 26일[丙子].

113) 『英祖實錄』 권17, 영조 4년 4월 13일[癸巳]. 安㷱의 공초에 따르면 兵營에서 銀 數百兩을 구하기로 했었다.

형편이었다.114) 이미 청주 지역은 이인좌의 반군이 장악하고 있었으므로 북쪽에서 군사가 움직이고 또 경중(京中)에서 호응이 있었을 경우,115) 상황은 걷잡을 수 없이 확산되었을 터였다. 영조와 조선이 최악의 시간을 피할 수 있었던 이유 중의 하나로 평안도 지역 이사성의 실패를 꼽을 수 있을 것이다. 송인명은 무신변란이 악화되지 않고 진정되었던 사실에 극히 안도하면서, 동시에 이와 같은 사태를 미연에 방지하는 것이 무엇보다 시급하다고 여기며, 위와 같이 말했다고 할 수 있을 것이다.

송인명이 평안도 감사로 부임한 후 이 지역 강성 기질의 문화를 바꾸기 위해 취한 방식은 두 가지였다. 임진왜란 때 왜군과 싸우다 죽은 중화(中和) 지역 인물들의 공열을 기리는 '충효록(忠孝錄)'을 편찬하고 의열사의 비를 세워 그들의 국가에 대한 충성 의식을 표창하는 일이 그 하나이고,116) 평안도 지역에 걸맞는 『경민편』의 편찬·간행이 또 다른 사안이었다. 송인명은 이를 다음과 같이 표현했다.

---

114) 상주에서 사로잡혀 참형을 당한 朴弼顯은 문·무·남행 할 것 없이 남인, 소북, 소론이 동시에 '義擧'하여 평안병사 이사성을 맹주로 추대하여 난적을 토벌하고 종사를 안정시킬 계획이었다고 했다. 이사성이 차지하는 비중을 알 수 있는 증언이다.(『英祖實錄』 권16, 영조 4년 3월 26일[丙子]) 정부에서는 이사성을 비롯 10인을 逆魁로 지정했다.(『英祖實錄』 권17, 영조 4년 4월 14일[甲午], "命以賊麟佐·熊輔·弼顯·思晟·希亮·弼夢·泰徵·觀孝·有翼·維賢等十賊, 定爲逆魁.")

115) 이인좌는 仁政門에서의 親鞫에서 영남과 호남에서 거병하면 서울의 관군들이 출정할 것이며 南泰徵 南泰績이 이 일을 맡게 된다고 자백했다.(『英祖實錄』 권16, 영조 4년 3월 26일[丙子], "內應使臣擧兵, 若自嶺南·湖南動兵, 則輦轂親兵, 皆當出征, 南泰徵·泰績爲京中事.") 남태징은 포도대장, 남태적은 通津府使였다. 남태징은 3월 19일에 참형을 당하였으며(『英祖實錄』 권16, 영조 4년 3월 19일[己巳]) 남태적은 絶島定配되었다.(『英祖實錄』 권18, 영조 4년 7월 13일[壬戌])

116) 송인명은 이러한 작업을 임진왜란 당시 이 지역에서 활동했던 절의의 인물들을 표창하는 일과 더불어 시행했다. 사회경제적으로나 문화적으로 특별한 위치에 있던 이 지역의 민심을 다독이고 또 체제 내적으로 끌어들이는 방법으로는 이만한 일들이 없었다.

우리나라에서 예전부터 변란은 서로(西路)에서 많이 일어났습니다. 그러므로 국가를 위하여 온 힘을 쏟아 어려움을 막아내기로 서로 지역만큼 많은 곳이 없습니다. 임진, 정묘, 갑자, 병자년의 난리는 모두 서로 사람들의 도움을 받았으며, 포장할만한 충신 의사가 많았습니다. 방백 수령이 된 자들은 유연성색(流連聲色)함에 불과했고, 그중 나은 자들도 전포(錢布)를 많이 모으는 것을 능사로 삼았을 뿐, 대근본처에 마음을 두고 격동 발휘하는 정사를 베풀지 않았습니다. 그러므로 서토(西土)의 충신 의사들이 세상에 널리 알려지지 못했고 습속은 날로 퇴폐하였으며, 그들이 일삼는 행동은 이익을 쫓는 장사치의 일일뿐 어리석고 형편없었습니다. 심한 경우에는 부모·형제가 있는 줄을 모르고 괴이하게 행동하니 결코 우리 동방 예의의 고을이 아니었습니다. 그래서 신은 이를 개탄하여 『경민편』을 한글로 번역하고[諺翻警民編] 또 '충효록'을 편찬하여 일도에 효유하고 중화 의열사에도 비석을 세웠습니다.117)

'충효록'은 실제 이름이 『관서충효록(關西忠孝錄)』이다. 이 책은 송인명이 임진왜란부터 병자호란 때까지 이 지역에서 활동한 의사들의 자료를 모아 편집한 뒤 인쇄하기로 했었지만, 그가 평안감사를 그만두고 중앙으로 오는 통에 일이 중단되었다가 영조의 도움을 받아 후임 감사가 마무리를 했다.118) 의열사 비는 송인명이 감사 재직 시, 임진왜란 당시 전공(戰功)을 세웠던 중화 지역 인물들을 기리기 위해 이들을 제사 지내는 사당 마당에 세웠다.119)

---

117) 『承政院日記』, 영조 8년 1월 21일[己卯].

118) 『忠孝謄錄』7책(규장각, 奎12889), 庚戌八月三十日, "今九月初十日大臣備局堂上引見入侍時, 吏曹判書宋□所啓: '關西是邊地, 宜以親上死長之義, 別爲勅勵. 曾在壬辰丁卯丙子甲己未兵亂時, 道內死義者, 甚多, 而鐵山鄭鳳壽外, 人無知者. 故臣到營後搜問道內殉節之人, 作爲一冊, 記其事實, 名曰關西忠孝錄, 將欲廣布一道, 徽勵人心. 曾已始刊而工未及訖, 臣遽遞歸, 將未免半道而廢, 極爲可惜. 若自朝家申飭本道, 使之畢刊頒布, 則好矣.' 上曰: '令本道畢刊, 使之頒布一道.'"

송인명이 평안도 감사로서『경민편』을 간행한 일은『삼강행실도』
『이륜행실도』보급과 같은 영조 정부의 도덕윤리 강화 정책과 맞물리며
시행되었다고 할 수 있다. 이 두 책의 전국 보급 작업을 일으킴에 중심지
역할을 했던 평안도 감사로서 근무했기에 그는 도덕윤리 강화 교육의
현실을 생생하게 보고 있었다.

18세기에 이르러『경민편』은 새로이 증보되며 조선에 출현했다. 평안
도 감사로 재직하던 송인명이 이 지역의 실정에 맞추어 내용을 덧붙이고
간행한 결과였다. 송인명 본『경민편』이라 하겠다. 가학(家學)을 통해
『경민편』의 가치를 익히 알고 있었기에 송인명이 이 책을 활용하는
일은 자연스러웠으리라 여겨진다.

2) 이정숙의『경민편』: 상주 지역성의 보완과『경민편』의 총합

상주 목사 이정숙은 송인명의 간본을 저본으로 하고, 여기에 경상도
상주민을 대상으로 권계(勸誡)하는 가사를 덧붙여『경민편』을 증보했
다. 이정숙 간본은 이후원 간본, 송인명 간본의 내용을 그대로 받아
살리며 새롭게 출현한『경민편』이라고 할 수 있다. 평양에서 간행된
송인명 간본과 시간 차이가 거의 없이 이정숙 간본이 인쇄된 점으로
살핀다면 이정숙의 행동은 매우 민첩했다.

『경민편』은 기묘명신 사재(思齋) 김정국(金正國)이 편찬했다. 백성을
가르치고 풍속을 변화시킴에 크게 도움이 되므로 완남 부원군 이후원(李
厚源) 공이 간행하여 8도에 배포하기를 청원하였는데, 진고령과 진서산
이 작성한 풍속의 깨우치는 글 여러 편, 송강(松江) 정철(鄭澈)의 훈민가

---

119) 李萬秋,『唐山義烈錄』(규장각, 奎7776), 有明朝鮮國平安道中和壬辰東三陣忠義碑.

(訓民歌)를 첨부하였다. 이어 평안감사 송인명(宋寅明)은 또 8계를 증보하여 서로(西路)의 백성들을 깨우치니, 이는 정녕 상주의 백성들이 오늘날 규범으로 삼아도 좋다. 이에 이 책자를 간행하면서, 겸하여 힘쓰도록 하는 말을 덧붙여 우리 백성들이 경성(警省)할 자료로 삼고자 한다.[120]

이정숙이 증보하여 덧붙인 내용은 송인명이 증보한 8계와 비교할 때 분량은 차이가 많이 나지만 형식에서는 서로 비슷했다. 이정숙은 상주 지역민들에게 전달하려고 하는 내용을 4언시 104절로 압축하여 만들고 이를 한글로 풀이했다. 전달하고자 하는 주제를 적지 않은 분량에 담되 쉽게 읽고 이해하도록 하는 가사(歌辭) 형식을 취하였다. 이러한 형식은 범죄를 구체적으로 제시하고 그에 맞추어 형벌을 보여주는 『경민편』의 방식과는 거리가 멀었다.

이정숙이 증보한 가사 또한 송인명이 평안도의 지역민을 위해 편찬했음을 밝혔듯이, 영남의 상주 지역 구성원을 대상으로 한 것임을 분명히 했다. 증보본의 발문에서도 "상주의 지역민들이 오늘날 규범으로 삼아도 좋은 것"이라고 했거니와 4언시 104절의 첫 머리도

維嶺之南 鄒魯舊鄉
오직 녕 남녁흔 추와 노 ᄀᆞᆺ튼 녯 ᄆᆞ올이라
仁賢輩出 風俗淳良
인현이 무리 지어 나 풍쇽이 순후ᄒᆞ며 어지니[121]

---

120) 李廷熽, 「題警民編後」, 『警民編』(이정숙 간본).
121) 오늘날의 표기법으로 옮기면 다음과 같다.
"고개 남쪽은 공자와 맹자가 살았던 옛 지역과 같은 곳으로
어질고 현명한 인물이 무리 지어 태어나 풍속이 순후하고 어지니"

라고 운을 떼며 영남 사람을 직접 호명했다. 문경새재 아래 지역은 공자와 맹자의 옛 가르침을 충실히 이어 어진 사람이 많이 배출되고 풍속 또한 순량하다는 극찬이다. 공자와 맹자의 문화가 발달했다는 의미의 '추로구향(鄒魯舊鄕)'은 영남에 살거나 아니면 영남 밖에 살던 사람들이 이 지역을 지칭하는 오래된 상징어였는데,[122] 이정숙은 이 표현을 자신이 증보한 가사의 제일 첫머리에 실었다. 상주 지역민들에게 이 지역의 풍속이 순후하다고 치켜세우면서 『경민편』의 의미를 전달하고자 하는 방식이라 하겠다. 이정숙의 간본 또한 송인명 간본과 마찬가지로 『경민편』이 지역성과 결합하며 새로운 형태로 증보되는 양상을 보여준다.

4·4구의 104구절은 다루고 있는 내용으로 볼 때 크게 네 단락으로 나뉘어진다.[123] 첫 16구절에서는 이 지역에 교화가 크게 실행되어 지역민들이 삶을 즐기던 평화의 상태를 이야기하고, 17구절 이하 32구절까지는 백성의 풍속이 순후함을 잃어 병이(秉彝)가 모두 상하고 윤리와 강상이 무너진 현실을 거론하였다. 33구절부터 48구절까지는 도덕 교육이 시행됨을 밝히고 이어 49절부터 마지막 구절까지 옛 풍속과 질서를 다시 회복하는 방안을 노래했다.

---

122) 김안국의 다음 묘사는 이 지역을 '동방의 추로'로 부르는 명쾌한 표현이다. "嶺南一方, 俗尙文學, 閭巷之中, 絃誦之聲相聞, 炳蔚名世者, 前後相望, 實吾東之鄒魯也."(『慕齋集』 권12, 書新刊性理大全後, 1나) 물론 鄒魯之鄕과 같은 표현은 경상도만을 지칭하지는 않았다. 유교 문화가 발달한 지역을 지칭할 때 경상도나 전라도 할 것 없이 이와 같이 불렀다. 이를테면 중종 12년 주강에서 典經 李希閔이 "대저 임금이 정성스럽게 효도하면 백성도 모두 효도하는 사람으로 바뀌게 됩니다. 경상도와 전라도는 우리 나라의 鄒魯之鄕인데, 큰 죄인이 형벌에서 도피한 지 1년이나 되었습니다. 근래에 천재가 비록 많다 하더라도 어찌 이 변보다 더하겠습니까?"(『中宗實錄』 권31, 중종 12년 12월 28일[己巳])라고 한 것은 그 한 사례이다.
123) 물론 이 구분은 필자의 임의로운 판단이다. 이정숙이 이 구분을 제시하지는 않았다.

구성	시작과 끝 구절	비고
1단 (1구~16구)	維嶺之南 鄒魯舊鄕……人不巧僞 民樂其生 영남은 추로(鄒魯)의 옛 고을……사람들은 속임이 없고 지역민은 그 삶을 즐겼다	도론
2단 (17구~32구)	世級日夷 古道沈淪……何昔美俗 今忽偸薄 세상이 날로 무너져 고도(古道)가 사라지고……옛날의 아름다운 풍속 지금은 투박해졌으니 어찌해야 하나!	무너진 풍속의 모습
3단 (33구~48구)	聖主斯惻 明勑民紀……遷善遠辜 禮俗可復 성주(聖主)가 이를 불쌍히 여겨 인륜을 분명히 밝히니……어짊으로 옮겨가고 죄를 멀리하여 옛 도의 풍속을 회복하리라.	聖主의 은혜와 도덕 교육
4단 (49구~104구)	凡厥人性 初無不善……汝不吾信 視此警編 사람의 성(性)은 처음은 어질지 않은 이 없는지라……그대나를 믿지 아니하거든 이 『경민편』을 볼지어다.	풍속을 복원하는 방도

이와 같은 구성에서 보는 바지만, 104구절의 초점은 후반부에 있었다. 이정숙은 이곳에서 부모에 대한 효, 군주에 대한 충성, 형제간의 우애, 부부 간의 화목, 장유(長幼) 사이의 질서, 붕우간의 신뢰와 같은 오륜 도덕을 지키며, 예의와 공손함에 기초하여 타인을 만나고, 친척 간의 빈궁과 환란을 서로 구하며, 혼인과 상장(喪葬)과 같은 일을 향린(鄕隣)에서 상부상조하여 치르며, 노비가 주인을 배반하지 말며, 신분이 낮은[賤] 자가 신분이 높은[貴] 자를 능욕하지 말라고 하였다. 적절하지 않은 소송을 하지 말고, 의롭지 않게 물건을 소유하지 말며, 절도하지 말고 구타하지 말 것이며, 말리(末利)를 쫓아 본업(本業)을 게을리하지 말라고도 했다. 마지막에 가서는 "만약 가르침을 좇지 아니하면, 형벌을 내려 사면하지 않으리라. 선비[士]와 너희 백성[民]은 마땅히 더욱 힘쓸지어다."[124]라는 발언으로 끝을 맺었다. 내용은 대체로 『경민편』의 주제를 반복했지만, 이정숙은 여기서 더 나아가 '친상사장'의 도리를 강조했다.[125] 이정숙 역시 영조의 생각을 염두에 두고 있었던 셈이다.

---

124) 『警民編』(이정숙 간본), 54가, "敎若不從, 刑玆無赦. 咨爾士民, 宜益勉旃. 汝不吾信, 視此警編."

이정숙의 증보 작업은 김정국 이래 『경민편』의 지향을 충실히 계승하며 이루어졌다. 앞에서 거론한 여러 내용도 그러하거니와, 선을 행하는 일은 인성(人性)에 근본한 것임을 내세우며 논의를 전개하는 방식에서도 이를 확인할 수 있다.

무릇 사람의 성(性)이 처음에 어질지 아닌 이 없는지라
잡으면 곧 있나니 어찌 그 근본에 돌아가지 아니하리오[126]

이정숙이 상주 목사로 재직하며 이 책을 다시 증보한 까닭은 송인명과 유사하다. 무신변란 후 조선정부와 위정자들이 가지고 있던 위기의식 위에서, 그리고 그 위기를 돌파하고자 하는 한 방편으로서 송인명이 『경민편』을 주목했듯이, 이정숙 또한 그러한 생각을 바탕으로 이 작업을 진행했다고 할 수 있다. 좀 더 세밀히 들여다본다면, 이정숙이 이 책을 증보하게 된 데에는 무신변란과 관련된 그의 개인적 경험과 상주의 지역적 특성이 크게 작용하고 있었다.

이정숙은 1728년 변란이 일어났을 때 안동 부사(安東府使)로 재직 중이었다. 영조 즉위 후 유배 생활을 벗어나 의주 부사로 복직한[127] 이래 이정숙은 승지,[128] 예조참의,[129] 동지(同知),[130] 예조참지[131] 등에 임명되어 경관직(京官職)을 맡아 보다 1727년(영조 3)에 안동 부사로 내려와 있었는데,[132] 마침 이곳에서 변란이 일어났고 수령으로서 이

---

125) 『警民編』(이정숙 간본), 54가.
126) 『警民編』(이정숙 간본), 52나, "凡闕人性, 初無不善. 操之則存, 盍反其本."
127) 『承政院日記』, 영조 1년 3월 26일[甲子]. 李廷熽爲義州府尹.
128) 『承政院日記』, 영조 2년 12월 12일[己巳].
129) 『承政院日記』, 영조 3년 윤 3월 22일[戊寅], "吏曹口傳政事, 以李喬岳爲禮曹參判, 李廷熽爲禮曹參議."
130) 『承政院日記』, 영조 3년 5월 11일[丙寅], "以李廷熽爲同知."
131) 『承政院日記』, 영조 3년 5월 29일[甲申], "李廷熽爲參知."

사태를 감당해야 했던 것이다.

당시 안동에는 이인좌, 이웅좌(李熊佐) 등 변란 주도세력 및 그들과 연결된 인물들이 모여들어 변란을 일으키려 했다. 반란 세력들은 초기에 안동 부사 이정숙을 죽이고 반(反) 영조 세력으로 통일을 이루려고 했다.[133] 이 일은 안동 지역 인물들이 협조하지 않아 성사되지 못했지만, 이정숙은 하마터면 목숨을 잃을 뿐만 아니라 나아가 반란을 막아내지 못한 지방관의 오명을 뒤집어 쓸 상황을 겪어야 했다.[134]

이때 안동을 포함한 경상도 북부 지역은 정변을 일으킨 주요 세력들이 집결해 있던 변란의 거점 가운데 한 곳이었다. 오랜 전통 속에서 숱한 명사(名士) 대부(大夫)를 배출한 이곳으로 변란 세력이 몰려든 사실은 뜻밖이다. 이 지역이 경상도와 충청도의 접경 가까운 곳에 입지하여 정변 세력들이 이웃하고 있는 충주와 청주 등 충청 지역으로 쉽게 이동할 수 있는 여건을 갖추고 있었기 때문에 이러한 일이 생겨나지 않았던가 짐작된다. 말하자면 이곳은 변란 세력들이 모여들어 일을 도모하기에 아주 적합한 지역이었다. 이정숙은 관장을 죽이고 공권을 부정하는 사태가 벌어지는 변란의 최전선에 서 있었던 셈이다.

안동이 지닌 상징성으로 보아 이곳이 반영조·반집권 세력이 움직이

---

132) 『承政院日記』, 영조 3년 7월 11일(乙丑), "下直, 安東府使李廷燿, 竹山府使崔必蕃."

133) 『英祖實錄』 권17, 영조 4년 4월 10일[庚寅], "上御仁政門, 親鞫鄭宜璉. 宜璉供, 前年八月, 臣往安陰, 十月上來. 麟佐來言, 來年三月, 爲其事. 熊佐來醴泉, 三月旬後, 發大憤歸去曰, 因安東漢, 吾事不成. 初則欲斬李廷燿, 統一安東, 而安東人大叱曰, 何爲此言耶. 熊佐以此發憤而去."; 『承政院日記』, 영조 4년 4월 29일[己酉], "逆賊希亮姪宜璉招辭, 以爲三月旬後, 能佐來醴泉, 發大憤歸去曰, '因安東漢, 吾事不成, 初欲斬李廷燿, 統一安東, 而安東人, 大叱曰, 何爲此言耶?' 能佐, 以此發憤而去云云, 卽此觀之, 安東人之能曉解逆順, 叱退賊豎, 使之發憤而去者, 誠可嘉歎."

134) 嶺南別遣御史 朴文秀가 그에 대해 "안동 부사 이정숙은 다스림이 사납지 않으나 우선 백성들의 칭송이 없으니, 마땅히 앞으로 살펴보아야 잘하는지 잘못하는지를 논할 수 있습니다."(『承政院日記』, 영조 4년 3월 11일[辛酉])라고 했듯이, 안동 부사 시절 그에 대한 평판은 그다지 긍정적이지는 않았다.

는 공간이 되었다는 사실은 조선 사회에 상상할 수 없을 정도의 충격을 주었다. 반란에 참가하지 않은 이 지역 사람들의 놀라움 또한 이루 말할 수 없이 컸다.

영남은 추로지향(鄒魯之鄕)으로 선현이 끼친 교화가 지금까지도 쇠퇴하지 않아 풍속이 순박하고 아름답기로 여러 도에서 으뜸입니다. 불행히도 고금에 없던 난역(亂逆)이 갑자기 도내에서 나왔으나, 이는 반역을 일으킨 부류가 스스로 흉악한 습성을 알리고 스스로 난을 일으켜 스스로 하늘의 주벌을 초래한 데 불과합니다. 도내의 사람들이 그들과 무슨 관계가 있겠습니까.135)

고금에 없던 난역이 이곳에서 나왔지만 이는 반역을 일으킨 무리들의 행동일 뿐, 영남의 도내 사람들과는 아무 관련이 없다는 이야기다. 변란 이후 영조와 정부에서는 의도적으로 이 지역을 변란과는 아무 상관이 없는 지역으로 만들려고 노력했다. 안동 지역의 주요 인사들도 연루 사실이 그다지 달갑지 않은 일이었기에 자신들이 정변과는 무관함을 밝히려 많은 노력을 기울였다.

무신변란의 고초를 겪은 뒤 이정숙은 안동 부사를 떠나 교하(交河) 현감 등 여러 관직을 역임했다. 그러다가 상주 목사로 오게 된 것은 당시 상주가 처했던 상황의 극복을 위해서였다. 경상도 북부 지역의 요충지였던 상주는 안동과 마찬가지로 변란의 중심 공간으로 화약고와 같은 곳이었다. 이인좌가 이곳과 가까운 문경에 살았고, 변란이 진행되는 도중에는 변란의 주요 인물들이 이곳으로 숨어들었다. 이를테면 태인 현감으로 변란에 참여했던 박필현(朴弼顯)은 그의 아들과 함께

---

135) 『承政院日記』, 영조 4년 4월 7일[丁亥].

상주에서 잡혀 죽임을 당하였다.136) 정부에서는 변란의 주동자로 꼽혔던 박필현의 6촌 박필몽(朴弼夢)도 상주로 도피할 것으로 전망하며 대비하기도 했는데, 박필몽은 끝내 자취를 감추었다.137)

경상도에서 가장 중요한 지역 중 한 곳인 상주가 변란의 주요 거점이 된 상황에서 정부의 고민은 깊었다. 실질적인 안정책 및 유화책이 필요했다. 정부에서 먼저 세운 대책은 변란이 일어난 뒤 먼저 이곳의 영장(營將)을 실력 있는 자로 바꾸는 일이었다. 아래 자료는 상주 영장 한옥(韓玉)을 청주 우후(淸州虞候) 박민웅(朴敏雄)으로 교체하는 사정을 보여준다.

상주(尙州)는 세 고개[嶺]와 접하고 있어 실로 요충지인 데다가 역적의 소굴이 실제 이 지역에 있습니다. 하지만 영장 한옥(韓玉)은 사람됨이 용렬하여 이 일을 맡기가 힘드니 개차하고 그를 대신한 인물을 각별히 가려서 보내야 합니다.138)

어제 청주 우후 박민웅을 승진시켜 본주(本州)의 영장에 제수하였습니다. 현재 영남의 적이 창궐하고 상주가 그 요충지여서 영장의 적임자를 선발하기가 매우 어려운데, 의논하는 사람들이 모두들 박민웅을 차출하여 보내야 한다고 합니다. 자주 바꾸어 차임하는 것이 비록 절차에

---

136) 박필현 부자가 상주 진영에서 죽임을 당했다는 기록이 『承政院日記』 영조 4년 4월 5일자 기사에 확인된다.(『承政院日記』, 영조 4년 4월 5일[乙酉], "逆賊弼顯父子, 已就誅於尙州鎭營")

137) 『承政院日記』, 영조 4년 3월 29일[己卯]. "上曰: '弼顯已逃, 若與夢賊, 首尾相應, 則最可慮矣.' 致中曰: '顯賊必在嶺南賊陣矣.' 上曰: '當送都事與宣傳官矣.' 寅明曰: '弼夢必知嶺賊與淸賊之事, 故預爲逃走矣.' 趙文命曰: '臣之意見, 與諸臣異矣. 煽動今日之逆變, 醞釀今日之賊謀者, 皆弼夢之所爲也. 不必更問其情節, 而且有生得失之慮, 卽其地斬之, 似爲得宜矣.'"

138) 『承政院日記』, 영조 4년 3월 27일[丁丑].

어긋난 일인 듯하지만 사세가 이와 같으므로 변통하지 않을 수 없습니다. 전 청주 영장 안종대(安宗大)는 지금 우선 잉임(仍任)하고, 박민웅은 상주 영장으로 차출하여 보내는 것이 어떻겠습니까?[139]

영장(營將)은 임진왜란 시기에 속오군(束伍軍)의 지휘자로 등장했고 병자호란 이후 극히 중시된 직임이었다.[140] 지방의 군사적 대응력을 높이는 일이 갈수록 요청되는 상황에서 영장이야말로 가장 적합한 존재였기 때문이었다. 무신변란 이후 정부에서는 영장제를 더 강화하였다.[141] 상주 지역의 반란 세력을 제압하고 그들이 다시 일어나지 못하도록 하기 위해 능력 있는 영장의 배치를 우선적으로 고려했던 조치도 그러한 강화책의 일환이었다.

상주 목사의 교체 또한 거론되었다. 당시 상주 목사 조영록(趙榮祿)은 유능하다고 인정받던 인물이었다. 변란 직전에 영남 별견 어사(嶺南別遣御史)로 파견되었던 박문수(朴文秀)가 그에 대해 "엄하고 굳세며 맑고 총명하다. 그 다스리는 법도에 지극히 조리가 있어 토호(土豪)가 다소 단속되어 백성들이 모두 편안하다"[142]고 높게 평가할 정도였다. 그러나 변란 후에는 상주 목사를 명망 있는 무관(武官)에게 맡겨야 한다는 의견이 제시되는 등[143] 교체론이 크게 대두했다.

---

139) 『承政院日記』, 영조 4년 3월 28일[戊寅].
140) 영장제에 대한 연구는 서태원, 1999, 『조선후기 지방군제 연구-영장제를 중심으로-』, 혜안 참조.
141) 영장제 강화의 양상은 영조 6년 9월 비변사에서 제정한 『束伍節目』에서 살필 수 있다.(『備邊司謄錄』 88책, 영조 6년 9월 25일) 기존 흐릿해진 속오군의 운영을 정비하기 위해 마련한 이 절목에서 비변사는 영장의 명령을 잘 따르지 않는 수령을 엄중하게 다스릴 것을 천명하였다. 무신변란 이후 영장제 운영에 대해서는 서태원, 위의 책, 209~216쪽 참조.
142) 『承政院日記』, 영조 4년 3월 11일[辛酉], "尙州牧使趙榮祿, 峭剛精明, 其爲治法, 極有條理, 土豪稍戢, 小民皆安."
143) 『承政院日記』, 영조 4년 3월 29일[己卯], "文命曰: '尙州牧使, 亦當以望重武弁擇送矣.'

288

새로운 인물에게 상주 목사를 맡기는 일은 쉽지 않았다. 많은 사람들이 물망에 올라 임명되었지만 대개 신병 등을 이유로 이곳의 관장 일을 회피했다. 이런 자리에 이정숙이 제수된 때는 무신변란이 일어나고 1년이 지난 시점이었다. 1728년 안동 부사로 근무하며 죽을 고비를 넘긴 뒤 교하 현감을 거쳐 다시 승지로 제수받아 중앙으로 올라와 있던 중이었다.[144] 그런 그가 다시 상주 목사를 맡은 일은 뜻밖이었다.[145]

이정숙의 상주 목사 임명은 좌천의 성격이 짙었다. 이정숙은 이곳으로 발령 나기 한 달 전, 서종하(徐宗廈)의 아들인 서명년(徐命年)이 감시(監試) 회시(會試)에 합격한 사실을 두고, '시관이 그를 빼버리지 않은 점을 두고 조정 밖의 논의[外議]는 의아하게 여긴다.'는 이야기를 했다가 영조에게 '붕당의 논의'라 하여 경고를 받은 적이 있었다.[146] 서종하는 1721년(경종 1) 김일경(金一鏡)의 상소[147]에 동참했다가 유배 중이던[148] 인물이었다. 소론 당색에다가 당시 가장 뜨거운 사건에 연루되어 있었기에 그의 아들의 과거 합격은 논란이 일어날 소지가 많았다. 영조의 경고는 이정숙의 발언이 노론의 의견을 반영하고 있으며 정쟁을 키울 수 있다는 판단에서 나온 것이었다. 이후 소론들이 이 발언을 두고

光佐曰: '尙牧善治, 可惜矣.' 寅明曰: '尙州必爲賊窟矣.' 上曰: '尙州必已經亂矣.'"

144) 이정숙은 1728년 사건 이후 교체되어 교화 현감에 제수되었다가,(『承政院日記』, 영조 5년 1월 8일[癸丑]) 다시 승지 일을 맡았다.(『承政院日記』, 영조 5년 3월 7일[辛亥])

145) 『承政院日記』, 영조 5년 11월 28일[戊戌].

146) 『承政院日記』, 영조 5년 10월 3일[甲辰].

147) 『景宗實錄』 권5, 경종 1년 12월 6일[壬戌].

148) 『英祖實錄』 권13, 영조 3년 10월 6일[戊子], "命李眞儒·朴弼夢·尹聖時·鄭楷·徐宗廈·李明誼出陸, 朴長潤減等量移. 從領府事李光佐·判義禁沈壽賢·吏曹判書吳命恒之請也, 蓋眞儒等六人, 同參賊鏡之疏者也, 長潤, 請改明陵誌文者也." 서명하는 무신변란이 일어나자 조사를 받았으나 여기에 가담했다는 혐의가 드러나지 않아 처벌을 면하였지만,(『英祖實錄』 권18, 영조 4년 6월 10일[己丑]) 끝내 절도정배되었다.(『英祖實錄』 권24, 영조 5년 9월 28일[己亥])

문제를 삼자149) 이정숙은 사의를 표했고,150) 영조는 곧바로 그를 상주 목사로 임명했다.

영조가 이정숙을 이곳으로 내보낸 사실은 어찌 보면 그에게서 이 지역의 위기를 넘어설 수 있는 능력이 있었음을 보았기 때문일 수도 있다. 이 지역의 불온한 기운을 잠재우는 일에는 친영조(親英祖)의 열정이 필요했다. 이정숙은 그 점에서 적격자였다. 더군다나 이정숙은 이때 시종신(侍從臣)의 지위에 있었기에 영조의 마음을 누구보다도 잘 헤아리고 있었을 것이다.

상주 목사 이정숙이 『경민편』을 증보하여 간행한 일은 한시바삐 민심을 수습하고 질서를 안정시켜야 했던 경상도 북부 지역 상황에 맞추어 진행된 결과라 할 수 있다. 이정숙은 이 책을 읽어야 할 대상을 '사민(士民)'으로 포괄하여 지칭하였다. 상·천민 만이 아니라 양반 사대부도 이 책을 알아야 한다함이었다. 이는 숙종 대 박세채가 『경민편』을 '교민(敎民)을 위한 책'으로 상정하여, 별도로 양반[士]을 위한 책『격몽요결(擊蒙要訣)』과 분리했던 인식과 대비되는 모습이다. 이정숙은 이 지역의 양반과 상천민을 구분하지 않고 두루 포괄하여 교도하지 않으면 안된다고 생각하였다. 1728년의 변란 후 평안도 사람들에게 '친상사장(親上死長)'의 의식을 기르는 일이 필요하다고 여겼던 송인명과 비슷한 측면에서, 이정숙 또한 이 책을 만들고 보급하고자 했음을 살필 수 있다.

이정숙의 작업 이후 조선에서는 새로운 내용을 추가한 『경민편』이 다시 만들어지지 않았다. 지방관 스스로 기존『경민편』의 형태를 변형하여 보급하기도 했지만, 그 이상의 변화는 없었다. 그런 면에서 이정숙 본은 『경민편』의 최종 완결판이라 할 수 있다. 이 간본의 기저에는

---

149) 『承政院日記』, 영조 5년 10월 7일[戊申].
150) 『承政院日記』, 영조 5년 11월 22일[壬辰].

김정국 이래 무려 250여 년간, 보완하고 증보하며 널리 이용하고자 했던 정치권력의 노력이 응축되어 있었다.

이상 살핀 대로 영조 5~6년 무렵 조선에서는 『경민편』을 증보하여 간행하는 일이 평안도 평양과 경상도 상주 두 곳에서 일어났다. 두 지역 모두 중앙에서 멀리 떨어져 있었지만, 남방과 북방의 주요 도회지 (都會地)이자 1728년 반역의 기운이 서려 있는 곳이었다. 권력의 처지로 는 이곳의 민심을 가라앉히고 변란의 여력을 사라지게 하는 일이 무엇보 다 시급했다. 감사와 목사의 직무를 맡던 송인명과 이정숙은 이 과정에서 『경민편』을 다시 소환하였다. 이들은 기존 『경민편』에 지역 사정을 반영한 내용을 더하여 증보본을 만들고 이를 보급했다. 이때 만들어진 두 책의 활용 범위는 그렇게 넓지는 않았다. 증보본 원고를 만들고 이를 판각하여 인쇄한 뒤 관내에 배포하는 일은 적지 않은 공력을 필요로 했다. 그런 점에서 그 일 자체가 쉽지는 않았을 것이다. 위기의 상황은 이를 가능하게 하는 힘이었다.

『경민편』의 역사 위에서 보자면, 평안도와 상주에서의 증보본은 지역 성을 강하게 지니고 있었다. 편찬과 보급 과정에 중앙정부 대신 지방관 이 책임을 졌고, 또 증보한 내용 자체가 그러했다. 두 책 모두 애초 전국으로의 보급을 염두에 두지 않았다.

이들 두 증보본은 절체절명의 위기 상황의 극복, '친상사장'의 의리를 전면적으로 거부하는 현실 문제를 해소하고자 하는 의도도 담고 있었다. 이 점은 앞서 편찬된 김정국의 간본이나 허엽·이후원 간본에서는 찾기 힘든 요소였다. 18세기 초반, 무신변란이 만든 극단의 위기 속에서 『경민편』은 새로이 탈바꿈했다. 허엽과 이후원 간본과는 다른 성격의 정치성을 담은 『경민편』의 출현이었다.

3. 18~19세기 『경민편』의 활용과 '문자의 가르침[文字之敎]'

1) 무신변란 이후 이후원 간본의 보급 양상

1728년의 변란이 불러온 정치적 위기는 조선의 위정자들로 하여금 『경민편』의 가치를 새롭게 돌아보게 하는 계기가 되었다. 평양과 상주에서 이후원 간본에 새로운 내용을 덧붙여 증보하는 특별한 모습을 보였을 뿐만 아니라 일부 지역에서는 기존 이후원 간본을 재차 보급하려고도 했다. 『경민편』은 지방 정치를 위한 책으로 이전에 비해 더 많은 주목을 받았다.

무신변란 이후 『경민편』의 이용 양상은 시기별로 또 지역별로 다르게 나타났다. 영조 20년 무렵까지는 이후원 간본을 그대로 활용하는 경우가 많았다. 평양, 상주 지역에서 편찬된 새로운 증보본을 이들 지역 바깥에서 이용하는 모습은 이때까지는 확인되지 않는다.[151] 평양본, 상주본은 그야말로 특수한 조건 위에서 탄생했던 한시적인 판본이었던 셈이다. 이 시기 이후원의 옛 간본을 활용하는 경우도 지방관의 개별적 판단에 주로 의존했다. 중앙정부의 관심과 개입은 아직 미치지 않는 형편이었다.

무신변란 직후 평양과 상주 이외의 지역에서 『경민편』을 교육에 활용하는 양상은 우선 함경도에서 확인된다. 1729년(영조 5) 10월 함경도 감사에 임명되어[152] 1730년(영조 6) 초부터 업무를 보았던 윤양래(尹陽來)[153]는 재임 시절 『삼강행실도』와 함께 『경민편』을 간행하여 교화서

---

151) 평양의 송인명 간본과 상주의 이정숙 간본의 가치가 재평가된 시점은 『續大典』 편찬을 전후하여 정국이 크게 변화하기 시작할 때였다. 정부에서는 증보본을 전국에 보급하여 수령들로 하여금 이용하게 하려고 했다. 물론 그 움직임이 정부의 의도를 반영하며 활발하게 이루어졌는지는 미지수다.

152) 『英祖實錄』 권24, 영조 5년 10월 20일[辛酉].

로 이용했다.154) 이때는 시간상『삼강행실도』를 간포(刊布)하라고 영조가 명령을 내린 시점과 겹친다.155) 윤양래는『삼강행실도』를 간행하면서 동시에『경민편』도 인쇄하여 활용했던 것으로 보인다.

이 시기 함경도 감사가『경민편』을 보급한 사정은 분명하지 않다. 다만 송인명이 평안도에서『경민편』을 증보할 필요를 느꼈듯 윤양래도 그러한 생각을 지녔을 가능성이 크다. 함경도 또한 무신변란에 동조했다는 혐의를 받는 인물들의 처벌을 둘러싼 권력의 움직임이 활발하게 일고, 감사로 있던 이가 연루되었다고 하여 교체되는 등 심한 몸살을 앓고 있었다. 윤양래는 이 와중에 감사로 제수되었기에 당시의 상황을 누구보다 심각하게 느꼈을 수 있다.

1728년 3월 당시 함경도 감사는 권익관(權益寬)이었다.156) 그는 변란이 일어나자 곧 사직을 청원하고157) 교체되었다.158) 김일경의 종제(從弟)이자 박필현과 처남-매부 사이인 데다가 감사의 막료 박창제(朴昌悌)·황부(黃溥)가 변란에 참가했다고 의심을 받았기 때문이다. 특히 막료들의 혐의는 북로안무사(北路安撫使) 윤헌주(尹憲柱)159)가 조사하여 보고

---

153) 尹陽來(1673~1751)는 당색은 노론이며 소론의 탕평책을 비판했다. 1746년 知中樞府事로 있을 때, 소론 朴文秀 등이 탕평책을 벌이자 신임사화에 관련된 소론들을 뿌리 뽑아야 한다고 주장했다가 삭직되기도 했다. 본관은 坡平이며, 할아버지는 止善이고, 아버지는 경주부윤 理이다.

154) 兪拓基,『知守齋集』권14, 判敎寧府事致仕尹公諡狀, 6가, "公諱陽來, 字季亨, 自號晦窩. 己酉(영조 초: 필자 주), 連除禮曹兵曹參判·同知義禁, 皆辭, 旋拜咸鏡道觀察使. 時北路酷被水災, 賑事方急, 嚴敎連下, 責以往役, 旨意勤懇.……乃刊布三綱行實警民編等書, 以時訓諭. 採訪孝子烈女, 狀請旌褒. 課試儒士, 鍊閱軍校, 以勸文武."

155) 영조 6년의 함경도 간행본은 여러 곳에서 소장을 확인할 수 있는데, 그중 일본 天理大 소장본은 간기에 '藏在庚戌夏咸鏡道監營開刊'이라고 적혀 있다.(심우준, 앞의 책, 590~591쪽)『二倫行實圖』와 함께 한 책으로 묶여 있는 점이 특징이다.

156) 권익관이 함경감사에 임명된 시점은 영조 3년 9월이다.(『英祖實錄』권13, 영조 3년 9월 25일[戊寅])

157) 『承政院日記』, 영조 4년 4월 11일[辛卯].

158) 『承政院日記』영조 4년 5월 2일[壬子].

159) 『英祖實錄』권16, 영조 4년 3월 20일[庚午], "起前判書尹憲柱, 爲北道安撫使, 以兵曹參

하면서 크게 문제가 되었는데, 윤헌주는 순영 중군(巡營中軍)이던 박창제가 건량(乾粮)·장포(醬布)를 모으고 군기(軍器)를 마련하며 군사를 점열했다는 사실,[160] 황부가 동해의 삼봉도(三峯島)로 피란 갈 배를 만들었다는 사실[161]을 들어 그들이 변란에 참가했다고 강하게 주장했다.[162] 윤헌주의 장계 내에서이긴 했지만 당시 "영흥(永興) 이북 지방은 매우 소란스러워 민정(民情)이 물결처럼 흔들리고", "함흥(咸興) 한 지경이 모두 솥에 물끓듯"[163] 하는 상황이었다. 이들은 결국 서울에서 조사 도중 장폐(杖斃)되고,[164] 권익관 또한 혐의를 벗어나지 못하여 절도(絶

議趙趾彬爲兩西安撫使. 大司諫宋寅明, 以思晟·泰徵·瑞鳳, 皆新自北邊來, 慮有他變, 請送重臣鎭之. 且以思晟, 方自關西被拿, 西民必騷擾. 請遣朝臣安撫. 上竝從之, 有是命."
윤헌주는 이미 평안도와 함경도 감사를 역임한 경험이 있었기 때문에 이 일에 적임자였다.(『承政院日記』, 영조 4년 3월 24일[甲戌])

160) 박창제에 대한 기사는 다음 참조. 『英祖實錄』 권17, 영조 4년 4월 8일[戊子], "巡營中軍朴昌悌間變之初, 猝聚營下親騎衛點閱, 留置屢日乃罷.";『英祖實錄』 권17, 영조 4년 6월 7일[丙戌];『英祖實錄』 권17, 영조 4년 12월 29일[乙巳].

161) 『英祖實錄』 권18, 영조 4년 6월 9일[戊子],"更推黃溥. 刑一次, 溥供:'慶源人南龜錫持巡營軍官傳令, 來慶興, 言于臣曰:'巡使道謫慶源時, 聞三峰島之說, 使渠訪問, 以爲推得之地.' 臣問其探知與否, 則龜錫曰:'有一人言:「若登頭里山烽臺, 值日晴, 則僅見其島形, 如臥牛.」云.' 臣書報巡使曰:'若欲得此島, 則必得二十人, 除其一年身役, 令自願勇往, 此道漁船如馬槽, 不可越海, 必有板船, 然後可以入島.' 巡使答以此島之漏版圖, 誠可惜, 宜速造板船.' 臣有奴稍知造船, 自二月, 先造本板, 未及完役, 聞變亂置之. 所謂投海避亂之說, 元非臣之發於口者.……先是, 北道安撫使啓言:'三峰島, 自古無相通之事, 溥以罪人之父, 造船入住之計, 極爲凶狡. 國有緩急, 則乘此新船, 往投海中, 以避其亂之說, 溥與座首金世俊酬酢時, 及唱奴時昌·萬昌等, 得聞甚詳.'"

162) 三峯島는 동해 북쪽에 있는 섬으로 오래 전부터 알려져 왔다. 본토에서 멀리 떨어져 있어 죄를 짓거나 국역을 피하려는 사람들이 이곳으로 도망하여 숨었다고 한다. 성종 대 정부에서는 삼봉도로 投住한 인물들을 '逃賦背國'의 무리로 규정하고 삼봉도를 찾아 쇄환하려는 노력을 여러 차례 시도했다.(『成宗實錄』 권8, 성종 1년 12월 11일[甲寅];『成宗實錄』 권15, 성종 3년 2월 3일[庚午];『成宗實錄』 권26, 성종 4년 1월 9일[庚子];『成宗實錄』 권78, 성종 8년 3월 4일[辛未]) 조선시기 삼봉도, 삼봉도와 무신변란에 대한 연구로는 정석종, 1994, 『조선후기의 정치와 사상』, 한길사 참조.

163) 『英祖實錄』 권17, 영조 4년 4월 8일[戊子].

164) 黃溥는 영조 4년 6월 9일에 1차 형신을 받았다.(『英祖實錄』 권18, 영조 4년 6월

島) 안치의 처벌을 받았다.165)

조정에서는 권익관이 교체된 후 함경감사에 유척기(兪拓基)를 임명했으나 그가 오랜 시간 이를 거부하자 교체하고166) 윤양래에게 맡겼다. 윤양래로서는 뜻밖의 부담을 안은 셈이었다. 앞서 보았듯 함경도에서 윤양래가『경민편』을 간행한 사정은 이런 상황과 결부해서 유추해볼 수 있다. 거기다가 이곳은 평안도와 마찬가지로 유교적 문화와 풍속이 그렇게 발달하지 않은 지역이었으므로, 송인명이 그러했듯이 윤양래 또한『경민편』을 간행하여 보급한다면 얻는 효과가 적지 않으리라 생각했을 수 있다.

윤양래가 이때 간행한『경민편』의 실체는 뚜렷하지 않다. 숙종 때 윤지선이 함경도에서 이후원 간본을 간행한 적이 있었으므로167) 그때의 책이었을 수도 있고 송인명이 증보한 평안도 본이었을 수도 있다. 윤양래와 송인명의 감사 재직 시점이 겹치는 사실로 본다면 윤양래가 송인명이 간본을 간행한 사실을 알고 구해 이용했을 수 있다. 다만 송인명 본이 평안도와 평양을 대상으로 만든 책임을 구체적으로 내세웠기에 그대로 이용하기에는 적절하지 않은 점이 있었다. 기존에 사용하

9일[戊子] 언제 죽었는지는 확실하지 않은데 기록에서는 그가 刑訊을 받다가 죽었다고 했다.(『承政院日記』, 영조 4년 7월 9일[戊午])

165) 權益寬은 "(그가) 역적 김일경의 至親이고 역적 朴弼顯의 妹婿로서 음흉한 마음을 감추고 원한을 깊이 품은 지 본디 오래되었거니와, 北路를 按察하게 되어서는 朴昌悌를 심복으로 삼고 흉악한 黃溥를 爪牙로 삼아" 변란에 참여하려고 했다는 혐의를 받고(『英祖實錄』권19, 영조 4년 8월 7일[乙酉]) 의금부에 수금되어 조사를 받다가 증거 불충분으로 풀려났다.(『英祖實錄』권21, 영조 5년 2월 29일[甲辰]) 그 후, 거센 논란 끝에 권익관은 절도안치의 처분을 받았다.(『英祖實錄』권21, 영조 5년 3월 25일[己巳])

166) 유척기는 영조 4년 6월에 처음 임명되었다가, 영조 5년 10월에 다시 임명되는데 (『承政院日記』, 영조 4년 6월 26일[乙巳] ;『承政院日記』, 영조 5년 10월 9일[庚戌]) 여전히 부임하지 않아 영조 5년 10월에 파직되었다.(『承政院日記』, 영조 5년 10월 19일[庚申])

167) 『肅宗實錄』권12, 숙종 7년 7월 21일[壬申].

던 『경민편』 책판이 함경도 감영에 있었다면 이를 가지고 책을 제작하는 편이 오히려 쉬웠을 것이다.[168]

함경도와 비슷한 사정으로 『경민편』을 적극 활용한 지역은 경상도 초계(草溪)였다. 1731년(영조 7) 2월, 초계군수 신광덕(申光德)은 군에서 소장하고 하고 있던 책판으로 책을 인출, 군민들에게 보급했다.[169] 이때 신광덕은 정철의 『훈민가(訓民歌)』는 제외했다. 부록에 실린 『훈민가』는 한글 가사체라 백성들이 비교적 쉽게 읽을 수 있는 장점이 있었는데 이를 빼버리고 인쇄한 것이다. 신광덕은 초계에서 보관하고 있던 『경민편』의 책판에서 이 부분이 빠져 있어 인쇄하지 못한다고 했다.[170]

신광덕이 이 책을 간행한 이유는 명확했다. 무신변란 이래 명분과 윤기(倫紀)가 더욱 문란해진 현실을 바로잡음에 이 책이 큰 도움이 된다는 것이 그의 생각이었다. 신광덕은 이후원 간본을 저본으로 하여 판각·인출하면서 책의 말미에는 자신이 작성한 발문을 덧붙여 실었다.

근래 인심이 옛날과 같지 않아 풍습이 점점 무너지고 있다. 무신년

---

168) 1759년(영조 35)에 편찬한 『完營冊板』(奎7050)에는 함경도 감영에서 『경민편』 책판을 소장하고 있었던 사실이 적혀 있다. 이 책에는 전주 감영과 청주 감영에서 소장하고 있던 『경민편』 책판 정보도 실려 있는데, 함경도의 『경민편』은 전주와 청주의 『경민편』보다 印刷에 소요되는 종이의 분량이 적었다. 반면 전주와 청주는 동일했다. 만일 전주·청주의 『경민편』이 이정숙 간본이라면 함경도에서 소장하고 있는 책은 그 간본이 아님이 분명하다. 숙종 대 윤지선이 함경도에서 이후원 간본을 간행했던 점을 생각해 보면, 『完營冊板』의 『경민편』은 윤지선 당시의 책판일 가능성이 크다.

169) 『警民編』(草溪本), 「刊警民編記」. 초계본 『경민편』은 1992년 홍문각에서 간행한 『警民編諺解』(異種三本)에 실려 있다. 현 소장처는 미상이다.

170) 『警民編』(草溪本), 「刊警民編記」. 초계의 책판에서 정철의 '훈민가(訓民歌)'만 闕落이 있었던 이유는 분명하지 않다. 다만 이 지역은 기축옥사 때의 정철을 미워하는 감정이 강했기 때문에, 정철의 훈민가가 훼손되었을 가능성도 배제할 수 없다. 산청에 거주했던 崔永慶은 曺植의 제자로 이 지역에서는 영향력이 큰 인물이었는데, 기축옥사 때 죽임을 당했다. 남인, 북인들은 최영경의 죽음에 정철의 책임이 크다고 인식하고 그를 극구 배척했다.

역변(逆變)을 거친 이래로 명분이 더욱 문란해지고 윤기가 거의 사라질 지경에 이르게 되었다. 이에 안타까운 마음이 절로 들었다.[171]

'무신년의 역변'을 빌미로 『경민편』을 간행했다는 신광덕의 발언은 초계의 입지 여건에 비추어 보면 실제 절실한 사정을 담고 있었다. 거창(居昌), 합천(陜川), 안음(安陰) 등 무신변란의 주요 거점을 이웃 군현으로 둔 초계는 이들 지역에 서려 있는 강한 반란의 기운에 큰 영향을 받는 산지 고을이었기 때문이다.

거창, 합천, 안음은 1728년의 정변 지역 가운데서도 극렬하기로 으뜸인 고을이었다. 이인좌와 사전 모의하여 군사를 일으켰던 이웅좌(李熊佐)·정희량(鄭希良)은 거창과 안음을 함락시켰으며, 합천의 명족이었던 조성좌(曺聖佐)·조정좌(曺鼎佐), 그리고 이곳으로 귀양 와 있다가 합류한 허택(許澤) 등 반란 세력 또한 합천을 수중에 넣었다.[172] 이들은 모두 북인(北人), 남인과 인연이 있는 인물들로 오래 전부터 이 지역에 영향력을 미쳐온 가문의 후예였다.[173] 이때 지방의 좌수, 장교 등도 반란에 많이 가담했다. 합천 좌수 정상림(鄭商霖)은 장교(將校)와 이졸(吏卒)을 거느리고 조성좌를 도왔고, 삼가(三嘉) 좌수 신만항(愼萬恒) 역시 삼가 현감 이정수(李廷秀)를 내쫓고 그 군사를 가지고 합천의 반란군에 참여했다.[174]

---

171) 『警民編』(草溪本), 「刊警民編記」, "近者, 人心不古, 風習漸壞. 自經戊申逆變以來, 名分益以紊亂, 倫紀幾乎斁絶, 竊自慨然于心矣."
172) 거창, 합천에서의 반란군의 동향은 『英祖實錄』 영조 4년 3월 27일[丁丑] 기사와 『英祖實錄』 영조 4년 3월 30일[庚辰] 기사에 자세하게 정리되어 있다. 허택은 숙종 6년에 역모 혐의로 죽은 許堅의 조카로 일찍이 緣坐되어 이곳에 謫居하고 있었다.(『英祖實錄』 권16, 영조 4년 3월 30일[庚辰], "澤卽逆堅之姪, 曾以緣坐謫居者.")
173) 曺聖佐·曺鼎佐 등 합천 지역 인물들의 반란 참가에 대해서는 조찬용, 2012, 『1728년 무신봉기와 300년 차별』, 학고방 참조.
174) 『英祖實錄』 권16, 영조 4년 3월 27일[丁丑].

변란이 일어났을 때 이 지역에는 변란 세력에 동조해 참가하는 이도 많이 있었지만 정부군·관군·유향소 임원 가운데서 저항하다 목숨을 잃은 사람 또한 속출했다. 변란에 맞서다 목숨을 잃은 대표적인 인물로 는 거창의 좌수 이술원(李述源)을 꼽을 수 있다.[175]

초계는 이들 지역에 비하면 반란의 중심지는 아니었지만, 여기에서 변란 세력이 나오기도 했고 또 거창·합천 인근이었기에 적지 않은 영향을 받는 곳이었다.[176] 정부군이 좌우로 군대를 나누어 변란 세력을 공격할 때도 이곳은 중요한 역할을 했다. 당시 경상도 감사 황선(黃璿)은 초계 군수 정양빈(鄭暘賓)을 좌방장(左防將)으로 삼아 의령(宜寧)·함안 (咸安)·단성(丹城)의 군사를 이끌고 반란군이 점거하고 있던 지역으로 진격하게 했다.[177] 변란이 끝난 뒤에도 초계에는 잔존 세력들이 활동하 고 있었으므로 이를 단속하고 진압하는 데 많은 힘을 기울여야 했다. 그런 만큼 이곳의 수령이 짊어진 하중은 적지 않았다.

무반(武班)으로서 이곳이 첫 수령 임지였던 신광덕으로서는 부담감이 적지 않았을 것이다. 이곳이 험지인 데다 난후 수습을 위해서는 군사적 인 재능을 가진 수령이 필요했기에 정부에서는 신광덕과 같은 무반을 이곳으로 내보냈던 것으로 보인다. 신광덕은 초계 군수로 임명되기 전에는 선전관(宣傳官), 비변사의 무낭청(武郎廳) 등의 요직을 역임, 능력을 인정받고 있었다.[178] 그렇다고 하더라도 초보 수령이 이 지역을

---

175) 좌수 이술원이 저항하다 죽음에 이르는 상황은 『英祖實錄』 권16, 영조 4년 3월 27일[丁丑] 기사 참조.

176) 『承政院日記』, 영조 8년 윤5월 6일[辛卯], "夫草溪·居昌等地, 是賊變所起之處, 而常時 弭警, 以致盜發於邑居近處"

177) 『英祖實錄』 권16, 영조 4년 3월 27일[丁丑].

178) 『承政院日記』, 영조 6년 8월 2일[戊戌], "又以備邊司意啓曰: '本司武郎廳申光德·申思 彦, 奔走勤仕, 又滿十五朔, 依例陞敍, 或守令除授事, 奉承傳施行, 何如?' 傳曰: '允'";『承 政院日記』, 영조 6년 10월 9일[甲辰], "吏批……申光德爲草溪郡守";『備邊司謄錄』, 영조 6년 10월 12일, "武郎廳望. 申光德外任, 代前宣傳官鄭鎰."

감당하기에 사정은 그렇게 호락호락한 편은 아니었다. 신광덕으로서는 주의를 많이 기울이지 않으면 안되는 처지였다. 『경민편』 간행도 그러한 노력의 일단으로 볼 수 있다. 하지만 신광덕은 수령 생활을 그다지 충실하게 하지 못했던 모양이다. 감사의 수령 고과(考課)에서 신광덕은 "적변(賊變)이 일어난 곳인데도 항상 경고(警告)를 느슨하게 하여 읍 근처에 도적이 일어나게 했다."는 이유로 낮은 평가를 받고 파출(罷黜)되었다.[179]

이와는 다른 방식으로 『경민편』을 활용하는 양상도 나타났다. 1735 (영조 11)~1737년(영조 13) 제주 목사를 지냈던 김정(金䬳)은[180] 제주목 내에 소장하고 있던 『경민편』 간본에서 제주도민들이 편하게 읽을 수 있는 방법을 찾아 증보되지 않은 본래 김정국 본의 내용만 간추려 책으로 간행했다. 또 한글만 별도로 뽑아서 등사한 뒤 한문을 알지 못하는 사람들이 볼 수 있도록 했다. 이후원의 간본을 두 형태의 책자로 재편집, 지역민이 익히도록 한 셈이었다.

제주에는 예전에 만든 『경민편』 간본이 있는데, 포함된 내용이 지나치게 번잡하고 사이사이 언해를 붙여 책의 분량이 크게 늘어났다. 그래서 유식한 사자(士子)들로 하여금 보게 해도 이들은 반도 못 읽어 싫증을

---

179) 『承政院日記』, 영조 8년 윤5월 6일[辛卯)], "李春躋, 以吏曹意啓曰: '今日本曹褒貶坐起時, 考見各道殿最啓本.……草溪郡守申光德, 以盜發邑近無乃弛警爲目.……夫草溪·居昌等地, 是賊變所起之處, 而常時弛警, 以致盜發於邑居近處……竝皆宜置下考, 而置諸中考, 決不可仍置, 竝罷黜, 何如?' 傳曰: '允.'" 신광덕이 초계 군수에서 파출된 후 어떤 직을 맡았는지는 분명하지 않지만, 영조 9년에는 훈련판관에 임명되었다.(『承政院日記』, 영조 9년 6월 15일[甲子])

180) 金䬳(1670~1737). 본관은 풍산이며 鶴沙 金應祖의 증손이다. 문과 합격(1708) 이후 司憲府 監察, 兵曹正郎, 司憲府 掌令, 司諫院 正言, 鏡城 判官, 咸鏡道 都事, 江界府使, 濟州牧使 등을 역임했다. 제주 목사 재임 중 세상을 떠났다.(『承政院日記』, 영조 13년 9월 20일[乙巳], "兪健基, 以備邊司言啓曰: '濟州牧使金䬳在任卒逝, 而係是從二品防禦使, 喪柩上來時, 依例擔軍題給之意, 分付所經各道, 何如?' 傳曰: '允'")

내고 책을 덮는다. 하물며 한문을 모르고 언서(諺書)나 조금 읽을 수 있는 사람들이야 어찌 실마리를 찾아서 볼 수 있겠는가. 이에 간본 가운데 사재(思齋) 김선생이 편찬한 요긴한 절목만을 뽑아내어 인쇄하되 한글 번역을 살려두어 쉽게 이해할 수 있도록 했다. 또 한글 번역만을 뽑아내어 별도로 한 권의 책자로 등사(謄寫), 우부우부(愚夫愚婦)로 하여금 쉽게 읽고 익힐 수 있도록 했다.181)

김정이 거론한 제주도에서 소장하고 있던 『경민편』 간본이 책판(冊板)을 이야기하는지, 인쇄한 간본을 이야기하는지는 분명하지 않다. 숙종대 제주 목사로 근무했던 이우항·이기하가 『경민편』을 간행한 적이 있었으므로,182) 김정이 간추려 보급하고자 한 『경민편』은 그때의 책판일 가능성이 높다.

김정의 발언에서 의미 있게 읽히는 대목은 『경민편』의 내용이 번잡하고 분량이 많아 유식한 사자(士子)들도 제대로 보지 않는다는 언급이다. 이 이야기는 제주도를 대상으로 하여 나왔지만, 『경민편』이 제주도는 물론이고 여타 지방에서 용이하게, 그리고 상시적으로 널리 읽히지 않았을 가능성을 유추하게 한다. 복잡한 부록은 빼버리고 『경민편』의 본래 구성만 간략하게 간추려 책을 인쇄하는 한편, 별도로 한글 번역문만 책으로 엮어 이를 제주도민들이 익히도록 한 김정의 작업은 『경민편』의 문자 장벽을 넘기 위한 특별한 조치였다고 할 수 있다.183)

『경민편』을 보급하며 김정이 가졌던 기대는 생각만큼 충족되지 못했던 것으로 보인다. 김정이 『경민편』을 인쇄하여 보급한 시점은 제주에

181) 金ᄊ, 『蘆峯集』 권2, 敎諭―島民人文, 24나.
182) 제II부 2장 2)절 참조.
183) 이후원 간본을 지역 사정에 맞추어 재조정하고 이를 지역민의 교육에 활용하는 실용적 모습이라 하겠다. 뒷날 다른 지역에서도 이와 같은 방식을 활용하는 모습을 확인할 수 있다.

부임한 초[184]였지만, 그해 흉년이 크게 들었던 까닭에 제주도민들이 이를 익히고 실천할 여력이 없었던 사정이 크게 작용했다. 김정은 가을걷이, 부세 납부와 같은 일을 마무리한 시점에 다시 『경민편』을 익히도록 하면서, 현민들이 책에서 일러주는 대로 때를 놓치지 말고 새해 농사 준비를 잘하기를 당부했다.[185] 『경민편』에 대해 큰 관심을 기울이는 것으로 보아, 김정은 실제 행정망을 동원하여 현민들이 이 책을 읽도록 독려했을 것으로 여겨진다.

제주도 도민들이 『경민편』을 읽고 이를 따라 실천하기를 바라는 김정의 노력은 초계 지역의 『경민편』 보급과 비교하면 조금 차이가 있다. 초계에서의 새로운 간행이 무신변란의 수습과 직접 연관되어 있었다면 김정의 의도는, 숙종 대 이우항이나 이기하가 이 책을 간행하여 제주 도민에게 보급했던 것과 유사하게, 일상의 범죄 예방과 교화를 겨냥하고 있었다. 김정의 노력은 이 책을 만든 김정국이 지녔던 기대를 지방에서 전형적으로 실천하는 모습이었다.[186]

이상 살핀대로 무신변란 이후 『경민편』을 활용하는 사례는 여러 지역에서 확인된다. 지방관들은 변란 수습을 염두에 두고 책을 인출하여 보급하기도 하고, 역내 민인들의 교화를 위한 자료로써 책을 이용하기도 했다. 『경민편』을 보급하려 했던 움직임이 위에서 거론한 몇 사례만으로 한정되지는 않을 것이다. 이 절에서 정리한 내용은 간행 주체들이 남긴 자료를 통하여 접근한 결과일 뿐이다. 그런 점에서 판단의 한계는 분명하다.

---

184) 金㳒, 『蘆峯集』 권2, 重爲告諭文, 25가, "下車之初, 印布警民編, 使坊坊曲曲大小民人, 欲其誦習而自勉自勵矣."

185) 金㳒, 『蘆峯集』 권2, 重爲告諭文, 25가~26가.

186) 김정은 제주도에서 三泉書堂을 만들어 지역민들을 교육할 정도로, 敎民에 많은 힘을 기울였다.(『蘆峯集』 권3, 三泉書堂上梁文)

2) 이정숙 증보본의 전국 보급과 교육의 확대

이정숙이 종합한 증보본이 조선에서 본격 활용된 시점은 1745년(영조 21) 무렵이다. 중앙정부에서는 이때『경민편』을 적극 보급, 전국의 군현과 면리(面里)에서 이 책을 교육 자료로 쓰려고 했다. 이로부터 얼마 동안은『경민편』활용의 역사에서 한 획기를 그을 정도로 새로운 변화가 나타났다. 정부에서 중시한 보급본은 분명하지는 않지만 이후원 간본이 아닌 이정숙 간본이었던 것으로 보인다.

이 시기『경민편』보급을 앞서 주창한 인물은 좌의정 송인명이었다. 송인명은 '윤상(倫常)의 옥사(獄事)가 경외에서 많이 일어나는 현실을 우려하며' 그 대책의 일환으로 이 책의 보급을 거론했다. 영조 탕평 정국을 이끌던 핵심 인사 송인명은 이때 대신의 지위까지 승진해 있었다.

송인명이 말하길, 우리나라가 유지되는 것은 예의(禮義) 때문인데 근래 세도(世道)가 날로 손상되고 풍속이 크게 무너져 윤상(倫常)의 옥사 (獄事)가 경외에서 많이 나타나니, 이것은 모두 교도(敎導)하는 술책이 조종의 성대(盛代)와 같지 않기 때문입니다. 문자로 가르치는 일[文字之 敎]은 비록 사람을 감화시키는 수준이 얕다 하더라도 또한 전적으로 문구(文具)로만 볼 수 없습니다. 김안국은『경민편』을 가지고 영남을 다스렸고,[187] 선정신(先正臣) 이이는 향약으로 해서를 다스렸으니, 이 책들은 백성을 변화시킴에 효과가 없었다고 할 수 없습니다. …… 여러

---

187) 김안국이『警民編』을 가지고 영남을 다스렸다는 말은 오류이다. 김안국이 경상도 관찰사 시절,『정속언해』와『향약언해』를 편찬하여 교화에 활용은 했지만,『경민 편』과는 무관했다. 송인명이 황해도 관찰사 시절『경민편』을 만든 김정국과 그의 형 김안국의 행적을 혼동했거나, 아니면 기록자가 잘못 들었던 데서 이런 오류가 나온 것으로 보인다.

도에 신칙(申飭)하여 '정풍속(正風俗)'과 '명교화(明敎化)'에 힘써 『경민편』 등의 책을 많이 인쇄하여 각 읍에 나누어 보내고 각 읍에서는 면리마다 사장(師長)을 정하여 그들로 하여금 (면리민을) 가르쳐 익히게 하십시오. 혹 풍속이 잘 변화하는 지역이 있으면 그곳 관장(官長)을 표창하고 일을 맡은 자를 상 주어 분발할 수 있게 하십시오.[188]

송인명의 건의는 여러 사안으로 구성되어 있다. 각 도의 감사로 하여금 '풍속을 바로잡는 일[正風俗]'과 '교화를 밝히는 일[明敎化]'에 힘쓰게 하되, 이를 위해 각 도에서 군현으로 『경민편』과 '율곡향약'을 내려보내고, 각 군현에서는 면리마다 사장(師長)을 정해서 『경민편』과 '율곡향약' 등을 익히도록 하며, 각 도의 감사는 풍속이 바뀌어 일탈 현상이 줄어들면 군현 수령과 면리의 일을 맡은 사람을 표창한다는 세 내용으로 요약된다. 이 제안에서 특징적인 요소는 감사의 주도적 역할, 『경민편』과 '율곡향약'[189] 두 자료의 동시 활용, 면리에서의 교육으로 간추릴 수 있다.

이 계획이 성공적으로 이루어지기 위해서는 몇 가지 일이 수반되어야 했다. 우선, 각도에서 군현으로 『경민편』을 내려보내는 일이 선행되어야 했다. 이를 위해서는 도 단위로 『경민편』을 마련하는 일이 문제가 되는데, 이는 1730년(영조 6) 봄의 『삼강행실도』 사례에서 볼 수 있듯이 중앙에서 준비한 간본을 각 도로 보내면 현지에서 인간(印刊)하는 경로를 밟을 것으로 기대된다.[190] 이때 중앙에서 마련하는 간본은 평양의

---

188) 『承政院日記』, 영조 21년 1월 22일[甲午].

189) 李珥가 시행한 향약은 「西原鄕約」, 「海州鄕約」, 「社倉契約束」, 「海州一鄕約束」 등 다양하다.(전문은 『栗谷全書』 권16, 雜著 三에서 확인할 수 있다.) 송인명이 해서의 향약을 거론한 점으로 보아 「海州鄕約」, 「海州一鄕約束」으로 한정할 수 있다.

190) 실제 송인명의 건의 이후, 중앙에서는 『警民編』을 마련하여 각 지방으로 下送했

송인명 증보본이나 상주의 이정숙 증보본 등 송인명과 연관이 있을 수 있다. 이후원 본의 간행은 형세로 살핀다면 예상되지 않는다.

면리에서 사장을 뽑아 면리민을 가르치게 하는 일은 이 기획의 핵심이었다. 사장을 누구로 선정할지, 교육 공간은 어떻게 마련할지, 그리고 학습 시점은 언제로 잡아야 할지, 여기에 소요되는 재정은 어느 정도로 마련해야 할지, 준비해야 할 사안은 한두 가지가 아니었다.191)

송인명의 제안은 몇 가지 점에서 의미 있는 사실을 포함하고 있다. 앞서 살폈던 대로 숙종 대나 영조 초반의 『경민편』과 같은 교화서의 활용은 특정 도·군현에 국한되고 또 지방관 개인의 관심과 결단에 의존하는 편이었으나, 송인명은 정부 주도로 8도의 군현에 이를 보급하자고 범위를 확대하였음을 볼 수 있다. 첫 번째로 꼽을 수 있는 새로운 모습이다. 송인명 스스로도 『경민편』을 평안도 지역에서 보급하기도 했지만,192) 전국적인 차원에서 그 실행을 구상한 것은 아주 달라진 면모였다. 이러한 기획은 효종 대 이후원이 자신이 편찬한 간본을 전국에 보급하려고 했던 일과 유사하다.

여기에 더하여 『경민편』과 '율곡향약'을 동시에 거론한 점, 그리고 지역을 따로 가리지 않고 각 도의 군현에서 『경민편』·'율곡향약'을 보급하고, 면리마다 사장(師長)을 정하여 면리민들이 이 책을 익히도록 한다는 점이 주목된다. 『경민편』과 '율곡향약' 두 자료는 이미 17세기

다.(『承政院日記』, 영조 22년 12월 26일[丁亥], "光會曰: ……'世降俗末, 風習不如古, 而外邑尤甚, 正宜講修鄕約之法也. 數年前因大臣陳達, 有警民編下送之命, 至今無下送事云, 此編下送誠宜矣. 臣曾待罪楊口, 雖以江原一道言之, 一聞慰諭之朝令, 民莫不喜之, 故臣以此敢達矣.' 翼輔曰: '警民編, 纔已下送矣.'")

191) 면리마다 師長을 두고 『경민편』을 익힌다는 실제 내용이 어떤 것인지는 이 자료만으로는 확실히 알 수 없다. 서당과 같은 학교를 실제 세우고 이를 운용하자는 것인지, 아니면 면리마다 『警民編』을 적극 익혀야 함을 강조한 수사적 표현인지 모호하다.

192) 『承政院日記』, 영조 8년 1월 21일[己卯].

중·후반에 서인계의 정치적 전통 속에 부각되며 그 존재감을 키웠거니와,[193] 각 군현의 면리 단위에서 사장을 통하여 이들 자료를 익히도록 하자는 구상은 매우 이채로웠다. 면리에 거주하며 이들 책을 익힐 대상이 문제시되는데, 사인(士人)은 아닐 것이다. 송인명의 제안은 단적으로『경민편』과 '율곡향약'을 교재로 하여 면리의 주민들을 가르치자는 구상이었다.

좌의정의 지위에서 기획하여 국왕의 재가를 얻은 송인명의 의견은 전에 볼 수 없던 새로운 면모, 획기성을 지니고 있었다. 정치 영향력의 측면에서도 그 자체 묵중한 힘을 지니고 있었다. 지방 군현 운영의 역사, 지방 교육의 역사를 다시 생각해도 좋을 정도의 변화 요인이 이 방향 속에는 자리잡고 있었다고 할 수 있다. 문제는 실현 가능성이었다. 이 계획이 성공하려면 무엇보다 각 도와 군현-면리가 유기적이고 체계적으로 작동할 수 있는 정치력, 행정력을 갖추고 있어야 했다. 송인명이 당시 조선의 여건이 충분히 그럴 수 있다고 판단하고 이러한 생각을 제시했는지는 분명하지 않다. 좌의정의 경륜이 가진 폭을 헤아려 본다면 송인명의 구상이 즉흥적이었다고는 보기 어렵다. 그렇다면 『경민편』의 전국적 보급을 감당할 수 있는 여건은 어느 정도 갖추어져 있었을까?

우선, 이 무렵에『속대전(續大典)』이 편찬되었음을 유의할 수 있다. 『속대전』은 무신변란을 전후한 시기에 수명(修明) 작업을 거쳐 탕평책이 어느 정도 성과를 내는 시점에 간행되었다.[194] 법전의 정비와 영조 정부의 정치적 안정, 효율적 지방통치는 서로 맞물려 있었다.

---

193) 여기에 대해서는 제Ⅱ부 2장 참고.
194) 『續大典』의 편찬이 가진 정치적 의미에 대해서는 다음 연구 참조. 정호훈, 2004, 「18세기 전반 蕩平政治의 추진과 《續大典》의 편찬」,『韓國史研究』127 ; 김백철, 2008, 「조선후기 영조대 법전정비와『속대전』의 편찬」,『역사와 현실』8 ; 정호훈, 2010, 「영조의 《속대전》의 편찬 논리와 그 성격」,『韓國文化』50.

다음은 지방의 상황이다. 면리에서 향민들을 교육하자는 송인명의 구상은 이 시기 강화되고 있던 면리제(面里制)를 전제했다고 할 수 있다. 면리제는 조선의 지방 사회를 구성하는 최하부 행정망으로 17세기 후반 이후로 그 기능과 역할을 더욱 확장하였다. 여기에는 오가작통법(五家作統法)과 이정법(里定法)[195]의 시행이 크게 기여했다. 이를 통하여 중앙에서는 지방 사회 곳곳에 공권을 세밀하게 침투시키고 이를 바탕으로 인구 파악과 군역 자원의 확보를 보다 원활하게 그리고 빈틈없이 하려고 했다. 사회에 대한 통제 혹은 파악 능력이 면리제 운영을 강화하는 과정에서 마련됨은 자연스러웠다.[196]

1745년 시점에서 송인명이 『경민편』을 전국의 면리 단위에서 교화의 교재로 활용하자고 제안하고 이의 실행을 시도한 것은 결국 이 시기 지방에 대한 중앙정부의 통제 능력, 지방권력의 지방민 장악 수준을 확인한 바탕에서 나왔다고 할 수 있다. 송인명은 면리제를 교육의 기반으로 활용한다면, 『경민편』과 '율곡향약'의 향민 교육은 그렇게 어렵지 않다고 보았던 것으로 보인다. 이 점에서 보자면 송인명의 의도는 영조와 탕평파의 노력과 궤를 같이 했다. 실상 이 시기 영조와 탕평파 인물들은 지방 사회, 지방민들을 효율적으로 장악하고 규율하기 위한 이념을 적극 모색하고 방법을 마련하려고 했다. 이들이 수령의 정치적 역할을 최대화하고자 한 것도 이런 맥락 위에서였다. 이 시기에 여러 형태의 목민 자료가 만들어지고, 『목민고』와 같은 목민서가 나온 것은 우연이 아니었다.[197]

---

195) 里定法에 대해서는 金俊亨, 1984, 「18세기 里定法의 展開-村落의 기능 강화와 관련하여-」, 『震檀學報』 58 ; 宋亮燮, 1995, 「19세기 良役收取法의 변화-洞布制의 성립과 관련하여-」, 『韓國史研究』 89 참조.

196) 조선후기 면리제에 대해서는, 오영교, 1994, 「17世紀 鄕村對策과 面里制의 運營」, 『東方學志』 85 ; 金武鎭, 1995, 「朝鮮後期 敎化體制의 整備와 面訓長制의 性格」, 『歷史敎育』 58 ; 한상권, 1995, 「조선시기 國家의 地方 支配 연구현황-郡縣制·外官 研究를 중심으로-」, 『역사와 현실』 18 참조.

한편『경민편』을 전국의 면리에서 보급하려는 송인명의 계획은 박세채(朴世采)의 구상과 밀접하게 연결되어 있었다. 주목을 요하는 점이다. 앞서 보았지만 박세채는『경민편』을 상민(常民) 교육에 활용하도록 지방관을 지내는 친지, 제자들에게 적극 권장했다. 사인(士人)과 상민의 교육을 분명히 분리하고, 상민들에게는 이 책을 가르쳐야 한다는 것이 박세채의 생각이었다.198)『경민편』을 사인에게도 가르치던 현실에서 박세채의 이러한 구분은『경민편』의 활용 범위를 좁힌다는 혐의를 받을 수도 있지만, 다른 측면에서 보자면 상민 교육의 필요성을 강화하고 그 영역의 교육 내용을 구체화하는 의미가 강했다. 교육 저변의 확대에 일조할 수 있는 구상이었다.

이런 측면에서 보자면 송인명의 작업은 결국 박세채의 상민 교육 의지를 되살려 국가 정책으로 실현하려는 노력의 하나였다고 할 수 있다. 박세채가 자기의 영향력이 미치는 범위 내에 있던 지방관들을 통하여『경민편』을 상민 교재로 활용하고자 했다면 송인명은 이제

---

197) 목민서는 수령이 지방 정치에 참고하기 위하여 만든 자료로, 그 필요성을 느낀 개인들이 만들어 활용하였다. 말하자면 목민서는 私撰書였는데, 흥미로운 점은 조선에서 목민서를 제작하고 편찬하는 일에 국가적 차원에서는 특별한 노력을 기울이지 않았다는 사실이다. 지방의 수령정치가 차지하는 의미를 두고 생각한다면 이 사실은 조금 뜻밖이다. 목민서는 대체로 '守令七事'로 규정된 수령의 고유 업무를 기반으로, 지방을 다스림에 필요한 구체적인 기술, 규정 등을 담고 있다.
조선의 실정을 반영한 목민서는 16세기 중후반부터 그 초기적 모습을 보이다가 18세기에 들어와 본격적인 체재를 갖추며 여러 종류가 만들어졌다. 조선의 목민서는 개별적으로 만들어졌기 때문에 각 책의 내용이나 체재가 크게 달랐다. 책을 만든 사람들의 사상, 정치적 위상, 관심사에 따라 다양한 모습을 보이기 마련이었다. 같은 주제라도, 전혀 다른 내용을 갖추고 있는 것이 이 시기 목민서의 실상이었다. 여기에 대해서는 김선경, 2010, 「조선후기 목민학의 계보와 《목민심서》」, 『朝鮮時代史學報』 52 ; 정호훈, 2016, 「18세기 목민서(牧民書)의 발달 양상과 《목민심서(牧民心書)》」, 『다산학』 28 ; 홍해뜸, 2022, 『조선후기 목민서의 형성과 수령정치론 연구』, 연세대 사학과 박사학위논문 참조.
198) 여기에 대해서는 제Ⅱ부 2장 3절 참조.

국가의 힘을 빌려 이 책의 교육을 독려하고자 했다.

　박세채의 구상을 전면화하려는 송인명의 생각은 일차적으로 조부 송광연(宋光淵)을 매개로 자기에게 이어진 박세채의 학문과 정치이념을 실현하려는 의지에서 나왔다고 할 수 있다. 박세채의 문인이었던 송광연은 관료로 생활하는 중에도 박세채의 지도와 후원을 꽤 받았다.199) 그가 황해도 감사를 맡게 되자『경민편』을 교화서로 활용하라고 박세채가 충고한 것도 그러한 지도의 한 모습이었다.200)

　송인명이 '탕평 주인'을 표방하며 탕평 정치를 이끄는 움직임도 탕평의 이론가였던 박세채의 정치적 사유를 잇는 면모였다. 박세채는 격화된 당쟁을 가라앉히기 위해서는 탕평이 필요함을 늘 역설했으며 1694년 (숙종 20)에는 탕평을 위한 교서(教書)를 제진(製進)하기도 했다.201) 박세채의 제자들 가운데 많은 수는 그의 탕평 이념을 구현하려 애썼고 송인명 또한 그러했다. 그는 자신의 '탕평'관과 탕평을 위한 노력이 박세채로 이어져 오는 가학(家學)에서 왔다고 자부하기까지 했다.202) 그런 만큼 박세채에 대한 송인명의 애정은 지극하여, 그의 문집을 간행하자고 건의하여 영조의 허락을 얻고,203) 박세채의 봉사손(奉祀孫)을 녹용하자고 청원하기도 했다.204) 송인명의 삶과 정치 활동에서 박세채가 차지하는 비중은 적지 않았다.

---

199) 박세채가 송광연을 형조판서에 擬望한 일은 그 한 사례이다.(『英祖實錄』 권61, 영조 21년 4월 5일[丁未], "寅明以其祖光淵裦贈稱謝, 仍言: '臣祖曾以先正臣朴世采疏, 薦擬刑判, 臣之蕩平實由家學.'"

200) 앞의 주 31) 참조.

201) 朴世采, 『南溪續集』 권2, 敎書, 頒示中外戒勿朋黨敎書 甲戌 七月八日 ; 『肅宗實錄』 권27, 숙종 20년 7월 20일[丙戌].

202) 『英祖實錄』 권61, 영조 21년 4월 5일[丁未], "臣祖曾以先正臣朴世采疏, 薦擬刑判, 臣之蕩平實由家學, 而如趙文命兄弟金若魯兄弟, 亦皆先正之淵源也."

203) 『英祖實錄』 권13, 영조 3년 10월 13일[乙未], "命刊進故相臣朴世采文集, 從大司成宋寅明之請也."

204) 『英祖實錄』 권3, 영조 10년 8월 4일[丁未].

요컨대 송인명이 『경민편』을 전국에 보급하고 교육 자료로 이용하고자 한 구상은 일차적으론 가문의 학문·정치의 연원이었던 박세채의 정치적 사유와 밀접히 연관되어 있었다. 송인명은 자신의 생각을 영조가 오랫동안 추구했던 정치적 안정과 법적인 체제 정비가 어느 정도 마무리 되는 시점인 『속대전』이 편찬되는[205] 1745년 무렵에 본격적으로 제시했다. 탕평의 정치가 새로운 국면에 접어드는 때이기도 했다. 이 상황에서 송인명은 면리제 조직을 통하여 백성들에게 유교적 이념을 주입하며 교화를 강화할 방법을 적극 모색했고 그것이 위의 '율곡향약'과 『경민편』을 교육하자는 발언으로 나타났던 것으로 이해된다. 노·소론의 격렬한 정쟁, '사란(思亂) 의식'에 기초한 사회구성원의 사고 변화, 신분제의 해체에 따른 민인의 동요와 법적 일탈 등이 일어나고, 사회경제의 전반적 변화와 이해(利害)를 둘러싼 계층 간의 갈등이 격화되는 대격변의 시기에 맞대응하며, 공권을 강화하고 면리 차원에서 『경민편』과 율곡향약을 보급하려는 정부의 노력은 이전 시기에는 찾아볼 수 없던 새로운 면모였다.[206]

그렇다면 지방 최저 행정단위에서 『경민편』을 교화서로 활용하자는 정부의 의도는 얼마나 현실화되었으며 또 얼마나 오래 지속되었을까? 전국의 군현에서 『경민편』을 익히는 일이 일률적으로 행해졌을까, 그리고 그 노력은 이 시기 사회에 얼마나 파급력이 있었을까? 이 물음에 대한 답을 찾기는 쉽지 않다. 면리마다 사장(師長)을 선정하여 면리민에게 『경민편』을 가르치면 그 효과는 실제 적지 않았을 것이다.

송인명이 의견을 제시한 이래 이 일이 진행되는 양상은 현존 『경민편』

---

205) 정호훈, 2004, 앞의 글 참조.
206) 흔히 18세기 영·정조 대를 조선 문화가 활짝 꽃핀 시기로 파악한다. 이 시기에 이전에는 볼 수 없을 정도의 문화 성장이 이루어졌던 것은 사실이나, 정치·사회적 갈등 또한 광범위하게 표출되고 있었다. 문화의 성장과 여러 층위의 갈등·길항이 갖는 상관관계를 유의하며 이 시기의 특성을 살필 필요도 있다.

간본을 통하여 어느 정도 확인된다. 1746년(영조 22) 12월 말 즈음, 주강(晝講)에 참가한 신료들 사이의 대화에 따르면『경민편』을 지방으로 내려보내라는 명령이 매끄럽게 진행되지 않는 듯하지만,[207] 실제로는 그렇지 않았다. 1745년(영조 21) 6월 간기의 책이 현존하기 때문이다.

송인명의 제안 이후『경민편』을 보급하고 활용하는 움직임은 몇 가지 형태로 파악된다. 우선 1745년 이후 여러 지역에서 시간 차를 두고『경민편』을 간행했던 상황을 살필 수 있다. 현재 확인되는 간본으로는 1745년(영조 21, 乙丑 6월)의 완영(完營-전주)개 간본,[208] 1745년(영조 21, 乙丑 6월)의 금영(錦營-공주) 개간본,[209] 1748년(영조 24, 戊辰 7월)의 용성(龍城-남원) 개간본,[210] 1748년(戊辰 9월)의 완영 중간본(重刊本)[211] 등이 있다. 이들 간본은 한결같이 전라도와 충청도에서 간인했는데, 1759년에 작성된 책판(冊板) 자료에 완영과 금영, 함경도의 책판만 실려 있는 것으로 본다면[212] 이 시기 전국적 간행과 보급이 충분히 이루어지지 않았을 가능성이 있다.

흥미롭게도 현재 전하는 이 시기 간본의 형태는 조금씩 다르다. 전라도

---

207) 『承政院日記』, 영조 22년 12월 26일[丁亥], "光會曰: '旣云巡其稼穡, 又云移用其民則助可見風習之美也. 世降俗末, 風習不如古, 而外邑尤甚, 正宜講修鄕約之法也. 數年前因大臣陳達, 有警民編下送之命, 至今無下送事云, 此編下送誠宜矣. 臣曾待罪楊口, 雖以江原一道言之, 一聞慰諭之朝令, 民莫不喜之, 故臣以此敢達矣.' 翼輔曰: '警民編, 纔已下送矣.'"

208) 규장각, 一簑古 340.0951-G421gd.

209) 국회도서관, 古 340.9151 ㄱ852ㄱ.

210) 규장각, 一簑古 340.0951-G421g.

211) 규장각, 海土 한17. 이 간본의 특징으로 10행 17자로 판각한 점을 꼽을 수 있다.

212) 규장각의 『完營冊板』(奎7050)은 1759년에 작성되었다. 서명과는 다르게 전국의 책판 정보를 담고 있다. 여기에 수록된 『경민편』의 전주 및 충청감영 소장 책판은 소용되는 종이 분량이 똑 같다.(전주 白紙 18장, 충청감영 白紙 18장). 반면, 함경도 감영[營上] 소장본은 백지 9束 10丈 분량이다.(9속 10장은 분량이 너무 많아 표기가 정확한지는 의문이다.) 경상도 조에는 『警民編』의 책판 기록이 없다.

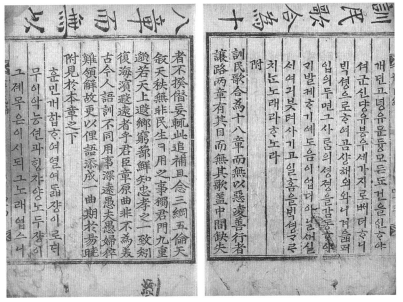

〈그림 7〉 1748년 완영 중간본(규장각한국학연구원 소장)

지역의 간본은 대체로 이정숙 증보본을 저본으로 했고,213) 또 중간본(重刊本)까지 나왔다. 1748년의 완영 중간본은 편찬자가 『훈민가』의 빠진 내용을 임의로 보충한 특별한 모습을 보인다.214) 반면 금영 간본은

---

213) 이정숙을 저본으로 하여 간행된 이 시기의 간본은 번역문의 한자어는 모두 한자·한글 병기 없이 한글로만 표기하는 특색을 지니고 있었다. 예를 들어 父母 第一章의 "父母恩德은 昊天罔極이로다. 祖父母ᄂᆞᆫ 生我父母ᄒᆞ시니, 與父母無異라"에 대해 송인명 간본에서는 "父부母모의 은혜와 덕은 하ᄂᆞᆯ ᄀᆞᆺ티 ᄀᆞ이 업도다. 祖조父부母모ᄂᆞᆫ 내 父부母모ᄅᆞᆯ 나ᄒᆞ시니 父부母모로 더브러 다르미 업스니라."라고 했지만, 이정숙 간본에서는 "부모의 은혜와 덕은 할ᄂᆞᆯ ᄀᆞᆺ티 ᄀᆞ이 업도다. 조부모ᄂᆞᆫ 내 부모ᄅᆞᆯ 나ᄒᆞ시니 부모로 더부러 다르미 업스니라."고 표기했다.

214) 1748년의 완영 중간본은 기존 「訓民歌」를 보완하였다. 제목만 실리고 내용은 없던 단가 두 수를 새로 지어 싣고[訓民歌合爲十八章, 而無以惡凌善行者讓路兩章, 有其目而無其歌, 蓋中間闕失者. 不揆僭妄, 輒此推補.] 또한 이미 실려 있던 '군신' 단가를 한 수 더하여 두 수로 만들기도 했다. 이 내용은 박성의, 1967, 「《경민편》과 《훈민가》 소고」, 『어문논집』 10(안암어문학회)에서 처음 다루었다. 1748년 『훈민가』를 보완한 완영의 편찬자가 궁금해지는데, 전라 감사 겸 전주부윤과 관계가 깊을 것이다. 당시 전라 감사는 韓翼謩였다. 한익모는 영조 48년,

『훈민가』까지만 실려 있고 송인명과 이정숙이 증보한 내용은 빠졌다. 이런 현상은 아마도 지역 여건에 맞추어 책을 간행했던 사정과 연관이 있을 것이다.215)

이 시기에 유통된 목민서(牧民書)에『경민편』과 '율곡향약'을 바탕으로 풍속을 바로잡고 교화를 일으키자는 논의가 실려 있는 데서도, 송인명의 제안이 지방관의 정치에 영향을 미쳤던 양상의 일단을 확인할 수 있다. 이 내용은 소론계 관료들이 편찬하여 이용한『목민고(牧民攷)』216)의 '정풍속(正風俗)'과 '흥학교(興學校)' 두 조항에 실려 있다. 이 점은 송인명이 '정풍속' '흥학교'를 기치로『경민편』으로 상민 교육을 하자고 했던 주장과 맥락상 상호 연결된다.

> 학교는 교화의 근원이며, 풍속의 근본이다.……지금 총명한 수재를 선택하되 그 수가 많고 적음에 구애받지 않는다. 또한 면(面) 가까이에 사는 문장에 밝고 몸가짐이 반듯한 사람을 골라 관에서 교장(敎長)으로

8도의 백성들에게『경민편』가운데 정철의 「訓民歌」 18장을, 이어 「陳古靈勸諭文」과 「眞西山歸俗文」을 가르치도록 하자고 영조에게 청하여 허락을 받았다.(『承政院日記』, 영조 46년 1월 14일[壬辰], "故相臣鄭澈, 爲是之懼, 作訓民歌凡爲十八章, 而其言不出於民生日用彝倫之間, 欲使村閭婦孺, 尋常諷誦, 有所感發, 其曲載於警民篇矣. 今若以此, 申飭八路, 使民習誦, 則雖愚夫愚婦, 庶幾皆知大意, 不猶愈於三南兩西山有花等俚曲之都無義意蕩人心志者乎? 然後如陳古靈勸諭文, 眞西山歸俗文, 磨以日月, 次第敎習, 則其有補於我聖上化民成俗之方, 爲如何哉?.") 한익모가 '훈민가 18장' 이라고 한 점으로 보자면 그는 완영 중간본의 실체를 알고 있었음이 분명하다. 「훈민가」의 보완에 그가 관여했을 가능성을 배제할 수 없는데, 어찌 보면 그가 직접 지었을 수 있다.

215) 완영본과 금영본은 하나의 저본으로 책을 만들되, 그 저본에서 필요한 내용을 취사선택해서 판각했던 것으로 판단된다. 완영본은 이후원 간본의 원문·부록과 함께 송인명과 이정숙이 증보한 경계문을 모두 수록했다. 형태상, 최후의 간본인 이정숙 간본과 동일했다. 금영본은 송인명과 이정숙이 작성한 경계문은 싣지 않았다.

216) 『목민고』의 구체적인 모습은 김용흠 역주의『목민고·목민대방』(혜안, 2012)과 백승철 역주의『신편 목민고』(혜안, 2014) 두 번역서를 통해서 확인할 수 있다.

선정하여 학생들을 나누어 맡아 가르치도록 한다. 매월 고과(考課)하되 반드시 면민의 풍속을 바꾸고 고을의 습속을 선하게 만드는 것을 위주로 하며, 이와 함께 시부(詩賦)를 짓는 백일장을 여는 것이 좋다. **상한(常漢) 가운데 일을 잘 알고 문자를 깨우친 자를 각 이(里)에서 한두 명씩 선정하여 초하루와 보름에 『경민편』과 '율곡향약(栗谷鄕約)' 등의 내용을 아래에서 말하는 것처럼 강설한다.**217)

풍속을 바로잡는 일은 수령의 다스림에서 제일 중요하므로,『경민편』 과 이이의 '율곡향약' 등에서 손쉽게 시행할 수 있는 내용을 뽑아 조목으로 만든다. 예를 들면 부모에게 불효하고 형을 공경하지 않는 일[不孝不悌], 정처(正妻)를 소박하는 일, 지친(至親) 간에 서로 소송하는 일, 이웃과 화목하지 못한 점, 남녀 간에 음란한 짓을 하는 일, 나이 어린 사람이 어른을 능멸하는 일, 신분이 천한 자가 신분이 귀한 자를 능멸하는 일, **상전(上典)을 능멸하고 업신여기는 일**, 고아와 약자를 침해하는 일, 환란(患亂)을 구하지 않는 일, 농사를 게을리하고 생업에 힘쓰지 않는 일, 술 주정[酗酒]하면서 서로 싸우는 일 등의 조목을 일일이 적어 각 촌에 반포하여 알린다. 그리고 각 촌에서 연륜 있고 세상살이를 조금 **아는 한 사람을 두두인(頭頭人-우두머리)으로 삼아** 그로 하여금 촌민들이 이러한 조목들을 범하지 말도록 깨우쳐 주게 한다. 그 독법(讀法)·청법(聽法)과 의식(儀式)은 마땅히 '율곡향약'에 규정한 방식에 따라서 시행한다. 만약 이러한 조목들을 범하는 자가 있으면 엄하게 징치하는 것이 좋다. 이 항목은 다만 소민(小民)에게만 시행할 수 있다.218)

'흥학교' 조항에서는 상민[常漢] 가운데 일을 잘 알고 문자를 깨우친

---

217) 『牧民考』 1, '興學校'.
218) 『牧民考』 1, 正風俗.

자를 각 이(里)에서 한두 명씩 선정하여 매월 초하루와 보름에 『경민편(警民篇)』과 '율곡향약'의 내용을 강설하자고 했고, '정풍속' 조항에서는 『경민편』과 '율곡향약'에서 손쉽게 시행할 수 있는 내용을 뽑아 촌민들에게 익히도록 하자고 했다. 표현의 차이는 있지만 각기 상한(常漢)·소민(小民)을 대상으로 규범을 제시하고 익히도록 하는 문제를 거론했다고 할 수 있다.[219]

『목민고』는 18세기 중반, 소론계 계통에서 작성한 목민서로 처음 출현한 이후 계속 증보되며 체재가 다듬어지며, 조현명(趙顯命), 이광좌(李光佐) 등 소론계 관인들의 정론(政論)을 두루 싣고 있다.[220] 이들 인물들은 대체로 탕평 정치에 주도적으로 참여하고 있었는데, 『목민고』 또한 공권을 우위에 두고 군현을 운영하고자 하는 이념과 방식이 두드러져 보이는 점이 특징이다. 위 조항에서 상민의 자제 가운데 문자를 깨우친 자를 이(里) 별로 1~2명 뽑아서 한 달에 두 번 『경민편』과 '율곡향약'을 가르치자는 내용은 송인명의 생각과 매우 유사하다. 중앙정부의 지방정책, 『경민편』을 널리 면리 단위에서 활용하자는 송인명의 제안을 반영하고 있었던 흔적이라 할 수 있다. 탕평의 힘이 본격적으로 발휘되는 시점에 소론계의 지방 운영책이 『경민편』, '율곡향약'의 보급으로 나타나는 모습은 흥미롭다.[221]

---

219) 한편 『牧民攷』에서는 '흥학교' '정풍속' 조항에서 상민의 교육을 거론함과 동시에 군현에서 『小學』을 익히게 하는 '소학강절목(小學講節目)'을 실어, 『소학』 교육을 위한 방법을 구체적으로 거론했다. 여기서 거론한 교육 대상은 '사' 위주여서 『경민편』·'율곡향약'으로 상민을 교육하려는 의도와는 구별되었다. 지방민의 교육을 두고 『목민고』는 사와 상민으로 나누어 거론한 셈이다. 이 또한 사와 양민을 구분하여 각기 『격몽요결』과 『경민편』을 가르치자고 했던 박세채의 생각과 계통을 같이하는 측면이 있다고 할 수 있다.

220) 『목민고』의 정치적 성격에 대해서는 김용흠, 2010, 「18세기 '목민서(牧民書)'와 지방통치-목민고(牧民攷)」를 중심으로-」, 『韓國思想史學』 35 참조.

221) 이런 점에서 『목민고』, 『목강』은 소론계 목민서라 할 수 있다. 한편, 조선후기 교육·교화의 실제 내용은 통일되어 있었던 것이 아니라, 지역에 따라 매우

이상 살핀 내용을 정리하면 영조 20년대 초반 이후 얼마 동안은 『경민편』의 보급 및 상민 교육이 국가적 차원에서 논의되고 실제 활성화 되는 시점이었다고 이야기할 수 있다. 좌의정 송인명의 제안, 지방에서 의 집중적인 『경민편』 편찬, 소론계 목민서에서의 『경민편』 교육 강조와 같은 사실들이 이를 보여준다. 이들 여러 움직임은 면리 단위의 상민들 을 교화와 형제(刑制)의 틀 속으로 끌어들여 체제를 안정시키고자 하던 탕평파의 의지를 동력으로 삼아 이루어졌다. 이 시기 주로 이용되던 『경민편』은 송인명과 이정숙이 증보한 내용이 들어있는 간본이었던 것으로 보인다. 하지만 이러한 일들이 얼마나 넓은 지역에서 얼마나 긴 시간 지속되었는지는 미지수이다.

3) 『경민편』 활용도의 약화 : 1750년대 이후의 『경민편』

영조 20년대, 이정숙 간본을 저본으로 『경민편』을 전국에 보급하고, 또 면리제를 통하여 상민들에게 이 책을 읽히려던 정부의 정책이 영조 30년대 이후 어떻게 유지되는지 정확하게 파악되지 않는다. 정부의 기록이나 개인의 활동을 통해 관련 사실을 찾기는 쉽지 않다. 다행스럽 게도 1755년(영조 31)~1756년 장연 부사(長淵府使)를 역임했던 박성원 (朴聖源, 1697~1767)이 남긴 자료는 1750년대 중반, 지방에서 『경민편』을 활용하는 양상을 생생히 보여준다. 부족하지만 장연의 사례를 통해 이 시기 지방에서의 『경민편』의 실태를 살핀다.

박성원은 장연 부사로 지내는 2년 동안 이 지역에 『경민편』을 보급하 고 부민들을 가르치려 했다. 바닷가에 자리잡은 장연은 황해도 내에서 도 군세(郡勢)가 그렇게 강하지 않고 또 군민들의 생활 여건이 부유한

다양한 형태로 존재했었음을 알 수 있다.

편이 아니었다. 교육 수준 또한 열악했다. 『경민편』을 보급하려던 그의 모습은, 숙종 대 황해도에 부임했던 감사, 도사 등이 보였던 움직임과 유사하다는 느낌을 갖게 한다.

황해도의 외진 곳, 장연의 수령으로 부임하자마자 박성원은 각 면의 훈장(訓長)을 통하여 『소학』을 보급하고 '장담학규(長潭學規)'를 완성하는 등 유교 교육에 신경을 기울였다.222) 이와 함께 각 면에 『경민편』을 반포하여 익히도록 했다.223) 당시 해주에 보관 중이던 『경민편』 책판은 많이 훼손되어 간인이 불가능했던 까닭에 박성원은 손수 13부를 필사하여 장연의 면 지역으로 보낸 뒤,224) 각 면 별로 이를 다시 베껴서 가가호호 면민들이 익히도록 했다.225) 필사 자료였지만 박성원은 직접 『경민편』의 발문까지 작성하여 첨부하는 정성을 들였다. 그는 『경민편』을 익히는 대상으로 사(士)와 상민을 구분하지 않았다.

박성원이 『경민편』을 보급하며 힘을 빌리고자 했던 각 면 훈장들의

---

222) 朴聖源, 『朴聖源文集』5(한국사료총서 제60집), 謙齋年譜, "二月到任. 諭各坊訓長, 抄錄儒生, 授小學. 三月長潭學規成." 長潭은 淵康과 함께 장연의 다른 이름이다. 長潭學規는 장연 지역 면리의 교육 관련 학규로 보인다. 『朴聖源文集』은 국사편찬 위원회의 한국사료총서 제60집으로 간행되었다. 모두 5책 분량으로, 체재는 원자료에 기초하여 편집되었다. 이하 인용할 때에는 이 사실을 별도로 표기하지 않는다.

223) 朴聖源, 『朴聖源文集』1, 謙齋集一(詩), 頒送警民編于各坊, 題一律, "思老遺風起我思, 一編堪作萬民師, 謄頒此日寧無意, 頯敎遐方庶有裨, 朝誦暮歌興感地, 戶慈家孝化成 時, 還憂惡少猶前習, 斑白公然復見欺."

224) 1745년에 작성한 『海西地圖』(규장각, 奎軸12158)의 장연 지도에는 11개 면이 기록되어 있다. 『경민편』을 13부 繕寫하여 각 면으로 보냈다는 기록과 차이가 있다.

225) 朴聖源, 『朴聖源文集』3, 廣巖集八, 警民編跋, "右警民編, 思齋金先生按節海西時, 所爲書, 而完南李相國, 又取陳古靈眞西山諭俗諸篇, 及鄭私江訓民歌, 而添附者也. 余忝守淵康, 欲以是書遍示民間, 而海營舊板, 頑不可印. 遂繕寫十三件, 各送一坊, 使轉 相謄出, 庶家讀而戶習焉.……玆余所以表章宣布, 欲令閭巷媚孺, 朝夕誦覽, 有所漸變, 而自化者也. 抑思齋之爲是編, 非止爲一州, 實惠一道, 完南之以是書筍請廣布, 又非止一 道, 實惠一國. 而後, 皆癈墜莫之修擧, 在今申明而風勵之者, 其不在於宣化秉勻之地乎. 余又以是深有望焉. 崇禎後三乙亥秋七月上浣, 長淵都護府使凝川朴謹跋."

316

실체는 분명하지 않다. 박성원이 부임하면서 이들에게 유생(儒生) 자료를 받았다는 기록으로 본다면 훈장은 그의 부임 전에 각 면마다 이미 존재하고 있었던 것으로 여겨진다. 조선 초기 이래 존재하던 서당과 훈장이 17세기 이후 전국에서 크게 발전하던 양상226)을 염두에 둔다면, 이곳의 훈장 또한 그러한 변화의 산물일 수 있다.

『경민편』을 교육하며 박성원은 이들 면 지역 훈장의 힘을 빌림과 동시에 서재를 만들어 운영하는 사람의 도움 또한 받았다. 손명후(孫命垕)란 훈장과 박성원 사이에 있었던 일은 그 생생한 실례이다.

> 손명후 군이 나를 찾아와, 지금 학도들과 서재(書齋)를 만들어 수업하는 곳으로 삼고자 하니 이름을 지어달라고 했다.……(내가 말하길) "연강(淵康-장연)은 멀리 바닷가 구석진 곳에 떨어져 있는 고을로 민속이 거칠어, 내가 부임한 이후 제일 먼저 『소학』을 권면(勸勉)하고 이어 『경민편』을 배포하여 외우고 익히도록 했네. 그대가 훈장으로서 서재의 여러 어린 사람들에 과강(課講)할 뿐만 아니라 이 두 책을 인수동의 민사(民士)들에게까지 두루 권면하면 이 또한 인자(仁者)의 마음일 것이다. 처음부터 끝까지 게으름 피우지 말고 긴 세월 점진적으로 강마하여 비루한 풍속이 순박해지게 되면 여러 사람들에게 미치는 공효가 광대할 것이다. 그대는 힘쓰지 않겠는가?"227)

여기에 언급하는 서재(書齋)는 서당의 다른 이름으로 이해할 수 있다. 학생들에게 유교 지식을 가르치는 장소이기에 서재·서당은 소재한 지역의 주요한 문화 공간이었다. 박성원이 서재를 만들어 학생들을

---

226) 조선에서의 서당과 훈장에 대해서는 정순우, 2013, 『서당의 사회사』, 태학사 참고.
227) 朴聖源, 『朴聖源文集』 3, 廣巖集九, 求仁齋記[丙子].

가르치던 손명후에게『소학』과 함께『경민편』을 그 지역 민(民)·사(士)들에게 권면하도록 부탁하였던 것은 이 장소의 힘을 아는 데서 나온 일이었다.

　박성원이 교육 대상을 사인과 상민으로 구별하여『소학』과『경민편』을 가르치도록 권하지 않은 점은 흥미롭다. 이는 박세채나 송인명의 방식과는 차이가 난다. 박성원의 기대대로 손명후가 서재에서 학생들을 가르치면서 또 지역의 민(民)·사(士)에게 이 책을 강습했다면, 그 효과가 적지는 않았을 것이다. 유교 문화가 그다지 발달하지 않았던 지역에 서재가 들어서고 이곳에서『경민편』을 익히는 모습은 특별한 느낌을 준다.

　『경민편』보급을 위한 박성원의 노력을 이끈 힘은 유교적 문화와 풍속이 그렇게 널리 퍼지지 않았던 이 지역을 바꾸어 보자는 강렬한 책임감이었다. 실상 박성원은 이희조(李喜朝), 이재(李縡)의 영향을 받고 또 그들에게 직접 배우며 낙론계(洛論系) 주자학의 정수를 접했던 인물이었다.[228] 그런 그였기에 장연 지역에 거주하는 사람들을 주자학의 문화로 계도하고자 하는 의식은 누구보다도 강했던 것으로 보인다. 장연 수령을 마친 후 내직(內職)으로 옮겼던 박성원은 1760년(영조 36) 황해도 감사 김선행(金善行)의 임명 교서를 작성하며,『경민편』을 미루어 실행하도록 주문하는 내용을 포함시키기도 했다.[229] 박성원은 이 지역에 살고 있는 상민들의 교육과 교화에 많은 관심을 쏟았고 『경민편』을 그 적합한 책으로 인정했다고 하겠다.

---

228) 국사편찬위원회, 2018,「해제」,『朴聖源文集』1(한국사사료총서 60집), 국사편찬위원회 ; 최보윤·김광재, 2020,『겸재 박성원: 어린 정조의 어진 스승(남양주 겸재 박성원 후손가 소장사료)』, 국사편찬위원회.

229) 朴聖源,『朴聖源文集』3, 廣巖稿, 敎黃海監司金善行書 ;『承政院日記』, 영조 36년 12월 16일 丙戌, "百世之淸芬不沬, 望首陽而勵心, 一邦之儒敎寢湮, 瞻石潭而興想, 欲體古靈諭俗文遺意, 宜本先賢. 警民編推行, 自餘區劃設施, 亶在弛張通變."

영조 30년대 초반 장연의 『경민편』 교육은 영조 20년대 중앙정부 주도로 시행된 양상과는 조금 달랐다. 박성원은 본인의 관심 위에서 『경민편』을 지역민들에게 익히도록 했다. 하지만 박성원의 작업이 앞 시기와 완전히 절연되어 있었다고 보기도 어렵다. 장연으로 오기 전, 그가 이 책의 존재를 어느 정도 알고 있었는지 분명하지는 않지만, 이곳으로 부임한 뒤 『경민편』을 사민 교육의 교재로 쓰려고 애쓴 점은 그가 『경민편』의 가치, 의미를 알고 있었기에 가능했을 것이다.

박성원은 이정숙이 종합하여 편찬한 『경민편』의 마지막 간본을 이용하지 않았다. 박성원의 기록으로 살피건대, 그가 필사한 『경민편』은 이후원 간본으로 판단된다. 박성원은 김정국의 원문과 이후원이 첨보한 부록을 높이 평가하였지만 송인명과 이정숙의 가사에 대해서는 별달리 언급하지 않았다.[230] 이로써 보면 이정숙 간본이 애초 이 지역에서는 보급되지 않았을 가능성이 높다.

박성원의 사례는 영조 30년대 그리고 황해도의 한 지역에서 『경민편』을 이용하는 실상과 면리의 훈장이 지역민 교육에 실제 움직이는 모습 및 『경민편』을 면 단위에서 가르치는 상황을 알려주는 점에서 의미가 있다. 이곳에서의 일이 황해도의 외진 지역에서 일어났기 때문에 이를 조선 전역의 사례로 확대하여 판단하기는 어렵지만, 이는 영조 20년대에 널리 이용되던 이정숙 간본이 중앙정부의 희망만큼 널리 보급되고 또 그 교육이 지속되었다고 보기 힘든 간접 증거일 수 있다.[231]

---

230) 朴聖源, 『朴聖源文集』3, 廣巖集八, 警民編跋, "噫, 朱子有曰: '古靈諭俗一文平正簡易, 許多事都說盡, 可見他一箇大胸襟包得許多.' 今觀思齋所著, 視此又詳, 而必以法幷言 之者, 尤善. 蓋愚民之陷於罪者, 初不知法之如何故也. 是以旣說常道之當然, 使之惕念, 又示三尺之莫嚴, 知所畏避. 如是而民有不向善而遠罪者乎. 至若西山之諭潭泉二州書, 亦皆以人倫爲先, 而勸孝一篇, 益明切懇. 至覽此, 而不起孝親之心者, 非人也. 且如松江 歌曲, 尤令人易曉而感發, 向非李相國俱採而幷補, 則又安能使是篇而無憾也哉. 前後諸 賢惓惓爲民興俗之至意, 可見於此矣."

231) 중앙에서 『경민편』을 간행하여 보급하라고 책을 내려보냈지만 기존에 제작한

영조 30년을 넘어가면『경민편』의 운명은 극적인 모습을 보여준다. 영조 정권 말기에도 좌의정 한익모(韓翼謩)가『경민편』의 전 내용보다는 이 책에 실린「훈민가」와 진양·진덕수의 유속문을 별도로 분리하여 교육에 이용하자고 거론할[232] 정도로, 이 책에 대한 정부의 관심은 달라지고 있었다. 제주도 목사 김정의 사례에서 볼 수 있듯이 이 책을 이용한 지방민의 교육에 이후원이나 이정숙 간본에 실린 두터운 내용 모두가 필요하지는 않았다.「훈민가」를 중심으로『경민편』을 읽히자는 한익모의 의견은 이러한 상황을 반영하고 있었다 할 것이다.

정조 대와 이후의 상황은 영조 대와 비교하면 많이 바뀌었다. 새로운 증보본은 다시 편찬되지 않았고, 정부 차원에서 이 책을 인쇄하여 보급하자는 논의도 일어나지 않았다. 중앙 정치권이나 지방관의 시야에서『경민편』은 멀어져 있었다. 1796년(정조 20),『경민편』을 보급하라는 경기도 화성 유생 우하영(禹夏永)의 요청에 대한 정조의 반응은 이 시기 이 책의 처지를 잘 보여준다. 우하영은 상소문을 올려 국정 개혁에『경민편』을 활용하도록 건의했지만[233] 정조는 대신이 논의하여 이를

책판이 있는 군현이라면 굳이 새 책판을 만들어 간인할 필요성을 느끼지 못했을 수 있다.

232)『承政院日記』, 영조 46년 1월 14일[壬辰]. 韓翼謩는 영조 정부에서 추진하던 '小學講'이 유명무실해졌으므로 다시 각 도에 명령을 내려 이를 申明하게 하는 한편,『경민편』에 실려 있는 정철의「訓民歌」를 각도 백성들에게 교습하도록 하자고 건의, 영조의 허락을 받았다. 이때 한익모는「訓民歌」교육은 小民 가운데 지식이 조금 있는 자를 訓長으로 정하여 그로 하여금 교습하게 하자고 했다. 三南 兩西 지방의 '山有花'와 같이 의미도 없고 心志를 방탕하게 하는 俚曲보다 훨씬 낫다는 것이 그의 의견이었다. 한익모는 또「訓民歌」를 익히게 한 뒤「陳古靈勸諭文」과「眞西山歸俗文」을 시간을 들여 가르치게 하면 '化民成俗'에 도움이 될 것이라고도 했다. 이 제안은『경민편』의 많은 내용 가운데「訓民歌」와 陳襄·眞德秀의 諭俗文을 익히게 하자고 한 점, 小民 가운데 훈장을 뽑아 가르치도록 하자고 한 점이 특이하다. 영조 말년의 분위기에서, 영조의 허락을 받았지만, 이 제안이 실제 실행되었는지는 미지수다.

233)『正祖實錄』권44, 정조 20년 4월 25일[庚子] ;『承政院日記』, 정조 20년 4월 25일[庚子]. 우하영이 올린 내용은 모두 13조목으로,『경민편』보급은 그 가운데 하나였

결정하라고만 했을 뿐 자신은 특별히 관심을 기울이지 않았다. 대신들 또한 이 의견을 받아들이지 않았다.

정조(正祖)는『경민편』의 의미를 충분히 인식하고 있었음에도[234] 이 책을 백성들의 교육과 계몽에 활용해야겠다고 여기지는 않았던 것으로 보인다. 각신(閣臣)들과의 대화에서 정조는『경민편』이 백성들에게 오용(誤用)되는 우스꽝스러운 사례를 들어, 새로운 시책이나 새로운 규정이 백성들에게 속임수의 방편으로 될 수 있음을 유의하기도 했지만, 이 책에 그다지 눈길을 주지 않았다.[235] 우하영의 제언에 대해 보인 태도 역시 이와 유사했다.『경민편』이 조선에 영향을 미친 시간은 오래되었지만 정조는 이를 그다지 높이 평가하지 않았던 셈이다.『경민편』의 활용 또한 약화되고 있었다.

이 사정은 19세기에도 마찬가지로 이어졌다.『경민편』을 이용하는 양상은 전반기 이래 몇몇 사례에서 확인되지만 그렇게 흔하지는 않았다.

다.("爾所陳十有三條, 皆關民國之實用, 爾必抱才莫達之人也. 務本條中, 各道各邑置農官, 申明警民編頒諭之舊制云云, 許令廟堂, 指陳便否.") 우하영의『천일록』에 대한 연구로는 최홍규, 1995,『우하영의 실학사상연구』, 일지사 ; 김혁 외, 2014,『취석실 우하영의 삶과 학문: 다시 여는《천일록》과 그 시대』, 화성시 참조.

234) 규장각 소장『경민편』(奎2541)에는 '廂庫', '弘齋', '震宮'의 장서인이 찍혀 있다. 원래 廂庫 소장이었으나 정조가 동궁 시절 이래 보았던 자료로 보인다.

235)『弘齋全書』권165, 日得錄五, 文學五, 25가, "警民編, 文穆公金正國按察海西時, 戒諭民人之作. 凡十三條, 每一條, 先叙勸戒之辭, 而以犯罪者當律係之. 其導俗牖民之義, 可與呂氏鄕約相表裏. 昔在先朝, 大臣陳達刊頒. 有一鄕民, 路逢老者擔負, 知其爲貨也. 力請替擔曰: '曾不見朝家新頒冊子, 有斑白者不負戴之語乎.' 旣擔而疾走, 老者竟追不及. 蓋法非不善, 而後世民僞日滋, 因法生詐, 則其蔑效而有弊, 往往有如此者. 蘇內翰弊車羸馬之說, 蓋有見于此矣."

정조가 거론했던『경민편』을 둘러싼 우스꽝스러운 이야기는 박성원의 시에도 나온다. 이로써 보면 이 이야기는 적어도 영조 후반에 널리 퍼져 있었던 우화였던 모양이다.(朴聖源,『朴聖源文集』1, 謙齋集一(詩), 頒送警民編于各坊, 題一律, "思老遺風起我思, 一編堪作萬民師. 謄頒此日寧無意, 頗敎遐方庶有神. 朝誦暮歌興感地, 戶慈家孝化成時. 還憂惡少猶前習, 斑白公然復見欺.〈警民編, 思齋金先生按節海西時, 所爲書也. 曾有一少年, 於路中見老人持錢物行, 自請代勞曰, 聞警民編, 有斑白不負戴之語. 老人稱謝與之, 則仍負而疾走. 老人追去不能及, 遂見失云. 故末句及之.〉"

이 시기에 편찬된 목민서 『목강(牧綱)』236)에서 향촌민들에게 『소학』과 더불어 『경민편』을 교육하도록 권장하고,237) 경상도의 한 학자가 이 책을 주목하여 동규(洞規)에서 거론했던 모습을 볼 수 있다.238)

이런 상황에서 1832년 순천 부사 홍중섭(洪重燮)의 움직임은 특기할 만하다. 이 해 순천 부사에 임명되었던239) 홍중섭은 『경민편』을 간행하여 관내 각 면(面)에 보급하였다. 이때 홍중섭은 기존 간본에서 송대 지방관들의 유속문(諭俗文), 「훈민가」, 송인명·이정숙의 경계문은 모두 제외하고 김정국의 서문과 본문, 그리고 자신의 서문을 붙여 책을 제작했다.240) 이후원 간본 이후 늘어난 내용은 무시하고 원 간본 체제로 돌아가되, 한글 대역문은 이전 번역을 그대로 활용했다. 현존하는 『경민편』으로는 구성이 가장 간단하고 분량도 적다. 이는 독자들이 소화할 수 있는 최소한의 내용만 남긴 실용적인 편집의 결과물이라고도 할

---

236) 『牧綱』은 고려대 도서관 소장 도서(신암 B-7, A-95)이다. 이 책은 본문 가운데, 19세기 전반기에 지방의 조세 폐단이 심각해지면서 생긴 이름인 '出派'와 '坐派'가 나오는 것으로 보아 19세기 전반기에 만들어진 것으로 추정된다. 고을 양반들이 고을의 조세 문제를 해결한다는 명목으로 營門으로, 비변사로 다니면서 呈訴를 주도하였는데, 앞서서 이를 지휘하던 인물들을 좌파, 직접 활동하고 다녔던 인물들을 출파라고 칭하였다. 18세기 『목민고』를 계승한 책으로 평가 받는다.(김선경, 2010, 앞의 글)

237) 『牧綱』, 「興學校」.

238) 崔象龍, 『鳳村集』권5, 雜著, 洞規, 17가, "第三勸講學〈智〉. 一.講學所以敎人之法也. 敎之之目, 已悉於德敎齋節目. 講會日, 使善讀者通讀小學·孝經·警民篇等書與此二件節目, 二三遍然後, 釋其旨意, 使不學者習聞警服."
崔象龍(1786~1849)은 崔華鎭, 鄭宗魯의 문인으로, 洪直弼, 柳致明, 李秉夏 등과 교유했다.

239) 『承政院日記』, 순조 32년 1월 28일[丙子]. 순조 33년 8월에 '親病'으로 改差되었다. (『承政院日記』, 순조 33년 8월 21일[己未])

240) 국립한글박물관(한구668). 원문은 디지털한글박물관에서 확인 가능하다. 홍중섭은 「警民編小引」에서 『訓民歌』는 이미 인쇄하여 배포했으므로("訓民歌, 曾已印布矣") 김정국의 『경민편』을 入梓한다고 했다. 이로써 『訓民歌』를 별도로 印布했음을 알 수 있는데, 이 일이 일어난 시점이 홍중섭이 순천 부사로 오기 전이었는지 그 여부는 분명하지 않다.

수 있다.[241] 홍중섭은 이 책자를 순천부 관내 18개 면에 각기 3부씩
나누어 보냈던 것으로 추정된다. 당시 주암면(住巖面)과 황전면(黃田面)
에 보낸 실물[242]에 그 흔적이 남아 있다.

　제주도에서의 사정도 특별했다. 목사들의 관심에 따라『경민편』으로
도민들을 교육했던 모습을 여러 차례 볼 수 있다. 헌종(憲宗) 대 제주
목사를 역임한 이원달(李源達)이『경민편』을 인쇄하여 제주 도민(島民)
을 가르친 사례,[243] 1877년 제주 목사가 관내 도민을 교육하라는 지시를
내리자 대정(大靜) 군수가『경민편』으로 교도하는 사례[244] 등이 확인된
다. 19세기 말에도『경민편』이 폐기되지 않고 쓰이는 양상이 이채롭다.
도민 교육에『경민편』을 자주 활용했던 18세기의 전통이 이때까지도
이어짐을 알 수 있다.

　이와 같이 19세기 사회에서『경민편』이 교육 자료로 이용되는 사례는
몇 지역에서 파악된다. 여기서 거론한 일만으로 이 시기의 분위기를
재단하기는 조심스럽지만, 오랫동안 그 생명력을 유지해 왔던『경민편』
이 힘을 잃어가고 있음은 분명히 감지된다. 조만간『경민편』은 그간의
역할을 마무리하고 역사 속으로 사라져 갈 운명이었다.[245]

---

241) 제주도에서 김정이 책을 간략한 형태로 간행하고, 영조 말년 韓翼謩가『경민편』의
　　일부 내용만 살려서 지방민들에게 보급하도록 하자고 청하여 영조의 허락을
　　받았던 것은『경민편』을 지방 현장에서 실용적으로 활용하려던 움직임이었다.

242) 1872년 제작 순천부 지도(奎10511)에 따르면 住巖面은 순천부의 서북 지역,
　　黃田面은 동북 지역에 위치하였으며 각기 谷城, 求禮와 경계를 이루었다. 住巖面에
　　보낸『경민편』은 국립중앙도서관(구6347), 한글박물관(한구668)에서 소장하고
　　있다. 두 책의 표지 하단에 住巖面 三件, 黃田面三件이라고 적어 두어 면마다
　　3건씩 보냈음을 알 수 있다.

243) 헌종 3년 10월에 임명되었다가(『承政院日記』, 헌종 3년 10월 6일[庚戌]), 헌종
　　5년 3월에 改差되었다.(『承政院日記』, 헌종 5년 3월 16일[壬子])

244) 1877년 大靜郡守의 牒呈. 내용은 다음과 같다. "行大靜郡守爲牒報事, 今月朔內訓民
　　等事, 前已下來, 警民篇各別敎導爲乎旀, 章甫儒生, 月講書徒, 成冊修正上送爲臥乎事,
　　合行牒呈."(이 자료는 제주민속자연사박물관에서 소장하고 있으며 한국학자료
　　센터에서 사진으로 제공하고 있다.)

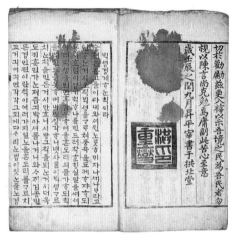

〈그림 8〉 홍중섭 간본(국립중앙박물관 소장)

『경민편』은 긴 시간, 권력의 민인 규율을 위한 자료로 활용되었다. 지방관들은 이 책에 담겨 있는 유교 교화론을 이용, 지방민들이 범죄와 일탈을 저지르지 않고 살기를 기대했다. 이 책에는 인간은 선천적으로 도덕성을 갖추고 있으므로, 형벌의 강제적 처벌과 규제에 앞서, 지방민들의 도덕성을 흥기시켜 범죄를 피할 수 있게 하는 정치를 실행해야 한다는 주장이 실려 있었다. 구사하는 언어와 작성된 문장의 수준이 그렇게 고급스럽지 않고, 펼치는 논리 또한 화려하지 않았지만, 유학 혹은 주자학에서 계발된 인간과 정치를 이해하는 핵심 명제가 그 속에

---

245) 19세기 들어 『경민편』에 대한 중앙과 지방 권력의 관심이 약화되고 활용도가 떨어지는 것은 『경민편』이 이 시기의 격변하는 상황에 적절하지 않았기 때문으로 보인다. 19세기 지방의 수령은 三政의 운영을 둘러싼 민인들의 폭발적인 불만과 청원을 소화하는 한편 민인들 내부에서 일어나는 경제·사회적 爭鬪에 적절히 대응해야 했다.(金仁杰, 1990, 「「民狀」을 통해 본 19세기 전반 향촌 사회문제」, 『韓國史論』 23) 또한 19세기 중·후반에는 권력에 대한 민인의 격렬한 저항에 부닥치며 난국을 헤쳐가야 했다. 기존의 틀을 넘어서는 정치질서와 도덕률이 필요한 한계 상황이었는데, 조선의 권력은 폭력을 전면화하며 대응했다.(오수창, 2019, 「조선시대 통치질서의 재검토」, 『東亞文化』 57) 교육과 계몽을 통해 인간의 도덕적 변화를 기획한 『경민편』이 설 수 있는 여지는 거의 없어진 셈이었다.

녹아 들어있었다. 이 점에서『경민편』은 가볍게 볼 수 없는 책이었다.

『경민편』은 국가 권력, 그리고 그 권력의 지배하에 놓인 지방민에게 다양한 모습으로 소화되고 활용되었다. 이 책이 갖는 의미는 다음과 같이 정리할 수 있다. 조선 정부로서는 이 책에서 유교적 규범 그리고 범죄에 따른 형벌의 개략을 민인들에게 제시하여 이를 내면화하게 함으로써, 그들이 일상에서 법적 도덕적으로 일탈하지 않고 제반 질서를 준용하며 살아갈 수 있기를 기대했다. 조선의 권력이 지방 사회를 효과적으로 관리할 수 있는 이념, 방법이 들어있는 책이『경민편』이었다.

지방민의 처지에서는,『경민편』의 내용을 충실히 익히게 된다면, 국가와 사회가 요구하는 규범을 의식 내부로 깊이 받아들이면서 그 질서를 일탈하지 않고 순종하는 존재로 변할 가능성이 컸다. 체제에 순응할 때와 그렇지 못할 때 자신은 물론이고 가족의 생명과 안위, 공동체의 안정이 어떻게 될 것인가 하는 점에 대해 이들은 이 책을 통하여 익힐 수 있었다.

이와 더불어 이들 지방민은 종래 사대부가 전유(專有)하던 유교적 지식을 비록 낮은 수준에서나마 직접 접하고 체득(體得)할 수 있는 계기를 이 책을 통하여 부여받고 있었다. 삼강·오륜의 규범, 건실한 사회적 삶에 대한 욕망이 민간 사회에 광범위하면서도 쉽게 퍼져 나갈 수 있는 여건이 이것으로도 마련되었다 할 수 있을 것인데, 이 과정에서 민인(民人)의 지식 성장, 의식 변화가 일어날 가능성이 확장되리라는 점 또한 예측할 수 있다.246) 문자를 익히고 그 문자를 활용하여 그들이

---

246) 조선시기 民의 성장, 그리고 民의 意識의 성장에 대한 그간의 연구는 정부 혹은 공권력에 대한 民의 저항 혹은 신분계급제에 대한 비판을 중심으로 이루어져 왔다. 儒敎的 敎養과 연관된 人文 知識의 확대가 상민들의 세계에서 이루어지는 사실도 의식 성장의 한 측면일 것이다. 이러한 방향으로의 연구가 적극 요청된다. 근래에 이루어진 성과로는 다음 참조. 주영하·옥영정 외, 2008,『조선시대 책의 문화사』, 휴머니스트 ; 김성희, 2012,「조선후기 민중의 유교 윤리 전유와 사회의식 성장」,『史學硏究』106.

일상 체험하는 생활과 지식을 넘어서는 새로운 영역을 경험하면서
자신과 세계를 달리 보고 이해하는 힘 또한 생겨날 수 있기 때문이었다.

　지방 정치의 현장에서 활용된『경민편』은 지방을 사상의 공간으로
만들어가는 최전선에 놓인 책이었다. 특히 상민과의 관계 속에서 이
책이 갖는 위상은 더 그러했다. 조선 정부, 지방의 수령들은 이 책을
상민들이 읽기를 기대했다. 독서의 대상으로 양반[士]·상민[民]이 동시에
거론되기도 했지만 주로 주목하는 계층은 대체로 일반 상민이었다.
이는 특히 17세기 후반 이후로 더 강해졌다. 양반들이 익히는 책, 그리고
그들의 독서 과정과 목표는 상민의 그것과는 질적으로 달랐다. 상민이
접할 수 있는 매체가 한정된 상황에서 이 책은 그들에게 적합한 교재로
기대되었다.

　19세기 초반『경민편』에 대한 관심이 매우 약해진 시점이었지만,
목민서『목강』에서 제시하는『경민편』을 이용한 상민 교육은 이 책의
현실적 영향력이 어떠했을지를 짐작함에 어느 정도 도움을 준다.『목강』
에서 거론하는 방법은 18세기『목민고』의 구상을 계승하면서도 조금
더 진전된 내용을 담고 있었다.

　　상민[常漢]의 자제(子弟) 가운데 조금 문자를 깨우친 자를 초하루와
　보름에 향교의 강당(講堂)에 모아서『소학』,『경민편』과 '율곡향약' 등의
　책으로 시험을 보고 상주거나 벌한다. 성인(聖人)은 예전에 집에는 글방
　[塾]을 두고 주(州)에는 서(序)를 설치하여 사람을 가르쳤다. 고을 내
　각 면(面)에도 서재(書齋)를 설치하여 가르침을 베풀고, 동리에서는 힘닿
　는 대로 재물을 모아 토지를 매입하여 훈장의 의식(衣食) 비용으로 삼는
　다.247)

---

247)『牧綱』,「興學校」.

인용문은 두 사항으로 구성되어 있다. 군현의 향교에서 상민의 자제 가운데 문자를 익힌 자를 모아 한 달에 두 번『소학』,『경민편』과 '율곡향약' 등으로 시험을 보아 상벌을 내리는데, 상민의 자제들 교육은 각 면의 서재에서 훈장이 담당하도록 한다는 내용이다. 서재의 훈장에게 소요되는 의식을 마련하는 방법까지 자세하게 거론한 점은 놀랍다. 시험을 볼 책으로『경민편』을 설정했다면, 서재에서의 이 책 학습은 필수였을 것이다. 서재는 서당의 다른 표현이었다. 이 시기 지방 교육에서 서당이 차지하던 위상을 생각해 보면 상민 교육에『경민편』이 미칠 영향이 적지 않았으리라는 점 또한 상정해볼 수 있다.

조선에서『경민편』의 학습이 얼마나 널리 이루어졌는지 그리고 그러한 학습을 통하여 얼마나 많은 사람들이 문해(文解) 능력을 키울 수 있었는지 가늠할 객관적인 자료는 없다. 하지만 한문과 한글 대역을 갖춘『경민편』의 학습을 통하여 문맹을 벗어나 문해의 능력을 키우는 사람이 나타나리라는 상황 또한 얼마든지 상정해 볼 수 있다. 18~19세기 조선은 정부에서 한문과 한글로 된 윤음(綸音)을 작성하여 자주 반포했고,[248] 많은 사람들은 한글 소설[249]을 읽고 한글로 편지를 쓰는 생활을 일상에서 영위하고 있었다. 19세기 전반, 유희(柳僖)가『언문지(諺文志)』를 지어 '한자는 높이고 한글은 낮추는[尊文賤諺]' 현실을 개탄하며 '우부우부(愚婦愚夫)'의 문자 생활을 이끄는 규범을 마련하려고 했던 것[250]도 그러한 상황의 반영이었다.『경민편』또한 이 책을 배우는 사람들에게 이 책이 제공하는 문자의 세계에 접근하도록 이끌 힘을 갖고 있었다.[251]

---

248) 1757년(영조 33)의『御製戒酒綸音』(규장각, 奎3972), 1777년(정조 1)의『曉諭綸音』(규장각, 古4253-4) 등이 있다.

249) 이 시기 한글 소설의 세계를 개관할 수 있는 연구서로는 한국고소설학회 편저, 2019,『한국 고소설 강의』, 돌베개 참조.

250) 정호훈, 2021,「조선후기 훈민정음 연구의 사상 맥락과 성과—崔錫鼎과 柳僖를 중심으로—」,『동방학지』194 참조.

문맹으로 세상을 사는 상태와 문자로 획득한 지식에 기반하여 세상을 보며 사는 일 사이에 적지 않은 차이가 존재한다는 점을 감안하면, 『경민편』이 지방민의 의식 세계에 미친 영향 나아가 그것으로 불러 일으킬 사회적 변화 또한 간단히 볼 수만은 없을 것이다. 『경민편』이 지닌 역사적 의의는 아마도 이와 연관하여 찾을 때 보다 풍성해질 것이다.

---

251) 조선후기 한글의 문자생활과 관련해서는 백두현, 2021, 『한글생활사 연구』, 역락 참조.

결 론

　조선이 건국 이래 시종 유의한 과제의 하나는 지방과 지방민을 어떻게 장악하고 포섭할 것인가 하는 점이었다. 국가를 지탱하는 모든 힘이 여기에서 나왔기 때문이다. 국가 권력을 흔들지 않고 순종하는 지방, 권력에 이반(離叛)하지 않는 민심은 조선의 존속과 활기를 좌우하는 중요한 요소였다. 조선의 위정자들은 이를 유지하기 위해 다양한 방안을 고안했다. 유교의 정치론 또한 적극 활용하였다.

　16세기 초 처음 등장하고 이후 다양하게 변모하며 19세기 말까지 보급된 『경민편』은 조선의 국가 권력이 지방과 지방민을 끌어안기 위해 근거로 삼았던 이념과 방법을 잘 보여준다. 비록 이 책의 분량은 얼마 되지 않았지만 담고 있는 내용의 무게는 엄청났다. 이 연구에서는 수백 년간 이어진 『경민편』의 활용상을 검토하며 이를 살펴보았다. 논의한 점을 정리하면 다음과 같다.

　조선이 체제 유지를 위해 활용한 방식은 다양했다. 유교 사상과 관련해서는 교화와 형벌의 두 요소를 꼽을 수 있다. 교육과 계몽을 내세우는 교화, 폭력과 강제의 징치(懲治)로 실행되는 형벌은 성격상 상호 반대되는 성격을 지니고 있었지만, 유교 전통에서 양자는 필수불가결한 요소로 인정되었다. 순(舜) 임금이 제시했다는, '형벌로써 형벌이 사라지는 사회를 기대한다'는 관념은, 형벌의 폭력성을 변명하고 호도(糊塗)하기 위한 구호라는 혐의가 강했지만, 그 현실성을 긍정하는 하나의 이상이었다. 고려를 넘어 새로운 나라를 세운 조선의 위정자들은 이 두 요소를 적절히 활용하며 국가 운영에 필요한 방책을 마련하였다.

　조선에서 교화와 형벌에 관한 주요 원칙은 15~16세기에 틀이 잡히고, 시기별로 조금씩 달라졌다. 이런 까닭에 정책의 실제 내용 또한 변화하였다. 초기 교화의 영역은 삼강(三綱)의 도덕을 중심으로 설정했고 형벌은 『대명률』의 형률을 기준으로 삼았다. 이 시기에는 교화와 형벌의 영역이 분리되어 있었다. 교육과 계몽을 통하여 풍속을 바꾸는 일이 교화라면 강력한 징치를 통하여 범죄를 막으려는 수단이 형벌이었다. 더군다나 교화의 범주는 3강의 좁은 도덕으로 한정되어 있었다. 사회구성원의 모든 행위가 교화의 지평에 열려 있어야 했지만 사실은 그렇지 못했다.

　그러나 16세기 전반, 기묘사림(己卯士林)의 활동이 본격화되면서 교화의 측면에서 형벌을 전면적으로 포섭하려는 움직임이 대두했다. 이것은 다른 측면에서 보자면 일상의 모든 행위, 심지어 범죄마저도 교화의 대상으로 파악하는 방식이었다. 형률을 유지하고 범죄자를 처벌하는 사실은 변함이 없었지만, 이들 기묘사림들은 교육과 계몽을 통하여 지방민들이 범죄의 문제를 도리(道理)와 사리(事理)의 차원에서 자각하게 함으로써 그들의 일탈과 범죄 행위를 막을 수 있다고 믿었다. 지방민의 지적·도덕적 성장과 덕성(德性)의 변화 가능성을 인정하는 데서 오는 믿음이었다.

　15세기를 지나 16세기 초에 나타난 이러한 변화는 형벌을 통해 행사하는 권력의 폭력성을 어느 정도 줄이는 결과를 가져오지만 한편으로는 유교적 교화에 근본한 정치를 고도화하는 효과도 있었다. 국가를 유지하는데 필요한 규범과 강제를 생활의 모든 영역에서 사회구성원들이 내면화하면, 권력으로서는 굳이 큰 힘을 들이지 않더라도 안정적인 사회 운영을 기대할 수 있었다.

기묘사림이 내세웠던 새로운 방식은 주자학의 경세론을 적극 받아들인 결과였다. 기묘사림의 주자학 이해의 수준은 그다지 높지 않았다. 이들에게서 이기심성론(理氣心性論)과 같은 고도로 추상화된 주제를 탐구하고 이를 책이나 논문으로 저술하는 모습을 찾기는 어렵다. 이 수준의 학술 활동이 나타나는 모습은 두세 세대를 더 기다려야 했다. 하지만 기묘사림은 중앙정부 차원에서 『소학』, 『향약』, 『주자가례』와 같이 주자학의 경세론을 담고 있는 문헌을 널리 보급하고 전국에 걸쳐 실행하려고 했다. 15세기 조선에서 마련하고 시행하던 방식으로는 조선을 이끌고 나가기에는 역부족이며 그 대안은 주자학에 있다고 생각했기 때문이었다.

김정국의 『경민편』은 16세기 초 기묘사림의 정치의식을 반영하며 만들어진 경세(經世) 문헌이었다. 황해도 감사로 재직 중 이 책을 편찬·간행했던 김정국은 지방민들이 일상에서 자주 저지르는 범죄를 13개 주제로 정리하고, 각 주제 별로 도리와 사리를 들어 범죄를 저지르면 안되는 이유를 거론하는 한편 죄를 범할 경우 받게 되는 형률의 처벌 규정을 제시했다. 형률은 당시 통용되던 『대명률』, 그리고 조선의 사정을 반영하여 제정·운용되는 형률을 두루 포괄했다. 지방민들이 범죄가 가진 인륜 혹은 사회적 차원의 문제에 대해 알게 되면 범죄를 피하며 살 수 있으므로, 지방의 권력은 이 점을 그들에게 알려주고 계도해야 한다는 것이 김정국의 생각이었다.

『경민편』은 내용과 구성에서 크게 보아 두 가지 특징을 지니고 있었다. 하나는 범죄의 위계를 재구성하여 가족과 혈연에 대한 범죄를 중요하게 부각했다. 김정국은 범죄를 배치하며 부모를 비롯한 가족·친족 관계에서 발생하는 것을 전면에 내세우고, 살인·강도와 같은 일반 범죄를 그 다음에 위치시켰다. 범죄를 두루 포괄하되, 가족과 혈족·가문을 중시하는 의도된 구성이었다. 여기에는 종법(宗法)의 가족주의를 기반으로 사회정치적 입지를 구축하려던 이 시기 사족(士族)의 이해가 강렬하게 영향을 미치고 있었다고 할 수 있다.

또 다른 요소는 권력 운영 방식이었다. 범죄자가 나오기 전에 지방민에게 범죄가 갖는 문제를 교육과 계몽으로 미리 가르치자는 『경민편』의 방식은 교화의 영역, 교화의 역할을 전면적으로 확대한 의미를 담고 있었다. 15세기의 권력도 교화를 내세웠지만 그 주된 내용은 충·효·열 삼강의 규범에 국한되어 있었다. 이 같은 구조 속에서는 범죄를 막고자 할 때 형벌책이 큰 힘을 발휘할 수밖에 없었다. 이에 반해 『경민편』은 일상의 교육과 계몽의 영역을 주요 범죄로 확장했다. 형벌의 대상이 곧 교화의 대상이었다. 김정국은 형벌의 역할을 부정하지 않았지만, 교육과 계몽으로 형벌을 압도하고자 했다.

『경민편』은 지방민이 범죄를 저질러 가혹한 형벌을 받는 사태를 피하기 위해서는 그들 스스로 범죄와 일탈에 대한 국가의 엄혹한 처벌 규정을 앎과 동시에 그러한 범죄에 빠져서는 안되는 이유를 미리 깨달아야 한다는 접근법을 취하였다. 지방민들이 범죄와 형벌의 실체를 이해하게 하여 그들의 범법을 막아내고 이로부터 국가가 필요로 하는 사회적 안정과 권력을 유지한다는 관념이 저술의 바탕에 가로놓여 있었던 셈이다. 『경민편』 최고의 개성은 여기에 있었다.

『경민편』의 방향 설정은, 범죄를 막는 어떤 조처도 없이, 범죄자는 형률에 따라 엄하게 징치(懲治)한다는 당대 국가 정책이 가지는 문제를 타개한다는 의식과 연결되어 있었다. 김정국이 보기에 조선의 국가 권력은 교화를 표방하면서도 교화를 제대로 구현하지 못했고 오히려 형벌의 폭력성만 전면에 드러내고 있었다.

김정국은 범죄자에 대해 '가르치지 않고 형벌을 내리는[不敎而刑]' 형벌 정책은 민인을 기망(欺罔)하는 일에 불과하다고 비판하고 교육과 계몽을 통해 민인이 범죄를 피해 가게 해야 한다고 주장했다.

김정국의 『경민편』은 초간본이 남아 있지 않아 그 실체 이해에 어려움이 있지만, 비슷한 시기에 간행된 것으로 여겨지는 간본(상허본)에 따르면 원문(原文)을 한문으로만 작성했던 것으로 판단된다. 물론 본문의 매 구절마다 차자(借字) 구결(口訣)이 달려 있어 한문 해독에 도움을 받을 수는 있었지만, 지방민이 널리 활용하기에는 많은 어려움이 있었을 것이다. 이 시기 지방에서 한문을 읽을 수 있는 독자층이 많지 않았기 때문이었다. 당시 기묘사림들이 한문으로 작성한 글에 한글 대역문(對譯文)을 붙여 책을 만들던 관행과 비교하면 이 방식은 세련되지 않다는 인상을 준다. 생각건대 초기 『경민편』의 독서층은 폭이 좁았을 것으로 보인다.

황해도에서 처음 출현한 『경민편』은 '기묘여습(己卯餘習)'을 배척하던 분위기가 강한 상황에서 널리 활용되지 못했다. 초기 간본을 전라도에서 이용하는 정도였다. 새로운 변화는 1579년 경상도 감사 허엽(許曄)이 중간(重刊)하면서 나타났다. 1519년의 정변이 일어나면서 한동안 잊혀졌다가 장소를 달리하며 출현한 허엽 간본은 앞선 간본과는 여러 면에서 달라졌다. 허엽은 '군상(君上)' 장을 첨가하여 조선의 민인은 군주·국가에 의존해 살므로 그 은혜를 헤아리며 자신의 직분을 다해야 한다는, 민의 '의국직분론(依國職分論)'을 강조했다. 최고 권력의 자기 통제에 앞서 민인의 도덕적 변화를 전면에 내세우는 의식이었다. 이와 함께 허엽은 14개 조의 본문에 한글 대역문을 동시에 실었다. 한문만 실려 있던 초기 간본과는 비교할 수 없을 정도의 큰 변화가 일어났다.

허엽이 경상도에서 이 책을 간행한 사실은 그가 형벌을 교화의 측면에서 전면적으로 다루기 위해 김정국의 사고를 긍정하고 수용했기 때문이었다. 그러면서도 '군상' 조항을 첨가한 점은 그의 정치 이념이 군주·국가에 경도되어 있었음을 보여준다. 허엽의 이러한 면모는 그와 정치적으로 대척점에 서 있던 이이(李珥)와 비교하면 많이 달랐다. 이이는 군주·국가는 민인에 의존한다는 관점, 곧 '국가의 의민론(依民論)'의 사고 위에서 정치 운영 원칙을 구상했다. 그리하여 그는 군주나 지방관은 먼저 자신을 검속(檢束)하고 그들이 지닌 권력을 스스로 통제하고 제한할 수 있어야 한다고 여겼다. 허엽과 이이의 대비되는 방식은 16세기 후반 정치권의 정치적 사유가 기묘사림의 영향권 내에 있으면서도 경로를 달리하며 변화하는 양상을 보여준다.

17세기 중반 『경민편』은 새롭게 변모했다. 효종 말년 완남 부원군(完南府院君) 이후원(李厚源)은 효종의 재가를 받은 뒤 『경민편』을 간행, 전국에 보급하였다. 이후원은 스스로 한문 원문에 한글 번역문을 더하고, 여기에 진양(陳襄), 진덕수(眞德秀) 등 송대의 지방관이 작성한 유속문(諭俗文), 정철의 『훈민가(訓民歌)』를 부록으로 실었다. 이후원 간본은 허엽 간본과 상관없이 편찬된 것으로 판단되는데, 그는 이이 이래 서인(西人)들이 지녔던 정치적 사유를 두드러지게 드러내려고 했다.

이후원의 작업은 『경민편』의 위상을 크게 바꾸었다. 앞서 나온 여러 간본과 달리 중앙정부에서 주도하여 간행하면서 책이 가지는 권위가 높아졌다. 책의 편집 수준 또한 세련되게 바뀌고 지방민들이 이용하기에 조금 더 편리해졌다. 보급 범위가 일개 도(道) 단위에서 전국으로 확대되면서 지방 권력이 지방민의 범죄 예방, 풍속 변화에 이 책을 활용하는 수준 또한 제고되었다. 이때에 이르러 『경민편』은 『삼강행실도』, 향약과 함께 교화에 필요한 책으로 인정받으며 적극 이용되었다.

이후원 간본이 나온 이후 대체로 유교 문화가 덜 발달한 지역의 지방관들이 이 책에 관심을 기울였다. 황해도, 함경도, 제주도와 같은 곳에서 이 책을 활용하는 모습이 연대기와 문집 자료에 자주 거론되는 사실을 볼 수 있다. 이는 그들이 『경민편』의 내용이 비교적 간단하면서도 일상생활을 규율하는 유교 도덕과 형률을 담고 있어, 조금만 노력해도 소기의 효과를 거둘 수 있으리라고 기대했기 때문으로 보인다.

나아가 박세채(朴世采)와 같은 인물은 『경민편』을 상민(常民)의 교육서로 적극 활용하도록 구상하고 이를 제자·친지들에게 제언했다. 사족(士族)에게 『격몽요결(擊蒙要訣)』이나 『소학(小學)』, 『가례(家禮)』와 같은 책을 익히게 한다면, 상민에게는 『경민편』을 읽힐 필요가 있다는 것이 그의 생각이었다. 서인 내부에서 비중 있는 위치에 있던 박세채의 움직임은 『경민편』의 확산에 적잖은 영향을 주었고 이는 영조 대 송인명(宋寅明)의 『경민편』 증보로도 계승되었다.

1728년의 무신변란(戊申變亂)은 『경민편』의 사회적 활용을 획기적으로 확장하는 계기였다. 조선을 파천황(破天荒)의 상태로 몰아넣었던 이 사건을 수습하는 과정에서 조선의 지방관들은 이 책이 가진 힘을 다시 주목하였다. 이들은 종래의 이후원 간본을 활용하는 한편으로 새로운 증보본을 만들며 대처했다. 평안도 감사 송인명의 편찬본, 상주목사 이정숙 편찬본이 이때 편찬되었다.

무신변란 직후의 『경민편』에 대한 관심은 중앙정부에서 『삼강행실도』와 『이륜행실도』를 보급하려고 했던 노력과 맞물리며 나타났다. 영조와 중앙정부는 민인의 불만을 잠재우기 위해 '양역변통(良役變通)'과 같은 사회경제 상의 대책을 모색하면서 동시에 윤리교육을 강화했다. 이들은 사회구성원들에게서 '친상사장(親上死長)'의 의식이 약했기 때문에 대변란이 일어났다고 믿고 이를 보완하기 위한 방편을 마련했다. '친상사장' 의식이란 군주를 혈친으로 여기고 관장을 위하여 죽는 의식 곧 군주·국가를 절대화하는 마음을 의미했다. 반(反) 영조의 변란을 겪은 영조에게 이 문제는 절실했다. 8도에서 삼강·오륜의 교화서를 간행하여 보급하도록 했던 것은 그러한 사정 위에서였다. 이 같은 상황에서 『경민편』이 지니는 의미는 엄중했고 실질적이었다.

송인명은 이후원의 편찬본에 평안도 지역민들을 대상으로 작성한 여덟 조항의 경계문[八戒]을 첨가하였고, 이정숙은 송인명의 증보본에 영남 지역민들에게 보내는 경계문을 덧붙여 편찬했다. 두 책 모두 편찬 지역의 지역성 및 시의성을 반영하여 무신변란의 위기 극복에 활용하려는 의도에서 만들어진 특성을 갖는다. 송인명과 이정숙은 영조가 지니고 있던 '친상사장'의 논리를 분명히 의식하며 증보본을 마련했다. 송인명 본보다 늦게 간행된 상주의 이정숙 본은 이제까지 조선에서 나온『경민편』의 전 내용을 수렴하였기에 내용이 풍부해지고 분량 또한 늘어났다. 조선에서는 이후로 이정숙 본을 증보하는 움직임 은 나타나지 않았다. 그런 점에서 이 책은『경민편』의 최종 증보본이라 할 수 있다.

　무신변란을 거치면서『경민편』에 대한 수요는 늘어났다. 하지만 송인 명·이정숙 편찬본은 곧 바로 전국에 보급되지는 않았다. 많은 지역에서 는 종래의 이후원 간본을 새로 찍어내거나 변형하여 활용하였다. 경상 도 초계, 제주도 등지에서 이를 확인할 수 있다. 특히 1735년(영조 11)~1737년(영조 13) 제주 목사를 지냈던 김정(金㰙)의 노력은 특기할만 하다. 김정은『경민편』의 분량을 줄인 간략본과 한글 번역문만을 별도로 모은 보급본을 간행하여 제주도민들이 익히도록 했다. 지방민들이 소화할 수 있는 내용에 주목한 접근이었다.『경민편』의 본래 의도를 살린 실제적인 활용이라고 하겠다.

　송인명·이정숙 편찬본이 널리 보급된 시점은 1745년(영조 21) 무렵이 었다. 이즈음 중앙정부는『경민편』을 전국에 대대적으로 보급하고 면리 (面里)에 훈장을 두어 이 책을 가르치도록 했다. 이때 저본으로 삼았던 간본은 이정숙 증보본으로 중앙에서 마련하여 감영으로 내려보내면, 감영에서 이를 인출(印出)해서 예하 군현으로 보급하는 절차를 밟았던 것으로 보인다. 면리 단위에서『경민편』을 익히게 하자는 구상은 앞서 박세채가 가지고 있던 생각을 충실히 살린 것이었다.『경민편』을 전국에 보급하려는 이때의 노력이 얼마나 넓은 지역에서 오랫동안 지속되었는지 분명하지 않지만, 여러 감영과 군현에서 이를 위해 기울인 노력은 여러 모습으로 확인된다.

한편 이 시기 『경민편』의 보급이 확대되는 과정에서 『경민편』에 작은 변화가 생기기도 했다. 1748년 전주 감영에서 중간(重刊)한 『경민편』에는 종래 16장의 『훈민가(訓民歌)』를 18장으로 늘려서 수록했다. 본래 『훈민가』는 18장으로 만들어졌지만 『경민편』에 실릴 때에는 두 개의 장이 제목만 남고 내용은 알려져 있지 않았는데, 전주의 중간본 편찬자는 사라진 두 장을 새로 만들어 보완했던 것이다. 이에 더해 편찬자는 '충효(忠孝)는 일치한다'는 관점에서 군신(君臣)의 윤리를 보강한 가사를 한 수 더 첨보했다. 이는 이 편찬자가 '친상사장'의 군부일체론(君父一體論)을 염두에 두며 보완했음을 보여준다. 1748년의 전주감영 중간본(重刊本)은 『경민편』의 역사에서 가장 풍부한 내용을 담은 간본이라 할 수 있다.

영조 대 『경민편』을 전국에 보급하려던 노력이 이후 얼마나 오래 유지되었는지는 미지수다. 다만 여러 기록으로 본다면 『경민편』을 이용하는 방식이 다변화되었음을 확인할 수 있다. 이를테면 영조 30년대 장연(長淵)의 경우, 장연 부사 박성원(朴聖源)은 이후원 간본을 저본으로 필사본을 만들어 예하 면 지역 훈장들에게 보내어 교육에 활용하도록 했다. 기존 책판이 훼손되어 보완할 여유가 없었던 사정이 필사본을 작성한 이유였는데 이를 보면 이정숙 간본이 조선 전역에 충실히 보급되지는 않았음을 유추할 수 있다. 1770년(영조 46), 정부에서는 좌의정 한익모(韓翼謩)의 건의를 받아들여 전국에서 『경민편』의 「훈민가」를 먼저 가르친 뒤 진양·진덕수의 유속문을 익히도록 하였다. 어려운 내용에 분량마저 두꺼운 『경민편』 전체를 간행하여 익히게 하는 것보다는 효율적이고 간명한 방법을 찾자는 시도였다.

19세기에 들어와 중앙정부 차원에서 『경민편』을 증보하거나 전국에 보급하려고 노력한 흔적은 보이지 않는다. 시대 상황으로 보자면 『경민편』과 같은 책이 절실했을 것이나 이와 관련한 대책을 세우려 했다는 움직임을 찾기 어렵다. 오히려 지방관들의 개별적인 활용을 몇 지역에서 확인할 수 있을 뿐이다. 특기할 사례로는 1832년 순천 부사 홍중섭(洪重燮)의 움직임이다. 홍중섭은 김정국의 서문, 『경민편』의 본문, 그리고 자신이 작성한 서문만을 붙여 책을 간행한 뒤, 예하 면 지역으로 보급하였다. 영조 대 여러 차례 볼 수 있던 『경민편』을 단순하게 활용하자는 움직임과 맥을 같이하는 모습이었다.

16세기 초 『경민편』이 등장한 이래 중앙정부와 지방관들이 이 책을 중시하고 많은 관심을 기울인 내력은 이와 같이 복잡했다. 이 과정에서 다양한 간본이 편찬되며 내용과 구성의 변화가 생겼다. 사용하는 문자가 한문에서 한문·한글로 늘어나고 또 표기의 방식과 수준이 개선되었다. 본문 외에 부록이 첨가되며 분량도 계속 늘어났다. 수백 년간, 『경민편』은 지방민의 교육에 활용되는 자료 또는 교재로서 끊임없이 진화하고 변모했다.

조선의 권력이 가진 목적은 분명했다. 권력에 참가하는 이들은 이 책을 통해 지방민이 인륜과 사리를 깨달아 조선이 필요로 하는 윤리 규범을 내면화하며 범죄를 피해 살기를 기대했다. 중세 권력이 가진 폭력성을 충분히 제거할 수는 없었지만, 이러한 방식은 형벌의 징치로 나타나는 폭력성을 어느 정도 완화하는 효과가 기대되었다. 사회 안녕을 유지하고 지방민의 사회적 손실을 방비함에 이 책이 제공하는 효용성은 적지 않았다. 오랜 시간 다양한 형태의 편찬본이 나타나는 연유는 모두 이와 연관이 있었다.

『경민편』은 분량이 많지 않고 내용 또한 난해하지 않았다. 유교 지식의 핵심을 담고 있으면서도 표현이 그다지 어렵지 않았기에 지방민 특히 상민(常民)이 익히기에 무난했다. 이런 측면에서 보자면 『경민편』

은 양반 사대부들이 전유(專有)하던 지식과 유교 혹은 주자학의 도덕 가치를 상민이 편리하게 접하도록 돕는 역할을 했다. 오늘날의 관점으로 판단하는 것이지만, 이 책을 접하고 익힌 사람들은 어느 정도 지적인 변화를 경험할 수 있었으리라 여겨진다. 『경민편』이 갖는 역사적 개성은 이 지점에서도 주목할 수 있다.

지방민이 『경민편』으로 유교 문화, 유교 사상을 자신의 의식 세계로 끌어들일 기회를 잡을 가능성이 컸다면, 이 책은 지방을 유교의 공간으로 구성하고 지방민이 유교를 익히고 실천하는 주체가 되도록 만듦에 주요한 매체가 될 수 있었다. 조선에서 유교의 지식과 문화를 보급함에 동원되었던 문헌 혹은 수단으로 『경민편』만을 거론할 수 없지만, 대체로 상민을 겨냥하여 활용된 『경민편』의 위상은 그 무엇에 비교할 수 없을 정도로 단단하고 특별했다.

이와 같이 살피고 보면, 『경민편』은 조선의 권력 그리고 지방민 양측에 두루 의미 있던 문헌이었다고 할 수 있다. 국가 권력은 주자학의 경세 이념을 통하여 지방, 지방민의 유교화(儒敎化)를 진행하고 이를 기반으로 사회를 안정적으로 유지할 수 있는 방법을 얻고자 했다. 반드시 그 목표대로 현실화되지는 않았지만, 권력 스스로 폭력성을 배제하고 억누르며 권력을 유지하는 효과도 기대할 수 있었다. 『경민편』은 여러 차례 간행되고 보급되는 과정에서 편찬 주체들의 사상과 당시의 정치적 사정에 많은 영향을 받으며 변화했으나, 주자학에서 온 원칙은 굳건하게 유지했다. 지방은 이 지점에서 주자학 정치사상이 작동하는 구체적인 공간이었다.

지방민에게 유교 지식, 유교적 문화를 익히는 일은 자신과 자신을 둘러싼 세계를 넓게 인식할 수 있는 지적 능력을 키우는 주요한 계기가 될 수 있었다. 유교적 지식이 현존의 질서를 긍정하고 순응하기를 요구하는 성격을 지닌 점에서 이를 익히고 실천하는 일은 신분제를 축으로 하는 사회적 위계 속에 살도록 스스로를 가두는 측면이 있었다. 유교 지식은 기본적으로 체제에 순응하는 인간형을 기대했다. 하지만 『경민편』의 독서는 독자를 여기에 머무르게 하지만은 않는 힘이 있었다.

한문, 한글을 익히고 그 문자가 전하는 유교적 가치를 통하여 독자들은 무지(無知)를 벗어나는 길을 찾을 능력을 키울 수 있었다. 무지 속에 묻히지 않는다면 자신과 외부 세계를 향한 인식 또한 새롭게 열릴 것이고 그 속에서 향유하는 삶의 가치 또한 제고될 수 있었다. 문자를 아는 것과 알지 못하는 수준, 사리를 아는 것과 알지 못하는 상태의 차이는 선연했다. 문자를 익히고 그로부터 세계를 인식하고 이해하는 능력을 갖추게 된다면, 상민의 낮은 신분이라 할지라도 자기를 자각하며 살아갈 수 있는 힘과 주위의 존재를 인식하고 돌보며 살아갈 능력을 갖출 수 있었을 것이다. 더 진전한다면 권력이 행사하는 일방적 폭력과 강제의 삶을 벗어날 수 있는 길 또한 여기서 마련할 수 있었을 것이다.

조선의 권력이 편찬하고 활용한 도서를 살피자면 『경민편』은 비교 대상이 없을 정도로 많이 간행되고 읽혔다. 문자를 조금 익히면 쉽게 접근할 수 있는 구성과 내용이 이 책의 큰 장점이었는데, 후대의 여러 편찬자들은 기존의 내용에 사회정치적 요소를 새롭게 첨보하며 활용성과 정치성을 높였다. 국가 권력은 지방민을 대상으로 『경민편』을 보급하자고 했고, 그들은 이 책을 통해 일상의 세계를 벗어나는 경험을 접했다. 『경민편』은 향교의 공교육(公敎育)이 미치지 못하는 공간에서, 범죄의 문제를 교화의 차원에서 가르치는 문헌이었다. 유교에 내재된 가치를 지방의 상민에게 알리는 수단이기도 했다. 오랜 시간 조선의 국가 권력과 민인이 만나고 길항하며 상호 변화하던 비밀의 힘을 확인하려면 반드시 거쳐가야 할 통로가 이 책에 숨어 있었다.

부록

思齋金正國 著

父毋고 第뎨一일

毋如地라 劬勞生我샤 辛勤乳哺ᄒ시며

父毋恩德은 昊天罔極이론 祖父毋

與父毋無異라 是故로 善事父毋

鄉里稱善ᄒ며 國有褒賞이니 祖

를 謀殺則凌遲處死ᄒ고 毆打則斬ᄒ고 罵

聽敎令ᄒ며 不謹奉養則皆杖一百ᄒ고 父

告訴則其罪至重ᄒ니 守信繼毋ᄂ與親毋로

法

[1] 『경민편』 초기 3간본의 원문과 구결 비교

1. 초기 3간본은 상허본, 허엽 간본, 이후원 간본을 가리킨다.

2. 편장의 순서는 상허본에 따른다. 다만 허엽 간본의 군상(君上) 장은 맨 앞에 배치했다.

3. 각 장 별로 구결을 뺀 원문을 제시하되 저본은 허엽 간본이다. 띄어쓰기는 필자 임의로 하고 간본 간 글자가 다르면 각주로 표시했다.

4. 각 간본에서 원문의 변화가 생길 경우, 각 장의 원문에 밑줄로 표시했다.

5. 각 간본 별로 원문과 구결을 비교하되 상허본, 허엽 간본, 이후원 간본 순으로 배치했다. 1은 상허본, 2는 허엽 간본, 3은 이후원 간본이다. 구결은 원문보다 한 포인트 낮추었다.

6. 상허본에서 확인이 안되는 글자는 ○로 표시했다.

君上

君爲民之主 國是民所依 凡百姓之所以相生相養 無强弱爭奪之憂者 皆國家養
育之恩也 是故 爲百姓者 愛戴君上 當如父母 奉承君上 當如子息 平時貢賦徭
役 必誠必信 毋或怠緩 民之職分也 國家如有不時擧動 或倭寇來侵 北狄强梁
則盡必極力以禦之 不可少有窺避之心 或天使之來 國喪之出 則恪勤奔走而供
之 不可少有怨恨之念 若有不敬不恭 則隨其大小 蒙罪必矣 可不畏哉 可不愼哉

1	없음
2	君爲民之主是時古 國是民所依羅 凡百姓之所以相生相養爲也 無强弱爭奪之憂者隱 皆國家養育之恩也羅 是故奴 爲百姓者是 愛戴君上乙 當如父母五 奉承君上乙 當如子息尼 平時貢賦徭役乙 必誠必信爲也 毋或怠緩是 民之職分也羅 國家如有不時擧動爲也 或倭寇是 來侵於乃 北狄是 强梁則盡必極力以禦之爲也 不可少有窺避之心是五 或天使之來臥 國喪之出則恪勤奔走而供之爲也 不可少有怨恨之念尼 若有不敬不恭則隨其大小爲也 蒙罪必矣羅 可不畏哉旀 可不愼哉阿
3	없음

父母

父如天 母如地 劬勞生我 辛勤乳哺 艱難養育 父母恩德 昊天罔極 祖父母
生我父母 與父母無異 是故 善事父母 孝順無違 鄉里稱善 國有褒賞
法 祖父母父母 謀殺則陵遲處死 毆打則斬 詈罵則絞 不聽敎令 不勤奉養則皆
杖一百 父母告訴 其罪至重 守信繼母 與親母同

1	父如天五 母如地尼 劬勞生我爲時古 辛勤乳哺爲時古 艱難養育爲時尼 父母恩德。昊天罔極是尼羅 祖父母隱 生我父母爲時尼 與父母奴 無異爲尼羅 是故善事父母爲也 孝順無違爲面 鄉里稱善爲旀 國有褒賞爲尼 法祖父母乙 謀殺則隱 陵遲處死五 毆打則斬。。 ○罵則絞爲古 不聽敎令爲旀 不勤奉○○皆杖一百是五 父母乙 告訴爲面 其罪○重爲尼 守信繼母是 與母奴 同爲尼羅
2	父如天五 母如地羅 劬勞生我爲時古 辛勤乳哺爲時古 艱難養育爲時尼 父母夫 恩德隱 昊天罔極尼羅 祖父母隱 生我父母爲時尼 與父母奴 無異爲尼羅 是故奴 善事父母爲也 孝順無違爲面 鄉里稱善爲旀 國有褒賞爲飛尼 法厓 祖父母父母乙 謀殺則陵遲處死爲古 毆打則斬爲古 詈罵則絞爲古 不聽敎令爲旀 不勤奉養則皆杖一百是五 父母乙 告訴爲面 其罪至重爲尼羅 守信繼母是 與親母同爲尼羅
3	父如天ᄒ시고 母如地라 劬勞生我ᄒ샤 辛勤乳哺ᄒ시며 艱難養育ᄒ시니 父母恩德은 昊天罔極이로다 祖父母는 生我父母ᄒ시니 與父母無異라 是故로 善事父母ᄒ야 孝順無違ᄒ면 鄉里稱善ᄒ며 國有褒賞이니라 法에 祖父母와 父母를 謀殺則陵遲處死ᄒ고 毆打則斬ᄒ고 罵詈則絞ᄒ고 不聽敎令ᄒ며 不勤奉養則皆杖一百ᄒ고 父母를 告訴則其罪至重ᄒ니라 守信繼母는 與親母로 同ᄒ니라

夫妻

夫妻結緣 百年同居 夫須念妻 妻須順夫 雖有不協 夫益忍怒 妻益致順 家道不敗 是故 夫妻和樂 永保闕家 乖戾不和 終致禍亂

法 妻謀殺其夫則陵遲處死 毆打則杖一百 重傷則絞 致死則斬 背夫則杖一百 因而改嫁則絞 夫之祖父母父母 毆打則斬 罵詈則絞 告訴則杖一百徒役 夫之族親尊丈 毆打罵詈 則其罪至重 他夫潛奸則杖九十 背夫改嫁則絞 夫毆打其妻致死則絞 重傷則亦皆有罪 妻父母毆打則杖一百 折傷則加等 篤疾則絞

1	夫妻結緣百年乙 同居爲飛尼 夫須念妻爲旀 妻須順夫爲也 雖有不協夫益忍怒爲旀 妻益致順爲也沙 家道不敗爲飛尼 是故夫妻和樂爲面 永保闕家爲古 乖戾不和爲面 終致禍亂 **法**妻謀殺其夫則陵遲處死毆打則杖一百五 重傷則絞五 致死則斬五 背夫則杖一百五 因而改嫁則絞五 夫之祖父母父母乙 毆打則斬五 詈罵則絞五 告訴則杖一百徒役五 夫之族親尊丈乙 毆打爲旀 詈罵爲也刀 則其罪至重爲尼羅 他夫潛奸則杖九十五 背夫改嫁則絞五 夫毆打其妻致死則絞五 重傷則亦皆 有罪爲尼 妻父母乙 毆打則杖一百五 折傷則加等爲古 篤疾則絞羅
2	夫妻結緣爲也 百年同居爲飛尼 夫須念妻爲旀 妻須順夫爲也 雖有不協是那 夫益忍怒爲旀 妻益致順爲也沙 家道不敗爲里尼 是故奴 夫妻和樂爲面 永保闕家爲古 乖戾不和爲面 終致禍亂爲飛尼 **法**匡 妻是 謀殺其夫則陵遲處死五 毆打則杖一百五 重傷則絞五 致死則斬五 背夫則杖一百五 因而改嫁則絞五 夫之祖父母父母乙 毆打則斬五 詈罵則絞五 告訴則杖一百徒役五

夫之族親尊丈乙 毆打爲旀 詈罵爲也豆 則其罪至重爲旀

他夫潛奸則杖九十五 背夫改嫁則絞羅 夫是 毆打其妻致死則絞五 重傷則亦

皆有罪爲尼羅

妻父母乙 毆打則杖一百五 折傷則加等爲古 篤疾則絞羅

夫妻는 結緣ᄒ야 百年同居ᄒ나니 夫須念妻ᄒ고 妻須順夫ᄒ야

雖有不協이라두 夫益忍怒ᄒ며 妻益致順ᄒ야사 家道ㅣ 不敗ᄒ리니

是故로 夫妻和樂ᄒ면 永保闕家ᄒ고 乖戾不和ᄒ면 終致禍亂ᄒ나니라

法에 妻ㅣ 謀殺其夫則陵遲處死ᄒ고 毆打則杖一百ᄒ고 重傷則絞ᄒ고 致死

則斬ᄒ고

背夫則杖一百ᄒ고 因而改嫁則絞ᄒ고

夫之祖父母와 父母를 毆打則斬ᄒ고 罵詈則絞ᄒ고 告訴則杖一百徒役ᄒ고

夫之族親尊丈을 毆打罵詈則其罪至重ᄒ고

他夫潛奸則杖九十ᄒ고 背夫改嫁則絞ᄒ며 夫ㅣ 毆打其妻ᄒ야 致死則絞ᄒ

고 重傷則亦皆有罪ᄒ며

妻父母를 毆打則杖一百ᄒ고 折傷則加等ᄒ고 篤疾則絞ᄒᄂ니라

兄弟姉妹

兄弟姉妹 與我同出於父母 同氣而異體 骨肉至親 無如兄弟 無知之人 爭小利害
鬪爭不和 遂爲仇讎 與禽獸奚擇 兄須愛弟 弟必敬兄 無相疾怨 數口奴婢 有時
而逃亡病死 數苗田地 有時而川反浦落 終歸無益 兄弟姉妹 相殘不和 鄕里皆斥
國有常法

法 兄弟據執合執則杖一百徒役 不和則杖八十 弟妹兄姉罵詈則杖一百 毆打則
杖九十徒役 <u>重傷</u>則杖一百全家入居 <u>廢疾</u>則絞 告訴則杖一百

1	兄弟姉妹隱 與我奴 同出於父母爲也 同氣異體羅
	骨肉至親是 無如兄弟於乙 無知之人是 爭小利害爲也 鬪爭不和○○ 遂爲仇
	讎爲飛尼 與禽獸奴 奚擇里五
	缺落
	缺落
	缺落
	缺落
	重則杖一百全家入居五 發疾則絞五 告訴則杖一百羅
2	兄弟臥 姉妹隱 與我奴 同出於父母爲也 同氣而異體羅
	骨肉至親是 無如兄弟於乙 無知之人是 爭小利害爲也 鬪爭不和爲也 遂爲仇
	讎爲飛尼 與禽獸奴 奚擇里五
	兄須愛弟爲旀 弟必敬兄爲也 無相疾怨爲羅 數口奴婢是 有時而逃亡病死爲旀
	數畝田地是 有時而川反浦落爲也 終歸無益於尼臥
	兄弟姉妹是 相殘不和爲面 鄕里皆斥爲旀 國有常法羅
	法匡 據執合執則杖一百徒役五 不和則杖八十五
	弟臥妹羅西 兄果 姉乙 詈罵則杖一百五 毆打則杖九十徒役五
	重傷則杖一百全家入居五 廢疾則絞五 告訴則杖一百羅

3	兄弟與 姉妹ᄂ 與我로 同出於父母ᄒ야 同氣而異體니 骨肉至親이 無如兄弟어ᄂᆞᆯ 無知之人이 爭小利害ᄒ야 鬪爭不和ᄒ야 遂爲仇 讎ᄒᄂ니 與禽獸로 奚擇이리오 兄須愛弟ᄒ며 弟必敬兄ᄒ야 無相疾怨이니 數口奴婢ᄂ 有時而逃亡病死ᄒ 며 數畝田地ᄂ 有時而川反浦落ᄒ야 終歸無益이어니와 兄弟姉妹ᄂ 相殘不和ᄒ면, 鄕里皆斥ᄒ며 國有常法ᄒ니라 **法**애 據執合執則杖一百徒役ᄒ고 不和則杖八十五ᄒ고 弟妹ㅣ 兄姉를 罵詈則杖一百ᄒ고, 毆打則杖九十徒役ᄒ고 重傷則杖一百全家入居ᄒ고 篤疾則絞ᄒ고 告訴則杖一百ᄒᄂ니라

族親

三寸叔父母 與我父母 同出於一人 父母如等 三寸姪及女 皆我同氣之所出 與吾親子與無間 自四五寸至七八寸 雖有親疎遠近之異 皆是一人之子孫 比如木同根而異枝 比如水 同源而異派 須愛敬尊長 撫恤卑幼 毋相鬪爭

法 三寸叔父母 詈罵則杖一百 毆打則杖一百徒役 傷則杖一百全家入居 篤疾則絞 故殺則陵遲處死 告訴則杖一百 其餘族親 互相毆鬪不穆 親疎分揀 差等治罪 尊者減等 卑幼加等

1	三寸叔父母與我父母同出於一人爲時尼 父母如等爲尼 三寸姪及女隱 皆我同氣之所出與吾親子奴 與無間爲尼。 自四五寸至七八寸尿 雖有親疎遠近之異爲那 皆是一人之子孫羅 比如木去隱大隱 同根而異枝爲古 比如水去隱大隱 同源而異派羅 須愛敬尊長爲旅 撫恤卑幼爲也 毋相鬪爭爲羅 **法**三寸叔父母乙 詈罵則杖一百五 毆打則杖一百徒役五 傷則杖一百全家入居五 篤疾則絞五 故殺則陵遲處死五 告訴則杖一百五 其餘族親互相毆鬪不穆爲面 親疎分揀爲也 差等治罪乎代 尊者隱 減等爲古 卑幼隱 加等爲飛尼羅
2	三寸叔父母隱 與我父母奴 同出於一人爲時尼 父母如等爲古 三寸姪及女隱 皆我同氣之所出羅 與吾親子奴 與無間爲尼羅 自四五寸至七八寸尿 雖有親疎遠近之異爲那 皆是一人之子孫羅 比如木巨隱大 同根而異枝爲古 比如水巨隱大 同源而異派羅 須愛敬尊長爲旅 撫恤卑幼爲也 毋相鬪爭爲羅 **法**匡 三寸叔父母乙 詈罵則杖一百五 毆打則杖一百徒役五 傷則杖一百全家入居五 篤疾則絞五 故殺則陵遲處死五 告訴則杖一百羅

	其餘族親是 互相毆鬪不穆爲面 親疎分揀爲也 差等治罪乎代 尊者隱 減等爲古 卑幼隱 加等爲飛尼羅
3	三寸叔父母는 與我父母로 同出於一人ᄒ시니 父母如等ᄒ고 三寸姪及女는 皆我同氣之所出이니 與吾親子로 與無間ᄒ고 自四五寸至七八寸이 雖有親疎遠近之異ᄒ나 皆是一人之子孫이라 比如木건대 同根而異枝며 比如水건대 同源而異派니 須愛敬尊長ᄒ며 撫恤卑幼ᄒ야 毋相鬪爭이니라 **法**에 三寸叔父母를 罵詈則杖六十徒役ᄒ고 毆打則杖一百徒役ᄒ고 重傷則杖一百全家入居ᄒ고 篤疾則絞ᄒ고 故殺則陵遲處死ᄒ고 告訴則杖 一百ᄒ고 其餘族親이 互相毆鬪不睦ᄒ면 親疎分揀ᄒ야 差等治罪호되 尊者는 減等ᄒ 고 卑幼는 加等ᄒ느니라

隣里

隣里與我同住一處 有無相資 患難相求 義同親戚 毋侵暴殘弱 毋凌辱尊老 交相
委曲 務爲和睦 隣里不和 患難不相求 死亡不相扶 相爲仇隙 終致不測
法 豪强之人 侵損於民 全家入居 卑賤之人 凌犯尊屬 亦皆有罪

1	隣里與我同住一處爲也 有無相資爲旀 患難相救爲也 義同親戚爲羅 毋侵暴殘弱爲旀 毋凌辱尊老爲旀 交相委曲爲也 務爲和穆爲羅 隣里不和爲面 患難不相救爲旀 死亡不相扶爲也 相爲仇隙爲也 終致不測爲飛尼 法豪强之人侵損於民爲面 全家入居五 卑賤之人是 凌犯尊屬○○ 亦皆有罪爲尼羅
2	隣里隱 與我奴 同住一處爲也 有無相資爲旀 患難相救爲也 義同親戚爲尼 毋侵暴殘弱爲旀 毋凌辱尊老爲也 交相委曲爲也 務爲和穆爲羅 隣里不和爲面 患難不相救爲旀 死亡不相扶爲也 相爲仇隙爲也 終致不測爲飛尼 法厓 豪强之人是 侵損於民爲面 全家入居五 卑賤之人是 凌犯尊屬爲也豆 亦皆有罪爲尼羅
3	隣里ᄂᆞᆫ 與我로 同住一處ᄒᆞ야 有無相資ᄒᆞ며 患難相救ᄒᆞ니 義同親戚이라 毋侵暴殘弱ᄒᆞ며 毋凌辱尊老ᄒᆞ고 交相委曲ᄒᆞ야 務爲和睦이니 隣里不和ᄒᆞ면 患難不相救ᄒᆞ며 死亡不相扶ᄒᆞ야 相爲仇隙ᄒᆞ야 終致不測이니라 法에 豪强之人이 侵損於民ᄒᆞ면 全家入居ᄒᆞ고 卑賤之人이 凌犯尊屬ᄒᆞ면 亦皆有罪ᄒᆞ니라

352

鬪毆

大抵與人鬪毆 有害而無益 人雖以橫怒加我 我須以和悅待之 雖有强暴之人
毆傷我體 攘奪我財 勿與交爭 必告官司辨正 人之死生 在於頃刻 不忍片時之忿
下手傷損 終致無窮之悔

法 毆打則笞二十 致傷則笞四十 拔髮則笞五十 出血則杖八十 折一齒一指眇一
目毁耳鼻 以穢物灌口中鼻內則杖一百 折二齒以上 墮胎刃傷人則杖八十徒役
以至篤疾則杖一百流三千里 因而致死則絞

1	大抵乎隱知 與人鬪毆隱 有害而無益爲尼 人雖以橫怒奴 加我爲那 我須以和悅奴 待之爲旀 雖有强暴之人是 毆傷我體爲旀 攘奪我財也斗 勿與交爭爲古 必告官司爲也 辨正爲羅 人之死生是 在於頃刻爲尼 不忍片時之忿爲也 下手傷殞爲面 終致無窮之悔爲 飛尼羅 **法** 毆打則笞二十五 致傷則笞四十五 拔髮則笞五十出血則杖八十五 折一齒一指眇一目毁耳鼻爲旀 以穢物奴 灌口中鼻內則杖一百五 折二齒以上果 墮胎刃傷人則杖八十徒役五 以至篤疾則杖一百流三千里五 因而致死則絞是又
2	大抵爲底 與人鬪毆隱 有害而無益爲尼 人雖以橫怒奴 加我爲那 我須以和悅奴 待之爲旀 雖有强暴之人是 毆傷我體爲旀 攘奪我財羅豆 勿與交爭爲古 必告官司爲也 辨正爲羅 人之死生是 在於頃刻爲尼 不忍片時之忿爲也 下手傷殞爲面 終致無窮之悔爲 飛尼羅

	法匡 毆打則笞二十五 致傷則笞四十五 拔髮則笞五十五 出血則杖八十五 折一齒一指眇一目毀耳鼻爲旅 以穢物奴 灌口中鼻內則杖一百五 折二齒以上果 墮胎刀傷人則杖八十徒役五 以至篤疾則杖一百流三千里五 因而致死則絞羅
3	大抵1)與人鬪毆ㅣ 有害而無益ᄒ니 人雖以橫怒로 加我ᄒ나 我須以和悅로 待之ᄒ며 雖有强暴之人이 毆傷我體ᄒ며 攘奪我財라도 勿與交爭ᄒ고 必告官司ᄒ야 辨正ᄒ라 人之死生이 在於頃刻ᄒ니 不忍片時之忿ᄒ야 下手傷殞ᄒ면 終致無窮之悔니라 **法**에 毆打則笞三十ᄒ고 致傷則笞四十ᄒ고 拔髮則笞五十ᄒ고 出血則杖八十ᄒ고 折一齒一指어나 眇一目이어나 毀耳鼻어나 以穢物로 灌口中鼻內則杖一百ᄒ고 折二齒以上이어나 墮胎어나 刀傷人則杖八十徒役ᄒ고 以至篤疾則杖一百流三千里ᄒ고 因而致死則絞ᄒᄂ니라

---

1) 구결은 없다. 그러나 번역에 그 흔적이 남아 있다. "대강ᄒᆫ디 사ᄅᆞᆷ과 더브러 싸홈이"

勤業

大抵窮餓丐乞者 皆是不勤業之人 耕種須早 風霜可畏 除草須勤 草茂則害苗
雖片地陳荒 强勉起耕 當春夏之時 雖似勞苦 秋成收穫 倍蓗於他家 凶年不能害
人雖飢餓流離 我則飽煖安逸 卒世無憂
法 惰農不勤服田 陳地皆收其稅 守令考察論罪 不特農家爲然 蚕織工商之人
各勤其私 無少怠惰 衣食周足 人無恒業 游手游食 我雖不爲盜賊 人必以盜賊指
我 有時陷於罪辜

1	大抵乎卩知 窮餓丐乞者是 皆是不勤業之人伊又 耕種乙 須早爲又 風霜可畏又 除草乙 須勤爲又 草茂則害苗爲飛尼又 雖片地陳荒又斗 强勉起耕 爲又 當春夏之時匡 雖似勞苦爲那 秋成收穫是 倍蓗於他家爲也 凶年是斗 不能害爲 也 人雖飢餓流離爲那 我則飽煖安逸爲也 卒世無憂爲乚尼又 **法**匡 惰農是 不勤服田爲面 陳地乙 皆收其稅爲古 守令是 考察論罪爲是尼又 不特農家爲然又 蚕織工商之人是 各勤其事爲也 無少怠惰爲面 衣食是 周足 爲乚尼 人無恒業爲也 游手游食爲面 我雖不爲盜賊是那 人必以盜賊奴 指我爲也 有時 陷於罪重爲乚尼又
2	大抵爲底 窮餓丐乞者是 皆是不勤業之人是羅 耕種乙 須早爲羅 風霜是 可畏羅 除草乙 須勤爲羅 草茂則害苗爲飛尼羅 雖片地陳荒羅豆 强勉起 耕爲羅 當春夏之時匡 雖似勞苦爲那 秋成收穫是 倍蓗於他家爲也 凶年是 不能害爲也 人雖飢餓流離爲那 我則飽煖安逸爲也 卒世無憂爲飛尼羅

法匡 惰農是 不勤服田爲面 陳地乙 皆收其稅爲古 守令是 考察論罪爲飛尼羅

不特農家爲然羅 蚕織工商之人是 各勤其事爲也 無少怠惰爲面 衣食是 周足爲飛尼

人無恒業爲也 游手游食爲面 我雖不爲盜賊是那 人必以盜賊奴 指我爲也 有時陷於罪辜爲飛尼羅

3	大抵²⁾窮餓丐乞者ㅣ 皆是不勤業之人이라 耕種을 須早ㅣ니 風霜이 可畏오 除草를 須勤이니 草茂則害苗ㅣ니라 雖片地陳荒이라도 强勉起耕이니 當春夏之時ᄒ야 雖似勞苦ᄒ나 秋成收穫이 倍蓰於他家ᄒ야 凶年이 不能害ᄒ야 人雖飢餓流離ᄒ나 我則飽煖安逸ᄒ야 卒世無憂ᄒᄂ니라 法에 惰農이 不勤服田ᄒ면 陳田을 皆收其稅ᄒ고 守令이 考察論罪ᄒᄂ니라 不特農家ㅣ 爲然이라 蚕織工商之人도 各勤其事ᄒ야 無少怠惰ㅣ라사 衣食周足ᄒᄂ니 人無恒業ᄒ야 游手游食ᄒ면 我雖不爲盜賊이나 人必以盜賊으로 指我ᄒ야 有時陷於罪辜ᄒᄂ니라

---

2) 구결은 없다. 그러나 번역에 그 흔적이 남아 있다. "대강혼디 사룸과 더브러 싸홈이"

儲積

農家無遠慮 秋收之後 恃其穀賤 姑息放心 取飽朝夕 釀酒作餠 濫用殆盡 故春

夏農務之時 必苦飢窘 未得力業 一瓶之酒 數器之餠 可活一朔 秋冬 撙節儲積

深藏不費 以備農糧 <u>安東人</u> 今秋收穫 明年春夏所食 計除堅藏 餘穀撙節喫破

故農不失業 雖遇凶荒 不患飢餓 北道之人 秋成卽時濫食無節 不用升斗 作餠炊

食 朝飽不計多飢 故一遇不稔 餓殍相望 深思利害 務爲儲積

法 濫費會飮 亦有罪焉

1	農家是 無遠慮爲也 秋收之後匡 恃其穀賤爲也 姑息放心爲也 取飽朝夕爲旀 釀酒作餠爲也
	濫用殆盡故奴 春夏農務之時匡 必苦飢窘未得力業爲飛尼 一瓶之酒數器之 餠伊 可活一朔伊羅
	秋冬匡 撙節儲積爲也 深藏不費以備農糧安東之人伊 今秋收穫爲也 明年春 夏所食乙
	計除堅藏爲古 餘穀奴 撙節喫破故奴 農不失業爲旀 雖遇凶荒爲那 不患飢餓爲 飛尼
	北道之人隱 秋成卽時匡 濫食無節爲也 不用升斗爲也 作餠炊食爲也 朝飽不 計多飢故奴
	一遇不稔爲面 餓殍相望爲飛尼 深思利害爲也 務爲儲積爲羅
	法匡 濫費會飮伊 亦有罪焉爲尼羅
2	農家是 無遠慮爲也 秋收之後匡 恃其穀賤爲也 姑息放心爲也 取飽朝夕爲旀 釀酒作餠爲也
	濫用殆盡故奴 春夏農務之時匡 必苦飢窘爲也 未得力業爲飛尼 一瓶之酒臥 數器之餠是 可活一朔羅

	秋冬厓 撙節儲積爲也 深藏不費爲也 以備農糧爲羅 安東人是 今秋厓 收穫爲也 明年春夏所食乙 計除堅藏爲古 餘穀奴 撙節噢3)破故奴 農不失業爲旀 雖遇凶荒是那 不患飢餓爲飛尼羅 北道之人隱 秋成卽時厓 濫食無節爲也 不用升斗爲也 作餠炊食爲也 朝飽不計多飢故奴 一遇不稔爲面 餓殍相望爲飛尼 深思利害爲也 務爲儲積爲羅 **法**厓 濫費會飮是 亦有罪焉爲尼羅
3	農家ㅣ 無遠慮ᄒᆞ야 秋收之後에 恃其穀賤ᄒᆞ야 姑息放心ᄒᆞ야 取飽朝夕ᄒᆞ며 釀酒作餠ᄒᆞ야 濫用殆盡故로 春夏農務之時에 必苦飢窘ᄒᆞ야 未得力業ᄒᆞᄂᆞ니 一瓶之酒와 數器之餠이 可活一朔이라 秋冬에 撙節儲積ᄒᆞ야 深藏不費ᄒᆞ야 以備農糧ᄒᆞ라 安東之人은 今秋에 收穫ᄒᆞ야 明年春夏所食을 計除堅藏ᄒᆞ고 餘穀으로 撙節喫破故로 農不失業ᄒᆞ야 雖遇凶荒이라도 不患飢餓ᄒᆞ고 北道之人은 秋成卽時濫食無節ᄒᆞ야 不用升斗ᄒᆞ고 作餠炊食ᄒᆞ야 朝飽不計多飢故로 一遇不稔ᄒᆞ면 餓殍相望ᄒᆞᄂᆞ니 深思利害ᄒᆞ야 務爲儲積ᄒᆞ라 **法**에 濫費會飮이 亦有罪焉ᄒᆞ니라

---

3) 喫의 오자.

詐僞

凡事須務誠實 不謀詐僞 詐僞之事 終難掩覆 必陷於罪辜
法 詐僞官文書者 重則杖一百流三千里 輕則杖一百徒役 文記僞造則杖一百徒
役 印信僞造則斬 詐稱官差則杖一百徒役 詐稱時任官子弟奴屬作弊則杖一百
誣告則反坐其罪

1	凡事乙 須務誠實爲古 不謀詐僞爲又 詐僞之事隱 終難掩覆爲也 必陷於罪辜爲飛尼 **法衣** 詐僞官文書者伊 重則杖一百流三千里五 輕則杖一百徒役五 文記僞造則杖一百徒役五 印信僞造則斬五 詐稱官差則杖一百徒役五 詐稱時任官子弟奴屬作弊則杖一百五 誣告則反坐其罪爲飛尼又
2	凡事乙 須務誠實爲古 不謀詐僞爲羅 詐僞之事隱 終難掩覆爲也 必陷於罪辜爲飛尼羅 **法厓** 詐僞官文書者是 重則杖一百流三千里五 輕則杖一百徒役五 文記僞造則杖一百徒役五 印信僞造則斬五 詐稱官差則杖一百徒役五 詐稱時任官子弟奴屬作弊則杖一百五 誣告則反坐其罪爲飛尼羅
3	凡事를 須務誠實ᄒ고 不謀詐僞니 詐僞之事ᄂ 終難掩覆ᄒ야 必陷於罪辜ㅣ니라 **法에** 詐僞官文書者ㅣ 重則杖一百流三千里ᄒ고 輕則杖一百徒役ᄒ고 文記僞造則杖一百徒役ᄒ고 印信僞造則斬ᄒ고 詐稱官差則杖一百徒役ᄒ고 詐稱時任官子弟奴屬作弊則杖一百ᄒ고 誣告則反坐其罪ᄒᄂ니라

犯姦[4)]

男女情欲 易熾而難防 所當謹愼者 莫如姦[5)]事 小不忍則終陷不測

法 和姦[6)]則杖八十 有夫女和姦[7)]則杖九十 强姦[8)]則絞 十二世以下幼女通姦[9)]
則亦絞 親屬相姦[10)] 切親則死罪 疏親則以次減等 强姦[11)]外 其餘姦[12)]事 男女
皆同罪

1	男女情欲易熾而難防羅 所當謹愼者伊 莫如姦事爲尼 小不忍則終陷不測爲飛尼 **法**衣 姦則杖八十五 有夫女和姦則杖九十五 强姦則絞五 十二世以下幼女通姦則亦絞五 親屬相姦切親則死罪五 疏親則以次減等爲尼 强姦外其餘姦事隱 男女皆同罪爲尼羅
2	男女情欲是 易熾而難防羅 所當謹愼者是 莫如姦事爲尼 小不忍則終陷不測爲飛尼羅 **法**匡 和姦則杖八十五 有夫女和姦則杖九十五 强姦則絞五 十二世以下幼女通姦則亦絞羅 親屬相姦爲面 切親則死罪五 疏親則以次減等爲飛尼 强姦外匡 其餘姦事隱 男女皆同罪爲尼羅

---

4) 姦: 이후원 간본 奸.
5) 姦: 이후원 간본 奸.
6) 姦: 이후원 간본 奸.
7) 姦: 이후원 간본 奸.
8) 姦: 이후원 간본 奸.
9) 姦: 이후원 간본 奸.
10) 姦: 이후원 간본 奸.
11) 姦: 이후원 간본 奸.
12) 姦: 이후원 간본 奸.

3	男女情欲이 易熾而難防이라 所當謹愼者ㅣ 莫如奸事ㅎ니 小不忍則終陷不測이니라
	法에 和奸則杖八十ㅎ고 有夫女和奸杖九十ㅎ고 强奸則絞ㅎ고 十二世以下 幼女를 通奸則亦絞ㅎ고
	親屬相奸ㅎ면 切親則死罪ㅣ오 疏親則以次減等ㅎ고 强奸外애 其餘奸事는 男女皆同罪ㅎ나니라

盜賊

人之爲盜賊 皆出於飢寒 寧丐乞存命 勿爲偸竊强奪 盜賊之人 臥席<u>終身</u> 百無一人 行乞得食 雖似羞愧 終無慘禍 橫得財物 飽食煖衣 不多時 囚繫栲椋 痛楚辛苦 敗家滅身 有何所益

法 竊盜杖六十 臟多則杖一百絶島爲奴 初犯則右臂刺字 再犯則左臂刺字 絶島永屬爲奴 三犯則絞 盜官物則加等 强盜不分首從 皆斬

1	人之爲盜賊伊 皆出於飢寒爲尼 寧丐乞存命伊於隱丁 勿爲偸竊强奪爲羅 盜賊之人伊 臥席終身爲利 百無一人爲尼 行乞得食雖似羞愧爲那 終無慘禍於尼臥 橫得財物爲也 飽食煖衣爲多可 不多時水伊 囚繫栲椋爲也 痛楚辛苦爲也 敗家滅身爲飛尼 有何所益口 **法**衣 竊盜隱 杖六十五 臟多則杖一百絶島爲奴爲古 初犯則右臂刺字爲古 再犯則左臂刺字爲也 絶島永屬爲奴爲古 三犯則絞伊羅 盜官物則加等爲飛尼 强盜不分首從皆斬爲羅
2	人之爲盜賊是 皆出於飢寒爲飛尼 寧丐乞存命言丁 勿爲偸竊强奪爲羅 盜賊之人是 臥席終身爲里 百無一人爲尼羅 行乞得食隱 雖似羞愧爲那 終無慘禍於尼臥 橫得財物爲也 飽食煖衣爲加可 不多時匡 囚繫栲椋爲也 痛楚辛苦爲也 敗家滅身爲飛尼 有何所益古 **法**匡 竊盜隱 杖六十五 臟多則杖一百絶島爲奴五 初犯則右臂刺字爲古 再犯則左臂刺字爲也 絶島永屬爲奴爲古 三犯則絞羅 盜官物則加等爲飛尼羅 强盜隱 不分首從皆斬羅
3	人之爲盜賊이 皆出於飢寒호느니 寧丐乞存命이언뎡 勿爲偸竊强奪호라 盜賊之人이 臥席終身者ㅣ 百無一人이니라 行乞得食은 雖似羞愧호나 終無

慘禍ㅣ어니와

橫得財物ᄒ야 飽食煖衣라도 不多時에 囚繫栲椋ᄒ야 痛楚辛苦ᄒ며 敗家滅身ᄒᄂ니 有何所益이리오

法에 竊盜ᄂ 杖六十ᄒ고 臟多則杖一百絶島爲奴ᄒ고 初犯則右臂刺字ᄒ고 再犯則左臂刺字ᄒ야 絶島永屬爲奴ᄒ고 三犯則絞ᄒ고

盜官物則加等ᄒ고 强盜ᄂ 不分首從皆斬ᄒᄂ니라

殺人

人命至重 彼我無間 暴惡之人 或因貪財 或因讎怨 暮夜無人之中 潛行殺害
自以爲得計 上天臨下孔昭 鬼神在傍 早晚發露 必蒙殃孼 戕殺無罪之人 保全平
生者 自古未有

法 謀殺人爲首者斬 下手者絞 因而得財者 不分首從皆斬 咀呪殺人者斬 同居
人雖不知情 流三千里 用毒藥殺人者斬 故用毒蟲蛇咬人致死者斬 朽橋毀船
深水泥濘 故欺人令過渡致死者絞

1	人命至重伊羅 彼我無間爲尼 暴惡之人伊 或因貪財爲㫆 或因怨讎爲也 暮夜無 人之中衣 潛行殺害爲古 自以爲得計爲飛尼 上天伊 臨下孔昭爲時古 鬼神在傍伊羅 早晚發露爲也 必蒙 殃孼爲飛尼 戕殺無罪之人爲古 保全平生者自古未有爲飛尼 **法**衣 謀殺人爲首者伊 斬五 下手者絞五 因而得財者不分首從皆斬五 咀呪殺人者斬五 同居人雖不知情爲那 流三千里五 用毒藥殺人者斬五 故用毒蟲毒蛇咬人致死者斬五 朽橋毀船果 深水泥濘匡 故欺人令過渡致死 者絞伊那
2	人命至重羅 彼我無間爲尼 暴惡之人是 或因貪財爲㫆 或因怨讎爲也 暮夜無 人之中匡 潛行殺害爲古 自以爲得計爲飛尼 上天是 臨下孔昭爲時古 鬼神是 在傍羅 早晚發露爲也 必蒙 殃孼爲飛尼 戕殺無罪之人爲古 保全平生者是 自古未有爲尼羅 **法**匡 謀殺人爲首者斬五 下手者絞五 因而得財者隱 不分首從皆斬五 咀呪殺人者斬五 同居人隱 雖不知情爲那 流二千里五 用毒藥殺人者斬五

	故用毒蟲毒蛇咬人致死者斬五 朽橋毀船果 深水泥濘匪 故欺人令過渡致死者絞羅
3	人命이 至重이라 彼我無間이어늘 暴惡之人이 或因貪財ᄒ며 或因讎怨ᄒ야 暮夜無人之中에 潛行殺害ᄒ야 自以爲得計ᄒᄂ니 上天이 臨下孔昭ᄒ시고 鬼神이 在傍이라 早晚發露ᄒ야 必蒙殃罰ᄒᄂ니 戕殺無罪之人ᄒ고 保全平生者ㅣ 自古未有ᄒ니라 **法**에 謀殺人爲首者ᄂ 斬ᄒ고 下手者ᄂ 絞호ᄃᆡ 因而得財者ᄂ 不分首從皆斬ᄒ고 咀呪殺人者ᄂ 斬호ᄃᆡ 同居人은 雖不知情이라도 流三千里ᄒ고 用毒藥殺人者ᄂ 斬ᄒ고 故用毒蟲蛇咬人致死者ᄂ 斬ᄒ고 朽橋毀船과 深水泥濘애 故欺人令過渡致死者ᄂ 絞ᄒᄂ니라

奴主

奴主有君臣之分 事之盡誠 毋或違逆
法 家長謀殺則陵遲處死 毆打則斬 詈罵則絞 告訴則杖一百徒役 家長族親毆打
罵詈 其罪至重

1	奴主有君臣之分爲尼 事之盡誠爲也 毋或違逆 **法**家長乙 謀殺則陵遲處死五 毆打則斬五 詈罵則絞五 告訴則杖一百徒役五 家長矣 族親乙 毆打爲旀 詈罵爲也豆 其罪至重爲尼羅 <div align="center">警民編終</div>
2	奴主隱 有君臣之分爲尼 事之盡誠爲也 毋或違逆爲羅 **法**匡 家長乙 謀殺則陵遲處死五 毆打則斬五 詈罵則絞五 告訴則杖一百徒役 五 家長矣 族親乙 毆打爲旀 詈罵爲也豆 其罪至重爲尼羅 <div align="center">重刊警民編終</div>
3	奴主ᄂ 有君臣之分ᄒ니 事之盡誠ᄒ야 毋或違逆ᄒ라 **法**에 家長을 謀殺則陵遲處死ᄒ고 毆打則斬ᄒ고 罵詈則絞ᄒ고 告訴則杖一 百徒役ᄒ고 家長의 族親을 毆打ᄒ며 罵詈ᄒ야도 其罪至重ᄒ니라

[2] 『경민편』 주요 간본의 특징과 소장처

번호	간행시점	간행자 간행처	특 징	주요 소장처	비 고
1	1519	김정국	· 본문 13장	미상	· 현재 실물 확인되지 않음 · 『思齋集』에 「警民編 跋」 실려 있음
2	미상	미상	· 저본: 김정국 초간본 · 서[발]문 없음 · 한글 對譯이 없음 · 借字 口訣 · 7行 16字	건국대학교 상허 기념도서관 (고173-김73ㄱ)	· 황해도 바깥에서 간 행되었을 가능성 · 초간본과 허엽 간본 사이 간행 추정 · 간행지: 전라도 남원, 무장 추정
3	1579	許曄	· '君上' 장 첨가 · 차자 구결 · 본문의 한글 대역 · 허엽 서문 · 김정국 서문 · 11행 17자	일본 筑波大學	· 경상도 감사 허엽 重 刊 · 진주 등에서 간행 · 번역문에 한자어 적 음. 한글로 번역하려 애씀
4	1660	李厚源	· 한글 대역 · 10행 20자 · 부록: 송대 지방관의 諭俗 文 및 『訓民歌』 · 이후원의 간행 청원 箚子	규장각한국학연 구원 외	· 중앙에서 제작하여 전국에 보급 · 各道 分送分, 충청도 에서 간인 · 한글 구결
5	1693	李基夏	· 저본: 이후원 간본 · 이기하의 曉諭文 첨가	제주시 서귀포	· 제주 목사 이기하 · 제주목에서 간행
6	1730	宋寅明	· 저본: 이후원 간본 · 한자어: 한자 한글 병기 · 송인명의 '西民 八戒' 첨보	버클리대 동아시 아도서관	· 평안도 감사 송인명 · 평양에서 간행 · 1728년의 정변 수습 목표
7	1730	李正熽	· 저본: 송인명 간본 · 한자어: 한글로 표기 · 이정숙의 '四四句' 첨보	개인 소장	· 상주 목사 이정숙 · 상주에서 간행 · 1728년의 정변 수습 목표

8	1731	申光德	· 저본: 이후원 간본 · 申光德 간행사	개인 소장	· 草溪 郡守 신광덕 · 1728년 정변 수습책 의 일환
9	1735	김 정	· 『경민편』의 본문 · 본문의 한글 번역문	소장처 미상	· 제주 목사 김정(영조 11) · 두 형태로 재구성 · 전거: 『蘆峯集』
10	1745	전라 감영 (完營)	· 저본: 이정숙 간본 · 10행 17자	규장각한국학연 구원(一簑古340. 0951-G421gd) 국립중앙박물관 (구5508) 외	· 完營 개간본 · 국립중앙박물관본 (구5508)은 간기 다음 장에 완영 중간본에 실려 있는 첨보된 훈 민가 3수를 필사 해둠
11	1745	전라 감영 (完營)	· 저본: 송인명 간본 · 10행 17자	성균관대 존경각	· 간기: 乙丑六月完營 開刊 · 송인명 간본까지만 수록 · 8계를 四言詩가 아니 라 문장처럼 붙여 놓 았음
12	1745	충청 감영 (錦營)	· 저본: 완영 개간본과 유 사 · 송인명과 이정숙의 증보 내용 빠짐 · 10행 17자	국회도서관	· 錦營 개간본 · 간기 여백에 완영 중 간본[1748 刊印]에 실 려 있는 후대 제작『훈 민가』2수 필사해 둠
13	1748	남원	· 저본: 이정숙 간본	규장각한국학연 구원(一簑古340. 0951-G421g) 외	· 남원 개간본
14	1748	전주 감영 (完營)	· 저본: 이정숙 간본 · 『훈민가』에 빠져 있던 가 사 첨보	· 국립경상대학 교(古D6B 김73 ㄱ) · 규장각한국학 연구원(海士 한17)	· 完營 重刊 · 『훈민가』에 제목만 있던 2수를 보완, 18 장으로 완성 · 훈민가의 제3수인 '君 臣'에 한 수 더 더함
15	1755~ 1756	장연 (長淵)	· 저본: 이후원 간본 · 朴聖源 발문	· 소장처 미상	· 長淵府使 朴聖源, 면 리 교육을 위해 · 필사본 · 전거: 朴聖源文集
16	1832	순천	· 警民編小引	· 한글박물관	· 순천부사 洪重燮

	(順天)	·金正國序 ·본문 13장 ·10행 22자 ·한글 번역	(한구668) ·국립중앙박물 관(구6347)	·순천부의 각 面에 3건 씩 배포한 흔적

참고문헌

1. 1차 자료

1) 연대기·법전
『조선왕조실록』(국사편찬위원회, https://sillok.history.go.kr)
『承政院日記』(국사편찬위원회, https://sjw.history.go.kr)
『經國大典』(국사편찬위원회, https://db.history.go.kr/law)
『大明律直解』(국사편찬위원회, https://db.history.go.kr/law)
『受教輯錄』(국사편찬위원회, https://db.history.go.kr/law)
『續大典』(국사편찬위원회, https://db.history.go.kr/law)

2) 『警民編』
『警民編』(건국대학교 상허기념도서관, 고173-김73ㄱ)
『警民編』(일본 筑波大學 附屬図書館, ㅿ216-16)
『警民編』(규장각, 奎2541)
『警民編』(규장각, 一簑古 340.0951-G421gd)
『警民編』(규장각, 一簑古 340.0951-G421g)
『警民編』(규장각, 海士 한17)
『警民編』(국회도서관, 古 340.9151 ㄱ852ㄱ)
『警民編』(성균관대 尊經閣, C02-0189)
『警民編』(草溪本. 1992, 『警民編諺解(異種三本)』 소수, 홍문각)
『警民編』(제주도 서귀포시 대포동. 국사편찬위원회, DJE002_01_01R0000_001)
『警民編』(국립중앙도서관, 구6347)
『警民編』(한글박물관, 한구668)
『警民編』(미국 버클리대학교 동아시아도서관, 18.4)
『警民編』(일본 東京大學 小倉文庫, L174600)

3) 『三綱行實圖』·『二倫行實圖』, 教化書

『三綱行實圖』(성균관대 존경각, B09C-0046)

『三綱行實圖』(고려대 도서관, 귀296A)

『三綱行實圖』(규장각, 奎12148)

『三綱行實圖』(미국 버클리대 동아시아 도서관, 22.10)

『三綱行實圖』(The British Library, 15113.e.2)

『二輪行實圖』(규장각, 奎137)

『二倫行實圖』(규장각, 奎2074)

『二倫行實圖』(규장각, 古1149-13)

『二倫行實圖』(규장각, 想白古177.6-J569i)

『二倫行實圖』(규장각, 심악古 170.951 J569ig)

『二倫行實圖』(버클리대 동아시아도서관, 22.11)

『二倫行實圖』(고려대 도서관, 대학원 C1 A221)

『二倫行實圖』(김성일 종가, 김성일 종가전적-20)

『二倫行實圖』(일본 京都大學 가와이문고, 二-6 199644)

『二倫行實圖』(국립중앙도서관, 古155-5)

『續三綱行實圖』(규장각, 古1149-7)

『正俗諺解』(국립중앙도서관, 古1251-7-195)

『朱子增損呂氏鄕約』(단국대동양학연구소, 동양학총서 5집)

『飜譯小學』(국립중앙도서관, 古1256-21)

『小學諺解』(단국대 퇴계학연구원, 퇴계학연구총서 1)

4) 문집

朱熹, 『朱子大全』(규장각, 奎中618)

眞德秀著·張伯行重訂, 『眞西山先生集』(奎中4258)

姜渾, 『木溪逸稿』(한국고전번역원, 韓國文集叢刊 17)

權好文, 『松巖集』(한국고전번역원, 韓國文集叢刊 41)

金安國, 『慕齋集』(한국고전번역원, 韓國文集叢刊 20)

金安國, 『慕齋集』(한국고전번역원, 韓國文集叢刊 20)

金俶, 『蘆峯集』(국립중앙도서관, 한고朝46-가1711)

金正國, 『思齋集』(한국고전번역원, 韓國文集叢刊 23)

金集, 『齋遺稿』(한국고전번역원, 韓國文集叢刊 82)

盧守愼, 『穌齋集』(한국고전번역원, 韓國文集叢刊 35)

朴聖源, 『朴聖源文集』(국사편찬위원회, 한국사료총서 제60집)

朴世采, 『南溪集』(한국고전번역원, 韓國文集叢刊 138~142)

宋時烈, 『宋子大全』(한국고전번역원, 韓國文集叢刊 108~116)

宋徵殷, 『約軒集』(한국고전번역원, 韓國文集叢刊 163~164)

申最, 『春沼子集』(한국고전번역원, 韓國文集叢刊 속34)

兪拓基, 『知守齋集』(한국고전번역원, 韓國文集叢刊 213)

柳希春, 『眉巖集』(한국고전번역원, 韓國文集叢刊 34)

尹愭, 『無名子集』(한국고전번역원, 韓國文集叢刊 256)

尹宣擧, 『魯西遺稿』(한국고전번역원, 韓國文集叢刊 120)

尹鑴, 『白湖全書』(백호전서 간행위원회, 경북대학교출판부, 1974)

李穀, 『稼亭集』(한국고전번역원, 韓國文集叢刊 3)

李德壽, 『西堂私載』(한국고전번역원, 韓國文集叢刊 186)

李敏輔, 『豊墅集』(한국고전번역원, 韓國文集叢刊 232~233)

李選, 『芝湖集』(한국고전번역원, 韓國文集叢刊 143)

李彦迪, 『晦齋集』(한국고전번역원, 韓國文集叢刊 24)

李珥, 『栗谷全書』(한국고전번역원, 韓國文集叢刊 44~45)

李耔, 『陰崖集』(한국고전번역원, 韓國文集叢刊 21)

李海壽, 『藥圃遺槀』(한국고전번역원, 韓國文集叢刊 46)

李滉, 『退溪集』(한국고전번역원, 韓國文集叢刊 29~31)

鄭逑, 『寒岡集』(한국고전번역원, 韓國文集叢刊 3)

鄭道傳, 『三峯集』(한국고전번역원, 韓國文集叢刊 5)

正祖, 『弘齋全書』(한국고전번역원, 韓國文集叢刊 262~267)

鄭澈, 『松江集』(한국고전번역원, 韓國文集叢刊 46)

崔岦, 『簡易集』(한국고전번역원, 韓國文集叢刊 49)

崔象龍, 『鳳村集』(한국고전번역원, 韓國文集叢刊 속118)

崔有海, 『嘿守堂集』(한국고전번역원, 韓國文集叢刊 속23)

許曄, 『草堂集』(한국고전번역원, 韓國文集叢刊 36)

洪仁祐, 『恥齋遺稿』(한국고전번역원, 韓國文集叢刊 36)

5) 書目 및 기타자료

『完營冊板』(규장각, 奎7050)

『冊板目錄』(규장각, 奎7050)

『鏤板考』(규장각, 가람古015.51-Se6ln)

『己卯錄續集』(규장각, 奎3654)

『忠孝謄錄』(규장각, 奎12889)

『海西地圖』(규장각, 奎軸12158)

『己亥年國恤祔』(한국학중앙연구원, 장서각 K2-2936)

『牧綱』(고려대 도서관, 신암 B-7, A-95)

『村家救急方』(한독의약박물관, 한-94, 2391)

『萬家譜』(民昌文化社, 1992)

權文海, 『大東韻府群玉』(국립중앙도서관, 한古朝41-31)

權鼈, 『海東雜錄』(규장각, 奎5663)

金正國, 『性理大全書節要』(국립중앙박물관)

金烋, 『海東文獻總錄』(여헌학연구회, 旅軒學資料叢書 3)

李萬秋, 『唐山義烈錄』(규장각, 奎7776)

李彦迪, 『奉先雜儀』(국립중앙도서관, 한古朝29-79)

李珥, 『擊蒙要訣』(국립중앙도서관, 古1247-176)

李珥, 『石潭日記』(국립중앙도서관, 의산古3653-41)

李寅榮, 『淸芬室書目』(寶蓮閣, 1968)

李廷馨, 『東閣雜記』(국립중앙도서관, 한古朝56-나204)

魚叔權, 『攷事撮要』(국립중앙도서관, 한貴古朝93-44-53)

尹蓍東, 『增補耽羅誌』(일본 天理大 도서관, 2941)

鄭澈, 『諭邑宰文』(전남대 중앙도서관, 계당OC 2F 정813○)

黃士佑, 『在嶺南日記』(규장각, 古4655-79)

6) 역서

편찬위원회, 2005, 譯註 增補耽羅誌, 제주문화원.

김정국 저·김병헌·성당제·임재완 번역, 2016, 『사재집思齋集』, 아담앤달리.

김용흠 역주, 2012, 『목민고·목민대방』, 혜안.

백승철 역주, 2014, 『신편 목민고』, 혜안.

한상권 외, 2018, 『대명률직해』 1~4, 한국고전번역원.

황사우 저·황위주 번역, 2006, 『재영남일기』, 경북대학교 영남문화연구원.

2. 2차 자료

1) 저서

강영, 1998, 『대명률직해 이두의 어미 어말 연구』, 국학자료원.

고영진, 1995, 『朝鮮中期 禮學思想史』, 한길사.

권내현, 2005, 『조선후기 평안도 재정 연구』, 지식산업사.

金龍德, 1983, 『韓國制度史研究』, 一潮閣.

金駿錫, 2004, 『韓國中世 儒敎政治思想史論』, 지식산업사.

김문웅, 2010, 『역주 정속언해·경민편』, 세종대왕기념사업회.

김성준, 1990, 『牧民心鑑 研究』, 고려대 민족문화연구소.

김용섭, 2015, 『(신정증보판) 동아시아 역사 속의 한국 문명의 전환-충격, 대응,

통합의 문명으로』, 지식산업사.

김용헌, 2010, 『조선 성리학, 지식 권력의 탄생』, 프로네시스.

金駿錫, 2003, 『朝鮮後期 政治思想史 硏究-國家再造論의 擡頭와 展開-』, 지식산업사.

金駿錫, 2004, 『韓國中世 儒敎政治思想史論』, 지식산업사.

김치우, 2008, 『고사촬요 책판 목록과 그 수록 간본 연구』, 아세아문화사.

김태영, 1983, 『朝鮮前期 土地制度史 硏究』, 지식산업사.

김혁 외, 2014, 『취석실 우하영의 삶과 학문: 다시 여는 《천일록》과 그 시대』, 화성시.

김호, 2020, 『정조의 법치』, Humanist.

박철주, 2006, 『대명률직해의 국어학적 연구』, 일지사, 2006.

백두현, 2021, 『한글생활사 연구』, 역락.

白承哲, 2000, 『朝鮮後期 商業史硏究』, 혜안.

서태원, 1999, 『朝鮮後期 地方軍制 硏究-營將制를 중심으로-』, 혜안.

신병주, 2000, 『남명학파와 화담학파 연구』, 일지사.

辛虎雄, 1995, 『高麗法制史硏究』, 국학자료원.

오수창, 2002, 『朝鮮後期 平安道 社會發展 硏究』, 일조각.

吳永敎, 2002, 『朝鮮後期 鄕村支配政策 硏究』, 혜안.

오항녕, 2015, 『유성룡인가 정철인가: 기축옥사의 기억과 당쟁론』, 너머북스.

윤석민, 2006, 『쉽게 읽는 경민편언해』, 박이정.

윤인숙, 2016, 『조선 전기의 사림과 소학』, 역사비평사.

이경식, 1986, 『朝鮮前期 土地制度 硏究』, 일조각.

이경식, 1998, 『朝鮮前期 土地制度 硏究 2』, 지식산업사.

이근호, 2016, 『조선후기 탕평파와 국정운영』, 민속원.

임용한, 2002, 『朝鮮前期 守令制와 地方統治』, 혜안.

정긍식, 2021, 『조선시대 제사승계의 법제와 현실』, 한국학중앙연구원출판부.

정만조 외, 1992, 『朝鮮後期 黨爭의 綜合的 檢討』, 한국정신문화연구원.

정석종, 1983, 『朝鮮後期 社會變動硏究』, 일조각.

정석종, 1994, 『朝鮮後期의 政治와 思想』, 한길사.

정순우, 2013, 『서당의 사회사』, 태학사.

정재훈, 2005, 『조선전기 유교 정치사상 연구』, 태학사.

정호훈, 2012, 『경민편-교화와 형벌의 이중주로 보는 조선 사회』, 아카넷.

정호훈, 2014, 『조선의 《소학》-주석과 번역』, 소명출판.

趙成山, 2007, 『조선후기 낙론계 학풍의 형성과 전개』, 지식산업사.

조지만, 2007, 『조선시대의 형사법-대명률과 국전』, 경인문화사.

조찬용, 2012, 『1728년 무신봉기와 300년 차별』, 학고방.

주영하·옥영정 외, 2008, 『조선시대 책의 문화사』, 휴머니스트.

최보윤·김광재, 2020, 『겸재 박성원; 어린 정조의 어진 스승(남양주 겸재 박성원

후손가 소장사료)」, 국사편찬위원회.

최홍규, 1995, 『禹夏永의 實學思想研究』, 일지사.

한국고소설학회 편저, 2019, 『한국 고소설 강의』, 돌베개.

Sun Joo Kim, 2013, *Voice from the North: Resurrecting Regional Identity Through the Life and Work of Yi Sihang*, Stanford Univ Pr.

馬小紅 主編, 1995, 『中國法律思想發展簡史』, 中國政法大學出版社.

孟淑慧, 2003, 『朱熹及其門人的教化理念與實踐』, 國立臺灣大學出版中心.

2) 논문

김정신, 2008, 『朝鮮前期 勳舊·士林의 政治思想 比較』, 연세대 대학원 사학과 박사학위 논문.

문경득, 2017, 『전라도 지역 무신란(戊申亂) 연구』, 전주대학교 대학원 박사학위논문.

이상훈, 2018, 『《삼강행실도》 언해본의 서지학적·국어학적 연구』, 서울대학교 국어국 문과 박사학위논문.

정연정, 2014, 『《이륜행실도》 이판본의 계통과 국어사적 연구』, 경북대학교 국어국문 과 박사학위논문.

홍해뜸, 2022, 『조선후기 목민서의 형성과 수령정치론 연구』, 연세대학교 사학과 박사 학위논문.

강문식, 2022, 「金正國의 性理書 편찬과 그 특징-『性理大全書節要』를 중심으로-」, 『朝 鮮時代史學報』 100.

고수연, 2004, 「영조대 무신란 연구의 현황과 과제」, 『湖西史學』 39.

구만옥, 2006, 「賁需齋 姜奎煥의 學問觀과 經世論」, 『慶熙史學』 24.

국사편찬위원회, 2018, 「해제」, 『朴聖源文集』 1(한국사사료총서 60집), 국사편찬위원회.

金武鎭, 1995, 「朝鮮後期 教化體制의 整備와 面訓長制의 性格」, 『歷史教育』 58.

김백철, 2008, 「조선후기 영조대 법전정비와 『속대전』의 편찬」, 『역사와 현실』 8.

김선경, 2010, 「조선후기 목민학의 계보와 《목민심서》」, 『朝鮮時代史學報』 52.

김성수, 2001, 「16세기 향촌의료 실태와 사족의 대응」, 『韓國史研究』 113.

김성희, 2012, 「조선후기 민중의 유교 윤리 전유와 사회의식 성장」, 『史學研究』 106.

金容燮, 1985, 「朱子의 土地論과 朝鮮後期 儒者」, 『延世論叢』 21(『增補版 朝鮮後期農業 史研究』 II, 1990에 수록).

김용흠, 2010, 「18세기 '목민서(牧民書)'와 지방통치-『목민고(牧民攷)』를 중심으로-」, 『韓國思想史學』 35.

김윤제, 1996, 「조선 전기 '心經'의 이해와 보급」, 『韓國文化』 18.

金仁杰, 1990, 「「民狀」을 통해 본 19세기 전반 향촌 사회문제」, 『韓國史論』 23.

김인호, 2002, 「고려 元律 수용과 高麗律의 변화」, 『고려시대의 형법과 형정』, 국사편찬위원회.

김정신, 2018, 「16세기 朝鮮의 官 주도 鄕政과 豪强律」, 『朝鮮時代史學報』 87.

김정신, 2020, 「조선전기 사림(士林)·사림정치(士林政治) 연구의 쟁점과 전망」, 『韓國思想史學』 64.

김준석, 1992, 「조선후기의 당쟁과 왕권론의 추이」, 『朝鮮後期 黨爭의 綜合的 檢討』, 한국정신문화연구원.

金俊亨, 1984, 「18세기 里定法의 展開-村落의 기능 강화와 관련하여-」, 『震檀學報』 58.

김태곤, 1983, 「《警民編》 重刊本과 改刊本의 비교연구」, 『中央語文研究』 1.

김해정, 1993, 「《경민편》 언해 연구」, 『한국언어문학』 31.

김혁, 2001, 「《東國新續三綱行實圖》의 구성과 편찬 과정」, 『書誌學報』 25.

김호, 2017, 「'權道'의 성리학자 金正國, 『警民編』의 역사적 의의」, 『東國史學』 63.

김호, 2018, 「15세기 초 박흥생의 목민론-《居官箴戒》를 중심으로-」, 『朝鮮時代史學報』 85.

김호, 2018, 16~17세기 조선의 지방 의국(醫局) 운영-경북 영주의 제민루(濟民樓)를 중심으로-」, 『국학연구』 37.

김호, 2019, 「16세기 지방의 의서 편찬과 患難相恤의 實踐知」, 『朝鮮時代史學報』 89.

김훈식, 1990, 「中宗代 《警民編》 보급의 고찰」, 『(李載龒博士還曆紀念) 韓國史學論叢』, 한울.

김훈식, 1996, 「朝鮮初期 《三綱行實圖》 보급의 대상」, 『仁濟論叢』 12.

김훈식, 1998, 「《三網行實圖》 보급의 社會史的 고찰」, 『震檀學報』 85.

리득춘, 1992, 「《경민편》 원문 구결에 대하여」, 『中國朝鮮語文』 59.

李崇寧, 1973, 「小學諺解의 戊寅本과 校正廳本의 比較研究」, 『震檀學報』 36.

朴晟義, 1967, 「《警民編》과 《訓民歌》 小考」, 『어문논집』 10, 안암어문학회.

裵基憲, 1988, 「16世紀 鄕村支配秩序와 留鄕所의 性格」, 『大邱史學』 35.

백두현, 2003, 「취암문고 소장 국어사 자료의 연구」, 『嶺南學』 3.

백두현, 2009, 「훈민정음을 활용한 조선시대의 인민 통치」, 『震檀學報』 108.

석주연, 2001, 「大英圖書館 소장 국어사 자료에 대하여」, 『국어국문학』 129.

소현숙, 2016, 「梁 武帝와 隋 文帝의 塔像儀禮와 佛敎的 '敎化' 政治=懺悔와 受戒, 그리고 感應과 滅罪의 과정을 중심으로」, 『美術史學研究』 290.

손성필, 2016, 「16세기 조선의 정치·사회와 불교계」, 『東國史學』 61.

손장수, 2016, 「《오륜행실도》의 편찬과정 고찰」, 『東洋禮學』 35.

宋亮燮, 1995, 「19세기 良役收取法의 변화-洞布制의 성립과 관련하여-」, 『韓國史研究』 89.

송웅섭, 2017, 「《己卯錄補遺》의 板本과 書名에 대한 검토-규장각 소장 『大東野乘』

所收本을 중심으로-」, 『奎章閣』 50.

송웅섭, 2017, 「사재 김정국의 교유관계와 기묘사림 내에서의 위치」, 『東國史學』 63.

송일기·이태호, 2001, 「朝鮮時代 '行實圖' 板本 및 版畵에 관한 硏究」, 『書誌學硏究』 21.

신연우, 1998, 「周世鵬에서 鄭澈로 訓民時調의 변이와 그 의의」, 『溫知論叢』 4.

안대회, 2007, 「조선 후기 이중 언어 텍스트와 그에 관한 논의들」, 『大東漢文學』 26.

安秉禧, 1975, 「여씨향약언해(呂氏鄕約諺解)의 원간본(原刊本)에 대하여」, 『학술원논문집』 14-인문사회과학편.

安秉禧, 1976, 「해제」, 『呂氏鄕約諺解』, 단국대학교출판부.

安秉禧, 1978, 「村家救急方의 鄕名에 대하여」, 『언어학』 3.

安秉禧, 1978, 「解題」, 『二倫行實圖·警民編』, 단국대학교출판부.

여찬영, 2004, 「언해서 《이륜행실도》와 《오륜행실도》 연구-원문비평적·효용비평적 관점에서-」, 『배달말』 35.

여찬영, 2005, 「《경민편(언해)》 동경교대본과 규장각본 연구-한문 원문 및 구결의 차이-」, 『우리말글』 33.

여찬영, 2007, 「《正俗諺解》의 번역언어학적 연구」, 『우리말글』 40.

오수창, 1995, 「18세기 영조·정조의 평안도에 대한 정책」, 『역사와 현실』 17.

오수창, 2019, 「조선시대 통치질서의 재검토」, 『東亞文化』 57.

오영교, 1994, 「17世紀 鄕村對策과 面里制의 運營」, 『東方學志』 85.

禹仁秀, 1997, 「朝鮮 肅宗朝 南溪 朴世采의 老少仲裁와 皇極蕩平論」, 『歷史敎育論集』 19.

우정임, 2012, 「조선전기 《性理大全》의 이해과정-節要書의 編纂·刊行을 중심으로-」, 『지역과 역사』 31.

윤병태, 1979, 「退溪와 心經附註-退溪 書誌의 硏究 其三-」, 『韓國의 哲學』 8.

윤훈표, 2022, 「고려 말기 형정의 상황과 개편 방향」, 『學林』 50.

이광열, 2007, 「光海君代 《東國新續三綱行實圖》 편찬의 의의」, 『韓國史論』 53

이규범·오민석·김유범, 2021, 「언해본 《삼강행실도》 최고본(最古本)에 대한 비교 연구:《효자도》를 중심으로」, 『국어사연구』 32.

이병휴, 1999, 「사재(思齋) 김정국(金正國)의 改革論과 그 性格」, 『歷史敎育論集』 23·24.

이병휴, 2003, 「조선전기 疎外 官人의 隱居生活-金安國·金正國의 경우」, 『歷史敎育論集』 31.

李俸珪, 1995, 「《心經附注》에 대한 조선 성리학의 대응-李滉과 宋時烈을 중심으로」, 『泰東古典研究』 12.

이상민, 2022, 「15세기 초 율문 교육과 형률적 교화 모색」, 『歷史學報』 23.

이상훈, 2012, 「규장각 소장 한글 필사본 《오륜행실》에 대한 국어학적 연구-표기와 음운 현상을 중심으로-」, 『奎章閣』 41.

이상훈, 2014, 「英祖代 《三綱行實圖》의 異本에 대한 연구」, 『語文研究』 42-4.

이상훈, 2021, 「선조대 행실도류의 번역 양상과 표기의 특징 연구」, 『우리말연구』 67.

이석규, 1998, 「조선 초기 교화의 성격」, 『韓國思想史學』 11.

이석규, 2011, 「16세기 조선의 民本 이념과 民의 성장」, 『韓國思想史學』 39.

이영경, 2014, 「다중 문자 사용의 양상」, 『근대 한국어 시기의 언어관·문자관 연구』, 소명출판

이은규, 1994, 「《촌가구급방》異本의 借字表記 비교 연구」, 『韓國傳統文化研究』 9.

이은규, 2005, 「《경민편(언해)》의 어휘 연구」, 『언어과학연구』 35.

이은규, 2007, 「《경민편(언해)》 이본의 번역 내용 비교」, 『언어과학연구』 43.

이종묵, 2007, 「조선시대 여성과 아동의 한시 향유와 이중언어 체계(Diaglosia)」, 『震檀學報』 104.

이종범, 1985, 「1728년 戊申亂의 性格」, 『조선시대 정치사의 재조명: 사화·당쟁편』, 범조사.

이철헌, 2008, 「懶翁 惠勤의 민중 교화」, 『불교문화연구』 9.

이현희, 1988, 「小學의 諺解에 대한 比較研究」, 『한신대학교논문집』 5.

鄭萬祚, 1992, 「17세기 중엽 山林勢力(山黨)의 국정운영론」, 『擇窩許善道先生停年記念 한국사학논총』, 한울.

鄭萬祚, 1999, 「17세기 중반 漢黨의 정치활동과 國政運營論」, 『韓國文化』 23.

정익섭, 1965, 「《경민편》과 훈민가」, 『한국언어문학』 3.

정일영, 2010, 「임진왜란 이후 '敎化'의 양상: 광해군대 『東國新續三綱行實圖』를 중심으로」, 『韓國思想史學』 34.

정재영, 2000, 「《번역소학》 권3·4에 대하여」, 『書誌學報』 24.

정호훈, 2002, 「朱子 《孝經刊誤》와 그 성격」, 『東方學志』 116.

정호훈, 2004, 「18세기 전반 蕩平政治의 추진과 『續大典』의 편찬」, 『韓國史研究』 127.

정호훈, 2005, 「16세기 말 栗谷 李珥의 敎育論-《擊蒙要訣》《學校模範》을 중심으로-」, 『韓國思想史學』 25.

정호훈, 2006, 「16·7세기 《警民編》 간행의 추이와 그 성격」, 『韓國思想史學』 26.

정호훈, 2007, 「眉庵 柳希春의 학문 활동과 治縣須知」, 『韓國思想史學』 29.

정호훈, 2007, 「붕당정치와 군주의 정치사상」, 『韓國儒學思想大系Ⅵ-政治思想篇』, 예문서원.

정호훈, 2007, 「조선후기 《警民編》의 再刊과 그 敎育的 活用」, 『미래교육학연구』 20-2.

정호훈, 2010, 「15~16세기 목민서의 전개와 牧民學」, 『韓國思想史學』 36.

정호훈, 2013, 「조선 관료에게 필요한 모든 지식을 담다」, 『실용서로 읽는 조선』, 글항아리.

정호훈, 2016, 「18세기 목민서(牧民書)의 발달 양상과 《목민심서(牧民心書)》」, 『茶山學』 28.

정호훈, 2016, 「조선후기 당쟁과 기록의 정치성-'기축옥사' 희생자의 가해자 공방과 관련하여-」, 『韓國史學史學報』 33.

정호훈, 2018, 「전쟁의 기억과 정치론, 《동국신속삼강행실도(東國新續三綱行實圖)》」, 『韓國思想史學』 58.

정호훈, 2018, 「조선후기 『花潭集』 刊行의 推移와 徐敬德 學問」, 『韓國文化』 84.

정호훈, 2019, 「穌齋 盧守愼과 晦齋 李彦迪, '心學'으로 맺은 학문 세계」, 『嶺南學』 71.

정호훈, 2020, 「16세기 《警民編》 초기 간본의 검토-상허 기념도서관 소장본의 사례-」 『韓國思想史學』 66.

정호훈, 2021, 「1728년의 정치변란에 대한 정부의 대책과 규범서-《삼강행실도》·《이륜행실도》·《경민편》 간행을 중심으로-」, 『歷史와 實學』 76.

정호훈, 2021, 「조선후기 훈민정음 연구의 사상 맥락과 성과-崔錫鼎과 柳僖를 중심으로」, 『東方學志』 194.

최민규, 2022, 「김정국(金正國)의 『성리대전서절요』 편찬과 대체군주론(大體君主論)」, 『韓國思想史學』 70.

최재남, 1996, 「愼齋 周世鵬의 목민관 생활과 〈五倫歌〉」, 『가라문화』 13.

하윤섭, 2010, 「16세기의 법적 질서와 〈오륜가〉의 발생」, 『우리어문연구』 37.

하윤섭, 2014, 『조선조 오륜시가의 역사적 전개 양상』, 고려대 민족문화연구원.

한상권, 1995, 「조선시기 國家의 地方 支配 연구현황-郡縣制·外官 研究를 중심으로-」, 『역사와 현실』 18.

한상인, 2014, 「《중용(中庸)》 수도지교(修道之敎)에 대한 주희(朱熹)의 이해 변화 연구」, 『한국교육사학』 36-4.

찾아보기